FERNANDO SOMOZA VIVAS
REIVINDICACIÓN
(HISTORIA DE LA GUERRA LEGITIMISTA DE HONDURAS EN 1903)

ERANDIQUE
COLECCIÓN

REIVINDICACIÓN
(HISTORIA DE LA GUERRA LEGITIMISTA DE HONDURAS EN 1903)

FERNANDO SOMOZA VIVAS

©Colección Erandique
Supervisión Editorial: Óscar Flores López
Diseño de portada: Andrea Rodríguez
Administración: Tesla Rodas/Jessica Cordero
Director Ejecutivo: José Azcona Bocock

Segunda Edición
Tegucigalpa, Honduras—Agosto de 2024

DESCALABRO DEL ORDEN CONSTITUCIONAL

He preparado para su nueva publicación el libro Reivindicación de Fernando Somoza Vivas, publicado en 1903. Este recoge fuentes primarias y observaciones directas del proceso electoral, deterioro y finalmente descalabro cruento del orden constitucional.

Aunque el autor tiene un sesgo abierto (manifestado desde el título), y este es más un escrito de inmediatez —con el fin de documentar y justificar un proceso de guerra civil— recoge fuentes adversas y hace un esfuerzo moderado por incorporar las voces contrarias.

El proceso electoral de 1902 representa la primera vez en la historia de Honduras en la cual una oposición política tiene la oportunidad real de alzarse con una victoria electoral. Anteriormente, todos los gobiernos habían surgido de las armas (ya sea por revolución, invasión externa, o amenaza de la misma), de un "dedazo" del gobernante, o de un consenso con su venia.

La candidatura de Manuel Bonilla representaba un proyecto ajeno a la administración, pero con una considerable popularidad —esta era producto del avance en las letras y las comunicaciones, que iban permitiendo la formación de una opinión pública—.

El segundo componente que permitía esta oposición era el compromiso del Presidente Terencio Sierra de no reelegirse, y de cuidar al menos las apariencias de imparcialidad a inicios del proceso. La oposición reconocía al gobierno de Sierra como progresista, y que, además, las condiciones de democracia y de debate público eran superiores a las que se habían dado en el pasado. Por tanto, había habido un progreso sustancial, el cual daba lugar a nuevas demandas democráticas sin lograr satisfacerlas.

Sin embargo, no todas las prácticas pasadas habían sido superadas. Acompañando un estricto compromiso con la no reelección y respeto a la libertad de prensa, existía el abuso del poder en el gobierno para restringir una candidatura insurgente. Si se le suma a esta candidatura oficial de Juan Ángel Arias, una tercera de

Marco Aurelio Soto, vemos que había una serie de variables que hacían difícil una salida ordenada.

La Constitución ya tenía la trampa tendida. La misma trampa que se daría posteriormente en las elecciones de 1923 y de 1954: una elección indirecta de presidente en caso de no haber mayoría absoluta de sufragios. Al llevarse la elección al Congreso Nacional, se rehúsa el quórum y se rompe el orden constitucional. De allí se recurre al terrible testamento de Alejandro Magno como juez: Krat'eroi (al más fuerte).

La lección que este proceso nos deja es la necesidad de construir instituciones fuertes y sistemas ordenados que no permitan vacíos arbitrarios. Igualmente, que los problemas son visibles a ojo acuciosos y que se debe tratar de resolver por la vía del diálogo y la justicia.

Agradezco al recordado Doctor y ex Canciller, Ernesto Paz Aguilar, por prestarnos el volumen para la reconstrucción y publicación.

José Azcona Bocock
Director Ejecutivo de Colección Erandique

DEDICATORIA

————

A la juventud de Centroamérica:

El triunfo obtenido por el pueblo hondureño sobre los que creyeron muerta la conciencia pública o adormecida por la tiranía, es la más hermosa lección que puede señalarse en la historia de la patria común, que aun cuando sigue desgarrada y desmembrada, es para las almas patrióticas, una en el pasado, una en el cariño de hoy, y una en las bellas esperanzas del porvenir.

Dedico, pues, la presente narración a la juventud de las cinco fracciones en que nuestra amada Centroamérica se encuentra dividida, porque es la generación que se levanta la que recordará con orgullo la campaña que el pueblo hondureño realizó para conservar sus instituciones y salvar sus libertades.

FERNANDO SOMOZA VIVAS
Tegucigalpa: junio de 1903

PRÓLOGO

Por decreto legislativo del Soberano Congreso de 1902, se mandó imprimir, de cuenta del Tesoro Público de Honduras, la Historia de Centroamérica, que desde hace varios años me he dedicado a elaborar y en la cual pienso que la patria de nuestros mayores sea salvada del olvido en que se mantiene en el mundo civilizado, por la falta de una obra que le dé el puesto que merece. Los tristes acontecimientos a que dio lugar la usurpación del Dr. Don Juan Ángel Arias, son de gran importancia como enseñanza de pueblos y gobernantes y he creído justo y de mérito narrar los antecedentes de la guerra, la lucha armada y las consecuencias de la tiranía en su pueblo que sabe lo que vale su libertad.

He apresurado la publicación de este libro, porque habiendo violado el Dr. Arias las capitulaciones firmadas el 12 de abril de 1903, y descubierto el cadáver del súbdito español, don Nicolás Arnero, ahorcado de orden del jefe usurpador, fue preciso detenerle y entregarle, tanto a él como a sus cómplices de los horribles delitos cometidos a la autoridad judicial.

No creemos sea perfecta esta obra; pero sí tenemos la convicción de que no obstante que pertenecemos, como hemos pertenecido, al partido de la legalidad, ella está inspirada en hacer bien a la patria y bajo un criterio sano e imparcial.

EL AUTOR

REIVINDICACIÓN

Dos meses y medio no más tardó la campaña iniciada por el pueblo hondureño para reivindicar sus derechos violados el día 30 de enero por un círculo político que tuvo perfecta razón para existir en el terreno de la lucha electoral; pero que no pudo, en el campo de las leyes y de la legitimidad, levantarse después de los comicios de octubre en que la soberanía del sufragio universal había llamado con más de cuarenta y dos mil votos al general Bonilla a la silla de la primera Magistratura de la Nación.

Es indudable que las lecciones de la Historia están grabadas en la conciencia humana con el sello indeleble de la sangre de millares de generaciones, porque cada grande etapa, cada conquista hecha por la verdad o la justicia, ha costado un martirio o una revolución; pero la guerra que acaba de concluir, la sangrienta lucha que ha terminado el trece de abril, tiene que ser una enseñanza de imperecedera memoria para gobernantes y gobernados en Honduras.

Desde que la mayoría del pueblo hondureño manifestó su deseo de que el general Bonilla fuera nuestro gobernante en el periodo de 1903 a 1907, tuvo el caudillo que aceptar el llamamiento de sus conciudadanos; y sin renunciar a sus ideales políticos, se propuso, en el inmenso campo de la Constitución, fundar un Gobierno de leyes, de orden y de libertad, llevando a la Administración a los más idóneos para el desempeño de los destinos públicos.

Un atentado desconocido en la historia de Centroamérica pareció romper la marcha normal de nuestra vida republicana, confiando, los que tal crimen cometieron, en que la fuerza armada y el terror harían enmudecer al pueblo; más a tan horrible crimen agregaron la más completa falta de buen criterio, pues no comprendían que las armas estaban en manos del mismo pueblo, único soberano en los países republicanos, y el cual haría valer, al resplandor de los fuegos de los fusiles y de los cañones, el voto depositado en las urnas de octubre.

Impotentes para mantener siquiera la forma de gobierno, los que habían asaltado el Poder por medios reprobables, apelaron a la perpetración de espantosos delitos comunes de que los jueces conocen ya para hacer que la ley caiga imparcial y severa sobre aquellos que, olvidando los preceptos de la Constitución, no respetaron ni la propiedad ni la vida del hombre.

El general Bonilla, encarnación de la opinión pública, no tiene rencores, ni odios para con los vencidos; pero tampoco puede llevar su magnanimidad hasta el extremo de perdonar delitos penados por leyes expresas, y cuyo castigo o sobreseimiento corresponde a los Tribunales de Justicia.

Sueño parece a vencedores y vencidos la rapidez con que las armas del Gobierno legítimo desbarataron y rompieron la poderosa armazón con que los usurpadores se presentaron a la contienda, respaldados por más de medio millón de pesos en efectivo, diez y seis mil fusiles y espléndidas baterías de artillería moderna y, sin embargo es una realidad consoladora para los que nunca dudamos de la energía del pueblo hondureño y de su amor a la libertad.

Los mejores jefes y las mejores espadas en que descansaba el falso Gobierno de Tegucigalpa, cayeron unos tras otros sin que, en más de dos meses de combatir, les haya, ni por burla, sonreído una victoria.

Tanto por nuestros conciudadanos, como por el respeto que nos merecen las naciones con las que Honduras cultiva amistad, con este libro damos a conocer los antecedentes de la guerra, la campaña y las miras que tiene, y política que seguirá el general Bonilla.

PARTE PRIMERA: LA LUCHA ELECTORAL

CAPÍTULO I: NADIE MEJOR QUE EL GENERAL BONILLA

Importancia de la Historia – Ojeada a los primeros años de la
Administración del general Sierra – Aparición del periódico El
Iniciador – Ante el problema

Generalmente se cree, se ha creído casi siempre que no puede
haber historia contemporánea bajo un criterio imparcial, bien porque
la pasión arrastre al historiador, bien porque los intereses del
momento impidan decir claramente la verdad. Sin negar que las
razones anteriores son de mucho peso, estamos convencidos de que
la prensa elevada puede, en el campo de los principios, juzgar
serenamente a los hombres y a los acontecimientos, sin trepidar por
el miedo, ni dejarse ofuscar por los afectos de los partidos y de los
vínculos de familia.

Las memorias de muchos personajes notables, los apuntes íntimos
de reyes y de estadistas pueden adolecer de algunos defectos como
toda obra humana, mas no se negará que tiene grande importancia
para conocer las verdades históricas. LOS COMENTARIOS, sirven
más hoy al sabio para juzgar del talento, táctica y aspiraciones de Julio
César, que todo el fárrago de apologías con que le pintaban los
aduladores que rodearon su buena estrella; y que todos los libelos con
que los amigos de la memoria de Pompeyo le colmaron hasta que cayó
herido por veintitrés puñaladas en la sala del Senado romano. Las
Confesiones de Juan Rousseau, El Diario de Santa Elena y otras
muchas obras autobiográficas, demuestran claramente que se puede
historiar hasta el propio egoísmo, siendo por consiguiente, menos
difícil tratar de la vida y de los hechos de nuestros semejantes, por
muy de cerca que nos toquen.

Con razón se llama tribunal el santuario donde oficia la Historia,
pues no solamente tiene como auxiliares de primer orden a la
Cronología que señala el instante en que se verifican los
acontecimientos y a la Geografía que marca el lugar donde se
consuman, sino también a la Equidad, base de la Justicia, a la
Antropología que toma en consideración las razas y los climas, y a la

Fisiología que revela los misterios del funcionalismo de los órganos vitales.

Por eso la misión del periodista se diferencia tanto de la del historiador; el primero combate por una causa, el segundo juzga el pro y el contra de todas las causas; el primero carga sobre su enemigo, le persigue, le derrota, le aplasta; el segundo consulta documentos, recibe las pruebas, y luego falla como juez que puede equivocarse, pero que tiene la convicción de que no pasa ni sobre la verdad ni sobre su conciencia

Nosotros queremos unir las cualidades de la Historia a la forma de la prensa periodística, dando a conocer los antecedentes de la sangrienta lucha que acaba de terminar, convencidos de que la razón ha estado de parte del pueblo y de que el criterio honrado e imparcial del general Bonilla, no quiere diatribas sino la verdad, ni desea venganzas sino la aplicación de la ley

Tres años llevaba de gobernar en Honduras el general Sierra, mereciendo aplausos de nacionales y extranjeros; pues si es cierto que más cuidaba del desarrollo material del país, se le veía consagrado con interés a la cosa pública y casi siempre se atenía al cumplimiento de las leyes, pues las ocasiones en que pasó sobre ellas podían verse como lunares y no como manchas que empañaran sus trabajos y empresas.

El asunto electoral de Autoridades Supremas comenzó a llamar la atención de los hondureños desde a fines de 1901, siendo claramente perceptible que la mayoría se inclinaba al general don Manuel Bonilla, jefe querido por el Ejército, caudillo prestigiado en todas las clases sociales, por sus virtudes y por sus servicios prestados en muchas ocasiones a la Nación.

El 1° de enero de 1902 apareció en el puerto de La Ceiba El Iniciador, redactado por los distinguidos periodistas, doctores Juan Bustillo Rivera y Francisco J. Mejía, quienes, interpretando la opinión pública y sin que lo supera el general Bonilla, lanzaron la candidatura del modesto y prestigiado ciudadano que encarnaba las legítimas y elevadas aspiraciones de la República.

Nadie desconfiaba entonces de las intenciones y de la honradez del general Sierra, y El Iniciador, que sin quererlo, sería pretexto para las primeras hostilidades del Gobierno contra el candidato popular, se expresaba en los términos siguientes, del que con ocho meses de opresión y con su escandaloso golpe de Estado debía borrar sus méritos anteriores y echarse el odio de su país:

"ANTE EL PROBLEMA"

La obra de administración del señor general Sierra, es una obra hermosa, digna de estudio. Cuando subió al poder, el 1º de febrero de 1899, el ánimo de muchos se encontraba triste y vacilante, bajo la influencia de prejuicios que se habían formado sobre la naturaleza moral de este guerrero, creyéndose que su gobierno iba a ser una especie de dictadura perpetua, en que la razón cedería su campo al sable y la justicia a la arbitrariedad. Unos, cegados por el odio que le profesaban, otros abatidos ante la severa rigidez del heroico soldado de El Corpus y El Salto, desde cuyas alturas se le miró ir y venir siempre terrible y audaz, con audacia de león herido, consideraron llegado el momento último en la vida de las libertades públicas.

No se preocuparon de estudiar que, lo que precisamente constituye el fondo del carácter de este notable hombre de estado, es una inflexible tenacidad, una constante uniformidad de la acción con el pensamiento, una extrema consecuencia consigo mismo, una excesiva actividad y un legítimo amor a lo grande, a lo elevado, que, diciéndolo todo de una vez, conduce rectamente a inmortalizarse en las páginas augustas de la historia.

De aquí su energía en las obras a que pone mano, la hercúlea fuerza de su voluntad para llevar a la realización práctica las ideas de que está convencido; de aquí su fe inquebrantable, ese casi supersticioso culto que tiene a sus principios que, por herencia y por convicción, han sido y son inspirados en las más puras doctrinas de la democracia; de aquí su acerado carácter, que no le permite abajarse, antes bien le imprime a su naturaleza un sello de severidad, de circunspección extremada, de austera formalidad, de exactitud y rigidez en todas sus acciones; de aquí su afán, que pudiera decirse inmoderado, de trabajar siempre, material y moralmente, hasta el punto de que, sin temor alguno, puede hacerse la afirmación de ser el trabajo el lema de su política.

Reflexivo, profundamente juicioso, piensa mucho antes de obrar; pero, si después del examen propio y, a veces, consultando el ajeno, considera verdadero su pensamiento, lo realiza con una pasmosa energía y actividad. En este terreno, su acción tiene toda la rigidez de su acero: su palabra, el firme acento de su espíritu esforzado; y es preciso, entonces, convencerse de que en su alma hay magnéticas y poderosísimas corrientes que, al oponerse a ellas, se va en camino de un peligro seguro.

Al recibir el mando el 1° de febrero de 1899, el país entero fijó en él sus miradas. Ese día, que será de gloria en la historia de la patria, fue a la Asamblea Nacional y juró, a la faz de los pueblos y en presencia del Congreso, que cumpliría la Constitución y las leyes de la República, y dijo a su predecesor que aquella Carta, donde estaban consignados los derechos de la Nación y las libertades públicas, la entregaría ilesa al elegido de los pueblos el 1° de febrero de 1903.

No fueron, no, palabras vanas y fementidas las que salieron de sus labios. Ha cumplido, porque él no es mendaz. Desde el principio mostró sus hábitos de trabajo, su espíritu económico y emprendedor, su ardiente amor a la paz, sin la que no puede haber nada duradero y fecundo, y una tolerancia necesaria en la política que se había trazado, para reunir las fuerzas dispersas de los partidos y hacerlas converger a un fin, el progreso, y a una causa, la libertad de todos.

Los tres años que lleva de manejar los asuntos públicos, han sido altamente beneficiosos a los verdaderos intereses de la Nación. Al desarrollo de estos intereses, se ha concretado día y noche con una perseverancia digna del mayor encomio. Los caminos carreteros que salen de la capital para Comayagua el uno y para San Lorenzo el otro; las varias obras materiales que se han hecho en Tegucigalpa y distintos lugares del país; el acrecentamiento de las rentas, que ha llegado al punto de poder economizar cerca de un millón de pesos, sobre los cuales no se hace misterio; el pago exacto y puntual de sus créditos; las contratas y arreglos que ha hecho, ora para amortizar las deudas que pesaban sobre la honra del país, ora para abrir vías férreas de comunicación; el impulso que le ha dado a la enseñanza pública; el nuevo armamento de que ha provisto suficientemente los almacenes de guerra; la disciplina severa y nueva organización que ha dado al Ejército, y la política de neutralidad que con rigor ha venido observando respecto de las luchas internas de los demás Estados de la extinta República de Centroamérica, como las cordiales relaciones que ha mantenido con las otras potencias extranjeras; muestran y prueban con plenitud, que el presidente, al subir las gradas del poder, abrió su corazón a los grandes ideales de su patria, que le confiaba nada menos que el sagrado depósito de sus futuros destinos.

Hoy, primer día del año de 1902, el señor general Sierra va a entrar en el último período de su administración; y, a la verdad, debe decirse: que nada tiene que reprocharle el pueblo hondureño, como nada tiene que reprocharse él a sí mismo; porque su frente puede levantarla con orgullo y presentarse a la vista de sus conciudadanos tal como es, honrado, digno, laborioso, emprendedor y amante decidido de los derechos y las libertades públicas.

Y en presencia de la obra que con tanta perseverancia ha venido laborando el esclarecido patriota que desempeña la primera magistratura de la Nación, el pueblo hondureño comienza ahora a preguntarse quién será el hombre que debe y puede continuar la política de paz, trabajo y administración iniciada y llevada a cabo, con vigoroso mano, por el señor general Sierra.

Este será el problema político, de más alta trascendencia, que ha de resolver el patriotismo nacional en los comicios de octubre.

Ahora bien: nosotros no queremos permanecer indiferentes, ni alejados del palenque de la lucha, sobre cuya arena, ciertamente, cualquiera que sea el vencedor, triunfarán los mejores.

Así es que El Iniciador viene al campo de las ideas para bregar con sus compañeros en pro del engrandecimiento y bienestar de la patria; viene a discutir con serenidad, y si es posible, con buen juicio e ilustrado criterio, lo que más conviene a los positivos intereses de la República, en esta hora solemne y en este solemne debate del patriotismo; jamás descenderá al terreno de la diatriba, de la calumnia procaz o del insulto estéril, que a eso bajan solo los que, no pudiendo bañarse en las puras aguas de la razón, se revuelcan en las hedientas del pantano.

No el odio, no la venganza ruin, no el sórdido interés, que primero romperíamos la pluma en mil pedazos, que obligarla a escribir encendida bajo el consejo de pasiones bastardas.

De esta manera El Iniciador llega al estadio de la prensa; y respondiendo al problema, sienta en sus columnas estas preguntas:

1ª. – ¿El señor general, don Manuel Bonilla tiene antecedentes que le abonan a la confianza del pueblo hondureño?

2ª. – ¿El señor general, don Manuel Bonilla puede secundar la obra de paz, progreso y administración, iniciada por nuestro digno mandatario, Gral. Don Terencio Sierra?

3ª. – El estado de cosas, el interés de esta hora, ¿reclamarán como sucesor del general Sierra al general Bonilla?

Luego contestaremos, sí, al amparo de la liberta de que disfruta la prensa, que esa libertad, como dice Armando, "es, ciertamente, palabra mágica y también mágica cosa, y como todo lo que es mágico, opera prodigios".

J. Bustillo Rivera".

Las alabanzas a una conciencia recta caen como gotas de rocío del cielo, porque son meritorias y fecundas; pero cuando se dirigen al que piensa en hacer el mal, se ofende de ellas, creyendo que sus secretos están descubiertos y que son la burla anticipada a la perpetración de su delito. El artículo de Bustillo Rivera cayó sobre la conciencia del general Sierra como un reto del porvenir, y más tarde el autor del anterior escrito debía venir desde el departamento de La Paz, atado de manos, golpeado y escarnecido por los sayones del Gobierno, en premio de sus palabras.

En los números de El Iniciador del 8 y del 15 de enero, el Dr. Bustillo Rivera planteó claramente la cuestión en los siguientes términos:

El señor general, don Manuel Bonilla, ¿tiene antecedentes que lo abonen a la confianza del pueblo hondureño?

Las páginas más interesantes en la historia militar del general Bonilla, se pueden arrancar, desde el año de 1873, fecha en que se hallaba encargado del poder el tenaz luchador de la democracia hondureña, Dr. Don Céleo Arias, grande como carácter, como político, como filósofo y como jurisconsulto. Arias, jefe del partido liberal, había venido el año de 1872 a derribar el gobierno conservador del general José María Medina, que lo empuñaba desde

1873. Al año siguiente, González, presidente de El Salvador, insinuó al jefe de Guatemala la idea de venir a Honduras con ejércitos coaligados y echar bajo la Administración Arias. Con efecto, Comayagua fue sitiada y Arias capituló.

En ese sitio, memorable en los fastos de la guerra, general Manuel Bonilla tenía el grado de Coronel, acompañaba al jefe del liberalismo hondureño y se hizo apreciar por su serenidad y valor. Después de Arias, vino Leiva, quien, por exigencias de la política de Guatemala, tuvo que separarse del Gobierno el 8 de junio de 1876; luego, nada más que un breve término, estuvo encargado del poder el licenciado don Crescencio Gómez, hasta que, aquella época de mala administración, guerras civiles y desórdenes, fue cerrada con el advenimiento del Dr. Don Marco Aurelio Soto a la primera Magistratura de la República. De agosto de 1876 a 1883, período administrativo de Soto, el general Bonilla prestó varios e importantes servicios al país, en los empleos de Comandante de Armas de Trujillo, Amapala y Yoro, dando pruebas irrecusables de su buen juicio, de su lealtad y de su acendrado amor al progreso y civilización de los pueblos. La conducta que se trazó el general Bonilla en el desempeño de esos puestos públicos y la limpia como brillante foja de servicios que mostraba, fueron parte a que el Dr. Soto, haciendo justicia a sus méritos, le confiriese el grado de General de Brigada en el Ejército de la Nación.

A la administración Soto sucedió la administración Bográn; y el general Bonilla, perseguido por este gobernante, con quien jamás estuvo de acuerdo, sin duda porque se le consideraba identificado con el Dr. Soto en ideas y aspiraciones, tuvo que emigrar y vivir fuera de su patria, lejos de su familia, compuesta de un padre anciano y una madre tierna y cariñosa, cuyos restos él no cargó sobre sus hombros y duermen en estas playas que el Atlántico embravecido acaricia con sus olas tormentosas

Al considerar esta parte de la vida del general Bonilla, llena de inquietantes, de hondas penas que laceraban su alma, debiera parecernos que su corazón habría de arder solo en llamas de iras vengadoras, que su brazo de luchador, a partir de aquellas horas de persecución y de desgracia, únicamente se iba a levantar implorando al cielo que desatara su cólera contra sus enemigos, que eran los mismos enemigos de los derechos y libertades de su patria. Pero no, en esa frente no pasan las sombras del delito. Honrado, sufrió con resignación el ostracismo, sin dar cabida a las víboras de la venganza y del odio.

Unas veces en Nicaragua, otras en El Salvador o en Guatemala, el general Bonilla, principalmente en la segunda República, durante la administración Bográn, tuvo oportunidades de utilizar los medios que se le ofrecían para hacer la guerra a este Gobierno; pero no quiso porque los recursos y elementos que se le proporcionaban, eran en cambio de sacrificios de su dignidad. El año 1890, que los hermanos Ezetas asesinaron al general Menéndez, el general Bonilla residía en San Salvador; y aquellos dos salteadores del poder público, solicitaron sus servicios para sostenerse, con el puño de la espada de este guerrero, sobre las gradas ensangrentadas del Palacio. Ofreciéronle honores, dinero, ejército suficiente con que derrocar el gobierno de Bográn; y, sin embargo, él lo rechazó todo, prefiriendo la vida del emigrado, antes que hacer traición a la memoria del presidente asesinado, quien le dispensara, en vida, una amistad pura y desinteresada.

El señor general don Manuel Bonilla ¿tiene antecedentes que lo abonen a la confianza del pueblo hondureño?

El país entero contestó que sí. Nadie mejor que el general Bonilla estaba llamado a suceder al general Sierra, tanto por su honradez, como por sus sacrificios hechos en aras de la patria; pero esto mismo contribuyó a la enemistad del presidente y al odio y a la envidia del Dr. Arias, que, con el ojo avizor, espiaba siempre el momento de llegar al poder.

Centenares de actas fueron dirigidas al candidato, quien manifestó que no tenía ambición; pero que tampoco podía desechar a sus amigos y conciudadanos que le llamaban a un puesto tan difícil y delicado.

Como amigo del presidente de la República de aquel entonces, el general Bonilla quiso oír la opinión del magistrado que más podía influir en el resultado electoral, sobre todo si tenía un candidato oficial a quien apoyar. La contestación fue clara y afectuosa, diciéndole que no apoyaría a nadie y que tendría gusto en saber que el pueblo hondureño le favorecía con el mayor número de sufragios.

Deseaba el general Bonilla al hacer esa consulta no solo cumplir con los deberes de la amistad, sino conocer a fondo el terreno oficial para evitar a sus amigos, caso de que hubiera candidatura gubernativa, las molestias y persecuciones consiguientes. Confiando en la declaración del presidente autorizó a los diversos centros políticos que le proclamaban para que siguieran sus trabajos, mas, pocos días después, el doctor don Juan Ángel Arias manifestaba de palabras y por escrito que él era candidato oficial, y como para comprobar sus aseveraciones, los palos, las cárceles y los cuarteles respondían en casi todos los departamentos al entusiasmo bonillista.

CAPÍTULO II: HACIA LA GUERRA CIVIL

Comunicación del general Bonilla – Primeros pasos del círculo arista violando las leyes de la República – Comentarios de El Electro – El Heraldo

Llamado el general Bonilla por una gran mayoría de sus conciudadanos a presentar candidato a la presidencia, se negó a dar pomposos manifiestos, concretándose a dirigir la siguiente comunicación:

"Tegucigalpa: 6 de marzo de 1902
Señor

Muy señor mío: Hace algunos días que el Congreso Nacional explicó un decreto por el que se convoca al pueblo hondureño para la elección de presidente de la República, por tener que concluir el último de enero de 1903 el periodo del señor general don Terencio Sierra.

Muchas personas principales de esta capital y de los departamentos, sin distinción de bando político, me han excitado con el objeto de que permita proponer a los pueblos mi candidatura para aquel alto puesto: al principio nada contesté, porque necesitaba tiempo para deliberar; pero hoy, notando que todos los partidos están interesados en que se constituya un Gobierno Nacional, que atienda, como el del señor general Sierra, a los verdaderos intereses de Honduras, no he podido menos que acceder para prestar mi pequeño concurso en esta labor patriótica.

Creo un deber de amistad participar a Ud. lo expuesto, para manifestarle mi asentimiento a los trabajos que Ud. y demás amigos y vecinos de ese departamento emprendan, animados por su patriotismo y por el deseo de llevar a cabo una elección acertada.

Mi norma como Mandatario, sería la Constitución; y dirigiré al pueblo hondureño un manifiesto, que servirá de Programa de Gobierno, tan luego conozca que es llegado el caso de verificarlo.

Con toda consideración, me suscribo de Ud. atento seguro servidor y amigo.   *Manuel Bonilla*".

El 7 de marzo fue publicada una tarjeta de invitación suscrita por el ministro de Fomento, don Francisco Altschul, licenciado don Joaquín Soto, magistrado de la Corte de Apelaciones de Comayagua y por don Jesús Estrada, alcalde de la capital.

El Diario de Honduras, en nombre de la moral política y del respecto que se merecen las leyes, comentó aquel primer paso inconstitucional del arismo, con las frases siguientes del Dr. M. Vásquez:

"POR LA LIBERTAD Y POR LA LEY"

Ayer circuló en esa capital la tarjeta de invitación que dice así:

"Señor: Nos permitimos la honra de invitar a Ud. para que hoy, a las 8 p.m. se sirva concurrir a la casa de habitación de don Octavio R. Ugarte, donde se celebrará una junta preparatoria de los trabajos que los amigos y partidarios del señor doctor, don Juan Ángel Arias, nos proponemos emprender en favor de su candidatura a la Presidencia de la República. – Francisco Altschul – Joaquín Soto – Jesús Estrada".

Nadie ignora que don Francisco Altschul es actualmente ministro de Fomento y Obras Públicas; que don Joaquín Soto es magistrado propietario de la Corte de Apelaciones de Comayagua; y que don Jesús Estrada es alcalde municipal de esta ciudad, por lo cual la invitación aludida causó verdadera sorpresa y general reprobación.

El primer paso que se ha dado por los opositores a nuestra candidatura, viola una garantía conquistada por el pueblo hondureño después de muchos sacrificios. A los funcionarios públicos les está prohibido terminantemente recomendar candidaturas determinadas. De otra manera, la libertad electoral sería un irrisorio sarcasmo.

El art. 60 ref. de la Ley Constitutiva de Elecciones prohíbe, con sanción penal, que las autoridades o funcionarios públicos del Poder Ejecutivo se dirijan de palabra o por escrito, a sus subalternos o a los electores, con el objeto de influir en determinadas candidaturas.

El art. 69 de la misma ley dice: "que se consideran funcionarios públicos los empleados del Departamento Ejecutivo, o los funcionarios o particulares que ejerzan funciones electorales".

El art. 3° de la Ley Orgánica de Tribunales dice: "Es prohibido a las autoridades judiciales:

5°. Tomar, en las elecciones populares del territorio en que ejerzan sus funciones, más parte que la de su voto personal.

6°. Mezclarse en reuniones, manifestaciones a otros actos de carácter político, aunque sean permitidos a los demás ciudadanos".

En presencia de estas disposiciones legales, ¿puede y debe don Francisco Altschul, ministro de Fomento, emprender trabajos electorales en favor de la candidatura de don Juan Ángel Arias?

¿Puede y debe don Jesús Estrada, alcalde municipal de esta ciudad, y por consiguiente autoridad con jurisdicción legal, emprender trabajos en el mismo sentido?

¡Puede y debe el magistrado de la Corte de Apelaciones de Comayagua, don Joaquín Soto, mezclarse en reuniones, manifestaciones o actos de carácter político como el indicado en la tarjeta de invitación?

Creemos que los aludidos están en el deber de dar alguna explicación sobre su intervención en trabajos electorales.

Tratamos aquí de una de las garantías que más preocupó a nuestros legisladores constituyentes.

Bien pueden los señores Altschul, Soto y Estrada emprender trabajos electorales con tal de que renuncien antes la autoridad o empleo que ejercen.

Hasta nos congratularíamos al ver a don Francisco Altschul –que ningunos vínculos tiene en Honduras– oponiéndose a nuestro candidato, el general Bonilla, quien está unido a nuestras luchas, a nuestros sufrimientos y triunfos, y cuyo nombre resuena en todos los campos donde se ha combatido por la libertad y por el bien de Honduras".

El 15 de mayo apareció El Heraldo, con el siguiente primer editorial:

"NUESTROS FINES

El decreto de 22 de febrero último, del Soberano Congreso Nacional, convocando a elecciones para presidente y vicepresidente de la República, durante el período que principiará el 1° de febrero de

1903, ha venido a mover el ánimo del pueblo hondureño, acostumbrado a la paz beneficiosa que ha disfrutado durante el tiempo que ha estado al frente de los destinos de la Nación el Benemérito general don Terencio Sierra.

Época de bienandanza y de prosperidad nacional forma en la historia el período presidencial que está para terminar. Durante estos cuatro años, los tibios, los que habíamos dudado de que en Honduras pudieran germinar los sanos frutos de la libertad bien entendida, nos hemos convencido de dos hechos innegables: el alto sentido moral y pacífico de nuestros pueblos, y que son capaces, bajo un gobierno paternal y progresista, de alcanzar todos los bienes que ofrecen las instituciones liberales; mejor dicho, hemos demostrado a propios y extraños, que somos juiciosos, que tenemos recto criterio y que podemos pensar con formalidad en los intereses de la patria.

Prueba de ello es la paz que hemos disfrutado. El señor Sierra descenderá del poder sin ningún resentimiento del pueblo hondureño, que ha sabido corresponder a la política sensata, a la conducta inmaculada, a la honradez a toda prueba, a la imparcialidad justiciera con que el señor Sierra ha regido los altos destinos de la Nación.

Y si es cierto que el señor Sierra aún no ha desarrollado el vasto plan político y administrativo que se había trazado, tenemos fe en que, durante los meses que le faltan, llevará a debido término sus propósitos; pues antes que todo, si algo le faltara, habría que atender a las circunstancias en que se encontraba el país al recibir el Poder y a la cortedad del período de cuatro años, que es el designado por la Constitución.

El estado normal de Honduras, desde el año de 85 hasta el de 1899, puede decirse que ha sido el de la guerra; casi se llegó a creer que caeríamos en la anarquía.

La revolución, por una ley fatal, se había enseñoreado de la Nación, el desorden moral reinaba en todas partes, y se hacía necesario un hombre de carácter enérgico y decisiva aplicación al bien del país. Los elementos políticos se hallaban barajados, confundidos; no nos entendíamos, y llegamos hasta á endiosar la intolerancia y el personalismo como elementos de progreso y como una cualidad inherente de verdadero liberalismo en el poder. Esto trajo dificultades sin cuento y errores que, si duran por más tiempo, nos hubieran condenado a volver a los tiempos de las facciones y del pandillaje. Dichosamente el doctor don Policarpo Bonilla, al descender del poder, quiso, con gran sentido político, hacer efectivo el principio de alternabilidad y, al establecer la elección libre del nuevo candidato, dio oportunidad al pueblo hondureño de probar, una vez más, que es un pueblo sensato, que no se equivoca al elegir al que debe estar al frente de sus destinos.

Solo este hecho nos hace comprender hasta la evidencia que nuestro pueblo no está desmoralizado, que desea la paz, que desea el trabajo y que, con mirada de águila, sabe distinguir quienes pueden llevarlo en el seno de la libertad, por la senda del progreso.

El General Sierra, que no ha llevado por norte desde su ascenso al poder, más que los preceptos de la Constitución, preceptos que, por idiosincrasia, por costumbre, por temperamento, practica, y no por pura vana ostentación de liberalismo; desde el principio, en su luminoso Manifiesto de Coray, expresó su doctrina sobre alternabilidad del poder, y después, en conversaciones privadas y ante el público, ha sostenido dicha doctrina, que hoy lleva a la práctica, aun convencido de que la mayor parte del pueblo hondureño, a pesar de ser enemigo de la reelección, como una honrosa excepción, se la permitiría. Porque el general Sierra debe estar convencido de que amigos y enemigos son admiradores, en Honduras y fuera de ella, de sus altas dotes administrativas y de gobierno.

Pero el general Sierra, que en la carrera militar ha sabido disciplinar su carácter, no querría, ni por un momento, desdecir de la unidad de ideales de su vida. Verídico y recto como un Cabañas, no influyen en él ni la adulación servil, ni los halagos del poder; y, lógico en su conducta, impone al pueblo hondureño la alternabilidad, y declara llanamente que todo hondureño es libre de elegir el candidato que sea de su agrado, sin más límites que el respeto al orden público, y a que ningún individuo pueda escudarse a la sombra del poder para proclamar una candidatura.

El general Sierra no es de los que creen que un individuo, por el hecho de ser empleado, debe renunciar de su personalidad y de sus afecciones políticas; no, él lo que cree, y le cree toda gente sensata, es que no se debe tomar el empleo, ni mediata ni inmediatamente, como un medio para inclinar las voluntades. El cree que todos tenemos derecho a interesarnos por la patria; que puede ser que unos se equivoquen y que otros no, pero que, al fin y al cabo, todos persiguen el mismo ideal, y que por lo mismo se les debe dejar en completa libertad.

Bajo auspicios tan laudables, todos los ciudadanos de la República nos hemos acogido a la bandera de la alternabilidad, levantada por el Supremo Jefe de la Nación; y nos hemos lanzado a la arena de la política, en el deseo de elegir un candidato que satisfaga las aspiraciones del patriotismo.

De la gran agrupación social, una pequeña parte de esta capital ha lanzado la candidatura del modesto y honrado ciudadano Gral. Don Manuel Bonilla, y la otra la del ilustrado Dr. Don Juan Ángel Arias. No es nuestro ánimo juzgar del círculo político del General Bonilla, y nos ocuparemos de la candidatura del Dr. Don Juan Ángel Arias, a la que pertenecemos por principios y por convicción

Con este objeto, los que opinamos por la candidatura Arias, nos reunimos la noche del 7 del corriente mes, para deliberar sobre el establecimiento y organización de nuestros trabajos electorales. En esa reunión provisional estuvieron representadas todas las clases sociales; y en ella, por unanimidad, se acordó: establecer un Club Central, de donde emanaría la creación de nuevos clubs; el nombramiento de agentes electorales, y que el Club sería el que, por hallarse en la capital y para que hubiera unidad de acción, establecería el reglamento que contuviera todas las disposiciones relativas a los trabajos electorales de toda la República en favor del doctor Arias.

En esa misma sesión, el Club acordó fundar un periódico que fuera órgano de los sentimientos de los liberales que apoyamos la candidatura Arias. Estableciendo como principio de conducta de dicha publicación, lo que exige la cultura y la decencia que debe reinar al discutirse los caros intereses de la Patria; por creer todos los miembros del Club que toda frase hiriente, toda alusión personal, toda expresión que tenga el menor viso de insulto, es indigna de la alta personalidad política del doctor Arias; impropia del carácter y antecedentes de las personas que forman el Club; y que, además, irritando las pasiones, se sembraría odios y discordias, que es preciso evitar a todo trance al pueblo hondureño.

Sobre tales bases, El Heraldo sale a la luz pública, y declara, como su sistema de conducta, los principios sustentados en el Club.

Convencidos íntimamente de que la candidatura del Dr. Don Juan Ángel Arias responde a las ideas que siempre hemos sustentado en política y seguiremos sustentando, no hemos dudado, ni un momento, en ponernos al servicio de dicha candidatura, porque creemos que con ello hacemos un servicio a la patria.

Honduras necesita al frente de sus destinos de un hombre que, por su ilustración y su carácter, responda a las necesidades más ingentes del país.

El periodo presidencial del señor Sierra deja en el corazón de los hondureños el germen de la moralidad política. El pueblo, durante ese tiempo, se ha acostumbrado a pensar que para hacer el bien del país no se debe recurrir ni al bochinche ni a los escándalos de los políticos de mala ley; y, no nos equivocamos al afirmarlo, todo hondureño desea que quede en el poder una persona que satisfaga tan nobles aspiraciones.

Para esto se necesita un hombre de educación especial, de una intención decidida en pro de los intereses de la nación, y que, además, se rodee de todos los elementos políticos que tiendan al mismo fin.

El Dr. Arias, joven patriota decidido, liberal en el más genuino sentido de la palabra, relacionado con lo más culto de la sociedad centroamericana, de inteligencia e ilustración poco comunes, y práctico en asuntos de política, lo consideramos, por éstos y otros muchos méritos, el único capaz de poder enfrentarse ante los grandes problemas económicos y sociales, cuya resolución deja iniciada el Sr. Gral. Sierra.

El señor Arias ha luchado siempre al lado del partido de la libertad y del progreso; él ha tenido por único norte de la política el engrandecimiento de la Patria, ya por la instrucción que moraliza; ya por la riqueza que hace la felicidad de los pueblos; ya por el ejército que es la garantía de la paz y de la independencia de las naciones. Así es que los grandes problemas, el económico, el de la instrucción del pueblo, el de la formación del ejército, que entrañan la paz y la prosperidad de los pueblos, serán el gran objeto de su Gobierno.

Para ello cuenta el doctor Arias, además de sus nobles propósitos, con el contingente de la parte ilustrada de la nación hondureña; cuenta con sus propios prestigios y con la garantía del gran circulo político que le acompañará en las labores administrativas.

Por las razones expuestas, la Redacción de El Heraldo no ha dudado un momento en ponerse al servicio de la candidatura del eminente liberal y hombre público DOCTOR DON JUAN ÁNGEL ARIAS.

Juan María Cuéllar
Vicente Mejía Colindres. Guillermo Rivera"

Como cualquiera que conozca la verdad de los hechos, el resultado de las elecciones y, sobre todo, el de la lucha armada, creerá, con justicia, que los que redactaron el documento anterior eran, o unos grandes soñadores políticos o estaban bajo la influencia del conde de Cagliostro o de una pila de Messmer; porque ni todas las clases sociales estuvieron en su famosa reunión del 7 de marzo, ni el doctor Juan Ángel Arias tenía, ni tendrá prestigios, porque su instinto a la tiranía, lo demostró siendo ministro, y lo acabó de comprobar en los pocos días en que convicio el mando autocrático, por la usurpación.

Pasado aquel tiempo de adulaciones para atraerse el apoyo del Gobierno, aquel artículo no tiene más mérito que recordar los primeros pasos del arismo para llevarnos a la guerra civil.

CAPÍTULO III: ARIAS BUSCA LA PRESIDENCIA; SIERRA BUSCA QUEDARSE EN ELLA

MES DE MARZO DE 1902. – Primeros pasos del partido bonillista – Circulares de los Ministerios de la Gobernación y de la Guerra – Primeros trabajos de la esposa del general Sierra – Protesta de la juventud contra el Dr. Arias – Editorial de El Elector del 25 de marzo.

Emitido por el Congreso Nacional de 1902 el decreto de convocatoria a elecciones y preparados los ánimos para iniciar la propaganda en favor de la candidatura del general, don Manuel Bonilla, los principales miembros de la sociedad de Tegucigalpa, acordaron fundar un Club Central, que dirigiera a las diversas asociaciones políticas que con el mismo objeto se establecieran en todo el país.

La Junta Directiva, electa en la primera sesión del "Club La Democracia", acordó dirigirse a los más distinguidos ciudadanos de la República, y, en efecto, imprimió e hizo circular la siguiente excitativa:

"Tegucigalpa: 3 de marzo de 1902

Señor:

Cumpliendo con el precepto constitucional, el Soberano Congreso convocó el 22 de febrero, al pueblo hondureño para que elija, entre otros altos dignatarios del Estado, el presidente de la República.

Con ese motivo, gran número de ciudadanos de todas las clases sociales, sin que nos guíe otro fin que el bien de la patria, hemos formado, en esta capital, un gran Club, con la denominación de "Club Electoral La Democracia", cuyo nacimiento tenemos el honor de participar a Ud., como miembros que somos de la Directiva del mismo.

Con la profunda convicción de que gozaremos de absoluta libertad electoral, y convencidos de que el señor presidente, general don Terencio Sierra –para honra suya– garantizará imparcialmente el

33

libre ejercicio del sufragio, hemos adoptado la candidatura del modesto general don Manuel Bonilla para la Presidencia de la República en el próximo período, uniéndonos así de corazón, al sentimiento general del pueblo hondureño, manifestado ya por compatriotas y amigos de los demás departamentos.

Los antecedentes de rectitud y honradez de nuestro candidato, son de todos conocidos.

Su nombre es garantía de LIBERTAD, PAZ Y PROGRESO.

Pero libertad para todos, sin exclusivismos de ningún género y sin distinción alguna de colores políticos que mantengan alejados los elementos sanos, honrados y patriotas que abundan en el país. Y paz fecunda que desarrolle el trabajo: que acreciente la riqueza pública y privada; que lleve la garantía y la concordia al hogar como bases de nuestra unión y bienestar.

Considerando á Ud. animado de nuestros mismos propósitos en favor de la candidatura del general don Manuel Bonilla, y por recomendación especial de miembros importantes de nuestro Club, nos dirigimos a Ud. invitándole para que promueva en esa localidad y demás pueblos de ese departamento, la formación de otras asociaciones que hagan la propaganda de dicha candidatura, de la manera que crean más oportuna y eficaz, poniéndose en comunicación con este centro directivo en todo lo que se relacione con el objeto y fin indicados.

Creemos innecesario manifestar a Ud. que nuestros trabajos deben ser mesurados y prudentes; que respetaremos todas las opiniones; que no es una lucha la que vamos a empeñar, sino una propaganda dentro de los límites del orden y de la ley, para llevar a todos los hondureños el convencimiento de que nuestro candidato reúne todas las condiciones que se requieren en este momento histórico.

Confiados en el patriotismo de Ud., esperamos una contestación satisfactoria; por lo cual le rogamos que se sirva indicarnos los nombres de las demás importantes personas de esa localidad que estén de acuerdo con nuestros propósitos para que sean inscritos en el registro que llevará esta Junta Directiva. Cada Club puede también consignar en sus libros los nombres de los adictos a nuestra causa, indicándonos mensualmente el número de los que vayan inscribiéndose.

Con toda consideración y aprecio, nos suscribimos por sus atentos servidores.

Por el "Club Electoral La Democracia",

Saturnino Medal
Presidente

Alfonso Gallardo/Vocal I
Salvador Córdova/Vocal 2°
Salvador Zelaya/Secretario I
R. Lobo Herrera/Secretario 2°

El Dr. Arias, que desde hacía más de un año trabajaba por ser proclamado presidente durante el período de 1903 a 1907, y con la tolerancia del presidente, general Sierra, que no deseaba otra cosa que el choque de varios candidatos para quedarse en el poder por las circunstancias, había escrito varias cartas anunciando a sus amigos, y a los empleados que suponía capaces de servir al que les asegurara la ración del presupuesto, que contaba con el asentimiento y el apoyo privado del presidente, y que deseaba contar con ellos.

Alarmados muchos, aun de los mismos a quienes se había dirigido el Dr. Arias, lo participaron al Gobierno y al general Bonilla, y como trasluciera el asunto y se hiciera público, manifestó el general Sierra que él no tenía enemigos mortales; pero, que si por casualidad los pueblos daban libremente sus votos en favor del que más le odiase, a ese le entregaría, conforme a su promesa del Manifiesto de Coray.

Al efecto, hizo llamar a sus ministros, y después de una fingida filípica, por el uso que hacían de su nombre, dio instrucciones al Dr. Don César Bonilla y al Dr. Don Julián Baires, para que expidiesen, acto continuo, las circulares siguientes:

"República de Honduras, Ministerio de la Gobernación. – Tegucigalpa: 6 de marzo de 1902.

Señor gobernador político del departamento de...

El Congreso Nacional, por decreto núm. 49, emitido el 22 del mes de febrero anterior, ha convocado al pueblo hondureño para que, en el mes de octubre próximo, y en las fechas señaladas por la ley, elija el presidente y el vicepresidente de la República, y los magistrados de la Corte Suprema de Justicia, para el período constitucional que principia el 1° de febrero de 1903 y termina el 31 de enero de 1907.

Como se trata de renovar los funcionarios más importantes de la República, y es conveniente para la paz y tranquilidad futuras, lo mismo que para el afianzamiento de las instituciones que nos rigen, que acto tan trascendental se verifique en orden y con la más amplia libertad; me ha dado instrucciones el señor presidente para que recomiende a usted, de un modo expreso, que no tome participación en los trabajos electorales que se emprendan en favor o en contra de determinadas candidaturas, cumpliendo estrictamente lo prevenido por los artículos 60 y 69 reformados de la Ley Constitutiva de Elecciones.

El señor presidente, que ha sido en todos sus catos respetuoso a la ley, siguiendo una política sana, de conciliación y tolerancia, que tan buenos resultados ha tenido, quiere, en esta vez, demostrar con hechos, y de un modo práctico, que el Poder Público en sus manos es una garantía del orden y de la libertad.

Sería para él un motivo de íntima satisfacción que los funcionarios de la dependencia del Poder Ejecutivo se inspirasen en sus mismas ideas y sanos propósitos, y que el pueblo hondureño, que tiene tantas virtudes cívicas, justifique con su conducta tranquila y patriótica que ha adquirido la experiencia de las naciones más avanzadas, en que todas las cuestiones políticas se resuelven en los comicios. Por eso se ha dicho, y con razón, que la libertad del sufragio es la base de los gobiernos representativos.

No dudo que usted, como empleado leal y consecuente de la actual Administración, sabrá cumplir la orden anterior, mereciendo por ello el aprecio de sus superiores y el respeto de todos los ciudadanos, sea cual fuere el partido político en que estén afiliados.

Con muestras de aprecio, quedo de Ud. seguro servidor.

El Ministro de la Gobernación,

César Bonilla"

"República de Honduras, Ministerio de la Guerra. – Circular núm. 52. – Tegucigalpa: 6 de marzo de 1902.

Señor comandante de Armas de....

El Congreso Nacional ha convocado los pueblos a elecciones de presidente y vicepresidente de la República, y de magistrados de la Corte Suprema de Justicia, que fungirán del 1° de febrero de 1903 a la misma fecha de 1907. Y siendo lo natural que, a la convocatoria respondan trabajos de propaganda, previos a la práctica de las elecciones mismas, que se verificarán en los días señalados por la ley, tengo orden expresa del señor presidente de la República, y estoy en el deber de comunicar a Ud. las siguientes determinaciones, que deben marcar la conducta del Gobierno en estas circunstancias:

1ª. – Observancia, respeto y cumplimiento efectivos, por su parte, del artículo 60 de la Ley Constitutiva de Elecciones, y demás disposiciones legales análogas.

2ª. – Abstención completa de todo acto o trabajo de propaganda, y neutralidad absoluta, de parte de su autoridad, en cuanto a cualesquiera candidaturas que se presenten a la consideración de los ciudadanos.

Se servirá Ud. contestarme de estar entendido; y mientras tanto, me suscribo de Ud. atento, afectísimo y S.S.

Julián Baires"

La ambición es noble cuando tiene por base la elevación moral y el goce de placeres del espíritu, y no de los vicios que brindan al sibarita la riqueza y el poder. El doctor Arias quizá habría obtenido mejor éxito si hubiera reparado en los medios y no siguiera la máxima fatal de los jesuitas, que el fin justifica las acciones del hombre, por malas que estas sean.

Fue el Dr. Arias uno de los que más combatieron el pensamiento de que el general Sierra se casara con la que había sido su concubina durante largos años, por ser de baja clase en Nicaragua, y porque era una afrenta el llevarla al Palacio de Tegucigalpa, ultrajando a la virtud y buena sociedad de Honduras; pero cuando vio la influencia que aquella fatal mujer ejercía sobre su marido, fingióla afecto profundo, y para halagar su vanidad y obtener su apoyo, llegó a prometerle que humillaría al pueblo que tanto la despreciaba, aun ocupando el alto puesto de su marido.

Bajo esa tremenda alianza contra la honra hondureña, comenzó aquella mujer a manifestar que su candidato era el Dr. Arias, y a todo empleado que salía de la capital le recomendaba que tiranizase a los bonillistas, porque el candidato oficial sería el hombre ciego que no pudo comprender ni la honradez, ni la dignidad de su pueblo.

La prensa asalariada de don Juan, atendida a que unos cuatro o cinco normalistas eran prioritarios del Dr. Arias, se atrevió a decir que contaba con la juventud estudiosa; pero en el acto, lo más distinguido de ella, protestó en los enérgicos siguientes términos:

"POR LA VERDAD

Conciudadanos:

Equivocada o dolosamente se ha asegurad en un periódico adversario que la universalidad de los estudiantes, se encuentra afiliada a la candidatura del doctor Arias, y que su propaganda ha despertado en nuestro seno un entusiasmo sin límites. No hay nada más errado que ese aserto.

En esta lucha de opiniones encontradas, que debe ser noble, porque así lo exigen la cultura y el honor; en este choque de ideas contrarias, es donde las armas de combate deben ser más puras, más limpias, más honradas. Es aquí, porque la mayoría de los ciudadanos nos contempla, donde debemos hacer uso de la verdad entera, donde no debemos emplear jamás el dolo y la mentira, aun cuando estos nos llevaran a la realización de nuestros esfuerzos.

No debía, por lo tanto, haberse hecho la aseveración á que aludimos. Si es cierto —y lo confesamos porque somos francos— que un corto número de nuestros compañeros se han adherido a la propaganda del doctor Arias, sin que conozcamos los móviles que les guían, hay también otra parte numerosa, hay también un número considerable de estudiantes, de ideas independientes, de almas entusiastas, de corazones sanos y desinteresados, que hemos acogido fervorosamente la candidatura del general don Manuel Bonilla y hemos jurado solemnemente trabajar con ahínco por el triunfo de nuestra causa noble, por la conquista de nuestro ideal republicano.

Y hemos meditado hondamente, antes de decidirnos por candidatura alguna. Jóvenes todavía, sin prejuicios, sin rutina de escuela, sin preocupaciones y rencores, demócratas ardientes y entusiastas, las energías de nuestros corazones y la savia de nuestros cerebros tendían a buscar el elegido de los pueblos, el hombre honrado y sin mancilla que fuera en el poder la garantía de los derechos sumos y el resguardo y protección de la sociedad. Buscábamos el hombre sincero, el republicano sin mancha que nos llevara al triunfo de la razón y la justicia y al reinado absoluto del derecho.

Y hemos encontrado ese hombre en la persona del general don Manuel Bonilla. Y convencidos de nuestra causa, nosotros, que representamos una fracción de la sociedad futura, nosotros, en cuya sangre late el fuego de la savia nueva, marcharemos a despecho de todo, luchando noblemente por llegar a implantar en la cima del triunfo el pendón de nuestros ideales patrióticos.

Pero jamás alguno podrá señalar una mancha en nuestra propaganda, jamás alguno podrá reprocharnos el empleo de un medio reprobado, poque queremos llegar al logro de nuestras aspiraciones con la conciencia pura de los hombres honrados y con la noble satisfacción de nuestro deber cumplido.

Tegucigalpa: 13 de marzo de 1902

Augusto C. Coello. – Antonio Bermúdez M. – Marco Aurelio Herradora. – Juan Ramón Jirón K. – Ismael González B. – Hilario T. Castillo. – J. Antonio Zavala. – Tomás Cerrato C. – José Dionisio López. – Enrique B. Uclés. – Adán Coello H. – Manuel J. Vargas. – Policarpo V. Coello. – Mauricio Gómez. – Ruperto Ordóñez O. – Juan P. Verde V. – Abraham J. Pinel. – José Mercadal. – Luis Melara. – Gumersindo Rivera. – Rafael Alduvín L. – Gumersindo Duarte N. – S. R. Pastor. – Rubén Andino Aguilar. – Pablo P. Dávila. – C. Rodríguez. – Isaac Estrada h. – Gregorio Reyes Cardoza. – Fernando Carias M. – Ángel Acosta A. – Valentín Cálix. – Gregorio A. Lobo. –

Rafael J. Moneada. – Adán Canales. – Carlos A. Planas. – R. Suazo Amaya. – Ricardo Zúñiga. – Ramón Jerez. – J. A. Rivas. – Pablo Rosales. – Miguel R. Montoya. – Carlos E. Castillo. – Antonio Rodríguez. – J. B. Hernández. – Andrés Felipe Díaz. – Alfredo Jirón. – V. Alemán. – S. Padilla Miralda. – M. Romero. – Tomás Ávila. – R. P. Amador h. – F. Maldonado. – Miguel A. Medina. – E. Umanzor. – Juan Cárdenas P. – S. Torres V. – M. Osorio. – Román Pineda h. – Ramón Romero. – Samuel G. Discua. – Carlos María Várela. – Timoteo Chirinos. – Miguel Cardona R. – C. Salgado Lobo. – Francisco S. Salgado. – Salathiel R. Galeas. – Rafael C. Dávila V. – Miguel Garrido. – Francisco R. Zúñiga. – M. R. Ramírez. – S. Romero h. – J. B. Alvarado. – Manuel Henríquez. – Francisco Henríquez. – José C. Ávila. – Miguel Borjas. – Bonifacio Galo. – Valentín Guzmán O.

En cambio de los reproches y protestas que recibía el doctor Arias, de un confín a otro de la República, la opinión se levantaba unánime aclamando al general Bonilla, pues antes de concluir el mes de marzo contaba tres clubs en la ciudad capital, en Comayagüela, Juticalpa, Catacamas, El Real, Campamento, La Ceiba, El Porvenir, Trujillo, Comayagua, Choloma, Olanchito, Santa Rosa, Marcala, Yoro, Trinidad, Santa Bárbara, Nacaome, Amapala, Pespire, Roatán, Danlí, Yuscarán, Santa Lucía, Puerto Cortés, La Paz, Minas de Oro, Orocuina, Sabanagrande, La Venta, La Laguna, Siguatepeque, Meámbar, Morazán, Cedros, Laman!, Alauca, Paraíso, Manto, Omoa, San Juancito, Armenia, Yorito, Jacaleapa, Naranjito, Arenal, Langue, Talanga, Chinada, Balfate, San Buenaventura, Valle de Ángeles, Maraita, Villa de San Antonio, Apacilagua, Yusguare, Marcovia, San Pedro Sula, Morolica, Ajuterique, y dos en Choluteca y Cantarranas.

Cualquier apreciación que hoy se haga en bien del general Bonilla, aparecerá a los ojos de muchos, como una adulación al presidente de la República; pero tenemos gusto en presentar con su retrato, los conceptos que, siendo solamente candidato, estampó El Elector del 25 de marzo, respecto a su personalidad:

"ALMA BELLÍSIMA"

Negar que el país entero, o por lo menos sus nueve décimas partes, ve hoy en el general Manuel Bonilla el digno sucesor del presidente Sierra, sería negar la evidencia.

De un extremo a otro del territorio hondureño, el pueblo se ha levantado espontáneamente a proclamarle su candidato para la primera Magistratura de la República. Sin cabildeos, sin intrigas oficiales, sin garrafones de aguardiente distribuidos a la plebe de las tabernas, sin odiosas imposiciones de gobernadores o comandantes, sin míseros halagos de vergonzosas pitanzas, sin otro móvil que el del afecto entrañable que se le profesa, un solo grito sale de todos los pechos, pidiendo para este valeroso soldado el alto puesto a que sus merecimientos le llaman.

Hay que reconocerlo: el general Bonilla no es solamente un caballero muy estimado en Honduras, por su valor, honradez y patriotismo, sino también un hombre queridísimo por la ingénita bondad de su alma.

Esta natural benevolencia del general Manuel Bonilla, es quizás el rasgo más saliente de su carácter.

A nadie puede inspirarle temor, como no sea en el campo de batalla, porque, eso sí, su intrepidez ante el peligro es tan grande como su bondad en toda circunstancia.

De nuestro simpático candidato puede muy bien decirse, que "posee esa cándida ignorancia del odio, que es propia y exclusiva de las almas dignas y delicadas".

Un hombre así, no puede ser nunca un tirano.

Corazones como el suyo, abiertos a todas las corrientes del bien, son incapaces de gozarse en el sufrimiento de sus hermanos.

Por eso, particularmente, le queremos. El que en la vida privada y en los empeños de la guerra ha sido modelo cumplido de benevolencia y magnanimidad, no será nunca, no, para el pueblo hondureño, un amo cruel y despiadado.

Gobierno presidido por hombre tan juicioso, honrado y bueno como el general Manuel Bonilla, tiene que ser gobierno discreto, serio y, sobre todo, humano.

Gobernante de condiciones como las suyas, será, necesariamente, un conductor, y no un mayoral; un administrador honrado y sumiso, y no un dueño desenfadado y altanero.

Sí, hemos de repetirlo: la bondad característica del general Bonilla es para nosotros cualidad de mérito inapreciable, joya valiosísima de su corona de virtudes.

Un gran poeta ha dicho: "La dulzura es una claridad del alma que se esparce sobre las acciones de la vida". Todo Honduras ve resplandecer sobre la frente de nuestro caudillo predilecto esa claridad celestial.

Por eso le queremos; por eso le proclamamos nuestro candidato a la presidencia de la República; por eso, en fin, estamos dispuestos a empeñar todas nuestras fuerzas y hacer cualquier sacrificio a fin de llevarle al elevado puesto del que le hacen merecedor sus mil relevantes dotes, y, muy especialmente, la belleza incomparable de su alma.

CAPÍTULO IV. BONILLA RECHAZA UNA PROPUESTA "INDECOROSA"

MES DE ABRIL. – Circular del doctor Arias – Protesta del autor de este libro dirigida al arismo – Actitud franca y patriótica de El Elector – Denuncia que hizo el Diario de Honduras a los primeros graves abusos cometidos por el arismo – Nuevo artículo del autor de este libro – La Voz del Pueblo denuncia al doctor Arias de abusar del nombre del presidente Sierra.

En el carácter del Dr. Juan Ángel Arias, violento por temperamento, pero disimulado por educación cuando le conviene fingir, no era de esperarse, si efectivamente contaba con el apoyo oficial, el que comenzara a cometer abusos oprimiendo a los pueblos para atraerse por temor algunos centenares de firmas, pues conocido es el valor del pueblo hondureño y no habría podido nunca imponerse contra la opinión pública, aun cuando la horca, de que más tarde debía usar, y los palos de que abusó siempre, debieran sustituir a los tribunales de justicia.

Sin embargo, el 2 de abril dirigió una circular, especie de introducción a su manifiesto, que por lo contrario al carácter y temperamento de su autor, merece ser conocido por todos los que lejos de Honduras lean este libro.

Hela aquí:

"Tegucigalpa: 2 de abril de 1902

Señor:

Mucho tiempo antes de publicarse el decreto de convocatoria a elecciones de presidente de la República para el próximo periodo, había yo recibido de algunos de mis compatriotas constantes excitativas en el sentido de permitirles que me proclamaran para aquella elevada Magistratura. Me abstuve, sin embargo, por entonces, de corresponder a su bondadosa invitación, porque, comprendiendo la grave responsabilidad que iba a contraer para con el país, necesitaba meditar lo bastante sobre el paso que iba a darse, valorar las fuerzas y elementos de que podía disponerse, y, sobre todo, conocer basta qué grado me sería favorable la opinión pública, a fin de no comprometer a mis amigos y correligionarios, ni comprometer tampoco mi nombre en una campaña estéril o infecunda, por más que me sintiera animado de los mejores deseos en bien de la República.

Al fin hube de ceder a las repetidas instancias que se me dirigían, considerándome hasta cierto punto obligado a ello, tanto porque se me creía capaz de cumplir los arduos deberes de la primera Magistratura, como porque no me siento ajeno, lo digo con franqueza, a esa natural ambición, natural pero noble, de dirigir los destinos de mi patria, marchando por la senda luminosa que ha trazado a su paso por el poder el Benemérito Gral. Sierra, y procurando la felicidad pública por todos los medios que estuvieran a mi alcance.

Por el Manifiesto que oportunamente dirigiré a mis conciudadanos, se impondrá Ud. del Programa de Gobierno que desarrollaría en el caso de que me fuese favorable el sufragio de los pueblos. Debo, no obstante, anticipar á Ud. el firme propósito que abrigo, de que el Gobierno que inaugurase sería un Gobierno de paz, honradez y progreso, como el que preside el digno jefe de la Nación. Lo mismo que el General Sierra, profeso el principio de que los pueblos, como los individuos, no pueden ser independientes ni felices, si no es por el trabajo que redime y dignifica, que moraliza y proporciona el bienestar y comodidades que hacen grata la existencia. Fomentar, pues, el trabajo en todos sentidos, proteger las empresas e industrias útiles a fin de acrecer el patrimonio del pueblo hondureño y de enaltecer su carácter, serían objeto de mis perseverantes esfuerzos. Amo el progreso que tiene por base los principios liberales y la dignidad de la naturaleza humana, y considerando la paz como la más preciosa bendición para Honduras, propendería con todas mis fuerzas a su sólido mantenimiento. Nada de política de exclusión: la patria es para todos, y todos los talentos, méritos y virtudes deben hallar cabida en su amplio seno. Sería, por otra parte, norma invariable de mi Gobierno el respeto a la ley, que debe estar por encima de todo y que debe ser también la regla de conducta de todos los ciudadanos.

Tales son, a grandes rasgos, los principios e ideas que he profesado desde que entré en la vida pública, principios e ideas que

Ud. dará a conocer en los trabajos que haya iniciado y se proponga iniciar en ese y otros departamentos, en el caso que simpatice con mi candidatura.

Confiando en su patriotismo y en la eficacia de sus esfuerzos, para que la campaña emprendida tenga el mejor éxito, me suscribo su amigo seguro servidor.

Juan A. Arias".

El autor de este libro, yerno del presidente, general Sierra, tenía, antes de que, por la lucha política, rompiera con el Dr. Arias y muchos de sus amigos, amistad y cariño personal por el candidato de la imposición gubernativa; pero desde que se inició la campaña electoral, se afilió sinceramente al partido del general Bonilla, por motivos que entonces había callado, pero que tuvo que revelar al ser atacado calumniosamente por la prensa arista.

Conocía a fondo la manera de pensar del Dr. Arias y sus inclinaciones al despotismo que todo lo desea y que nada respeta.

Cuando publicó sus primeros artículos en favor de la candidatura del general Bonilla, la prensa arista, no encontrando manera de atacarle por un flanco en que pudiera romper y poner su pluma fuera de combate, afirmó que al hacer la propaganda por el héroe de Cedros, lo hacía asegurando era de acuerdo con el Presidente, a lo cual contestó con la siguiente protesta:

"PROMESA OBLIGA"

Vinculados por cariño personal con el candidato de la fracción diminuta del arismo; ofendido tres veces por los periodiquitos de ese partido, creímos de nuestro deber llevar a tiempo una protesta de amistad a nuestro adversario. Así lo hicimos por medio de una atenta carta, prometiendo que si se volvía a ofendernos, nuestros disparos no irían a las diminutas personalidades que firman las hojas aristas, sino al pecho del director de esa fatal política que divide el país por la inmoderada ambición de una sola persona, ambición irrealizable porque la Nación le conoce, porque el país se ha declarado en favor del general Bonilla.

Un periódico que dicen se llama El Demócrata, insiste en la necedad de afirmar que DANTÓN abusa del nombre de su suegro, diciendo que al ponerse en las honradas filas del valeroso defensor de Cedros, lo hace por inspiraciones de su padre político. La mentira no puede ser más tonta y al mismo tiempo mal intencionada. Cuando el doctor Arias escribió una circular afirmando que su candidatura contaba con la protección oficial; cuando Mr. Altschul escribió a los que creía sus amigos, y entre ellos al alcalde de Choloma, que esperaba el apoyo de los pueblos donde lo conocían; cuando el director de la Imprenta Nacional aseguraba estar el presidente de la República con el Dr. Arias, entonces fui el primero en manifestar que el presidente no apoyaba ni apoyaría a nadie, que ya había dado órdenes por medio de los Ministerios de la Gobernación y de la Guerra, que los gobernadores y comandantes se guardasen de violar las leyes, tomando cartas en la cuestión electoral. Son ellos, pues, los que han querido engañar al pueblo hondureño propagando que cuentan con el apoyo del Gobierno; son ellos los que tenían necesidad de esa engañifa para conseguir prosélitos, el general Bonilla no necesita de esos medios; nosotros no tenemos necesidad de ponernos en contradicción con las circulares que vinieron a desmentir a los aristas, y a probar que la carta mía á Gálvez era inspirada en el amor a la República y a su más prestigiado hijo.

No nos peleamos porque nuestra opinión merezca la confianza de los de arriba; pero no la aceptaríamos si fuera a prueba de lo que le pasó a un secretario privado a quien se trató de abusivo por haber abierto una carta del presidente, cuando sabía que no era secretario del secreto, y motivo por el cual no volvió ni volverá al puesto abandonado. Así no queremos, no querremos nunca ser de los allegados al Palacio, aun cuando se tratara de ser ministro de la persona que más amáramos. Felizmente esa anécdota la saben el doctor Lara, el doctor C. Bonilla y Juanito Fernández, como hay personas que recuerdan una cosa parecida que aconteció en el puerto de Amapala, ante aquel manso y riente mar que forma el Golfo de Fonseca.

Nosotros somos de aquellos que no vacilan nunca para decir la verdad, sea a quien quiera al que le duela y los medios de que dispusiera para la venganza; pero aguardamos el primer golpe para contestar como se contesta siempre a los que se valen de medios indignos para desprestigiar a sus enemigos.

No obstante el cariño personal que hemos tenido por el doctor Arias, no somos ni ciegos, ni desmemoriados para ignorar que entre el invariable carácter del general Bonilla y el de su antagonista, garantizará más al presidente actual, quien no tiene espinas que pueden arrancarse, pero que no se olvida. Pero como hemos dicho, el general Sierra, aun cuando supiese que le espera el destierro o una venganza mayor, será respetuoso a la Constitución y continuará la hermosa política que su corazón y su conciencia le han dictado.

Las elecciones serán libres y tan indiferentes para él como si se tratara del cambio de un alcalde; todos los candidatos que aparezcan contarán con la tolerancia del Ejecutivo, pero ninguno con su apoyo. Esto sí lo sostenemos como una profecía a despecho de ciertos hombres públicos, que, sonriéndose con fingida y profunda convicción, dicen a sus amigos, para darles valor y energía: "Ya veremos al final de la fiesta, faltan seis meses, ya veremos."

Podrán aparecer volcanes en nuestras dormidas cordilleras; puede por un terremoto desaparecer Honduras; pero apoyo oficial en las elecciones del próximo octubre, no lo verán los que llevan en el corazón la idea de su derrota.

Como nuestra carta no dio el resultado que exigía la verdad, tenemos inmenso placer en hacer la siguiente declaración:

Soy partidario del general Bonilla porque lo creo digno de subir las gradas del Capitolio; en su propaganda hablo en mi propio nombre, y como no distingo a los que me atacan, sino al que me manda atacar, publicaré varias lindas historias de ciertas forzadas confianzas.

Tegucigalpa: 16 de abril de 1902"

Tal pensamos entonces, no obstante que el presidente, por diversos medios, aseguraba que mi conducta era la de uno de los peores enemigos, sin tener más motivo que no secundábamos la horrible comedia, que daría por resultado la guerra civil en que perdió su nombre militar y lo bueno que hiciera como gobernante.

Estaba probado hasta la evidencia que por la Ley Constitutiva de Elecciones no pueden los empleados que ejercen jurisdicción inmiscuirse en las cuestiones electorales, habiendo tomado en cuenta los legisladores la influencia o imposición que pueden ejercer los funcionarios sobre sus dependientes o subalternos.

El general Sierra lo sabía; pero ni reprendía a sus ministros, ni les exigía la dimisión, porque no hubiera podido el Dr. Arias sostener la farsa si dejaba un solo día su cartera.

El partido bonillista lo comprendía, y El Elector, el órgano más respetable de los periódicos del candidato popular, presentó en su número 7, correspondiente al 22 de abril de 1902, el siguiente dilema:

"LA CANDIDATURA O EL MINISTERIO"...

"Este es el dilema planteado a los ministros Arias y Altschul, desde que el primero lanzó su candidatura y el segundo resolvió apoyarla.

La prensa, más de una vez, ha dejado oír las justas protestas de la opinión, ya es tiempo de que la ley sea respetada de conformidad con la promesa constitucional.

No es decoroso a la Nación ni al Gobierno, que el Dr. Arias continúe por más tiempo como candidato y secretario de Estado, cuando el presidente de la República se declara neutral y deja que los pueblos decidan por sí solos lo que crean más conforme a sus intereses. Y si todavía este no fuese un argumento de gran fuerza en el terreno del decoro (que sobrado lo es), bastarían los ejemplos de hidalguía que en el escenario político de Centroamérica se han presentado, y otros muchos que pudieran mencionarse, para estímulo de los eternos aspirantes al sillón presidencial: Morales en Guatemala, Sierra en Honduras, Esquivel en Costa Rica, Villavicencio en El Salvador, etc.

Pero aunque todas estas razones no existiesen, aunque todas estas razones no tuviesen valor, bastaría una sola: la ley... la Ley Constitutiva de Elecciones, que prohíbe a los funcionarios públicos del Poder Ejecutivo, dirigirse de palabra o por escrito a sus subalternos o a los electores con el objeto de influir en determinadas candidaturas; la ley que prohíbe a los jueces y magistrados mezclarse en reuniones, manifestaciones u otros actos de carácter político, aunque sean permitidos a los demás ciudadanos; la ley que ha sido menospreciada, a la faz del pueblo hondureño, por dos ministros de

Estado, el uno candidato y el otro apóstol; por esto, por esto pedimos su renuncia de los empleos que desempeñan, y con ella la de los funcionarios públicos que los secundan, para que puedan tratar como ciudadanos lo que les está prohibido como empleados, y en su defecto el debido acatamiento al principio legal.

El Dr. Arias ha jurado cumplir la Constitución y las leyes; pues bien: por esas mismas leyes que ha jurado cumplir y respetar, le está vedado dirigirse de palabra o por escrito a los inspectores de Instrucción Primaria, que son sus subalternos, recomendándoles su candidatura; por esas mismas leyes que ha jurado cumplir y respetar, le está vedado también dirigirse a los ciudadanos recomendándoles su candidatura, y le estará siempre mientras sea ministro de Instrucción Pública y Justicia, porque, como tal, es funcionario del Poder Ejecutivo, y cae bajo las prescripciones del artículo 60 reformado de la Ley de Elecciones.

Hay más; la suerte de la instrucción pública pesa sobre él con peso abrumador; en Honduras la causa de la enseñanza necesita del estímulo y aliento constantes del Poder Público, y la labor del Gobierno quedaría trunca en este ramo, estando, como está, confiada a un ministro-candidato, convertido de la noche a la mañana en presunto jefe de los liberales, como si los que de veras amamos la causa del liberalismo y fiemos jurado sinceramente cumplir con su programa, pretendiésemos concederle tan alta preeminencia. No, no basta arrogársela, ni atribuírsela por origen; don Céleo no tendría competidor, y el Dr. Arias puede tener más de uno.

Ya veis, pues: no solo razones de derecho invocamos para exigir vuestra renuncia; altos motivos de conveniencia pública oponen una barrera infranqueable entre el Dr. Arias como candidato y el Dr. Arias como ministro; ya veis, pues: no os queda otro remedio; escoged: la candidatura sola o el ministerio solo; ¡la renuncia o la ley!

Si el Dr. Arias tiene confianza en sus prestigios, ninguna necesidad le obliga a estar en pugna con la opinión, por mantenerse en una de las ramas del Poder, ni a que su candidatura lleve desde sus comienzos el sello de una ilegalidad.

Si el Dr. Arias cree contar con la opinión del país, baje a la arena en buena lid, y así veremos su triunfo o su derrota como una consecuencia natural de las cosas.

Si hubiera habido buena fe en el modo de proceder del Gobierno, habría atendido las protestas de la prensa legalista; pero deseando el presidente tender una celada al general Bonilla, le llamó a Toncontín y con melosas frases le manifestó que escogiera el Ministerio que gustase, incluyendo el de la Guerra, para que así se equilibrase con su contrario.

El general Bonilla, siempre digno, respondió que agradecía la oferta; pero que tenía la convicción de que el doctor Arias y Mr. Altschul hacían mal en no retirarse de sus empleos para cumplir el espíritu y la letra de la Ley Electoral, y que jamás imitaría la conducta de sus adversarios".

Al día siguiente de la publicación del artículo de El Electro, se supo que en San José de Copán el comandante Mejía había ordenado al alcalde de aquella población que enviase a la carretera a todos los miembros del club bonillista "La Verdad".

El Diario de Honduras denunció el hecho, y el autor de esta obra publicó el artículo que reza así:

"MINISTERIO O VERGÜENZA"

"Como habíamos ofrecido, no nos ocuparemos de la personalidad del Doctor Arias en el sentido neto de la palabra, es decir, en lo que significa la vida íntima del hombre, sino cuando los de la fracción arista, que representa una parte ínfima en la opinión pública de Honduras, vengan a herirnos con sus débiles dardos también en el sentido personal; pero en el sentido político de la verdadera práctica republicana tenemos derecho, como ciudadanos, como patriotas, de protestar cada vez que las flechas envenenadas del arismo vengan a dar contra las fuertes murallas de la Constitución Liberal.

Por este motivo creemos que es de vergüenza para el candidato doctor Arias, para su futuro ministro Mr. Altschul, presentar las renuncias de los puestos que ocupan, si continúan creyendo que pueden contar con la opinión del país, o desisten de figurar en el proscenio político, en la fila que sus deseos y sus ambiciones les indican para el porvenir.

Grandes pecados, crímenes vergonzosos destruyeron el poderío de los emperadores romanos, no obstante que se apoyaban en el poder hereditario de la sangre y en el divino poder de los dioses. ¡Cuánto más pudiéramos decirlo de los espantajos políticos de la República, en donde solo los de mérito y de virtud pueden gobernar!

Por las circulares de los Ministerios de la Gobernación y de la Guerra, el país entero sabe que por la opinión del presidente de la República, que por el mandato del jefe del Ejecutivo, ninguno de los empleados de su dependencia debe ni puede, por obediencia o por lealtad, intervenir en las cuestiones electorales; y si esto decimos, es decir, si esto dice el jefe de la Nación de los empleados subalternos, qué se pudiera afirmar de los ministros que, rodeados solamente de empleados serviles, intentan representar la opinión definitiva y convencida de la República.

Al general Bonilla, comprendiendo el presidente que para garantizar la libertad en las elecciones o guardar la verdadera equidad en la presente campaña, no podía exigir la renuncia de ministros que no soltaran el puesto sino con una clara destitución, le ofreció un Ministerio para equipararlos en condiciones en la presente contienda; pero el general Bonilla es sobradamente honrado, es el militar de pundonor que conocemos, es el ciudadano integérrimo, que, ante todo, ama su patria y sabe lo que vale, y no quiso aceptar, porque sabe muy bien que los prestigios a favor de los hambrientos, que los méritos por los regalos constituyen flores débiles que abate el huracán de la desgracia, mientras que los verdaderos méritos, que nacen de las virtudes cívicas, son coronas de laurel que ciñen las frentes de los héroes, de los grandes caudillos.

Tenemos la convicción, lo demostraríamos si a ello nos dieran lugar los artistas, de que los seres que más quieren al doctor Arias, son los primeros que ruegan a la providencia para que el poder ambicionado no llegue a sus manos; porque muchas veces vale más el hombre lejos de las tentaciones que dan los altos puestos, que cerca de la lujuria y la avaricia.

Mucho se ha decantado la diferencia intelectual entré uno y otro candidato, ora marcando con maligna intención la modestia del uno, ora haciendo aparecer como brillante sol la mediana ilustración de su contrario. En el mundo intelectual hay una medida, que aunque no es ni geométrica ni aritmética, tiene, sin embargo, una graduación conocida: el genio que crea, el ingenio que transforma, la medianía que imita y el tonto que repite. ¿Cuál es la escala diferencial entre los dos candidatos actuales de Honduras?

Dantón".

La Voz del Pueblo, editada en Juticalpa, dio la alerta de que el doctor Arias seguía en su propaganda de contar con la aquiescencia del presidente de la República, cosa que si era verdad desde entonces, lo dudaban las personas honradas que creían en la buena fe del general Sierra.

CAPÍTULO V: ¡QUÉ VIVA EL GENERAL SIERRA!

MES DE MAYO. – Manifestación de los cables de la capital en honor del general Bonilla. – Actitud del Gobierno. – Cesan las paradas militares. – Crónica de El Elector. – Rabia del Dr. Arias y actitud de El Heraldo. – Arrecian los abusos.

El pueblo, inocente y sencillo de la criminal conducta del Gobierno, deseando unir los nombres del general Bonilla al del presidente, general Sierra, propuso, en uno de los clubes de la capital, se hiciera el primero de mayo una manifestación cívica en que, llevando por las calles los retratos de los dos Jefes, se probara al jefe de la Nación que se creía que los abusos e intrigas de sus ministros no eran autorizados por él. Pero aquel honrado pensamiento fue visto con desprecio por el Gobernante y se preparó para hacer una mala jugada.

Desde que llegó al poder, el general Sierra, so pretexto de hacer fuerte a Honduras y prepararla contra cualquier evento, quiso imitar el sistema militar alemán, suprimiendo el criterio del ciudadano por la ciega obediencia del soldado, sin tomar en cuenta que la disciplina es el resultado efectivo de los ejércitos permanentes y no de la asistencia a las paradas dominicales, en donde nuestros milicianos no estudian nada, ni aprenden a querer a sus jefes como sucede en Alemania o Francia, por ejemplo.

Lo que pensaba era, que acostumbrados a marchar y contramarchar todos los domingos, bajo el mando de jefes que le pertenecían, nadie se podría levantar en el interior contra su Gobierno.

En la práctica había obtenido fatales resultados, el despotismo de mandar a las carreteras como desertores a los que por cualquier motivo faltaban a las paradas, le acarreó el odio de muchos ciudadanos, víctimas de un sistema que no comprendían, ni se les enseñaba, y cuando trató de que los oficiales superiores y comandantes atrajeran en favor de Arias a los milicianos, también recibió la justa repulsa, pues siendo la mayor parte del pueblo bonillista, contaba el general Bonilla con la mayoría de las milicias.

De los dos mil ciudadanos que tenían que formar en la parada del domingo 1° de mayo de 1902, pertenecían al partido del general

Bonilla más de las tres cuartas partes, y la manifestación habría sido imponente.

El sábado, a las cuatro de la tarde, dio orden el presidente al comandante de la capital, hablándole por teléfono, que desde el siguiente día suspendiera las paradas dominicales, y que en el acto mandase expresos a las aldeas y pueblos de su jurisdicción avisando que no llegasen.

Las invitaciones de los clubes estaban distribuidas y los amigos de la causa bonillista llegaron hasta los alrededores de la ciudad; pero retenes de tropas del Gobierno los volvían para sus casas en la mañana del día de la manifestación.

Creyeron que el acto solemne en que Tegucigalpa iba a probar los prestigios del general Bonilla quedaría burlado; pero se equivocaron porque, no obstante que llovió toda la tarde, más de quinientas personas pasearon la bandera nacional y el retrato del candidato popular. El Elector hizo la crónica de la fiesta cívica, con estas frases:

"GRAN MANIFESTACIÓN"

"El domingo últimamente pasado, la capital dio una prueba de su cariño, de su afecto, al general don Manuel Bonilla.

Los clubes de la ciudad habían invitado a todos sus adeptos para hacer una manifestación de simpatía al candidato nacional, general Bonilla, y de gratitud al Benemérito general Sierra, que levantándose del nivel común ha establecido por la primera vez en nuestra patria la más completa libertad electoral.

Un espantoso aguacero inundó la ciudad desde la una de la tarde hasta media noche, y sin embargo este pueblo patriota se reunió en masa en el paseo de La Isla, bajo el puente y las techumbres del teatro, para hacer su manifestación de cariño al candidato de la Nación.

A las tres y media de la tarde el paseo cívico se dirigió de la avenida occidental del Palacio al Parque de La Merced, conduciendo el retrato del general Bonilla entre dos banderas de Honduras, entre los vítores de ¡viva el general Sierra! ¡Viva el futuro presidente de Honduras, general Bonilla!

En el pedestal de la estatua del doctor Reyes, el general Somoza Vivas ofreció al general Bonilla aquella manifestación, en nombre de la República, protestando el aprecio, afecto y adhesión de todos los patriotas que en nombre del porvenir le aclaman como el futuro candidato a la presidencia de Honduras. Este discurso fue notable por lo limpio de la frase, su alcance político y los arranques de verdadera, legítima elocuencia del orador: habló con el corazón.

No obstante que el aguacero crecía, más de 500 manifestantes se dirigieron al Parque Central, donde entre las macetas de flores y bajo las copudas acacias, el pueblo se aglomeró para oír las enérgicas frases que en nombre del Club Central "La Democracia" pronunció el general Somoza Vivas, encomiando la actitud del Gobernante hondureño y las altas virtudes del ilustre soldado general Bonilla.

La procesión cívica se dirigió, sobre la calle del cuartel de San Francisco, a la casa del ameritado liberal general don Dionisio Gutiérrez, donde este valiente jefe pronunció un brillante discurso, aplaudido muchas veces por los ciudadanos que asistían a aquella manifestación.

De la casa del general Gutiérrez la comitiva se dirigió al barrio de Los Dolores, donde don Augusto C. Coello, en nombre del Club "Cecilio del Valle", leyó un notable discurso en pro del candidato popular, general Bonilla.

De Los Dolores el pueblo se encaminó a la ciudad de Comayagüela, donde el licenciado don Marcos Carías dirigió la palabra elocuentemente en nombre del Club "Erasmo Velásquez".

Acto continuo, el Dr. Ramírez Goyena, a petición del pueblo, pronuncio un excelente discurso en favor de la causa que la mayoría de los hondureños sustenta.

Aclamado nuevamente el general Somoza, y en nombre del Club Central, manifestó: que para la causa centroamericana, para el porvenir de Honduras, para justicia histórica, el general Bonilla era el llamado a continuar la política del general Sierra, y que rendía las gracias, en nombre de la Convención Bonillista, a los hijos de Tegucigalpa y de Comayagüela, por el orden y cultura con que se portaron en aquella manifestación política.

Los ciudadanos manifestantes no quisieron disgregarse sino frente al Parque de La Merced, en las habitaciones del Palacio, donde reside el general Bonilla, victoreando alegremente al candidato popular y a los oradores".

La cólera y el despecho del doctor Arias no tenía límites, por telégrafo se dirigió a todos sus partidarios asegurándoles, bajo su propia firma, que la manifestación había sido verdadero fiasco, y su órgano más serio, si pudiera haber seriedad en quien solo se ocupó en engañar a todo el mundo, empezando por hacerlo consigo mismo, publicó el suelto burlesco de la fiesta, con las siguientes palabras de despecho:

"PARTURIENT MONTES, NASCETUR RIDICUUS MUS. – El cielo estaba encapotado, la naturaleza en completo silencio; a lo lejos se oían retumbos, algo como el rumor de las olas de un mar que quiere romperse en tempestades; y carreras, e idas y venidas, y botellas que se rompían, y tapones que estallaban para dejar libre la salida a la espumante cerveza; y Somoza y Niño, y Cornelio y otros gritones más, lastimándose los encallecidos pies; todo este cuadro nos llamó la atención y preguntamos a la primera verdulera qué sucedía.

En su lenguaje vulgar nos respondió: que unos patojos iban a dar una gritada a don Manuel. Pero nosotros recordamos haber visto una invitación, en que se decía que todo el manuelismo haría una espléndida manifestación a su candidato.

Nos dirigimos a La Isla para ver desfilar aquella procesión; y no pudimos menos que convencernos de que el general Bonilla y sus pocos correligionarios han hecho fiasco con la tal manifestación. Inclusive los patojos, la espléndida ovación la componían 150 manuelistas. Y éste es el total de los cuatro famosos clubs de la capital.

Lo sucedido ayer, convencerá a don Manuel que es preciso que ya deje de hacerse ilusiones respecto a la Presidencia, dándole fe a la palabrería insustancial de tres o cuatro oradores de pega.

Era imposible que la sociedad culta, que los hombres de buen sentido, al leer la prensa de don Manuel, llena de falsedades, de calumnias y de contradicciones; falsedades, calumnias y contradicciones sobre que han querido los falsos amigos de don Manuel elevar su candidatura; las personas sensatas serían incapaces de unirse a esa turbamulta que cada día hace un escándalo.

Don Manuel cree ver hasta los troncos del camino un partidario más; pero la quijotada de ayer, y otros sucesos que por vergüenza callamos, y que están en la conciencia del manuelismo, les habrá demostrado que este, como lo dijimos una vez, ha muerto, y ha muerto retorciéndose en el más espantoso ridículo.

Sépanlo de una vez los pueblos de Honduras: esa diminuta fracción política está en derrota, está muriendo por consunción; pues aún aquí, en Tegucigalpa, donde se creyó poderosa, los hechos de ayer la han puesto en la penosa necesidad de creer que está dando el último aliento.

Sabemos que mañana la prensa de don Manuel gritará a los cuatro vientos que miles de personas se encontraron en lo que ellos malamente llaman una ovación; y esto mismo comunicarán a sus agentes de los pueblos para engañar y envalentonar a los pocos, poquísimos correligionarios que aún les quedan; pero nosotros, que no calumniamos ni disfrazamos la verdad, y que siempre que afirmamos algo apelamos al testimonio de personas imparciales, al testimonio de nuestros mismos contrarios; nosotros, que no tratamos de mentirle al pueblo, le repetimos: pueblo hondureño, no deis fe a los que hoy, con farsas, con mentiras y con aguardiente, os quieren obligar a colocar en el poder a los hombres más funestos, que mañana costarán sangre y lágrimas a la patria.

Los fiascos que la pandilla manuelista se lleva en esta capital día por día, la tienen desesperada. Ayer han quemado el último cartucho; pero para desgracia de ellos, usaron de la carabina de Ambrosio; y de tanta bulla y de tanta gritería y de tantas contorsiones, resultó que después de tan mala noche vinieron a parir, como dice un antiguo refrán: una hija contrahecha y ridícula.

"Estos montes que al mundo estremecieron,
Un ratoncillo fue lo que parieron".

Si las mentiras y las ilusiones de aquel partido que pudo combatir en el terreno del derecho no hubieran sido acompañadas de tantas arbitrariedades y abusos, no les hubieran costado tan caro y el remordimiento sería menos.

He aquí una circular del ministro de Fomento, uno de los que más pensaron que reírse de la Constitución y del pueblo hondureño era cosa muy fácil:

"Señor presidente del Club

Como presidente del Club "Céleo Arias," tengo a bien dar a Ud. cuenta del estado actual de nuestra campaña: si bien, desde el momento que apareció la candidatura Arias, despertó gran entusiasmo en la mayor parte del país, ha aumentado en las últimas semanas de tal manera, que en la actualidad está asegurado el triunfo de nuestro candidato. Más de 200 clubs, cada uno de los cuales consta de numerosos miembros, trabajan con toda energía por el triunfo de nuestra cansa. Más todavía, en el fuerte del candidato contrario, Olancho, se han adherido a nuestro partido número tal de personas importantes, que puede ya asegurarse una mayoría lujosa en nuestro favor en diferentes poblaciones de importancia en aquel departamento. La situación nuestra es, pues, muy favorable, y confío que con la ayuda de Uds., trabajando todos con asiduidad, contaremos en octubre con una mayoría abrumadora.
Su afectísimo amigo,

Francisco Altschul"

Y no bastándole engañar a los pocos centros políticos con que contaban, se engañaba a sí mismo, suponiendo descabelladamente, que por su posición de Secretario de Estado, motivo por el cual le estaba prohibido por la Ley tomar cartas en los asuntos electorales, debían los pueblos seguirle en masa, en el asesinato de nuestras instituciones, pues el 9 de marzo había telegrafiado al coronel don José Dolores Portocarrero:
"Para lo que pueda convenirle, me permito comunicar a Ud. que este, su amigo, está en favor de la candidatura Arias y, por consiguiente, supongo Choloma estará con él. Su afectísimo amigo,

Francisco Altschul".

Desde el 19 de mayo el Diario de Honduras, que tan eficazmente ayudó al triunfo de la legalidad, puso como irni de los que violaban nuestra ley, este acuerdo permanente:

"PERMANENTE"

"Al señor ministro de Instrucción Pública y Justicia, doctor don Juan Ángel Arias, y al señor ministro de Fomento y Obras Públicas, don Francisco Altschul, se hace saber: que los artículos 60 y 69 de la Ley de Elecciones a la letra dicen = "60. – Toda acción u omisión, de parte de un funcionario público que tenga por objeto ejercer influencia o presión en los electores o juntas electorales, de cualquier modo que sea, constituye delito de coacción, que será penado con reclusión menor en su grado mínimo (de 31 días a un año), conmutable a razón de un peso por día. Igual pena se impondrá a cualquiera autoridad o funcionario público, que verbalmente o por escrito, se dirija a sus subalternos o a los electores, recomendando o reprobando candidaturas determinadas, o imponiéndolas de cualquier modo. – 69 reformado. – Para los efectos de esta ley, se considerarán funcionarios públicos los empleados del Departamento Ejecutivo, o los funcionarios o particulares que ejerzan funciones electorales".

CAPÍTULO VI. MARCO AURELIO SOTO: NI QUERIDO, NI CONOCIDO

MES DE JUNIO. – La carta manifiesto del Dr. Don Marco Aurelio Soto. – Impresión que causó en el Gobierno. – Establecimiento del Club Central llamado "La Unión Patriótica". – Sus dos primeras actas.

Empleado el general Bonilla por sus merecimientos durante casi toda la administración del doctor don Marco Aurelio Soto, conservaba por él profundo cariño y alta estimación, hasta el extremo de que antes de su regreso a Europa, en el último viaje que hiciera a Centroamérica el ex-Presidente Soto, le manifestó el general Bonilla que tendría gusto en apoyar su candidatura si la opinión pública y las necesidades del país le reclamaban para el período de 1903 a 1907.

No eran simples palabras de cortesía las expresadas en ese sentido por el general Bonilla, hombre generoso y sin ambiciones nunca tuvo como pesadilla o como un ensueño llegar a la Presidencia; pero no se trataba solo de su abnegación, pues sobre los sentimientos e ideales de los caudillos está la soberana opinión de las mayorías.

Nadie puede negar que durante los siete años del Gobierno del Dr. Soto, Honduras recibió poderoso impulso en el adelanto civilizador; que al lado de los defectos de aquella administración hubo también buenas cualidades; pero al iniciarse la campaña electoral se vio manifestar claramente que la mayoría de la República se inclinaba en favor del general Bonilla, con tan poderosas razones, que los otros candidatos, procediendo con sano e imparcial criterio, debieron respetar, acatando la opinión nacional.

El general Bonilla, desde que por la imposición del presidente de Guatemala, general don Justo Rufino Barrios, se retiró a vivir en Estados Unidos y Europa el que fuera su jefe, Dr. Soto, consagróse enteramente a la penosa y heroica tarea de redimir a su país de las distintas tiranías que con diversos colores y banderas se adueñaron sucesivamente durante cerca de dos décadas.

Humilde, valeroso e inteligente, el general Bonilla supo granjearse el afecto de las tropas con que combatiera, y en nación esencialmente militar como Honduras, el afecto bien adquirido en el ánimo del soldado es una gran palanca política y social.

El Dr. Soto, que nunca se batiera en los campos de batalla y que hacía cerca de veinte años que no pensaba en el bien de Honduras, no era ni querido por el ejército ni conocido por la juventud; era, pues, muy inferior su prestigio al del general Bonilla.

El Dr. Arias se encontraba en condiciones aún peores que el Dr. Soto, porque siempre que había tenido algún poder jamás reparó en cometer los mayores abusos, y su conducta social hacía temblar a todo padre de familia y a todo hogar adornado por las flores divinas de la virtud y de la piedad.

Sin embargo de que las frases anteriores nuestras eran bien conocidas y de que con muy raras excepciones los que habíamos dado nuestras firmas proclamando al general Bonilla, éramos incapaces de dar un paso hacia otro rumbo que el que nos trazaban el deber y el cariño, pensaron algunos, en quienes se ha mostrado más firme la fantasía que la razón, que con la llegada del Dr. Soto la causa del general Bonilla quedaría perdida, que se desplomaría como un castillo de naipes, y al recibir la carta manifiesto del Dr. Soto, la publicaron con el prólogo o introducción siguiente:

"EL DR. DON MARCO AURELIO SOTO Y SU CANDIDATURA"

"El patriotismo está de plácemes. El Dr. Don Marco Aurelio Soto, en quien los pueblos han tenido fijas sus miradas para elevarlo de nuevo a la Presidencia de la República, estará en Honduras en breve.

La carta que publicamos en seguida, debidamente autorizados, expresa las ideas, sentimientos, aspiraciones y propósitos del ilustre hondureño que, a su paso por el poder, de 1876 a 1883, hizo prodigios en favor del progreso general y de todos los verdaderos intereses de la Patria.

La nota principal de esa carta es esta: unión entre todos los hondureños para colocar en el Poder a la persona capaz de hacer la felicidad del país, partiendo de este principio: El Gobierno es ciencia: la administración es una experiencia científica; y coronar así dignamente la era de adelantos que representa la acreditada Administración del benemérito general Sierra.

Si bien el Dr. Soto, modesto, como lo es siempre el verdadero mérito, manifiesta que no ambiciona la Presidencia, como patriota dice que, en servicio de Honduras, ocupará con gusto el puesto que sus conciudadanos le señalen.

Este puesto no puede ser otro que le primero. Él tiene sobrados títulos para gobernarnos; el pueblo lo siente y lo comprende así; y se prepara por eso a hacerle una recepción espléndida y a proclamar su candidatura tan luego como se halle entre nosotros.

El Dr. Soto no pertenece a ningún partido: pertenece al país, y procurará con todos los hondureños de buena voluntad y de acendrado patriotismo, nuestra prosperidad por todos los medios que le aconsejen la ciencia del Gobierno, que conoce a fondo, y su experiencia como gobernante, unida a la que su vida de estudio y de trabajo de largos años le ha proporcionado en Estados Unidos y Europa, en medio del desarrollo palpitante de todos los problemas de bien público que la cultura ha meditado y puesto allá por obra.

El doctor Soto tiene la conciencia de los grandes deberes que impone la Presidencia, está en condiciones de garantizar el cumplimiento del programa administrativo que oportunamente presentará a Honduras, y su honorabilidad y rectitud son prendas de confianza para todos los círculos políticos que tengan una aspiración en bien del orden, de la tranquilidad y del progreso, y para todas las colectividades y todos los individuos que han menester de aquellos tres elementos para poner en acción su actividad en beneficio público y privado, y ver asegurado el logro de sus nobles esfuerzos.

Para concluir: la carta que publicamos, es el anuncio de la candidatura del doctor don Marco Aurelio Soto a la Presidencia de la República, que proclamarán dentro de pocos días.

Los Hondureños.

Tegucigalpa: 24 de abril de 1902".

París, 7 Rue Cimarosa
25 de marzo de 1902
SEÑOR

Estimado señor y amigo: Anoche tuve el placer de recibir su apreciable carta de 27 del pasado febrero, cuyos amistosos términos agradezco a Ud. muy cordialmente.

Con satisfacción patriótica he leído lo que Ud. me dice respecto de la conducta que el señor presidente Sierra se propone seguir en la próxima elección presidencial. Es, precisamente, la que esperábamos de él sus verdaderos amigos. Respetar la Carta Constitutiva, que prohíbe la reelección; dar libertad a los ciudadanos, no imponer ninguna candidatura oficial o semioficial, garantizar el sufragio, son hechos luminosos, con que el presidente Sierra está escribiendo la más bella página de la historia de su Gobierno.

Yo lo felicito muy sinceramente, y felicito también al pueblo hondureño, porque, en esta vez, podrá decidir de sus destinos y probar ante el mundo que es digno de la libertad y de la soberanía que le confieren las leyes constitucionales.

Ahora, a los hondureños todos, nos corresponde ponernos a la altura de nuestro gobernante, eligiendo, como su digno sucesor, un presidente que sea la representación viva de la libre y espontánea opinión del pueblo, y de los grandes y verdaderos intereses nacionales, que entrañan la paz, el orden el progreso y la civilización de Honduras.

Creo que Ud. juzga con exactitud la situación política de nuestro país, y que es como Ud. la mira y me la pinta: pienso, pues, que debemos continuar en el mismo espíritu de la Administración del presidente Sierra, y no retroceder, sino marchar hacia adelante. Volver atrás sería un crimen de lesa patria.

En tal sentido, debemos procurar que Honduras no vuelva a la agitada y estéril vida, a la perpetua guerra intestina, de los gobiernos de círculos, que solo satisfacen intereses personales y pasiones y ambiciones bastardas.

Es nuestro primordial deber empeñarnos en que la persona que se elija, sea digna de ejercer la primera Magistratura de la República, y goce de positiva opinión popular, para que pueda mantener el orden y la paz, por la autoridad de las leyes, y no por la fuerza, y para que, dentro y fuera del país, infunda confianza y merecido respeto.

No busquemos hombres de partido, que tenga odios que vengar o partidarios que favorecer. Necesitamos hombres de Estado que funden un Gobierno Nacional, en el que tomen parte todos los hondureños, sin distinción de clases ni de opiniones. Nosotros tenemos grandes y difíciles problemas que resolver, en lo político, en lo económico y en lo social, y para ello es indispensable que todos los hondureños contribuyan, con su inteligencia y con sus esfuerzos, a realizar la obra común y patriótica de nuestro progreso. Por esta razón, solo un Gobierno Nacional, eminentemente nacional por su origen y por sus propósitos, podrá cumplir, en nuestro país, la misión civilizadora que incumbe a los Poderes Públicos, encargados de dirigir el movimiento progresivo de los pueblos, y más de los pueblos jóvenes, como el nuestro, que están en formación, y que, so pena de muerte, deben alcanzar vida propia y estable.

El progreso es la suma de las mejoras de bien público que van haciendo poco a poco las generaciones sucesivas. No es la obra de un año, ni de veinte, ni de cien. No tiene tiempo ni plazo fijo – es infinito. Así, por más que un Gobierno se afane por el adelanto de un país, siempre habrá que hacer por él, y mucho, mucho, y más cada día, porque un progreso trae otro. Nosotros no debemos forjarnos ilusiones respecto del estado de Honduras, y creer que ya lo hemos hecho todo, o que es poco lo que nos falta que hacer.

Al contrario. Veamos la verdad desnuda, apreciemos la situación real y positiva de nuestro país, comparándolos con los demás pueblos de la América española; confesemos que, por nuestras constantes revoluciones, apenas hemos dado algunos cortos pasos en la senda del progreso; reconozcamos nuestra pobreza, nuestro atraso material, intelectual y moral, y que estas convicciones, tristes y amargas, nos infundan alientos y ánimo viril, para que cumplamos con el deber de levantar nuestra Patria, haciéndola rica, por la explotación de sus grandiosas riquezas naturales; por el fomento de la agricultura, de la industria, del comercio; por la apertura de vías de comunicación, como lo ha hecho el presidente Sierra; por la educación de nuestro inteligente pueblo, que tiene hambre y sed de aprender, y por el empleo, en fin, de todos los medios que la ciencia de Gobierno enseña y la experiencia de otros países aconseja, para formar y engrandecer las naciones. Mucho tenemos que trabajar los hondureños para ponernos, siquiera, al nivel de las Repúblicas hermanas de Centroamérica. Por lo tanto procuremos que el futuro presidente sea amante ardoroso del progreso y capaz de promover el engrandecimiento de Honduras.

Me dice Ud. que varios ciudadanos han presentado ya sus candidaturas a la presidencia, y que habrá otros más que también lo harán pronto. Las personas que Ud. me nombra me parecen muy buenas, excelentes.

Mucho habría agradecido a Ud. que me hubiera mandado sus programas administrativos. El saber cómo será el gobierno que se promete, qué política seguirá este para satisfacer las necesidades imperiosas del país, qué métodos nuevos de administración va a emplear, qué reformas deben hacerse, qué obras de progreso van a llevarse a cabo, y con qué elementos se cuenta para realizarlas; eso es lo que importa al pueblo, principalmente. Las personas de los candidatos, en sí mismas, tienen una importancia muy secundaria.

Nosotros no debemos ahora contentarnos con palabras. Veamos la realidad, que es la base de la política científica. El pueblo tiene el derecho y el deber de exigir a los candidatos un programa de gobierno claro y definido; y como los tales programas, llenos de grandes promesas y de halagadoras frases, suelen, a las veces, resultar nulos y engañosos, debe también exigirle serias garantías de que lo cumplirán con fidelidad. Un pueblo consciente de sus deberes políticos, no entrega, con los ojos vendados, el Poder de la Nación al primero que se le presenta ofreciéndose para tomarlo. El pueblo hondureño debe estudiar los títulos en que los candidatos fundan sus derechos para merecer el elevado cargo de la Presidencia, y hasta después de hecho ese examen, que elija al que crea más idóneo y más digno.

Yo deseara que la elección próxima sirva de enseñanza a nuestro pueblo, que tanto necesita de aprender y practicar las funciones importantísimas que la República le impone. En los países pequeños, la generalidad de los electores no se fija en los grandes y elevados intereses del Estado, y vota, con espíritu estrecho, local, de campanario, solo por satisfacer intereses privados o afectos personales. Establezcamos costumbres verdaderamente republicanas, y enseñemos a los electores que no deben votar por el amigo, o por el compadre, o por quien ofrece un destino o una granjería, sino por quien puede gobernar mejor la Nación. El sufragio popular es la base de la República. Es necesario, pues, educar al pueblo y moralizarlo para que cada elector vote por quien le dicte su razón y su patriotismo, y no como un autómata o un servil instrumento.

Nuestro pueblo, que tiene tan buen sentido nacional, debe hacer ahora un examen de conciencia, recordar su historia, reflexionar sobre las terribles lecciones de hechos que hemos sufrido, y, en vista del pasado, orientar sus destinos en la dirección de un porvenir mejor. La elección de presidente es el acto más importante y trascendental de la vida política de un país republicano. Deber es hoy de todos los patriotas, y muy particularmente de los escritores y periodistas, iluminar la conciencia de los hondureños, enseñarles sus deberes cívicos y levantar su espíritu, para que, aprovechándose de la libertad del sufragio que les garantiza el presidente Sierra, hagan la elección que más convenga a los intereses superiores de la República. Solo así esa elección será un hecho de alta significación y de gran trascendencia política, porque ella expresará la voluntad consciente e ilustrada de la mayoría del pueblo, y pondrá de manifiesto la UNIÓN de los hondureños en el firme propósito de alcanzar el bien y la felicidad de la Nación.

Con tal convencimiento, y creyendo que es un deber mío corresponder a las solicitaciones que he recibido de mis amigos, me propongo tomar parte en la próxima elección, para procurar que nos unamos y, en paz y armonía, e inspirados solamente en el interés y en el bien público, escojamos la persona que mejor pueda servir, en las actuales circunstancias, la Presidencia de Honduras.

El presidente Sierra, por el conocimiento que tiene del país, y porque en el puesto en que está se palpan profundamente las necesidades y los sentimientos del pueblo, es quien debe saber mejor lo que más conviene, al presente, para asegurar el bien de Honduras. Pienso, pues, en mayo o junio venideros, ir a esa, si no hay en ello inconveniente, a conversar con él sobre la elección, y a conferenciar con los amigos que me han invitado a hacer ese viaje, lo mismo que con todos los buenos patriotas, para que, obrando de concierto, nos pongamos de acuerdo en un CANDIDATO NACIONAL, que sea proclamado y sostenido por la inmensa mayoría del pueblo.

¿Por qué no hemos de unirnos y dirigir, de consuno, nuestros esfuerzos, cuando a todos nos anima el mismo amor por nuestra Patria? Todos somos hijos de Honduras y debemos trabajar por su bien. Todos profesamos los mismos principios liberales y republicanos. Nada fundamental nos divide. Así es que juzgo fácil que lleguemos a entendernos y a hacer una acertada elección, escogiendo nuestro presidente entre los más distinguidos ciudadanos de la República. Nuestra unión compacta al hacer esa elección, producirá fecundos resultados: seguridad, confianza, paz, orden y fuerza, y respetabilidad en el interior y en el exterior. Yo espero, pues, que todos mis amigos, y todos los buenos hondureños, que felizmente hay muchos todavía en nuestra tierra, aprobarán mis propósitos y me ayudarán en esa obra de UNIÓN PATRIÓTICA, para que la elección del futuro presidente no provoque nuevas discordias, ni sea el odioso engendro de otra guerra civil, como sucede con frecuencia, sino que establezca entre nosotros, definitivamente, el reinado de la paz, de la justicia, de la ley y de la verdadera libertad.

Después que vea el resultado de los trabajos que me propongo emprender para que lleguemos a un entendimiento claro sobre lo que conviene a los intereses públicos de nuestra Patria, decidiré, de acuerdo con mis amigos, la conducta que yo deba observar en las elecciones presidenciales. Por esta razón no puedo obsequiar hoy los deseos de Ud., de enviarle el Manifiesto que Ud. cree debo dirigir a los hondureños, con motivo de la próxima elección presidencial.

Respecto de mí, personalmente, debo decir a Ud., con toda franqueza, que no solicito ni deseo la Presidencia de Honduras. Pero le repito lo que he dicho siempre a mis amigos: "Si mis compatriotas creen que yo puedo ser útil a nuestro país, estoy a su disposición para ocupar el puesto que me designen". Lo que yo ambiciono no es la Presidencia: es tener ocasión de cumplir con mis deberes de ciudadano. Mas no quiero nunca, nunca, mezclarme en las luchas de partidos ni en nuestras desgraciadas disensiones domésticas. Deseo continuar siendo lo que hasta ahora he sido: un simple elemento de unión y de concordia entre mis compatriotas.

El 4 del entrante me embarcaré para Nueva York, de donde pienso dirigirme a San José de Costa Rica. Allá espero sus cartas, sus indicaciones y sus órdenes.

He aplaudido mucho el pensamiento feliz de los presidentes Zelaya y Sierra, de convocar la conferencia de presidentes que tuvo lugar hace poco en Corinto. Ahora, como nunca, debemos procurar que reinen las más estrechas y fraternales relaciones entre los Gobiernos de Centroamérica. Está para decidirse la suerte de nuestro Istmo, con la apertura del canal interoceánico, por el Gobierno de los Estados Unidos y las Repúblicas que lo forman, deben estar en perfecto acuerdo, para mantener, unidas, los grandes y vitales intereses del presente y del porvenir de la patria centroamericana.

Y para que los hondureños podamos cumplir con los deberes que nos impone la situación de Centroamérica, no me cansaré de repetirlo, es preciso que nos unamos cordialmente, y que fundemos un Gobierno Nacional, constituido por todos los mejores ciudadanos, sin excepción alguna. El Gral. Sierra, que ha demostrado tan relevantes dotes de Gobierno, y que es, a la vez, uno de nuestros jefes militares más sobresalientes, debe continuar prestando sus importantes servicios, como hombre público y como militar. La Patria exige el concurso de todos sus hijos, para seguir avanzando en la senda del progreso y alcanzar el brillante porvenir á que está destinada la Nación hondureña.

Me es grato suscribirme de Ud. su afectísimo servidor y amigo.

(F.) Marco A. Soto.

El general Sierra, que no deseaba otra cosa sino la división y subdivisión de la opinión pública para encontrar la coyuntura que le permitiese violar la Constitución, apareciendo, sin embargo, como el salvador del país en el hundimiento y ruina general, celebró de todas veras la carta publicada, y dándoles voz de aliento a los sotistas, les insinuó la idea de que era urgente llamar cuanto antes al Dr. Soto para que no se fortalecieran por su ausencia los otros candidatos.

Por otro lado los aristas, y sobre todo don Juan Ángel, así como el ministro Altschul, ambos conocedores de la firmeza y lealtad de nuestro pueblo, creyeron que, por ser muchos de los bonillistas antiguos amigos y exempleados del Dr. Soto, al llegar este abandonarían al amigo a quien tenían empeñada su palabra, y que en aquel raro caso de tercería política, cobrarían ellos mayor número de prestigios y vencerían al temido contrario.

Al saber los sotistas que don Marco, de conformidad con los conceptos de su carta, se iba a dirigir de New York a Costa Rica, cablegrafiaron llamándole urgentemente, y el 16 de mayo ingresó a Tegucigalpa, acompañado por lo más selecto del partido nacional bonillista de la capital.

Tan luego le vimos sus verdaderos amigos, le dijimos claramente y sin ningún disimulo, el plan que tenía el Gobierno y el daño que causaría al país una infructuosa tercería, le recordamos los antecedentes que mediaban entre su nombre y el de Arias, y sobre todo, el peligro de romper la Constitución facilitándole los medios, que precisamente preparaba por manos ajenas el presidente general Sierra.

El general Bonilla le habló con franqueza, probándole que aun cuando no le tenía ciego la ambición, toda tentativa por retirar su candidatura era imposible, tanto porque había empeñado su palabra, como porque la mayor parte de sus partidarios no le acompañarían en una determinación deshonrosa para él, sobre todo, cuando hacía dos meses que los empleados aristas maltrataban y perseguían a sus amigos.

Durante el resto del mes de mayo, sondeó el terreno el Dr. Soto, y aunque tenía la convicción de que todo era inútil contra la popularidad del general Bonilla, en Toncontín le prometieron tanto y con tan fingida sinceridad, que el primero de junio de 1902, se decidió a comenzar su propaganda electoral, y para el efecto se fundó el Club Central de la Unión Patriótica, cuya primera acta es como sigue:

"Reunidos en Tegucigalpa, a primero de junio de mil novecientos dos, en la casa del doctor don Alberto Uclés, en junta preparatoria, para tratar de la fundación de la Unión Patriótica, los señores: Doctor don Jerónimo Zelaya, licenciado don Francisco Ariza, general don Miguel Oquelí Bustillo, doctor don Trinidad K. Mendoza, licenciado don Antonio R. Vallejo, doctor don Valentín Durón, licenciado don Antonio S. Maradiaga, licenciado don Federico Uclés, doctor don Carlos J. Pinel, licenciado don Rómulo E. Durón, doctor don

Fernando Vásquez, licenciado don Adán Matute Brito, doctor don Francisco Bueso, licenciado don Miguel P. Lardizábal, doctor don Alberto Uclés, abogado don Carlos Zúñiga, don Cipriano Velásquez, don Vicente Ayestas, don Federico Travieso, don Miguel Zúñiga, don José María Villafranca, don J. Manuel Zúñiga Medal, don Benito Fernández, don Dionisio Galindo, don Cornelio Valle, don Mónico Zelaya, don Miguel A. García, don Tiburcio Acosta, don Leocadio Lardizábal, don Regino Velásquez, don Manuel Dávila, don Pedro García, don Hermenegildo Valle, don Pascual Sosa, Bachiller don Trinidad Valeriano, don Vicente Sosa, bachiller don Eulogio Pineda, don Rafael Ortiz, don Rafael Alvarado Peña y don Samuel Laínez; comenzaron por elegir un presidente y un secretario provisionales, resultando designado para el primer cargo, el doctor don Jerónimo Zelaya, y para el segundo, el licenciado don Rómulo E. Durón, quienes ocuparon sus respectivos puestos.

Enseguida se dio lectura a un manifiesto intitulado ¡Pro Patria! y dirigido a los hondureños con el propósito de organizar en toda la República la Unión Patriótica; y habiendo manifestado su conformidad con él todos los concurrentes, lo suscribieron. El manifiesto ¡Pro Patria!, tal como quedó aprobado, dice a la letra:

¡PRO PATRIA!
A los hondureños.

Conciudadanos: El Presidente de la República, señor general don Terencio Sierra, cuyo Gobierno ha dado a Honduras orden, paz y progreso, ha querido, terminar gloriosamente su período, negándose, como repúblico íntegro, a romper la Ley Fundamental, que prohíbe la reelección, y garantizando al pueblo hondureño la más efectiva y absoluta libertad electoral que se ha visto en nuestro país. ¡Honor a nuestro digno gobernante, el general Sierra! Su nombre será inscrito en nuestra historia con letras de oro.

Pero, por desgracia, nuestro pueblo, poco acostumbrado todavía a ejercitar la libertad electoral, se lanzó prematuramente a proclamar candidaturas, sin que precedieran, como era menester, el estudio necesario de la situación del país y la reflexión precisa acerca de las personas que debidamente podían regir sus destinos. Solamente una

71

parte de nuestros compatriotas se ha ocupado en la cuestión electoral, dividiéndose entre dos candidatos: el honorable señor general don Manuel Bonilla y el honorable señor Dr. Don Juan Ángel Arias. La mayoría de los hondureños, y entre ellos gran número de los más notables, no ha tomado todavía ninguna resolución: está en actitud expectante, actitud que causa una incertidumbre dañosa para los intereses públicos; y con su lamentable silencio, no deja conocer la verdadera opinión del pueblo hondureño.

Nosotros creemos que el patriotismo demanda que salgamos ya de esa actitud expectante, que tanto se presta a falsear los verdaderos sentimientos de la Nación. Por este motivo hemos pensado que es llegada la hora de que todos los hondureños manifiestan lo que piensen, para que la elección que va a hacerse, represente la verdadera opinión popular, que es la única base sólida de los Gobiernos.

Inspirados en la carta de nuestro amigo el señor doctor don Marco Aurelio Soto, que se publicó en abril pasado y que ha sido recibida dentro y fuera del país con gran entusiasmo, y en el propósito de poner en beneficiosa acción los principios patrióticos que en esa carta se proclaman, creemos que es conveniente asociarnos, reflexionar sin pasión, discutir en calma y ponernos de acuerdo, para resolver en bien de la patria, ¡Pro Patria!, el problema electoral.

Con tal objeto proponemos al pueblo hondureño la fundación de la Unión Patriótica, en las siguientes condiciones.

Será esta una vasta asociación, formada por todos los ciudadanos de buena voluntad que, deseosos del mejoramiento moral, intelectual y material de Honduras, e identificados con la sana y patriótica política del ilustre general Sierra, quieran trabajar por la elevación al poder del ciudadano más distinguido por sus aptitudes, merecimientos y servicios a la patria, y que, contando, por estos motivos, con la opinión general, sea prenda de paz, de unión y de concordia, y garantice la continuación de los progresos que se deben a la benéfica labor de la administración presente.

La asociación tendrá por órgano el periódico La Paz, en el que se dará cabida a todas las manifestaciones de la opinión pública, para que sea el portavoz de ella y, por lo mismo, el guía, a fin de que el problema electoral tenga la solución que se requiere, en favor de todos los grandes intereses que entrañan el bienestar particular y la prosperidad general, cuya adquisición solo se puede obtener al amparo de la justicia y en el goce de los derechos que a la libertad dan vida. Pero las manifestaciones de la opinión, de que La Paz se haga eco, sería únicamente aquellas que, respondiendo al noble y elevado fin que se persigue, se mantengan dentro de los límites trazados a la vez por la ley y por la moral al individuo y a las sociedades. El creyente no se atreverá jamás a ofender a la deidad que adora, llevándole ofrendas indignas. El patriota debe ser un creyente ante el altar de la Patria.

Todos los ciudadanos hondureños, sea cual fuere su partido, podrán pertenecer a la Unión Patriótica: bastará para ello que se inscriban en sus registros y que quieran un gobierno que tenga su más firme apoyo en la opinión popular, para que esté en capacidad de realizar los altos fines que de su extensa y complicada labor dependen.

Estamos seguros de que las bases para fundar la Unión Patriótica merecerán la aprobación de nuestros conciudadanos, y de que, penetrados de las ideas y sentimientos que nos animan, se apresurarán a unirse con nosotros, para ayudarnos en la ejecución de la obra meritoria que nos proponemos.

¡Conciudadanos! Depende de nosotros el porvenir de Honduras. ¡Qué inmensa, pero también qué noble y santa responsabilidad! La felicidad de los individuos se deriva del acierto en la elección de sus propios destinos. Las naciones, como los hombres, deben saber también orientarse, buscando el verdadero camino, la senda que conduce a la prosperidad y al engrandecimiento. Los errores políticos, origen son de graves y profundos males, que van prolongando sus efectos de generación en generación, que después se lloran, aunque ya estérilmente, y son obstáculos al curso fácil y rápido del progreso. Muchos peligros amenazan hoy la independencia de las naciones pequeñas como la nuestra, y es preciso prevenirlos. Necesitamos, pues, un gobierno que continúe la época de paz y adelanto inaugurada por el general Sierra, gobierno que trabaje por la patria, y solamente por la patria, y para conseguir ese gobierno debemos elevar a la Presidencia al mejor entre los mejores.

Tegucigalpa: 1° de junio de 1902.

Doctor Jerónimo Zelaya. – Licenciado A. Matute Brito. – V. Ayestas. – Benito Fernández. – Cipriano Velásquez. – Doctor F. Busto. – F. Travieso. – Doctor T. E. Mendoza. – Licenciado Antonio R. Vallejo. – Mónico Zelaya. – Doctor C. J. Pinel. – Doctor Valentín Durón. – J. M. Villafranca. – Dionisio Galindo. – Manuel Dávila O. – Pedro García. Pascual Sosa. Hermenegildo Valle. – S. Laínez. – Rafael Ortiz. Vicente Sosa. – Doctor Fernando Vásquez. Licenciado Antonio S. Maradiaga. – J. Manuel Zúñiga Medal. – Cornelio Valle. – L. Lardizábal. Licenciado Miguel P. Lardizábal. – General Miguel Oquelí Bustillo. Licenciado F. Ariza. – Rafael Alvarado Peña. – Bachiller T. Valeriano. – Bachiller Eulogio Pineda. Abogado Carlos Zúñiga. Regino Velásquez. – T. Acosta. – Doctor Alberto Uclés. – Licenciado Rómulo E. Durón. – Miguel A. García. – Licenciado Federico Uclés. – Miguel Zúñiga.

Finalmente se acordó convocar a una Junta General para el domingo próximo, a las nueve de la mañana, a la que asistirán las personas que hoy han concurrido y todos los ciudadanos que deseen formar parte de la Unión Patriótica.

La Junta autorizó al presidente y secretario para suscribir la presente acta, a la cual se dará publicidad.

Jerónimo Zelaya/Presidente
Rómulo E. Durón/Secretario

Este paso impensado debía costarnos la guerra civil, porque la idea del triunfo se afianzó en la cabeza de la mujer siniestra que, disponiendo a su antojo de su marido en Toncontín, quería hacer un juguete de lo más sagrado que hay en las naciones: la sangre y la libertad humanas.

El ocho de junio La Unión Patriótica celebró la segunda reunión, levantando la siguiente acta:

"Tegucigalpa: 8 de junio de 1902

Reunidos en la casa del doctor don Alberto Uclés, bajo la presidencia del doctor don Jerónimo Zelaya, los suscritos, con el

74

objeto de organizar la UNIÓN PATRIÓTICA, se procedió del modo siguiente:

1°. – Se leyó y aprobó el acta de la junta preparatoria del domingo 1 del mes en curso.

2°. – El señor presidente provisional, doctor Zelaya, pronunció el discurso que dice a la letra:

"Señores: Pocos días hace que nos reunimos aquí mismo, en junta preparatoria, con el objeto de secundar los loables propósitos expresados por nuestro ilustre compatriota, el doctor don Marco Aurelio Soto, en su carta fechada en París el 25 de marzo último, y en el manifiesto ¡Pro Patria! dirigido a los hondureños por la referida junta. Esos propósitos no son otros que los de aunar las voluntades y esfuerzos de nuestros conciudadanos, mediante las manifestaciones de la opinión, a fin de darnos, para el próximo período presidencial, un gobernante que garantice del mejor modo los intereses sociales confiados a su prudencia y a su celo, y que nos mantenga en el goce de los inapreciables beneficios del orden y de la paz. Trátase, por lo tanto, de elegir, con tal fin, al ciudadano que aclame la opinión pública como el más digno y más capaz de labrar la prosperidad nacional, al favor de la completa libertad del sufragio que, para su eterna honra, ha garantizado al pueblo hondureño el benemérito general don Terencio Sierra.

Época por siempre memorable en los fastos de Honduras, será la presente, en que, por una parte, se ve acatado el principio de alternabilidad, y por otra, se deja a los ciudadanos el libre ejercicio de su soberanía en la elección del nuevo mandatario. Honor al general Sierra: honor al probo magistrado que, inclinándose ante la majestad de la ley, cierra el período de su administración con actos propios de un abnegado republico, que le aseguran títulos de gloria tal vez más preciados que los laureles que ha conquistado con su espada en los campos de batalla.

¿Qué necesita Honduras para regenerarse, para llegar á ser una próspera y floreciente República, digna del amor de sus hijos y del aprecio y respeto de los extraños? Necesita un gobierno verdaderamente nacional que, continuando la labor fecunda del señor presidente Sierra, trabaje por el engrandecimiento del país, abra ancho campo a todas las actividades, a todas las aspiraciones legítimas, sin distinción de bandería o de partido; un gobierno que extienda sus miradas al pueblo para elevarlo y enaltecerlo por la instrucción y la moralidad y para proporcionarle la mayor suma de dicha y bienestar; un gobierno que se consagre con patriótico anhelo, con probidad y desinterés, a la administración del país y al desarrollo de los valiosos elementos naturales que encierra; un gobierno que administre con sabiduría, con ciencia; porque la ciencia es fuerza, y fuerza irresistible, incontrastable, así para avasallar á la naturaleza, como para dar feliz dirección a los negocios humanos.

Los hondureños, los ciudadanos, se preparan para hacer uso del más importante de sus derechos políticos, el de elegir el magistrado que ha de empuñar las riendas del gobierno en el periodo entrante. Figuran ya en el campo electoral dos candidatos, que son, por cierto, personas honorables: el general don Manuel Bonilla y el doctor don Juan Ángel Arias. Ambos candidatos y los más que los ciudadanos proclamen, expondrán ante el país sus respectivos programas o el plan de gobierno que cada cual se proponga realizar en bien de la República. Los hondureños, con el recto buen sentido que los distingue, sabrán valorar los méritos de los diferentes candidatos y optarán por aquel que entiendan es el más apto para labrar la ventura pública y dar días de esplendor a la Nación. Hermosa, noble será la contienda; tanto más noble si los partidos en competencia entran en una discusión decorosa, de ideas, de principios, ajena á la denigración y al insulto, al dicterio y la calumnia, que solo sirven para envenenar los ánimos, para dividirnos y nulificarnos, cuando hoy más que nunca necesita la familia hondureña vivir unida en íntima e indisoluble concordia, ante los peligros que amenazan a la América hispana. Afortunadamente hemos salido ya del estado de insubordinación, que es una de las épocas más agitadas en la vida de los pueblos, y entrando en el de la libertad, que debemos educar, ilustrar, en la cátedra, en la tribuna, en el periódico, para que jamás degenere en la licencia o el delito, y antes bien sea enemiga del desorden, de la revuelta y el motín, pues solo así lograremos que no se repitan entre nosotros esas contiendan fratricidas, esas luchas sin gloria, que han enrojecido en sangre nuestros campos, que tanto han retardado nuestro progreso y menoscabado nuestra honra. Toda victoria sobre nuestros hermanos, solo nos ha dejado por único, tristísimo trofeo, el retroceso; y hermanos somos los hondureños, hermanos los centroamericanos.

Señores: queda desde hoy instalada la Unión Patriótica que nos propusimos fundar con el objeto expresado por extenso en la carta del doctor Soto y en el Manifiesto de la Junta provisional.

De insigne honor, de insigne gloria, se colmará la República, si en los solemnes momentos en que se ventila una cuestión de las más graves y trascendentales, que envuelve la felicidad o la desdicha de la patria, y en que está puesta a prueba la sensatez del pueblo hondureño, se muestra este digno de su soberanía al ejercer el derecho sagrado de designar al gobernante que ha de regir sus destinos. Hagamos votos porque acto semejante se lleve a cabo sin estrépito, sin violencia ni conmociones, con lo cual probaremos a la faz de Centroamérica y del mundo, que somos dignos de las generosas instituciones que profesamos, dignos de la libertad que nos conforta y nos alienta, y que no en vano ha dicho el general Sierra a los hondureños al tocar al límite de su período: "Sois árbitros de vuestros destinos: libres para labrar vuestra futura dicha o vuestra ruina: ¡elegid!"

3°. – Aceptada por todos los presentes la excitativa hecha en el manifiesto ¡Pro Patria!, se declaró fundada la UNIÓN PATRIÓTICA, conforme a las siguientes bases:

1ª. La UNIÓN PATRIÓTICA tendrá por objeto trabajar por la elevación a la Presidencia de la República, del ciudadano más distinguido, y que, por sus aptitudes y honorabilidad, y por los servicios prestados a la patria, ofrezca suficientes garantías de emprender con éxito una labor gubernativa en favor de la paz, del orden, de las mejoras materiales y del progreso, de suerte que sea un digno continuador de la obra administrativa, política y social que se debe al ilustre general don Terencio Sierra.

2ª. La asociación reconoce y acepta como ideas fundamentales de su programa, las que expone y desarrolla el doctor don Marco A. Soto en su carta política datada en París el 25 de marzo del corriente año, que ha circulado impresa desde el 24 de abril, y que ha sido recibida con justo entusiasmo dentro y fuera del país. Formarán la asociación todos los ciudadanos de buena voluntad, sea cual fuere su partido, que se interesen por la felicidad de la patria, que estén identificados con la sana y patrió, tica política de concordia, observada por el presidente, general don Terencio Sierra, y que acepten el programa y los medios de acción que la UNIÓN PATRIÓTICA se impone conforme a la presente acta.

3ª. La UNIÓN PATRIÓTICA procurará que la elección presidencial dé por resultado: seguridad, confianza, paz, orden y fuerza, y responsabilidad en el interior y en el exterior, de modo que no haya discordias que puedan dar origen a ninguna perturbación, y reinen la justicia, la ley y la verdadera libertad, al amparo de las cuales se desarrollen todos los elementos de riqueza con que cuenta Honduras, y haya bienestar y felicidad para todos los hondureños.

4ª. La UNIÓN PATRIÓTICA tendrá una Junta Directiva Central en Tegucigalpa, juntas departamentales en las cabeceras de departamento y juntas locales en las demás poblaciones, subordinadas á las departamentales. La Junta Directiva Central se compondrá de un presidente, dos vicepresidentes, catorce vocales, dos secretarios y dos vicesecretarios. Esta Junta rige toda la asociación y tendrá todas las facultades necesarias para realizar el objeto y fines que esta persigue, determinados en las tres bases que preceden. Formará su Reglamento Interior, determinará el número de individuos de que se compondrán las juntas departamentales y locales y el modo de su elección, y dictará instrucciones a dichas juntas, que serán reglas de acción para estas. La Junta Directiva Central tendrá facultad de convocar a junta general, cada vez que lo estime necesario.

5ª. La UNIÓN PATRIÓTICA procurará la realización de sus propósitos por todos los medios legales, y será su órgano de propaganda el periódico La Paz, cuya redacción estará a cargo de la comisión que la Junta Directiva Central designe. La Paz publicará las manifestaciones de todos los adherentes a la UNIÓN PATRIÓTICA, de modo que pueda ser la expresión de la opinión pública y haga conocer en todo el país el pensamiento que goce de la aprobación de la mayoría de los hondureños.

6ª. La Junta Directiva Central abrirá, por medio de la Secretaría, libros de registro para la inscripción de los ciudadanos que se adhieran a la UNIÓN PATRIÓTICA. Las Juntas departamentales y locales se atendrán, sobre el particular, a las instrucciones que se les dirijan; y

7ª. Con vista del número de adherentes al programa de la asociación y de las manifestaciones del pensamiento popular, se proclamará, con el concurso de las juntas departamentales y locales, en su oportunidad, candidato a la Presidencia de la República al ciudadano que, a juicio de la UNIÓN PATRIÓTICA, y por estar conforme con sus miras y objeto, tenga a su favor el apoyo de la opinión, en virtud de sus cualidades, aptitudes y merecimientos. Igual procedimiento se observará para la designación de candidato a la Vicepresidencia de la República y a los demás cargos a que se refiere el decreto legislativo del 22 de febrero de este año.

4°. – Se procedió, en consecuencia, a la elección de los ciudadanos que compondrán la Junta Directiva Central; y resultaron electos: Presidente, general y doctor don Miguel Oquelí Bustillo; Vicepresidentes, doctores don Jerónimo Zelaya y don Carlos Zúñiga; Vocales, licenciado don Antonio R. Vallejo, licenciado don Rómulo E. Durón, doctor don Alberto Uclés, licenciado don Francisco Ariza, doctor don Jenaro Muñoz Hernández, don Dionisio Galindo, don Cornelio Valle, doctor don Carlos J. Pinel, don Mónico Zelaya, licenciado don Federico Uclés, don Miguel A. García, don Cipriano Velásquez, don Samuel Laínez y doctor don Trinidad E. Mendoza; Secretarios, doctor don Valentín Durón y don Fernando Vásquez, y Vicesecretarios, los bachilleres don Paulino Valladares y don Trinidad Valeriano.

5°. – Se acordó, por aclamación y a iniciativa del socio licenciado don Rómulo E. Durón, dirigir al señor presidente de la República un telegrama, comunicándole que, en virtud de la libertad que él ha otorgado, se ha fundado la UNIÓN PATRIÓTICA, y que esta asociación lo saluda y le protesta su adhesión, sus simpatías y respetos, anunciándole que una comisión pasará a Toncontín a poner en sus manos un ejemplar impreso de la presente acta.

6°. – Se acordó nombrar presidente honorario de la UNIÓN PATRIÓTICA al doctor don Marco A. Soto, a quien una comisión le entregará una copia de esta acta, para excitarlo a aceptar su nombramiento.

7°. – La Junta Directiva celebrará sesión en este mismo local, mañana a las 10 a.m.

8°. – Se levantó la sesión, quedando abierta esta acta por dos días, para que la firmen todos los ciudadanos que se adhieran a la UNIÓN

PATRIÓTICA, sin perjuicio de que continúen las adhesiones en los registros que abrirá la Junta Directiva Central en la Secretaría.

General Miguel O. Bustillo
Presidente

Dr. Jerónimo Zelaya
Vicepresidente   Abogado Carlos Zúñiga
Vicepresidente

Licenciado Antonio R. Vallejo, vocal. – Licenciado Rómulo E. Durón, vocal. – Dr. Alberto Uclés, vocal. – Licenciado Francisco Ariza, vocal. – Dr. Jenaro Muñoz Hernández, vocal. – Dionisio Galindo, vocal. – Cornelio Valle, vocal. – Dr. Carlos J. Pinel, vocal. – Mónico Zelaya, vocal. – Licenciado Federico Uclés, vocal. Miguel A. García, vocal. – Cipriano Velásquez, vocal. – Samuel Laínez, vocal. – Dr. Trinidad E. Mendoza, vocal. – J. M. Villafranca. Próspero Inestroza. – D. Fortín. – Dr. Esteban Ferrari. F. Travieso. – Dr. F. Bueso. – Licdo. Antonio S. Maradiaga. – M. Zúñiga. – A. Matute Brito. – V. Ayestas. – Licenciado M. P. Lardizábal. – José S. Lazo. – L. Lardizábal. – Ildefonso Sevilla. – Jacobo Galindo. – Baltasar Medrano. – E. Moncada. – E. Molina. – Br. Manuel Sevilla. – J. M. Rivera. – B. Valle. – Jaime R. Turcios. – Manuel Gómez. – Rafael Calona. – Felipe E. Planas. – Ramón Valladares. – Emeterio J. Urquía. – Licenciado Ramón Fiallos. – M. Antonio Ávila. – Juan E. Aguilar. – T. Acosta. – Regino Lanza. – José Antonio Contreras. – Benito Fernández. – Leopoldo Sevilla. – Anselmo Sánchez. – Mariano Valle R. – J. García y Lardizábal. – Jorge A. Rodríguez. – Ramón Zelaya Zúñiga. – Jesús Varela. – José M. Matute. – P. Bernhard. – Br. T. Botelo. – Juan A. Vallecillo. – C. Valle h. – Coronado Henríquez. – Antonio Romero. – Eduardo J. Pagoaga. – A. Valladares. – J. Manuel Zúñiga M. – J. Padilla. – Juan M. Jirón. – Por sí y por Juan Valdés, Alejandro Rodríguez. – Jesús Velásquez. – Br. Ricardo A. Jirón. – Narciso de J. Irías. – Alberto Sierra R. – Antonio Romero h. – Miguel Ríos. – Por Gregorio González, que ignora firmar, y por mí, Julián R. Fiallos V. – Justiniano Ayala. – Agustín Maradiaga. – Rafael Pinel C. – Martín Lagos. – J. de la Cruz Díaz. – Jerónimo Quiñónez. –

Florencio Lagos. – Rafael Alvarado Peña. – Mario Aceituno. – Rosendo D. Quiñonez. Atanasio Hernández. – Horacio Ramírez Z. – Bernabé Salgado. – Alejandro R. Valeriano. – Policarpo Acosta. – Nicolás Romero. – Br. Pedro N. García. – Domingo González Z. – J. C. Rodríguez. – Rafael Ramírez A. – Miguel M. Paz. – José Agapito Fialos. – Jesús Martínez. – Adolfo C. Pavón. – Hermenegildo Sosa. – Miguel A. Alvarado. – Manuel O. Bustillo. – Juan B. Euceda. – José M. Selva. – J. Luis Nájera. – Eduardo Álvarez. – Juan José Fernández. – Samuel Medina. – Juan Acosta. – José Antonio Cerrato. – Coronel Cayetano Méndez. – Miguel R. Álvarez. – Jesús Méndez. – Pedro García. – Enrique García. – Pablo Sánchez. – Regino Velásquez. – E. R. Hernández. – Felipe Barahona. – Mariano Díaz. – Rafael Irías. – Alberto Irías A. – Celso Lozano. – Raimundo Medina. – Salvador Valladares. – Pedro C. Durón. Tomas Durón B. – Atanasio Martínez. – Juan José Rivera. – Emeterio Orellana. – Ceferino Soto. – José M. Sosa. – Teniente coronel J. Jacinto Lazo. – Rafael Escobar. – Pascual Sosa. – Teodoro Valladares. – Pedro J. Rosa. – Hermenegildo Valle. – Gervasio Méndez. – Ramón Uclés y Uclés. – Bernardo Rivera. – Máximo Pineda. – Felipe Turcios Velásquez. – Lisandro Méndez. – Ramón Barrientos. – Demerito González. – Francisco Agurcia. – Cirilo Cerrato. – Antonio Estrada. – Felipe Sierra Flores. – Pedro Cortés. – José de la Rosa Reyes. – Ángel Ordóñez. – Santiago Osorio. – Juan J. Ramírez. – Pablo Gómez. – A ruego de Pedro José Cruz, Pablo Gómez. – Domingo Castro. – A. Venegas. – A ruego de Santiago Izaguirre, A. Venegas. – Juan Garay. – José A. Lazo. – Apolonio Lanza. – Simón Herrera. – Por don Manuel Cruz, Miguel A. García. Por Simeón Herrera, Miguel A. García. – Por David Zepeda, Miguel A. García. – David Medina. – Pedro Mass. – Vicente Sosa. – A ruego de Mariano Lagos, que no sabe firmar, Vicente Sosa. – Luis Cerrato. – Julio Rodríguez. – Por Rosalío Cerrato, Domingo Castro. – Por Benjamín Sierra, Miguel A. Alvarado. – Simeón Lozano. – Por Vicente Godoy y Andrés Godoy, Vicente Sosa. – Ezequiel Márquez. – Por Marcial Valladares, Juan José Juanes. – Por Isidoro Gómez, Miguel Reyes, Domingo Gómez, Tranquilino Gómez, Apolonio Gómez y Antonio Rosales, Pascual Sosa. – Juan Maradiaga. – Manuel Flores R. – Saturnino Durón. – Por José María Durón, Saturnino Durón. – Santiago Salgado Lozano. – Enrique Díaz. –

Santiago Figueroa. – José de la Paz Figueroa. – Juan A. Fiallos. – Por recomendación de don Rafael Ortiz y por el señor Raquel Flores, que no sabe firmar, Jesús Martínez. – José de la Cruz Amador. – J. Crisanto Flores V. – Teófilo S. Rodríguez. – Francisco Escobar. – Antonio Fiallos. – Por el señor Dionisio Irías, por Enrique Valladares y por mí, Rosando Gómez. – A. Pavón. – Cornelio Alvarado Lozano. – Coronel Federico Rivas. – Justo Sosa. – Por Salvador García, Justiniano Ayala. – Por Dolores Fiallos, Manuel Briones, Gabriel García y por sí, M. Martínez. – Adán L. Flores. – Dr. Antonio Ferrari. – Abraham Zúñiga. – Manuel de Jesús Garay. -Teófilo S. Rodríguez. – Francisco Escobar. – Antonio Fiallos. – Por Dionisio Irías y Enrique Valladares, Rosendo Gómez. – Dionisio Salazar. – Teodoro Duarte. – Mariano Zepeda. – Licenciado A. I. Borjas. – Por Calixto Valladares, Narciso Moneada. – Gregorio Moncada. – José María Ferrari. – Licenciado Isidro R. Amaya. – Por Pablo Vásquez, Juan de la R. Vásquez. – Carlos Brito. – Rafael Romero A. – Por Santiago Gómez, Eusebio Gómez, Felipe Gómez, Domingo Gómez Flores, Victoriano Gómez, Ciriaco Gómez, Agustín López H. é Indalecio López H., Pascual Sosa. – Carlos A. Medrano. – Gregorio Juanes. – Justo Sosa. – Antonio Vargas. – Miguel Salgado. – Juan García. – Miguel R. Durón. – Pedro Trejo. – Toribio Trejo. – Pedro López Trejo. – Diego R. Vásquez. – Justo Ochoa. – Francisco López Rodríguez. – José María Membreño. – Francisco Cruz Cáceres. – Julián Medina. – Nicolás Romero. – Crescendo Escobar R. – Eugenio Raudales. – Emilio G. Neda. – Felipe Valle. – Por José María López, Onecíforo Salvador y Santos Salvador y por sí, Florencio García. – Por Pedro Sosa y por sí, Manuel Barahona. - Federico Martínez. – Por Jerónimo Vargas y Julián Ortega, que no saben firmar, Juan García. – Miguel Ángel Velásquez. – Aquileo López. – Bruno García. – Rosendo López. – Por Juan Andrés Alvarado y Manuel Matamoros, Benjamín Valle. – José María Galindo. – A ruego de Manuel Andino y por sí, D. González Z. – Miguel Figueroa. – Miguel B. González. – Por Miguel Antonio Álvarez Figueroa, Balbino Salgado, Lino Elvir y Julián Gutiérrez, Santiago Figueroa. – Alberto Salgado. – Por Presentación Medina y Domingo López, Santiago Figueroa. – Por Daniel Valladares, Tiburcio Álvarez Lanza. – Por Leónidas Soto y Tomás Díaz, Teodoro Valladares. – C. Varela. – Miguel R. Machado. –

Miguel Ángel Godoy. – Por Juan Antonio Berríos y por mí, Leonardo Barrios. – SIGUEN LAS FIRMAS.

Dr. Valentín Durón/Secretario

Dr. Fernando Vásquez/Secretario

Br. Paulino Valladares/Vicesecretario

Br. T. Valeriano/Vicesecretario

CAPÍTULO VII: Y SOIS LIBERALES

JUNIO continuación. – Comentaros a la segunda acta de la Unión
Patriótica. – Protesta del Diario de Honduras. – El Santaneco
defiende la Constitución hondureña. – Estratagema del arismo y
actitud del Diario de Honduras. – El general don Dionisio Gutiérrez
demuestra jurídicamente la inconstitucionalidad de la intervención
de los empleados judiciales.

Sentadas las bases irrecusables de la situación de Honduras en
nuestro capítulo anterior, con la mirada serena del filósofo o del
sociólogo, no puede aceptarse de los firmantes de la segunda acta de
la Unión Patriótica, sino dos cosas, polos opuestos del buen sentido
moral, o cariño acendrado hasta el fanatismo por el doctor Soto o
relajamiento político, hasta el extremo de olvidar que solo a las
mayorías les toca la elección del Gobierno en los países republicanos.

Como muchos empleados judiciales aparecían enfrentando la
difícil situación de la candidatura de la tercería, el Diario de
Honduras, recordando las brillantes frases del doctor don Mariano
Vásquez, con motivo de la intervención del licenciado don Joaquín
Soto, dijo:

"UN NUEVO ESCÁNDALO"

"Lo denunciamos al pueblo hondureño. – El mal ejemplo de tomar
parte algunos señores secretarios de Estado en la presente lucha
electoral, con grave infracción de la ley, lo han seguido algunos pocos
funcionarios del departamento judicial.

Los señores Alberto Uclés, magistrado de la Corte Suprema;
Rómulo K. Durón, magistrado de la Corte Suprema; Carlos Zúñiga,
magistrado suplente de la Corte Suprema; Francisco Ariza, fiscal de
la Corte Suprema; Jerónimo Zelaya, fiscal de la Corte de Apelaciones;
y Miguel P. Lardizábal, fiscal de los Juzgados de Letras, se reunieron
con otros individuos el 1° de junio corriente, en casa de don Alberto
Uclés, con el objeto de proponer al pueblo hondureño la fundación de
la "Unión Patriótica", la que trabajará por elevar a la Presidencia de

la República, al mejor entre los mejores, que es, según ellos, don Marco Aurelio Soto.

Recordamos a estos empleados públicos, el artículo 3° de la Ley Orgánica de Tribunales, que dice: "Es prohibido a las autoridades judiciales...6°, mezclarse en reuniones, manifestaciones u otros actos de carácter político, aunque sean permitidos a los demás ciudadanos". ¡Y estos infractores de la ley se conceptúan por sí y ante sí, como de lo más notable del pueblo hondureño! ¡Cuánto cinismo!

¿Tendrá conciencia estos jueces y fiscales del honroso y delicado puesto que ocupan en la República? Creemos que no, porque de tenerla, otra fuera la conducta que observaran. Ya el litigante no verá en ellos esa imparcialidad de que deben estar revestidos los que administran justicia, sino al sotista, al sectario.

Escribimos las presentes líneas para denunciar ante el pueblo hondureño este nuevo escándalo; porque, por lo que hace a la candidatura de don Marco Aurelio, está desahuciada desde hace mucho tiempo: todos sabemos cómo subió al poder el año de 1876; cuáles fueron las libertades de que disfrutaron los hondureños durante los siete años de su Gobierno, y la causa por qué salió huyendo para California. Y basta por hoy".

Por más que dijeran entonces los interesados, y aun cuando creyeran los contrarios, aun los fanáticos de los bandos opositores, el pueblo hondureño deseaba en el poder al general don Manuel Bonilla, como lo demostró contra el dinero de un sindicado que deseaba hacer de nuestra política una fuente de negocios; y contra el partido que suponía que los cañones y los fusiles valían algo cuando no hay quien los dispare o cuando se vuelven sobre los que, traicionando su juramento a la patria, quieren hacer de los pueblos simples instrumentos ciegos. Y respondiendo como un eco de la justicia que acompañaba al general Bonilla contra sus adversarios, la prensa de Centroamérica unísona, se levantó indignada contra los que, sin méritos o a destiempo, querían arrebatar, no el puesto al hombre llamado al primer lugar de la República por los pueblos, sino a la Nación el gobernante que deseaba y merecía en aquellos momentos en que solo el corazón justo y la honradez podían salvarla de la tiranía y de la ruina, porque Arias y Sierra sintetizaban la tiranía, y Soto el monopolio absorbente, vorágines a donde el crédito y la sangre hondureña hubieran sido poquísima cosa para la usurpación, el lujo y el escándalo.

El Diario de Centroamérica, La Profilaxis Política, El Bien Público y La República, en Guatemala; El Nacional, de León; La Estrella de la Tarde y El Atlántico, de Nicaragua; La Prensa Libre, de Costa Rica; y El Santaneco, de El Salvador, tomaron parte activa en nuestra contienda, y en el último escribió el doctor don Miguel A. Fortín:

"HONDURAS"

"Insistimos.

Cuando se está hollando una ley, que es base de las instituciones democráticos; cuando, para escalar las alturas del poder, se vulneran los derechos de los pueblos, protestar es un deber del patriotismo.

El doctor don Juan Ángel Arias, al ejecutar actos contra el precepto claro y terminante de la Ley de Elecciones de Honduras, está delinquiendo, y al desatender las doctrinas que, como dogma del partido liberal, profesó y comulgó su eximio padre, está oscureciendo su apellido ilustre.

¿Quién niega los trabajos del señor Arias en pro de su candidatura? Ninguno, porque son ciertos y evidentes. Sus partidarios tratan solamente de cohonestarlos con razones más o menos especiosas, que, en resumen, solo demuestran que para obtener el triunfo del Candidato Arias, es un medio necesario, absolutamente necesario, el Ministro Arias. De esto se desprende que tales partidarios no persiguen ningún ideal ni les importa el triunfo del derecho: van tras el hombre, esto eso, tras el ministro. Si no es así, que renuncie este por su propio honor y el honor de su partido, y entonces, si el éxito corona sus esfuerzos, merecerá la aprobación unánime de los hombres de bien.

Ya que en Honduras se ha implantado la República, y se trata de darle permanente vida sobre la base de la libertad del pueblo, es necesario luchar porque se disipen las nubes que quieren oscurecer el cielo del derecho; es necesario destruir los razonamientos absurdos que tienden a violar la ley; es necesario que quien suba al poder, sea la encarnación genuina de la voluntad nacional.

¿Lo será el doctor Arias? No, porque su candidatura ha nacido en las alturas ministeriales y porque está infringiendo la ley.

Veamos cómo se le justifica.

"La aceptación de su candidatura de parte del doctor Arias y su injerencia y la de los señores Altschul y Estrada en trabajos de propaganda, no son más que actos de expansión del derecho de ciudadanía", dice El Heraldo, y agrega: "Cuando se apruebe que tales personajes no son ciudadanos por el solo motivo de ser funcionarios públicos, nosotros seremos los primeros en convenir que deben separarse de la posición oficial que revisten".

Examinemos el alcance y la fuerza de estas razones.

El presidente de la República es ciudadano; y tanto que en virtud de los derechos inherentes a ese carácter, ejerce el cargo; luego aquel alto funcionario puede ingerirse en trabajos de propaganda, según el razonamiento de El Heraldo; y como el ejercicio de la ciudadanía cuando se trata del sufragio, es no solo un derecho, sino un deber, según los principios y la doctrina del artículo 23 de la Constitución, resulta que el general Sierra está faltando a este deber.

El Heraldo, como toda la prensa, elogia la abstención absoluta del general Sierra; luego, lo elogia porque deja de ejercer un derecho público, porque falta al cumplimiento de un deber; y elogia y justifica al doctor Arias precisamente por lo contrario. Es bueno, pues, abstenerse y no abstenerse, el sí y el no, ser y no ser a un tiempo mismo.

Entendámonos, señores.

¿Quién falta al deber, el que se abstiene o el que no se abstiene de "ingerirse en trabajos de propaganda"? Si es el primero, esto es, él presidente, decídselo así y no le prodiguéis elogios; haced que lance la candidatura de su agrado y trabaje eficazmente por su triunfo, es decir, destruid la República, la democracia, el derecho, la moralidad política... ¡Y os llamáis liberales!

Si es el segundo, esto es, el doctor Arias, quien falta al deber, ¿por qué os empeñáis en justificarlo?

He oído aducir, como argumento incontrastable, que el ministerio que ejerce el doctor Arias no es eficaz para producir los efectos que se temen. En primer lugar, es necesario no conocer la índole, el carácter y la educación política de nuestros pueblos para hacer tal afirmación. Basta el hecho de que dicho señor forme parte del Poder Ejecutivo, para que se comprenda que el jefe de éste lo distingue y un gran número de individuos secunde su candidatura creyéndola oficial, máxime cuando se hace manifestación expresa de contar con las autoridades. Decir que el pueblo hondureño no se deja sugestionar, porque está políticamente mejor educado que los demás de la América latina, es una candidez impropia de personas serias. La República, la verdadera República, está todavía al principio de su fundación, y no ha tenido tiempo suficiente para educar a los coasociados. Precisamente por esto, se necesita no interrumpir las prácticas republicanas, a fin de que pronto llegue el día en que los hondureños puedan comprender el límite de sus deberes y la extensión de sus derechos. En segundo lugar, y dado por supuesto que nada signifique ese Ministerio, ¿dejará por eso de violar la ley el señor Arias? Eso probaría solamente que la violación es proporcionada a la autoridad que ejerce: si ésta es limitada y pequeña, pequeña y limitada será la violación; pera cuando ejerza todo el poder de que está investido un presidente, la violación estará en proporción de ese poder. ¿No os asusta, señores, esa monstruosidad? Sin embargo, ella nace precisamente de vuestros principios: si admitís como buena, justa y legítima la infracción de la ley, tenéis que admitirla siempre en proporción a los medios y razones que la motiven. ¡Y sois liberales!

Otra de las razones que se aducen es que la práctica que combato existe en los Estados Unidos, sin embargo de ser un país tan libre. En primer lugar, no estamos a la altura de aquella nación, y en segundo, no porque allá se practique debemos considerarla buena. A este respecto un notable escritor chileno escribía en 1865 lo siguiente: "La desgracia es que esta manera de considerar las cosas y estas detestables doctrinas tienen en su apoyo la práctica en los Estados Unidos. Muchos políticos de Chile, que se sonríen desdeñosamente cuando oyen invocar las teorías norteamericanas en favor de la libertad del pensamiento y acción, de la independencia de la justicia, del respeto de los gobernantes a la ley y derechos, aceptan con entusiasmo, como modelo y como principio de sabiduría política, las más peligrosas corruptelas que ha introducido el espíritu de partido en la administración de la Gran República". Tal sucede a los partidarios del doctor Arias.

¡Y son liberales!

No, señores; tratar de cohonestar inconveniencias, de engañar a los pueblos con sofismas y razones especiosas, es desmoralizarlos, perderlos y enseñar a los gobernantes el camino de la arbitrariedad. "El verdadero oficio de los partidos, dice Grimke, es anunciar y poner de manifiesto la suma de verdad que hay en los asertos de cada uno de ellos; y así la gran masa del pueblo, que no pertenece a ningún partido, salvo el partido de su país, puede ser guiada con facilidad e inteligencia en la vía que sigue". Faltar a los fines indicados, es faltar a los principios.

El error de los que justifican al señor Arias está en suponer que absteniéndose de su injerencia en las elecciones, se limitarían sus derechos de ciudadano; está en confundir su propio derecho con el derecho de todos. El artículo 21 de la Constitución dice: "Son derechos del ciudadano: ejercer el sufragio, optar a los cargos públicos y tener y portar armas, todo con arreglo a la ley". Ese derecho es individual, personalísimo, y no se le limita al señor Arias: él puede y debe, en el momento oportuno, depositar su voto por él mismo, si así lo desea; pero no puede ni debe "ejercer las expansiones" a que se refiere El Heraldo, porque esto ataca el derecho ajeno: su libertad tiene el límite de la libertad de los demás. Esta ha sido la mente de la ley al considerar como coacción toda influencia o presión de un funcionario público, es decir, toda "expansión" que tienda a restringir la voluntad de los electores, sin limitar por eso su propio derecho.

Aun suponiendo que el Dr. Arias no violara la ley, está faltando con su conducta a la moral política, que, como dice don Justo Arosemena, "deberá ser una gran potencia, para refrenar toda tentativa artificiosa que coarte la libertad del sufragante"; y agrega en otra parte: "Por lo demás, toda violencia o seducción debe ser materia de castigo, pues se trata de un delito cuya gravedad no es menor porque dejen de percibirse sus inmediatos efectos".

Demostrado que el Dr. Arias está faltando a los principios, a la ley y a la moral política, como en todos los hechos racionales y deliberados, debe tomarse en cuenta el móvil impulsivo del acto humano y el fin propuesto; al persistir dicho señor en continuar en el Ministerio, hay que investigar cuáles son ese móvil y ese fin.

No se necesita mucha penetración para encontrarlos. En el presente caso se identifican: la presidencia, es decir, el deseo de serlo y la probabilidad de lograrlo estando arriba. Luego teme que al descender del Ministerio, su partido se esfume y se desvanezcan sus ilusiones y esperanzas. Entonces ¿dónde está su gran popularidad tan decantada?

No existe. Por lo menos así lo demuestra ante la razón el hecho de que se trata. ¿Qué responden a esto sus partidarios? Se limitan a decir, como lo he leído en un periodiquito de Tegucigalpa, "que todo esto se afirma por odio a los ministros". No, señores, creedlo: es por odio a los abusos.

Lo dicho demuestra que el señor Arias no es liberal, porque no basta titularse así si los hechos no lo comprueban; los nombres no hacen las cosas; que su partido sigue a la persona, y por lo tanto no es un partido de ideas; que su candidatura, nacida en los Ministerios, no es popular en Honduras; y que, con tales condiciones, su exaltación al poder sería la vuelta a la noche, en cuyas sombras viven, en íntimo consorcio, la adulación y el favoritismo, los mezquinos intereses y la arbitrariedad. ¡O Ministro o candidato: esta es la disyuntiva opuesta por la razón, los principios, el derecho, la moral y los intereses de la patria!

Miguel A. Fortín".

En aquellos tristes días en que el buen corazón era víctima de la intriga y la verdad de la mentira, el presidente, en Toncontín, dijo que sabía se conspiraba contra el orden público.

Esta farsa bastó para que los dos candidatos contrarios al general Bonilla, y sobre todo Arias, dijese privadamente a sus amigos que denunciaran hechos que llegaran en apoyo de la falsa creencia del Gobierno y ofrecieran, a la vez, sus vidas y personas para sostener al sabio y grande estadista de quien esperaba ser sucesor.

El general Sierra recibió centenares de cartas y telegramas denunciando la próxima revolución y prometiéndole que, aun contra la muerte, sabrían luchar los aristas por sostener en la presidencia al benemérito o ciudadano, etc.

El plan fue descubierto, y el Diario de Honduras I. 499, del 25 de junio de 1902, protestó así:

"INDIGNIDAD"

"Hemos sabido lo que no era ni para imaginado. Los enemigos del general don Manuel Bonilla, sintiéndose débiles ante la opinión pública e incapaces de luchar en campo abierto y limpio, se emboscan, y en las encrucijadas y a la sombra le acometen.

Han inventado que este jefe del benemérito Ejército de la República, conspira contra la paz, y medita y prepara un cuartelazo. Esta calumnia infame se nos dice que ha sido llevada a los oídos del señor presidente, acompañándola de protestas de adhesión personal y colectiva. Forjan esa ruin patraña para tener la ocasión del ofrecimiento, llevándose de camino el propósito criminal de que el general Sierra tome medidas violentas contra el señor Bonilla, matando de un golpe su candidatura. A este tejido se le está viendo la grosera urdimbre, en un fondo negro é infernal.

La ambición no tiene entrañas; puesto que una vez hecha esa falsa acusación, no se pueden calcular sus consecuencias. Con ella persiguen la ruina del general Bonilla, lo cual pone espanto en el corazón y tortura la mente.

Mas no lograrán su intento. De labios del general Bonilla hemos recogido esta bella frase: "Mi presidencia no vale una gota de sangre hondureña". Él no tiene ambición de mando, ni apetito desordenado de riquezas, ni aun agravios que vengar. Ha aceptado su candidatura, pero esa aceptación no le ha enloquecido, ni le hará perder su dignidad y honor, que para él, como para sus amigos, valen y son de más precio que cualquier destino, que todos los destinos del Estado.

Debe saberse, pues, que si para subir al Solio Presidencial necesitara el general Bonilla hacer guerra, se quedaría tranquilo y contento con su título simple que tiene, y lleno de honores, de BUEN CIUDADANO, pues con el de haber ganado el de general como el que mejor lo haya adquirido entre nosotros, le place más el título civil que el despacho militar.

Pero estos generosos y levantados sentimientos que la generalidad de los hondureños le reconoce, sus enemigos gratuitos no quieren estimarlos; por el contrario, se los niegan; y amontonando sobre su nombre esclarecido, enredos, chismes y calumnias; bufonadas callejeras y toda clase de truhanerías, acaban de forjar la peor y más trascendental de las infamias, delatándole como cabecilla de bochinche o jefe posible de una asonada injustificable.

Todo el mundo lo sabe, y lo sabe con evidencia, que el general Bonilla respeta su nombre y aprecia como debe sus presillas militares: que sus amigos más decididos acatan el principio de autoridad; y que ni el uno ni los otros regarían de sangre y cenizas el camino a la Presidencia. Buscan el bien nacional, y como ciudadanos han aprendido que solo por los medios constitucionales se asciende al poder, y que quien estos preceptos quebranta, se llama usurpador.

Pero los encarnizados enemigos del general Bonilla no entienden, y al observar fríamente su conducta, pasma y horripila, por lo inconcebible de su maldad, y esto que ya tenemos pruebas de que para ellos no hay ley; conseguir el triunfo de sus pasiones es su fin, y para esto pasan sobre la ley sobre toda ley.

El respeto social y la moral jamás se han desconocido tan por completo y con tanto desprecio. Desean la victoria electoral y a ella van, falseando hechos y acometiendo a traición, usando suplantaciones y embistes de todo género; a su servicio tienen un verdadero arsenal de armas vedadas.

La disciplina militar, el decoro de las personas, nada son si hollándolos consiguen sus anhelos: crueles son los devotos del éxito.

Y sin embargo, ha colmado su impudencia la frescura con que han fraguado su último plan y el más abominable: la acusación de un imaginario movimiento revolucionario, que sería tan criminal como extemporáneo.

Nuestro querido general Bonilla ni su numeroso partido tienen, siquiera, motivo de desagrado con el señor general Sierra, y están, además, guiados por un sano patriotismo, el cual no se hermana bien con los bochinches.

Hay, pues, calumnia grosera y mal intencionada al insinuar que el partido nacional que encabeza el general Bonilla pudiera convertirse de pacífico y pujante vencedor en las elecciones, en cuadrilleros salteadores de cuartel.

En conclusión. Ha llegado el caso de protestar ante el pueblo hondureño y el jefe del Ejecutivo, en nombre del general Bonilla y su partido, con toda la energía que da la inocencia, contra la vil calumnia de que pretendemos alzar banderas de sedición; no: cumpliendo nuestro deber, iremos a las urnas, y en ellas triunfaremos: representamos la buena causa del derecho y de la justicia.

¡Paso a la luz. Huid, impostores!

¡Vuestras malas artes no prevalecerán!"

La calumnia de que el general Bonilla conspiraba nacida en Toncontín y sostenida por los bandos enemigos, germinó y creció poderosamente el ánimo del presidente general Sierra, verdadero reo de su mujer en un cuarto de la casa que habitaba en el campo, y donde no podían verle sino los que ella permitía, bien por alguna consideración especial, bien porque, aleccionados de antemano por aquel espíritu infernal, fueran preparados para confirmar las noticias, que ella, como serpiente demoniaca, había colocado al oído del hombre a quien explotaba y deshonraba.

Sembrada la semilla de la corrupción, todos los malos instintos, todas las pasiones criminales estallaron, y con pena vio el país que muchos empleados de Justicia, que debían hacer cumplir la Constitución y las leyes, contribuían a violarlas, llegando La Paz, órgano de varios Magistrados, a sostener los principios siguientes:

"ESTUDIOS CONSTITUCIONALES"

"NO ESTÁN INCLUIDOS DE LOS TRABAJOS ELECTORALES LOS FUNCIONARIOS DE JUSTICIA"

Hoy que, por virtud del decreto legislativo de 22 de febrero último, está planteado el problema electoral para designar al presidente y vicepresidente de la República y los magistrados de la Corte Suprema de Justicia que deben funcionar en el periodo constitucional próximo, conviene estudiar el artículo 3° de la Ley Orgánica de Tribunales, en sus números 5° y 6°.

Dice ese artículo:

"Es prohibido a las autoridades judiciales:

5°. – Tomar las elecciones populares del territorio que ejerzan sus funciones más parte que la de emitir su voto personal.

6°. – Mezclarse en reuniones, manifestaciones u otros actos de carácter político, aunque sean permitidos a los demás ciudadanos".

Para proceder con método, examinaremos primero el número 5°.

Ante todo, hay que referir su historia. El Proyecto de Ley Orgánica de Tribunales fue redactado por los señores Dr. Don Carlos Alberto Uclés y licenciado don Leandro Valladares. El Proyecto no contenía esa prohibición, y el Poder Ejecutivo no la incluyó, al aceptarlo y proponerlo al Congreso Legislativo de 1897. Este alto cuerpo nombró para el examen del Proyecto una comisión de su seno, y esta comisión propuso que se incluyera la prohibición bajo el número 5°. Aunque no se propuso sanción penal respecto de ella, se aceptó por el Congreso, y la Ley Orgánica de Tribunales quedó en los términos en que se halla. Las personas entendidas en derecho dirán si una ley sin sanción penal es obligatoria, o cuáles son los efectos de la inobservancia de una ley sin sanción penal.

¿Ha querido el legislador, con el número 5° de ese artículo, dejar a los funcionarios judiciales en peor condición que a los simples ciudadanos? Esto sería inexplicable, porque solo se rebaja la condición del ciudadano con la suspensión de sus derechos por crimen o simple delito.

Pero si tal hubiera sido la mente del legislador en la Ley Orgánica, ¿se habría de imponer esta? Creemos que no.

Si la ley reconoce el derecho al ejercicio de la función electoral, que es lo principal, ¿no habrá de reconocer lo accesorio que son los medios por los cuales se logra la eficacia del voto?

La Constitución dice que son ciudadanos los hondureños mayores de veintiún años y los mayores de diez y ocho que sean casados o sepan leer y escribir. Los derechos que reconoce al ciudadano son: ejercer el sufragio, optar a los cargos públicos y tener y portar armas, todo con arreglo a la ley. Declara que el voto activo es irrenunciable y obligatorio para los ciudadanos, y señala siete causas de suspensión de los derechos de ciudadanía (artículo 22). Ninguna de estas causas se refiere al desempeño de funciones judiciales.

Pero dice que los derechos de ciudadanía se ejercen con arreglo a la ley. Tratándose del derecho de sufragio, ¿cuál es la ley? A esta pregunta responde el artículo 162 de la Constitución, que dice: "Son leyes Constitutivas la de Imprenta, la de Estado de Sitio, la de Amparo y la de Elecciones" ¿Qué significa eso de leyes constitutivas? Sencillamente: leyes de carácter obligatorio al igual de la Constitución, o que forman parte integrante de ella. Si la Ley de Elecciones es constitutiva, en ella hay que buscar la solución del problema.

La Ley de Elecciones reconoce como electores a todos los ciudadanos que se hallen en ejercicio de la ciudadanía y estén inscritos en el censo electoral. Niega el voto activo a los militares en actual servicio. Prohíbe entrar al local de la elección a todos los que no sean electores, Notario, Juez o testigos que deban dar fe de los actos electorales, o los conserjes al servicio de la Mesa. Ordena que dentro de cien metros del local de la elección no se puede situar fuerza armada fuera de su cuartel, ni se pueden distribuir papeletas a los electores. Prohíbe las paradas militares o ejercicios doctrinales en los días de elección, lo mismo que el llamamiento de los electores al servicio militar desde la convocatoria a elecciones hecha por el alcalde hasta que éstas se hayan verificado, salvo el caso de Estado de Sitio. Declara que las elecciones pueden y deben declararse nulas, parcial o totalmente, por cualquiera de estas cinco causas: falta de convocatoria a los ciudadanos o falta de intervención de cualquier funcionario que deba intervenir en ellas conforme a la ley: falta de cualquier requisito constitucional o legal en el funcionario o funcionarios electos: haber mediado coacción o violencia de la fuerza armada: haber error manifiesto en la computación de los votos que decida del resultado de la elección: y falsedad sustancial de las actas. Castiga como culpables de fraude electoral a los funcionarios públicos que incurran en algunos de los actos u omisiones que determina el artículo 58, a saber: inexactitud maliciosa en la formación del censo, por inclusiones o exclusiones ilegales: inexactitud o retardo culpables en la formación, expedición o publicación de documentos electorales: alteración inmotivada del tiempo y lugar en que deba practicarse cualquiera elección: irregularidad legal en la organización de la Mesa, o error malicioso en el escrutinio de votos: impedimento al notario, juez o testigos, o cualquiera de los miembros de la Mesa, para el examen de la urna antes de principiar la votación, o al concluir: inexactitud intencional en la anotación de los votantes o en la lectura de las papeletas: violación del secreto del voto o manifestación verbal contra la verdad de la elección: declaratoria de elección en persona no electa, o alteración maliciosa del número de sufragios: é impedimento o suspensión injustificable de cualquier acto electoral. Castiga como delito de coacción toda acción u omisión de un funcionario público que tenga por objeto manifiesto ejercer presión en los electores o juntas electorales (artículo 60). Y páralos efectos de esta ley, se consideran funcionarios públicos los empleados del Departamento Ejecutivo, o los funcionarios o particulares que ejerzan funciones electorales (artículo 69).

Se ve, pues, que ninguna prohibición comprende a los funcionarios judiciales. Y si la Ley de Elecciones, que es la ley especial y constitutiva que comprende todo lo relativo a funcionarios electorales, no los excluye de los trabajos encaminados a cumplirlas, ni declara que, por valerse de ellos, haya nulidad de elecciones, la ley secundaria que les prohíbe intervenir en tales trabajos ¿qué eficacia tiene? Ninguna. Primero: porque lo que dispone está contra la Ley de Elecciones, que es la ley fundamental y de aplicación preferente; y segundo: porque la Constitución Política no restringe la función electoral por razón de cargos judiciales. De manera que, aunque la Ley Orgánica hubiera establecido sanción penal para el caso de infracción del número 5° del artículo 3°, sería ineficaz la prohibición, por oponerse esta a la letra y espíritu de la Constitución Política.

¿Qué razones podría haber para excluir de los trabajos electorales a los funcionarios del Ramo de Justicia? No hay ninguna semejante a las que el legislador tuvo en cuenta con relación al Poder Ejecutivo: éste dispone de la fuerza de las armas y del Tesoro Nacional: de aquí, las precauciones. Y el Poder Judicial, ¿de qué medios podría valerse? Muy difícil, por no decir imposible, sería que sus funcionarios pudieran emplear coacción o fraude; y si cometieran estos delitos, ya está previsto el caso en la Ley Constitutiva de Elecciones, además de estar previstos otros casos, y con razón sobrada, en el Código Penal. Todo lo cual demuestra que tomar en las elecciones populares más parte que la de emitir el voto personal, solo puede ser censurable o punible cuando llegue a la categoría de delito.

De prohibir a los funcionarios de justicia los trabajos electorales, sería menester prohibirlos también lógicamente a los funcionarios del Cuerpo Legislativo, y esto no se concibe. El temor de que la administración de justicia se resienta del partidarismo, carece de fundamento. Para los Jueces inferiores y Jurados hay determinadas responsabilidades; y contra los autos, veredictos y sentencias, hay recursos. En cuanto a los Tribunales colegiados, hay también recursos y responsabilidades, lo que impediría la torcida administración de justicia, aun en el caso, raro por cierto, de que las personas que compusieran un Tribunal profesaran las mismas ideas políticas y trabajasen en igual sentido por el triunfo de ellas.

Queda demostrado que el número 5° del artículo 3° de la Ley Orgánica de Tribunales está aislado de las demás disposiciones de esta ley; no concuerda con lo que mandan la Constitución y la Ley de Elecciones, ni puede apoyarse en los principios generales de la ciencia política, ni en los del derecho.

Examinemos ahora el número 6° del mismo artículo.

Desde luego hay que reconocer que, lo mismo que el anterior, carece de sanción penal. También fue reforma al proyecto.

¿A qué reuniones, manifestaciones o actos de carácter político se refiere? Ni ese artículo, ni los demás de la Ley Orgánica de Tribunales, lo dicen. La falta de determinación de las condiciones que esas reuniones, manifestaciones o actos deban tener para ser prohibidos, hace vago el artículo, y, por lo mismo, difícil o imposible su aplicación.

Pero ya que ese número del artículo contiene un precepto, hay que averiguar en qué sentido debe entenderse.

La Ley Orgánica de Tribunales, como ley secundaria, está subordinada a la Constitución. Y la Constitución dice en su artículo 58, que se garantiza la libertad de reunión sin armas y la de asociación para cualquier objeto lícito. Si la Constitución garantiza estas dos clases de libertades, no puede referirse a ellas el número 6° del artículo 3° de la Ley Orgánica de Tribunales. ¿A cuáles se refiere entonces?

En cuanto a manifestaciones, encontramos el artículo 56 de la Constitución, que dice: "La emisión del pensamiento por la palabra hablada o escrita es libre, y la ley no podrá restringirla".

Este artículo de la Constitución permite, pues, y garantiza lo que niega la Ley Orgánica de Tribunales. Ante el conflicto que hay sobre le particular entre ambas leyes, ¿a cuál atenerse? No hay que vacilar en la respuesta: a la Ley Fundamental, porque esta se halla sobre todas las demás leyes.

Consecuencia: el número 6° del artículo 3° de la Ley Orgánica de Tribunales, solo puede prohibir las reuniones, manifestaciones o actos políticos que la Constitución no prohíbe; y como no determina los caracteres de las reuniones, manifestaciones o actos políticos a que se contrae la prohibición, esta no pasa de ser una prohibición ociosa. De más está decir que ese número no ha podido referirse a las reuniones, manifestaciones y actos ilícitos que el Código Penal define y castiga, pues estos no son otra cosa que delitos.

Del estudio anterior se deduce que ya que no hay sanción penal por la inobservancia de los números 5° y 6° del artículo 33° de la Ley Orgánica de Tribunales, ni tal inobservancia produce nulidad de los actos electorales, los jurados, jueces y magistrados que se mezclen en reuniones, manifestaciones y actos de carácter político, y tomen en las elecciones más parte que la de emitir su voto personal, no hacen más que ejercitar derechos que la Constitución les garantiza sin restricción alguna. Y en esto nada hay de censurable".

Pero la iniquidad de la doctrina anterior no quedó impune, pues no solo la opinión social reprobó la actitud de los encargados de vigilar el respeto y cumplimiento de las leyes, sino que el doctor y general don Dionisio Gutiérrez contestó el artículo anterior con esta brillante replica:

"LOS FUNCIONARIOS DE JUSTICIA ESTÁN EXCLUIDOS DE LOS TRABAJOS ELECTORALES"

"El número 2 de La Paz, órgano de la "Unión Patriótica", publica un artículo intitulado: "No están excluidos de los trabajos electorales los funcionarios de justicia".

Nosotros, que no participamos de la opinión que sustenta el articulista sobre este punto, exponemos lo que creemos del caso para demostrar lo contrario.

El artículo 3° de la Ley Orgánica de Tribunales, dice: "Es prohibido a las autoridades judiciales: 5° Tomar en las elecciones populares del territorio en que ejercen sus funciones, más parte que la de emitir su voto personal. 6° Mezclarse en reuniones, manifestaciones u otros actos de carácter político, aunque sean permitidos a los demás ciudadanos".

Se dice que la disposición transcrita carece de sanción penal, y que por esta razón no es obligatoria; mas es preciso atender, a que si bien la ley no consignó, a renglón seguido, esa sanción, hay disposiciones, aunque generales, que la declaran, y el Código Penal se ha ocupado de establecerla, siendo todas ellas aplicables a este caso, sin que por el hecho de no referirse a violaciones concretas, como ésta, pueda eludirse su ejecución.

Para ello tenemos el artículo 6° del Código Civil, que declara que "el Tribunal que rehúse fallar á pretexto de silencio, obscuridad o insuficiencia de las leyes, incurrirá en responsabilidad; y que cuando no haya ley exactamente aplicable al punto controvertido, se aplicará la costumbre del lugar, y en su defecto, los principios generales del derecho"; de modo que aquí, tratándose de una violación semejante, bien pueden aplicarse las disposiciones del Código Penal, o lo estatuido en el artículo 6°, reformado, de la Ley de Elecciones.

La mente del legislador no es otra que consagrar a las funciones electorales la mayor suma de libertad posible, porque reconoce que es el acto en virtud del cual el pueblo ejerce su soberanía; y es por eso que un notable publicista dice: "Las pasiones triunfantes en el campo electoral, penetran en el santuario de la ley. Nada nos parece mejor en este punto, que el divorcio completo de la política y la magistratura".

En efecto, a primera vista parece que el Poder Judicial no dispone de medios eficaces de coacción; pero bien organizada como está esa rama del Gobierno, y tomando en cuenta nuestro modo de ser, nuestra educación y nuestro carácter, encontramos que sí los tiene.

En manos del Poder Judicial están algunos de los más caros intereses de los individuos que formamos la comunidad política; ese Poder es quien decide las contiendas que versan, no solo sobre los derechos privados, derechos que dicen relación con el tuyo y el mío, como el de propiedad, sino además respecto a los que se refieren al honor de la familia y del individuo, que es algo más caro, más trascendental, y muchas veces la amenaza de un fallo desfavorable, para personas tímidas, para aquellas cuyo carácter no ha sido templado por una refinada educación, es éste un motivo más que suficiente para pasar por cuanto un magistrado que, olvidando su alta, su nobilísima misión – impartir la justicia sin distinción de colores políticos – quiera imponerle indebidamente.

La influencia moral que de suyo ejercen los funcionarios judiciales es bastante por sí sola para ejercer presión sobre los individuos de una colectividad; y no ha de negarse, que esa influencia moral, que trasciende a los actos, no solo de la vida privada, sino además, a los de la vida de relación, muchas veces se traduce en hechos reales que vienen a decidir de la suerte, no solo de un individuo, sino hasta de la sociedad entera.

Un acto de esos, consumado por cualquiera de los encargados de la administración de justicia, en la generalidad de los casos, es mucho más grave, más perjudicial a un pueblo, que una violación de la ley perpetrada por un empleado cualquiera de otro orden: los pecados administrativos admiten enmienda, los judiciales, no; y por lo mismo son de más trascendencia, de mayor entidad éstos que aquéllos: se prestan más fácilmente a operar Un verdadero trastorno político y social, y sus consecuencias, por su naturaleza más graves, hacen, sino imposible, al menos más difícil su reparación.

No se diga, pues, que el Poder Judicial no dispone de medios de coacción para estos y otros muchos casos; no se diga que la intervención de los empleados judiciales no es nociva, tratándose de las funciones electorales, y no se diga que no es indecoroso ver a un encargado de aplicar la ley, a un augusto magistrado interviniendo en asuntos que solo a los ciudadanos, desligados en absoluto de esta clase de compromisos, han de ventilar, y de cuya discusión quizá nazcan cuestiones que han de llevarse al conocimiento y decisión de esos mismos magistrados que, desautorizadamente, han terciado en el debate, viniendo entonces a representar el doble papel de ciudadanos y de individuos del Poder Público. La ley ha prohibido la intervención en esos actos, a los funcionarios públicos; y diremos que son funcionarios públicos, si hacemos a un lado sutilezas inaceptables, tratándose de discusiones serias como esta, todos los que forman parte del Gobierno, el que, según el artículo 76 de la Constitución, se ejerce por estos tres Poderes: el Legislativo, el Ejecutivo y el Judicial. Siendo este último parte integrante del Gobierno, indudablemente entra en la prohibición.

Cierto es que la Ley de Elecciones es constitutiva, pero de aquí no hemos de sacar como consecuencia lógica y precisa que solo ella ha de aplicarse, despreciando la Ley Orgánica de Tribunales. Aquella es ley especial de elecciones, y esta es ley especial de Tribunales: ella los organiza y les señala sus atribuciones, deberes y prohibiciones, declara sus responsabilidades, ora civiles, ya criminales, y determina, en fin, su competencia; es esta, pues, la que ha de aplicarse de preferencia.

Basta por ahora, y, en el deseo de dejar establecida la verdad, que tan interesante es en este punto, hoy que se agita la cuestión electoral, no tengo inconveniente para continuar la discusión.

Tegucigalpa: 28 de junio de 1902
Dionisio Gutiérrez".

En el rudo y tremendo combate de la prensa, no obstante que los adversarios del general Bonilla, contaban con los elementos oficiales, él, apoyado en la justicia y en la opinión pública, se levantaba cada día más alto y aumentaban sus prestigios de tal manera, que al terminar el mes de junio, doscientos setenta clubes aclamaban su nombre como enseña de la libertad y del porvenir de la patria.

La cólera de los del Gobierno aumentaba, la desesperación de sus enemigos crecía, y la traición, como víbora de cien cabezas, se enroscaba silbando sobre Honduras, entregada en manos de mercenarios sin conciencia, instrumentos del que, con la soldada y el puesto, los halagaba para contar ciegamente con ellos.

CAPÍTULO VIII: TRAFICANTES DE PODER

MES DE JULIO. – Editorial de La Paz, "¡Vox fæminæ, vox populi, vox Dei!". – Brillante contestación que la señorita Carlota Membreño le dio con el seudónimo Amalia. – Aparece La Profilaxis Política del licenciado Isidro R. Amaya. – Artículo de don Francisco Cáceres, titulado ¡Oh, qué dolor!

Mientras la imposición de los aristas crecía, valiéndose de todos los empleados que se prestaban a ser los instrumentos de la tiranía, el círculo sotista se empeñaba en arrancar de las filas bonillistas a los incautos que, por la melosa seducción de palabras y promesas vanas, se dejaban coger en la red de la tela de araña que preparaban, o que con el dinero halagaban a los venales.

Siguiendo la táctica seductora de la serpiente, que según la leyenda bíblica hizo caer a nuestra madre Eva, publicó en La Paz, correspondiente al 7 de julio, un largo artículo con el siguiente epígrafe: "¡Vox fæminæ, vox populi, vox Dei!," en el cual, como se puede ver en su integra reproducción, campean pensamientos falsos é incoherentes, como el que sostiene que la República es, en cierto modo, una forma de gobierno aristocrática. Es la aristocracia de los ciudadanos, etc.

Como ha pasado el tiempo de aquel juego de palabras melosas de una parte y de sablazos por la otra, contra los indefensos bonillistas, es preciso que la historia recoja los documentos, y para eso reproducimos el siguiente editorial:

"¡VOX FÆMINÆ, VOX POPULI, VOX DEI!"

"La República es, en cierto modo, una forma de gobierno aristocrática. Es la aristocracia de los ciudadanos. En el gobierno del pueblo, por el pueblo mismo y para el pueblo, pero para todo el pueblo, sin excusión de ninguno de sus componentes.

De todos los habitantes que forman una nación, solo los ciudadanos tienen el derecho de designar y constituir el gobierno y, por consiguiente, de dirigir los destinos del país.

Pero la Estadística, teniendo el censo como base, demuestra que generalmente no pasan de un diez por ciento los ciudadanos, con relación al número de los habitantes, de donde resulta que el noventa por ciento de la población total no tiene voz ni voto en la cosa pública. De ahí la inmensa responsabilidad de los ciudadanos en las funciones electorales que les confiere la Constitución, puesto que solo a una pequeñísima minoría de los hijos, o naturalizados de un país, le corresponde el derecho de nombrar al Gobierno del mismo, Gobierno que, sin embargo, debe gobernar sobre la masa total de los gobernados.

Y el noventa por ciento de esa masa no debe quedarse sin representación, ya que no legal y positiva, puesto que la ley no se la concede, sí, por lo menos, virtual, en el sentido no solo de manifestar libremente su modo de pensar y de sentir, sino en el de ejercer influencia con su consejo y con su palabra en los electores, designándoles sujetos elegibles, puesto que los electos, constituyendo ya Gobierno, harán efectiva su acción gubernamental, como ya queda dicho, sobre ese noventa por ciento de seres humanos, que de algún modo han debido tener la facultad de expresar su deseo acerca de quiénes sean las personalidades que ocupen el Poder.

Y ese noventa por ciento de unidades civiles, lo componen las hembras y los que no han llegado aún a tener la edad que la ley exige para ejercer los derechos de ciudadanía. Es decir, ese considerable número de hijos de la Patria es la parte bella, la sensible, la atractiva de la sociedad; son las madres, las nobles madres veneradas; son las esposas, las compañeras fieles y dulcísimas de la vida del hombre; son las hermanas, las tiernas hermanas, alegría de los hogares; son las hijas, las delicadas flores en botón de los paternos jardines; y son, por último, esos poderosos brotes de esperanza, esos renuevos de savia ardiente y viril, que constituyen la juventud, la generosa juventud en formación, verdadera promesa del presente al porvenir, juventud cuyos corazones no viciados aún por morbosidades impuras, solo deben inspirarse en sentimientos nobles e iluminarse con los refulgentes destellos del ideal.

Además, en esa porción pueden y deben ser considerados también los extranjeros, los hombres honrados y laboriosos, que de extraños países vienen a radicarse a nuestro pródigo suelo, a nuestro suelo hospitalario, en el que comparten con nosotros la vida común, asimilándose nuestras costumbres, connaturalizándose con nuestros deseos y con nuestras aspiraciones, compenetrándose con nuestros afectos, sufriendo con nosotros nuestras deficiencias y dificultades; pero, de todos modos, trajeándonos ya sus capitales, ya sus esfuerzos, y siempre sus aptitudes, sus energías, el concurso de sus brazos y de sus inteligencias, su civilización superior, en una palabra, elementos todos de que tanto y tanto necesitamos para el progreso y el bienestar de Honduras, y elementos con que cuentan los extranjeros a quienes aludimos y que hacen con nosotros causa común, ya por efecto de radicación y de similitud de buenos deseos hacia la patria adoptiva, ya por ley de cariño, o ya por enlace amoroso con mujer hondureña.

Y esas mujeres, esa hermosa porción de la familia patria, cuyo número es aproximadamente la mitad del total de los que aquí vivimos; y esos jóvenes, que están en la riente primavera de la vida y que tienen derecho a esperar un mediodía venturoso y un otoño apacible; y esos extranjeros que entre nosotros habitan y que probablemente entre nosotros morirán, para dormir su último sueño en hondureña tierra, por afecto a la misma deben también, en nuestro concepto, secundar los patrióticos esfuerzos de la Unión Patriótica, aunque no tengan el derecho de votar.

Las mujeres, los jóvenes y los extranjeros componen la opinión pública; todos esos seres, no por no ser ciudadanos, dejan de estar profundamente interesados en la suerte del país en que habitan.

Y si en ese país no hay unión, no puede haber tranquilidad ni paz, y si no hay paz, ¿qué será de los intereses, qué de los negocios, qué del porvenir de los extranjeros y de los nacionales?

La alteración de la paz será de nuevo el retroceso, será el estancamiento, será la paralización mercantil, el abandono de nuestra incipiente agricultura, el arrebatamiento de los brazos a la minería y a la escasa industria; en una palabra, la ruina, la anarquía, el pavoroso espectro de la guerra, que llevará a nuestra juventud a morir estérilmente en los revueltos y enrojecidos campos de pelea, barridos por la metralla fratricida, cuya lluvia de hierro, al par que una lluvia de sangre de los generosos pechos de los hombres, desatará un diluvio de lágrimas de los dolientes ojos de las mujeres, de las madres, de las esposas, de las novias, de las hijas y de las hermanas hondureñas, que ceñirán sus gráciles cabezas con cendales de luto, y sentirán oprimidos sus corazones con supremas angustias, viendo blanquear los huesos de hijos, hermanos, padres, esposos o prometidos, cuya inmotivada desaparición de la tierra no podrán glorificar como las antiguas espartanas, puesto que la contienda civil no es justificable de modo alguno, ni se produce en defensa de la patria, sino contra la patria y para su mal y para su oprobio.

Así, pues, y no obstante que la legislación universal niega el derecho de sufragio al extranjero y al feminismo, excitamos a la opinión femenina, a la masculina extranjera y a los jóvenes no ciudadanos, a que se unifique y se manifieste, si no para votar, sí para designar el candidato de sus simpatías a la Presidencia de la República. Y esta excitativa la dirige la UNIÓN PATRIÓTICA principalmente a las mujeres de Honduras.

Qué hablen ellas. Qué influyan, con su cariño y con sus indicaciones, en la voluntad de los hombres.

Somos feministas y tenemos confianza y tenemos fe en el buen criterio y en la clara percepción de nuestras mujeres. ¿Por qué no han de ser ellas también patriotas?

Y siéndolo, ¿cómo no han de querer el bien de su patria, que no es solo la suya, sino la de sus esposos, la de sus padres, la de sus hermanos y la de sus hijos?

Cien ejemplos nos presenta la historia de la decisiva influencia y de la indiscutible importancia de la mujer. Puede más una lágrima suya, o una de sus sonrisas, o una de sus promesas, o uno de sus deseos que muchas fuerzas ciegas o inteligentes, pues no en vano dijo el poeta: "¡Lo que quiere la mujer, Dios lo quiere!"

¿Y acaso la mujer, nuestras mujeres, las mujeres de Honduras, no habrán de sufrir las consecuencias de un mal, y mal y grave sería una desacertada elección? Pues si han de sufrir, si habrán de soportar el dolor del sufrimiento, ¿por qué no han de tener el derecho de expresar su opinión y de depositar su voto y su designación, si no en la urna electoral, sí en la urna afectiva del corazón del hombre, quien llevará ese voto sagrado, por ser femenino, a las ánforas de donde surgirá el nombre del nuevo presidente hondureño?

¡Hable, pues, la mujer, que para hablar la excita nuestra unión! ¡Y ella, que es amor, hable en nombre del amor a la Patria! Y ella, que une los corazones con unión dulcísima, ¡hable en nombre de la unión del pueblo y de la UNIÓN PATRIÓTICA! Y ella, que es alma de nuestra alma, ¡hable en nombre del alma nacional! Y ella, que es vida y es verbo, y es aurora, ¡hable en nombre de la vida hondureña, hable en nombre de la palabra del progreso, hable en nombre del Fiat-lux, del sol del porvenir!

Ella, que es elemento pacífico y benévolo, ¡hable en bien de la benevolencia y en nombre de la paz de la República! ¡Hable la mujer, y dígale a La Paz a quien desea para que gobierne la Patria! ¡Las columnas de La Paz esperan las palabras de las mujeres hondureñas!

La Redacción".

Aquella emboscada de la miel, donde perecen las inocentes pobres moscas, no quedó sin contestación de parte del bello sexo hondureño, porque la inteligente señorita Carlota Membreño, una de nuestras más distinguidas escritoras, haciéndose la intérprete justiciera de su país, y sobre todo de la sublime misión de la mujer, guiando desde la infancia al hombre por el sendero de la dignidad y del deber, contestó con el humilde seudónimo de Amalia, el artículo que antecede con la brillantísima réplica, que no solo por su mérito literario, sino por su trascendencia sociológica para el porvenir, debe ser leída por las generaciones futuras, en que sea necesario repetir la gloriosa lucha de las últimas elecciones que, aun cuando la tiranía la malogró, el patriotismo supo salvarla entre las humaredas de los cañones y los silbidos de las balas. Hela aquí:

"EL PODER DE LA DEBILIDAD ANTE EL PODER DE LA FUERZA"

"Altamente agradecida ante la galante excitativa que registra el editorial de La Paz, en su número 7 del actual, no puedo menos que sentir el orgullo que como hija de este caro suelo me corresponde, y, procurar en lo posible, contribuir al objeto verdaderamente laudable que se proponen los redactores de La Paz, al dirigirse, con frases llenas de entusiasmo y de poesía, a la mujer hondureña.

Es en nombre de ella, pues, que me voy a permitir externar mi humilde opinión, segura de que encontrará eco en la de la mayor parte de mis compañeras, puesto que, entre nosotras, la mujer, en cuanto a sentimientos, no cabe de unas a otras más diferencia que la que establece el refinamiento de la educación; por lo demás, sus ideas, basadas siempre en la más sana moral, nivelan a la hija humilde del campesino, con la señorita de modales distinguidos. Así, pues, sentado como un principio nuestro modo de ser, voy a entrar de lleno en la materia.

Manifiesto ante todo, que procuraré desviarme de la discusión, por lo que toca a la política, y que mi objeto principal será concretarme a la parte de iniciativa que la mujer, en todas las circunstancias de la vida, debe tomar con relación a los distintos cargos que, como madre, esposa, hija, hermana, etc., le corresponde ejercer cerca del hombre.

En Honduras, por más que sea una verdad muy amarga, la mujer, a pesar de carecer de muchas de las consideraciones que en otras naciones civilizadas se la prodigan, es infinitamente más independiente que el hombre. Entre nosotros no hay empleos para la mujer más que aquellos que el deber le marca en el recinto del hogar. Pocas, poquísimas, se dedican a la enseñanza, recibiendo del Gobierno o de las Municipalidades, la retribución de su trabajo: la generalidad, pues, vive de diversos modos, pero de sí misma, y esta es la razón por la cual esclaviza su independencia únicamente ante el deber y el amor, y no ante ninguna conveniencia política o social.

Ajena por completo a la dirección que el hombre toma fuera del hogar, en sus asuntos particulares, no se mezcla en ellos sino en aquellos casos en que circunstancias especiales la obligan. Reconoce la superioridad en el hombre y se somete a ella siempre que lleve por norma la acción directa en el mejoramiento de sus recíprocos deberes: por lo demás, aun cuando se la pone como modelo en materia de virtud y resignación, esto no demuestra sino su elevado carácter para saberse sostener aún en aquellos puestos difíciles, que a veces la obligan a llegar hasta el sacrificio, por amor, por deber, por consecuencia, cuando voluntariamente ha aceptado por compañero a un hombre que, debiendo ser su constante protector, se convierte en cobarde verdugo de su tranquilidad; y es entonces que con sus hechos, llenos de verdadera abnegación, protesta, porque, incondicionalmente buena, sufre con resignación las injustas humillaciones de que es objeto, pero jamás acepta la degradación, ni la disculpa, puesto que ella constituye la ruina de su honor.

La mujer, por regla general, es más idealista; y siendo en Honduras más independiente, se explica el por qué, con mucha frecuencia da lecciones prácticas de dignidad a la parte ilustrada representada por el sexo contrario. Mientras más independiente se es, más se persigue el ideal de la perfección, en los límites de lo posible. La voluntad, constituyendo por sí sola una soberanía, se doblega únicamente ante los principios verdaderamente definidos, ante aquellos que guardan armonía con el programa que diariamente desarrolla la mujer en su pequeña República.

Cada hogar representa un Estado en cuyo centro están implantados los mismos principios. La política de la mujer es uniforme puesto que, moralmente, persigue el mismo ideal; y, siendo la familia el ideal de la mujer, natural es que sea el ideal de la humanidad. Antes que la República está el hogar; por consiguiente, cada hombre representa por sí, ante sí y ante la sociedad, no un voto, sino cinco, diez, quince, según el número de hembras que figuran en su familia. La mujer, no pudiendo ser ciudadano, quiere serlo moralmente en aquellos miembros de la familia que legalmente pueden representarla. Siempre que, identificada en aquellos deberes que le han tocado en suerte, pone a disposición del hombre su pequeño contingente, se siente orgullosa y feliz; y después de luchar, cuando ha sido quizá mártir del deber, se arrodilla como el artista ante la contemplación de su obra, y es la primera en adorarla, porque en ella están encarnados sus más nobles sentimientos, porque en ella están reflejados aquellos principios que, día por día, hora por hora, minuto por minuto, ha sabido ofrendar en el altar consagrado a su ídolo. Y ese fetiche, que encierra la más alta significación del cariño de la mujer, se llama siempre hombre, como hijo, como esposo, como padre, como hermano, como novio y como amigo.

Mientras más admirado sea el hombre mayor será la satisfacción que a la mujer toque; mientras más digno y exacto en el cumplimiento del deber, mayor su tranquilidad, puesto que, constituido en ángel guardián de su honor, sabrá defender sus derechos, como defiende el águila con altivez regia el nido que calienta, sin más auxiliar que el poder de su fuerza adquirida por la primacía que la naturaleza en nombre de Dios ha sabido concederle.

Siendo el hombre doblemente responsable de sus actos, puesto que representa el poder de la fuerza y el poder de la debilidad, conquistado según sus méritos, debe ante todo, saber mantenerse a una altura superior.

Aun cuando a la mujer nada se le concede, y regularmente se le rechaza como ignorante en aquellos momentos en que, poseída de la justicia, se atreve a hacer una ligera observación, deben tomar en cuenta que es a ella a quien directamente toca soportar las funestas consecuencias de sus malos procederes.

Respetando el derecho ajeno es como mejor se obliga a los demás a respetar el propio; y los hombres deben comprender que no hay pueblo libre donde no se saben respetar sus instituciones.

La República es de todos y para todos, y sus instituciones han sido establecidas de acuerdo con su carácter, conveniencia y aplicación.

La justicia es el poder de Dios representado en la tierra; es la conciencia sobre la conciencia misma, imponiéndose como el gran equilibrador universal en beneficio de la humanidad.

El cielo de la libertad debe ser de blanco y azul como lo representa nuestra bandera nacional. Cielo de paz, de indulgencia y de bondad, debe ser la mujer hondureña en el corazón del hombre: si el laurel de la victoria le corona, hacerle comprender que no se lo debe a sí mismo, sino que, al ceñírselo, ha contraído sagrados deberes no solo para con aquellos que le han auxiliado en nombre del derecho y la justicia, sino también para los que le han sido indiferentes; y si pierde en una causa justa, si desgraciadamente la suerte no le favorece, aun empleando aquellos medios que la legalidad ha puesto al alcance de todos, entonces la mujer debe hacer a un lado su debilidad y convertirse en el campeón decidido del hombre, que representa la fuerza del hogar. Toda desgracia se merece respeto y consideración, máxime cuando empleando el lenguaje de la dignidad se puede exclamar: el ser a quien defiendo ha sucumbido tal vez ante una lucha desigual, pero ha sabido mantenerse a la altura de su deber.

Nuestra misión, pues, debe ser siempre conciliadora; pero de ninguna manera, ni por ningún motivo, debemos influir en el ánimo del hombre, cualquiera que sea la causa que defienda, para que desista de sus compromisos. Si él, por convicción, alegando causas verdaderamente justas, rectifica, está bien; respetemos su determinación; pero procuremos que siempre sea digno, puesto que, para nosotras, no hay hombre donde no hay carácter.

Antes que la "Unión Patriótica" hubiese pedido a la mujer su contingente en la difícil situación política que agita al pueblo hondureño, varias señoras y señoritas de los departamentos habían tomado ya la iniciativa, como lo demuestran los muchos clubs que en favor del honrado general don Manuel Bonilla han organizado.

"La voz de la mujer es la voz del pueblo, y la voz del pueblo es la voz de Dios".

Esta hermosísima sentencia es la que encabeza el artículo tan correctamente escrito que aparece en el número 7 de La Faz; y verdaderamente, la voz de la mujer se ha levantado hoy como nunca representando la voz de Dios, que siempre, tarde o temprano, recompensa a los buenos.

No diremos que tal o cual candidato es el mejor; respetamos la opinión de los demás. Únicamente manifestamos: que amantes de la paz, de nuestros hogares, nuestras simpatías están con aquel que mejor sepa garantizarlos, no por su talento ni por otras circunstancias que, a veces, son verdaderamente secundarias en un gobernante, sino por su honradez y buen sentido, y por el mayor grado de valor moral que le acredite.

Quedan, pues, satisfechos los deseos de la "Unión Patriótica" y los nuestros, al colaborar de una manera tan insignificante en un asunto de tan alta trascendencia. Nulidades ante la ley, para depositar nuestros votos en las urnas electorales como lo hacen los ciudadanos libres por la persona de sus simpatías, no nos sentimos heridas ni protestamos ante una disposición que pudiéramos calificar de injusta. El hombre, al defender sus derechos, defiende los de la mujer, obedeciendo, así, a la voz de la naturaleza, que lo ha colocado a su lado como más fuerte para que le sirva de apoyo, y obedeciendo también a la voz del deber, puesto que, antes de sacudir la melena como el soberbio león en busca de instituciones libres, ha tenido por trono los amantes brazos de una mujer, que, fuerte en su debilidad, lo ha sostenido con infinito amor, para después lanzarlo, llena de orgullo, a la palestra de la vida independiente, y mendingar, sin sentirse humillada, la protección que como hombre debe a toda mujer.

No vamos a sostener una polémica: nos declaramos incompetentes; y sobre todo en el terreno de la política, en donde tan fácilmente se desciende a un lenguaje inconveniente. Queremos conservar nuestra delicadeza y no dar lugar a que ningún hombre se exhiba apostrofándonos indebidamente.

Agradecemos muy sinceramente a los redactores de La Paz la atenta cuanto encomiástica invitación que nos ha hecho; y solo sentimos que tan honrosa excitativa haya sido después de estar definidas las agrupaciones políticas que actualmente campean en favor de sus respectivos candidatos.

Por el número de hombres con que cada uno de los contendientes cuente, puede colegirse, aproximadamente, y con una lógica indiscutible, el número de mujeres que les secundan. Cada hombre, por regla general, representa un hogar; cada hogar una familia; y cada familia una agrupación que bien puede llamarse "Unión Patriótica" puesto que, en ella, se discuten diariamente los más caros intereses, aquellos que, íntimamente ligados a nosotras por el deber y el amor, forman en pequeño el pedestal de la Patria.

Amalia".

La contestación no podía ser mejor, la tela de araña tejida por los serios y sesudos paladines de la prensa sotista, había sido rota por la pluma de una señorita y jamás volvieron a solicitar el apoyo de las madres, esposas, hijas y hermanas; porque una hermana, porque una mujer había contestado protestando de la idea que, las encargadas de sostener el honor social, contribuyeran a la corrupción y a la venalidad, casos en que necesariamente habríamos caído los que habíamos dado nuestra firma por el General Bonilla, y que por cierto formábamos las nueve décimas partes de los ciudadanos de la República.

Ejemplo triste de las mujeres sin conciencia lo teníamos presente entonces en aquella nueva Mesalina que arrastraba a su marido, cogido de los cabellos y vendado, a los abismos de la tiranía y del perjurio a la Constitución. ¡Y era ese el noble ejemplo que la Unión

Patriótica citaba entonces a la pureza y a la virtud de la mujer de Honduras!

Como se arrepintieron después y como cada alabanza de entonces para aquella mujer fatal, se convierte hoy en una maldición o en una carcajada de desprecio.

El 13 de julio, respondiendo a las terribles cargas que la prensa, tanto de Guatemala, como del Salvador y Honduras daban al doctor Soto, la Unión Patriótica, no queriendo dejar el camino que se había trazado de solo derramar flores para los que deseaban atraer y lágrimas para causar compasión, lanzaron, fingiendo ser desautorizado, al licenciado Isidro R. Amaya, quien, siguiendo sus instintos o leyes de su organización y, olvidando sus compromisos con el general Bonilla, desertó de sus filas y se pasó al campo enemigo, el cual comenzó y concluyó con el número 1°, el periódico más calumnioso é infame entre los que se ha conocido en Centroamérica.

Lo bautizó con el apodo de La Profilaxis Política y bajo el programa de La verdad sobre la candidatura del General don Manuel Bonilla, recogió entre sus manos el rencor impotente de los que se veían vencidos y lo arrojó a la calle en forma del cieno putrefacto en que se convierte la calumnia, siendo tan escandaloso aquel primer número que sus mismos instigadores le abandonaron y murió la hoja que si hubiera vivido más tiempo aun estuviera mefítica nuestra atmósfera.

Entre las calumnias más absurdas de aquel papel, recordamos haber afirmado que el general Bonilla personalmente había matado al joven patriota don Francisco Lobo Herrera, después de la toma de Puerto Cortés.

Aun los mayores enemigos del candidato popular se manifestaron indignados sin que ante la repugnancia pública se atreviera a sacar un segundo número.

El licenciado Amaya protestó de sus nuevos amigos, los socios de la Unión Patriótica, y les amenazó con revelar los nombres de los autores de las injurias de su hoja.

Pero... enmudeció.

La prensa bonillista dejaba a un lado los ataques de los periódicos para ir al fondo de la situación que, como tormenta que crece hora por hora, rugía tenebrosa en el cielo de la patria, por la tiranía con que los comandantes y gobernadores perseguían al pueblo, preparando los ánimos para la sangrienta lucha que debía estallar y la que á todo trance quería el general Bonilla evitar a Honduras.

De aquellos artículos irónicos, terribles, y a la vez pulcros y moralizadores, recordamos el siguiente del castizo periodista don Francisco Cáceres, publicando en El Elector.

"¡QUÉ DOLOR!"

A medida que se ha venido desarrollando la cuestión electoral, don Juan Ángel Arias ha recorrido en igual proporción las sendas de la ilegalidad, dando pruebas de sus malas inclinaciones, nacidas al calor de un corazón que marcha sin tino ni base moral.

Observando sus procederes, muchas veces nos hemos acordado de su ilustre padre don Céleo Arias, y hemos compadecido a este por no haber dejado en su hijo heredero de sus virtudes y de su carácter.

Si hoy despertara don Céleo del sueño de la muerte, que fue con él benigna, evitándole las muchas amarguras que le hubiera dado su hijo, él nos ayudaría, si no a condenar, porque era buen padre, a deplorar la incorrecta actitud de don Juan Ángel, que empujado por su feroz ambición de ser presidente de Honduras, nada respeta y todo lo atropella.

Estudiando a don Juan Ángel y sus arterías electorales, el ánimo se entristece con tristeza profunda, como que no habíamos pensado, ni por sospecha, encontrar un adversario tan sin escrúpulos para faltar a la verdad, al respeto social, a la Constitución Política y hasta a sus deberes de ciudadano.

No nos habíamos imaginado que un descendiente de don Céleo traficara, por llegar al poder, con la iniquidad, e hiciera lo indebido: ¡Qué distinto de su padre!

Recordamos a propósito de mando, y del afán y de las insidias de don Juan Ángel, un episodio glorioso de la más gloriosa vida política de don Céleo, y que resume en un solo hecho su fisonomía moral.

Cuando, apoyado por fuerzas de El Salvador y Guatemala, inauguró su gobierno reclamado por el pueblo hondureño, el señor presidente de El Salvador, general don Santiago González, tuvo con don Céleo una exigencia que resultaba injuriosa a su decoro y dignidad; y en el acto, sin vacilar un momento, con mano nerviosa y vibrante idea, escribe el decreto disolviendo el gobierno que acababa de establecer: no cabildea, no mendiga favores; erguido renuncia el poder – ¡QUE YA TENÍA! – desafiando las terribles iras del general González: todo por el honor y el carácter. "E para qué es la fortuna fauorable é prospera, sino para seruir a la honrra, que es el mayor de los mundanos bienes..."

Don Juan Ángel persiguiendo el poder, ¡de que está lejitos! Pasa por todo, adula y se humilla, anda y desanda los caminos de la intriga audaz y de la burla truhanesca, y así de los demás recursos que enseñan las artes del éxito. "E dizen algunos, que la nobleza es vna alabanza que prouiene de los merescimientos e antigüedad de los padres; yo digo, que la agena luz nunca te hará claro, si la propia no tienes. E por tanto, no te estimes en la claridad de tu padre, que tan magnífico fue, sino en la tuya. E assi se gana la honrra, que es el mayor bien de los que son fuera de hombre." – (LA CELESTINA).

Haciendo estas y otras comparaciones, – que iremos exponiendo – entre don Céleo y don Juan Ángel, hemos venido a confirmar el juicio que oímos sorprendidos hace unos nueve años, en tierra extraña y en la intimidad de un hombre de talento y sagaz político.

Teníamos entonces la "locura o santidad" de creer en las dotes de inteligencia y corazón de don Juan Ángel Arias, y hablábamos de él con cariño y entusiasmo, considerándole como una esperanza para la patria y una inmensa fortuna que al fin formase con los liberales.

"Nada, nos dijo nuestro interlocutor, se conoce que hace tiempo Ud. no vive en Honduras, ni ha tratado, a lo que parece, a Juan Ángel. Este, como no puede menos – dada la virtud de la Pancha – es hijo de la carne de don Céleo; pero no es su hijo, ni por su talento ni por su carácter; de pasiones ruines, cobarde, es el reverso de don Céleo; ¡y el tonto ya piensa en el poder!".

Francamente, la opinión de quien esto nos decía era respetable y debía ser creída; pero ligeramente protestamos y apenas nos engendró la duda necesaria para buscar la verdad.

¡Que desencanto! El hijo del león, león es...

El de don Céleo... lleva legalmente su apellido.

Nada más... ¡Oh, qué dolor!"

Aunque es verdad que el orgullo mata la razón y que el fatal gusano de la ambición, cuando es inmoderada, asesina la conciencia, no por eso desaparece la memoria del cerebro humano, y cuando se oye como eco de la voz de la verdad justiciera, produce insomnios y martirios que pueden muchas veces corregir.

El artículo de don Francisco Cáceres cayó sobre el corazón del Dr. Arias como plomo derretido; pero no obstante que le hizo meditar, triunfó la ambición y dio un paso más al abismo a que rodaba.

CAPÍTULO IX: UN DOCTOR CEGADO POR LA AMBICIÓN

MES DE JULIO (continuación). – Artículo del general Gutiérrez combatiendo la intervención de las autoridades judiciales en los asuntos electorales. – El general Gutiérrez protesta de los atentados cometidos contra los bonillistas. – El Heraldo pinta su propia situación al atacar al general Bonilla.

El general Gutiérrez, carácter templado a toda prueba, valor militar y cívico como pocos, se puso al frente de los combatientes en favor del derecho contra los que, valiéndose de subterfugios, querían violar impunemente nuestras leyes, para intervenir a sus anchas en las cuestiones electorales.

A la réplica que hemos reproducido en el capítulo anterior, La Paz contestó sosteniendo que no era ilegal, que no era prohibido el que los empleados judiciales recomendaran determinada candidatura, no obstante que la Ley Orgánica de Tribunales comprendía entre sus preceptos la completa abstención de los magistrados en cuestiones en que se debatieran las violentas e interesadas contiendas de los partidos, comprendiendo sin duda el legislador que el encargado de impartir la justicia no debe tener correligionarios ni enemigos políticos para que la aplicación de la ley sea completamente imparcial.

El general Gutiérrez, con fecha 7 de julio, publicó una nueva república, en estos términos:

"INSTINTOS"

"La Unión Patriótica se ha servicio contestar nuestro artículo en el Diario de Honduras, correspondiente al 30 del mes pasado, refutando nuestra opinión referente a la prohibición que tienen los funcionarios de justicia para tomar parte en los trabajos electorales, lo cual agradecemos, porque es nuestro intento establecer la verdad, para bien de nuestras instituciones.

Los argumentos explanados en ese artículo, sofísticos como son, no pueden convencernos ni desvanecer los que nosotros adujimos en apoyo de nuestro modo de pensar.

Se dice que vacilamos al defender nuestra tesis: 1°, porque invocamos el Código Penal como aplicable al caso, sabiendo que éste se refiere a las asociaciones ilícitas prohibidas por la Constitución; 2°, porque invocamos el artículo 6°, del Código Civil; y 3°, porque al citar el Código Penal, olvidamos que no quedan sujetos a sus disposiciones los delitos y faltas que se hallen penados por leyes y disposiciones especiales.

No hemos vacilado, antes bien estamos cada día más convencidos de que nos encontramos en posesión de la verdad, y nos lo confirma mejor la falta de argumentos de parte de la "Unión Patriótica".

Hemos citado los artículos 6° del Código Civil, 60 y 69 reformado de la Ley de Elecciones, porque todas esas disposiciones son congruentes y aplicables al caso: no nos hemos referido, ni remotamente, a las asociaciones lícitas ni ilícitas, al hablar del Código Penal, porque bien sabemos que las primeras son permitidas, y que las segundas, en un caso concreto como este, están regladas por leyes especiales; y al decir que bien pueden aplicarse las disposiciones del Código Penal o lo estatuido en la Ley de Elecciones, tampoco hemos vacilado y sí hemos querido manifestar nuestra opinión de que cualquiera de aquellos preceptos es aplicable; mas ya que se nos exige, diremos ahora deben aplicarse para satisfacer al articulista, vocablo que no quisimos emplear, porque quienes sustentan ideas contrarias a las nuestras y a la mayoría de quienes nos leen, bien entienden el alcance y verdadera aplicación de las palabras.

Justa extrañeza nos causa el no encontrar argumento alguno, ni por incidencia, refutando lo que explicamos acerca del valor jurídico y aplicación de los artículos 3°, números 5° y 6° de la Ley de Tribunales. Si es como dice la gacetilla "Cultura", no quedan sujetos a las disposiciones del Código Penal los delitos y faltas que se hallen penadas por leyes o disposiciones especiales, también ha de convenir en que aquel contiene preceptos perfectamente aplicables cuando se cometen violaciones tratándose de una ley especial, como lo es la Ley Orgánica de Tribunales, disposiciones que nos han de servir para resolver la cuestión, y en el caso de no encontrar ley penal exactamente aplicable al caso, con la autorización que da el artículo 6° del Código Civil, aplicaremos la que, de conformidad con los principios generales del Derecho, comprende el punto.

Ya hemos apuntado en nuestro artículo anterior, con sobrada copia de argumentos, de tal modo convincentes, que no han podido ser contestados, lo razonable y efectivo de la prohibición para los funcionarios de justicia de intervenir en los trabajos electorales, y queremos agregar aquí, que un triunfo o una derrota en estos asuntos causan tan grave impresión en algunas personas que llegan a olvidarse hasta del cumplimiento del deber; y esos resentimientos que son propios de aquellas personas cuyos caracteres les inspira el apasionamiento y la ofuscación, debido a su idiosincrasia, llegan a convertirse en sentimientos de odio y de venganza, todo lo cual debe alejarse tratándose principalmente del magistrado que ha de independizarse por completo de tan perniciosas imprudencias para resolver con criterio sereno y calmoso los negocios sometidos a su conocimiento.

Nos ha causado profunda pena encontrar escrito a guisa de argumento, el hecho de que mis contendores saben que su tesis está conforme con lo que practican los magistrados y jueces que sostienen y defienden la candidatura del general don Manuel Bonilla, lo que demuestra con hechos que no están en un error.

Al menos que nosotros sepamos, ningún magistrado ni juez forma parte de asociación o de redacción de periódico alguno que trabaje por la candidatura que con entusiasmo hemos acogido; y si así fuera, sinceros, honrados y francos como somos, los combatiríamos con la energía con que lo hacemos tratándose de los que forman "La Unión Patriótica" y que son los redactores de La Paz, y con tanta mayor razón lo hacemos con estos, cuanto que ellos, por la superioridad jerárquica, son los llamados a corregir por todos los medios que la ley ha puesto en sus manos, y más que todo, con el ejemplo, esos abusos, esas infracciones y ese desprecio a la ley que debe ser acatada por todos y mucho más por los funcionarios públicos, quienes la han de tener, sin interpretaciones intencionalmente torcidas, como la única norma de su conducta.

Rectifiquen, si quieren evitar las funestas consecuencias de semejantes doctrinas y la justa censura de sus propios y extraños, que ven en el departamento judicial la garantía más positiva de nuestros derechos.

Esperamos.

Dionisio Gutiérrez".

Pero no era tan grande el peligro por el abuso de los que, pasando por sobre la ley y sus deberes, dejaban el sagrado recinto de la justicia para ir por calles y plazas tomando parte en las luchas de propaganda política, comprometiendo su honra y algunas veces olvidando sus obligaciones judiciales; el huracán de la tiranía comenzaba a enseñar en el cielo de la patria no solo las nubes que lo presagiaban, sino los pedazos de la Constitución que arrastraba en sus ráfagas violentas y siniestras.

El país entero se quejaba de los palos, las deportaciones y las mayores iniquidades cometidas por los mercenarios alquilados por el sueldo para oprimir a Honduras, sí que el Gobierno tenía hasta entonces la habilidad de que aparecieran solamente responsables los ministros interesados en la cuestión electoral.

En la capital de la República era donde, por el respeto social, se habían cometido menos abusos, y sin embargo, en Comayagüela, haciendo un criminal consorcio el comandante local y el alcalde, los habitantes de las aldeas, en su mayor parte bonillistas, a pesar de haberse suspendido las paradas militares, eran llamados a la población para hacerles firmar actas aristas y concurrir al club que unos pocos adeptos al candidato oficial habían fundado en esa ciudad. El general Gutiérrez se enfrentó a tantos abusos con este brillante artículo:

"NUEVOS ATENTADOS"

"En otro artículo dimos cuenta de los abusos que algunos empleados, así del orden militar como del civil, han estado cometiendo A vista y paciencia de la sociedad, con los cuales se infieren a esta y a la libertad del ciudadano, otros tantos ultrajes, en estos momentos en que ejerce uno de sus más sagrados derechos – el sufragio – que implica nada menos que su soberanía; y dijimos entonces, y lo repetimos ahora, que estas denuncias tienen por objeto poner término a las arbitrariedades que como estas ponen límite indebido, ilegal, a la libertad electoral, límite que desdice nuestro carácter de individuos pertenecientes a un país republicano y que contrarían no solo los principios del más puro y genuino liberalismo sino también los bien intencionados propósitos del Poder Ejecutivo y de algunos de sus empleados superiores, que tienden solo a mantener incólumes las garantías del pueblo hondureño en todas sus manifestaciones. Creíamos que aquella denuncia – encerrada dentro de los límites del respeto más cumplido, pero hecha con toda la severidad y franqueza que acostumbramos siempre que defendemos nuestros fueros y los de nuestros conciudadanos, sin temores de ningún género, porque nada es capaz de arredrarnos cuando cumplimos nuestro deber, como en este caso – sería bastante para detener a esos empleados en su extraviado camino, pero no sin extrañeza acabamos de presenciar la continuación de otros atentados que, no solo indignan justamente a los que no hemos perdido el amor a la patria y el respeto a las instituciones, sino que demuestran que esos transgresores de la ley son incorregibles y que persisten y persistirán en su tarea ingrata de vejar, inicua y escandalosamente, a este pueblo que siempre ha luchado con heroísmo por su libertad y por su buen nombre, y que será indispensable apelar a los tribunales correspondientes para hacerse justicia.

Ayer no más acabamos de presenciar, lo repetimos, otro espectáculo que llena de vergüenza y que no dudamos que el señor comandante de Armas lo improbará, al llegar a su noticia, que es nuestro objeto al delatarlo aquí, con todos sus detalles, imponiendo a sus autores su merecido castigo.

El comandante local de Comayagüela, Pedro Díaz, había dado orden para que el subcomandante de la aldea de Río Grande, José María Ortez, hiciera venir a la ciudad antedicha a todos los milicianos de allá, el domingo 12 del corriente; más tarde ordenó que se postergara la venida de esas milicias para ayer veinte. El subcomandante, en cumplimiento de aquel mandato, reunió los milicianos y los hizo venir, al mando del sargento Gregorio Macoto, previniendo a aquel, Ortez, que al llegar a Comayagüela, cada cual solicitara hospedaje para el solo objeto de depositar sus trastos y que sin pérdida de tiempo se reunieran en la plaza de "La Libertad", a la orden del comandante Díaz. Así lo hicieron y, tan pronto como estuvieron reunidos, pasaron al Cabildo de la prenotada ciudad, en donde celebraba sesión el club arista. Llegados a aquel local fueron interrogados por algunos de dicho club, si sabían firmar, presentándoles un libro; y, como ellos manifestaran que no, tomaron y escribieron en él los nombres de cada uno, teniéndolos por este medio como afiliados a la candidatura del señor Arias, sin excitarlos para obtener su adhesión espontánea, propaganda, por cierto, muy extraña e ilegítima.

En esa reunión estaba el alcalde municipal, propagandista el más decidido e incansable de la candidatura arista, quien dio origen a un bochinche bochornoso e injustificable, que tuvo lugar así:

Al concluir la inscripción voluntaria de los milicianos referidos, se ordenó a estos que salieran a la plaza, en donde se organizarían para venir a esta ciudad en ovación para su candidato; y como por allí se acercara don Francisco Zavala, bonillista, sin ofender a los concurrentes más que con su presencia, varios de los allí reunidos se lanzaron sobre él, resultando que el connotado alcalde Zúñiga, le infirió una lesión producida con un terciaso que le dio con el revólver que portaba; y lo célebre del caso es que el ofendido fue conducido a la policía, quedando en libertad el ofensor, todo lo cual podemos y estamos dispuestos a comprobar si se nos exige.

Terminado ese desorden, aquella procesión, numerosísima por cierto, pues la componían los pocos aristas que estaban en el club, los 18 milicianos que habían traído de Río Grande, la escolta que está a la orden del comandante Pedro Díaz, unos cuantos policiales y la Banda Marcial, se encaminó a la casa del señor Arias con el objeto de hacerle una manifestación de sus sorprendentes prestigios; pero según se dice, la Magdalena no estaba para tafetanes.

¿Cómo se explica esto? De todos modos se abusa, se escandaliza, se escarnece al pueblo, se pisotean las libertades y se menosprecian las enérgicas y terminantes disposiciones del señor presidente, de los señores ministros de la Guerra y de la Gobernación y del señor Comandante de Armas. ¿Y nosotros hemos de cruzarnos de brazos y presenciar en religioso silencio el desgarre de nuestras libertades y de nuestros más caros derechos? No, el deber de ciudadanos nos manda que denunciemos sin temores de ningún género y aceptemos gustosos, como aceptamos desde luego las consecuencias, si las hubiere, de estas denuncias, porque no queremos hacernos cómplices ante la Patria de semejantes atentados. Sí, lo hacemos ante las autoridades superiores, ante Centroamérica y ante el mundo entero, con toda la energía de nuestras convicciones y con toda la entereza que acostumbramos siempre, porque no queremos ver rebajado el elevado concepto que justamente ha de tenerse de nuestra amada patria. Tampoco tememos las amenazas que se nos hacen en el último número de El Demócrata, y esperamos tranquilos la acusación o acusaciones que se nos quieran hacer y la publicación de esos documentos que abundan, con los cuales se pondría en evidencia nuestra infamia y nuestra falta de honradez política y social. Nada nos arredra, y continuaremos denunciándolos sin tregua, aun en presencia de cualquier peligro, porque estamos acostumbrados a desafiar las tempestades cuando defendemos una causa justa como la actual.

Ayer mismo, después de suplantar y hacer aparecer como del ciudadano Manuel Antonio Amador, presidente del club "El 5 de Julio", organizado en la aldea de Mateo, y que trabaja por la candidatura del eximio general don Manuel Bonilla, una carta que fue presentada al señor comandante de Armas de este departamento, dirigida, según quienes la suplantaron, al general Bonilla, en la cual le dice Amador que están listos para empuñar las armas, si fuese preciso, para obtener el triunfo, y otras cosas por el estilo, Pedro Díaz, por medio de Céleo España Bonilla, hizo capturar al señor Amador, quien por dicha para este está en el "Cuartel de San Francisco", a la orden solo del honrado señor coronel don Guadalupe Reyes, quien en su carácter de jefe militar de ese departamento, sigue la averiguación respectiva.

Amador, en poder del señor Reyes, está perfectamente garantido, porque suponemos a este probo funcionario que procede en todos sus actos con criterio sereno e imparcial y que sabrá hacer justicia al acusado, y descubierta la falsedad del crimen imputado, pondrá al calumniador o calumniadores, estamos seguros, a la orden de la justicia ordinaria, para su juzgamiento y castigo.

Mucho nos satisface que se haya inventado contra Amador un crimen que está muy lejos de meditar, porque este hecho pone por afuera de toda duda los manejos reprobados que emplean algunos de los adictos a la candidatura del señor Arias; y afirmamos que el calumniado no es reo del delito que se le imputa, porque la letra ni la firma de esa carta son suyas, lo que se pone en claro con solo un cotejo de esa misma firma con otra u otras indubitadas del mismo Amador. Terminada esa averiguación y obtenida la resolución correspondiente; llevaremos a los Tribunales de Justicia a quienes sean responsables, cualquiera que sea su condición política o social y el puesto que desempeñe.

Ayer también se encontraban de camino a la aldea de "La Cuesta", en perfecto orden, por el camino de "Sipile", los ciudadanos Tiburcio Carias A., Emigdio Velásquez, Juan Miguel A. Banegas, Rafael Moneada Ordóñez, Saturnino Argueta, Enrique Mejía, Timoteo Chirinos, Zenón López, Indalecio y Julián del mismo apellido, Salvador Andino é Indalecio Flores, quienes se dirigían a la aldea indicada con el objeto de hacer propaganda en favor de la candidatura del honorable señor general don Manuel Bonilla, y fueron sorprendidos allí por una escolta militar, dependiente del comandante Pedro Díaz, comandada por el mismo Céleo B. Bonilla, quien, dicho sea de paso, se encuentra procesado por el delito de lesiones, cuyo proceso agitaremos desde hoy; y ese señor Bonilla, obedeciendo, según él dijo, órdenes del comandante Díaz, los capturó e hizo llegar ante este en calidad de reos, quien al ser requerido respetuosamente por tales individuos para que explicara el motivo para que se les capturara, manifestó que la orden no se había dictado contra ellos sino contra otros, sin que éste repitiera respecto a personas diferentes, procedimiento que revela a las claras que no había otro objeto que el de estorbar a dichos individuos en sus trabajos en pro de la candidatura nacional, á que están afiliados, haciendo uso de sus legítimos derechos. Ya se perseguirá a quien corresponda, con la acción criminal á que tan inaudito atentado da lugar.

Convencidos nuestros adversarios de su desprestigio absoluto, apelan a medios nada razonables para obtener su tan codiciado triunfo; pero convenir es preciso en que por más que se proceda en la presente lucha, de modo tan desnaturalizado, jamás, jamás podrán cohonestar la fuerza de la opinión, arma limpia y formidable que contra ellos esgrimimos. Sí, venceremos, porque así lo quiere el pueblo soberano: el egregio patriota, general Bonilla, será quien suceda al general don Terencio Sierra, quien no dudamos volverá a la vida del simple ciudadano con la aureola inmarcesible del liberal sin tacha, del magistrado incorruptible, con la íntima satisfacción del deber cumplido y con la seguridad de que deja perdurable admiración, gratitud profunda y respetos sin límites, que le tributa este noble pueblo.

Tegucigalpa: 21 de julio de 1902.

Dionisio Gutiérrez".

El doctor Arias, cegado por la ambición, no comprendía que los abusos que se cometían en su nombre le hacían un daño terrible, pues la prensa libre, para debatir todas las cuestiones que se relacionaban con la campaña electoral, denunciaba constantemente los abusos y los crímenes cometidos por los empleados del Poder Ejecutivo.

La gente honrada, aun aquellos que pudieron haber simpatizado por cariño personal con la causa arista, sentían vergüenza de confesarlo, mientras el partido perseguido, uniendo a los prestigios del general Bonilla el mérito de los sufrimientos, crecía rápidamente, haciéndose cada día más poderoso, cada día más invencible.

Sin embargo, los que ganaban la paga del doctor Arias, creyendo que la Nación podría engañarse porque podrían ocultar la verdad a su jefe, escribían en lenguaje que daba lástima por los absurdos que sostenían, y sobre todo, porque la pintar en contra la situación del partido del general Bonilla, no hacían más que retratar la de ellos mismos.

El 30 de julio El Heraldo publicó la siguiente composición política-literaria, que era el mejor cuadro que podía hacerse del arismo:

"LASCIATE OGNI SPERANZA"

"La desmedida ambición conduce a los hombres a extremos que vengan la moral y la conciencia.

Cuando las malas pasiones se apoderan del corazón humano, lo ensañan de tal manera, que en su ceguedad se arroja desatentado, sin distinguir lo falso de lo verdadero, lo bueno de lo malo.

Tal ha sucedido con don Manuel Bonilla y la pequeña agrupación que quiere sostener su desprestigiada candidatura.

Defendida esta por una agrupación sin principios fijos, falta de unidad de acción, tenía, necesariamente, que caer en las más lastimosas aberraciones, en las contradicciones más vergonzosas.

Con el objeto de engañar al pueblo, esa candidatura, apoyada por el elemento del pasado, quiso darse el título de candidatura nacional, nombre que nada significa en estas circunstancias, pues la nación nunca podría echarse en brazos de sus enemigos de ayer.

Para ganarse prosélitos, los agentes del señor Bonilla se valieron de todos los medios que estuvieron a su alcance.

Afirmaron primero que su candidatura la apoyaba desde Europa el doctor don Marco Aurelio Soto, y que, en el caso, muy probable, de que este señor no arribara a playas hondureñas, todos sus prestigios los cedería a don Manuel.

Ciertamente, don Manuel tenía con el doctor Soto compromisos a este respecto; pero cuando, gracias al nombre del doctor Soto, don Manuel se vio rodeado de algún número de adheridos, se alzó, como vulgarmente se dice, con el santo y la limosna, y declaró, con la mayor franqueza, que se desligaba de todo compromiso con Soto. A esto le llamaron unos, veleidad; otros, inconsecuencia; otros, traición.

Tal proceder desprestigió a don Manuel Bonilla; y la agrupación que lo rodeaba comenzó a desbandarse. Para atenuar este descalabro se valió del expediente de declarar que su candidatura era oficial; pero, para desgracia de don Manuel y de los pocos alucinados que lo siguen, nuestro correcto mandatario, que no quiere servir de pretexto para que se engañe a los pueblos, declara, en telegrama publicado por la prensa arista, que él no apoya candidatura alguna, y menos, mucho menos, la del general Bonilla. Este fue el golpe más contundente que el manuelismo pudo llevar.

Cuando vio fallidas sus esperanzas con tales procedimientos, abusando de la amplia libertad de imprenta de que gozamos, desató sus periódicos sobre todos los elementos sociales que él creyó sus rivales, y no perdonó ni los sepulcros, ni la honradez, ni la respetabilidad que inspira la mujer.

Su prensa se volvió inverecunda, calumniosa, difamadora.

Por todos los ámbitos de la República tronaron las prensas imprimiendo las falsedades de la fragua de mentiras y calumnias establecida en esta capital. Los pueblos se horrorizaron, la sociedad tembló espantada y una protesta general contra don Manuel Bonilla y sus satélites vino a dar en tierra con aquella pretendida popularidad.

Esa lucha sin principios, esa lucha inmoral y de salvajes, seguida por la candidatura Bonilla, trajo el desaliento en sus pequeñas filas; comenzaron sus partidarios á renegar de los malos elementos con que contaba don Manuel, y este, con dolor y con rabia, contempla hoy, cuando el fin de la campaña electoral se acerca, que su derrota es segura, que los pocos prestigios de que antes gozaba se han desvanecido, y que su nombre ha muerto en el ridículo.

Como muy bien dijo El Elecor en su número 14, "la lucha electoral no es más que un crisol para hacer resaltar el oro que atesoran" ciertos hombres.

Y de esta lucha electoral ha resultado que el relumbrón de la candidatura Bonilla no era más que oropel; que al pasar por el crisol de la lucha electoral, no ha dejado más que ceniza de una sustancia terrosa indefinible.

Y hoy vemos al manuelismo decaído, decepcionado, querer volver sobre sus pasos; pero ya es tarde. Manchados por los crímenes que han cometido; despreciados por las calumnias y las infamias que de palabra o por la prensa arrojan sobre todo lo honrado; desmentidos a cada momento en sus procaces aseveraciones; causando horror con las noticias subversivas y las amenazas que a cada momento lanzan sus partidarios, los manuelistas han muerto, se han disparado en vertiginosa carrera por la pendiente del olvido, que es el infierno de la Historia, en cuya puerta está grabada la sublime sentencia del poeta florentino.

Lasciate ogni speranza ovi ch´entrate.

L. R."

Así terminó el mes de julio, teniendo el doctor Arias la convicción de que si no era apoyado de una manera efectiva por todo el poder público, su capital se había perdido junto con su honor y su candidatura.

Para tener mayor número de probabilidades debía envolver en sus redes al general don Máximo B. Rosales, a quien debía arrastrar al abismo de su desprestigio y de su infortunio.

CAPÍTULO X: EL INVENCIBLE PARTIDO BONILLISTA

MES DE AGOSTO. – Proclamación del vicepresidente arista. – Carta del ministro de la Guerra. – Editorial de El Patriota del 2 de agosto. – Valiente protesta del club bonillista de Talanga. – Barbaridades y abusos cometidos por los aristas en la primera quincena de agosto.

De acuerdo doña Carmen Alemán, esposa del presidente de la República, y el Dr. Arias, en hacer que perecieran nuestras instituciones o en llevarnos a la guerra civil, no les pareció suficiente contar con el ministro de Fomento, que como extranjero podía abusar de su empleo, pero no pesar en la opinión pública, sino que, halagando con la vicepresidencia al ministro de la Guerra, general don Máximo B. Rosales, engrosaron las filas opresoras con un auxiliar que, aunque sin verdadero poder, podía significar para el país que todo el Gobierno se ponía de parte del Dr. Arias, que era lo que precisamente se proponían.

No queriendo dejar la explotación de Honduras la señora Alemán, había pensado y aun dado a conocer a principios de la Administración del general Sierra, que si Rosales se casaba con la hija de su primer marido le dejaría en la Presidencia, para constituirse en una especie de Catalina de Médicis, reina por el marido y por los hijos; pero como el pretendido enlace no se realizara, el cariño de doña Carmen se convirtió en odio, y quiso, durante el viaje a Europa del general Rosales, fuera destituido de su empleo.

Vinculada íntimamente con el Dr. Arias, fue preciso empujar al general Rosales a la ruina, y con promesas y halagos, no obstante que no le quería, le hizo aceptar la vicepresidencia, ofreciéndole que sería el sucesor de su amigo el Dr. Arias.

Rosales, sea por falta de cordura, bien fuera por la ambición que le mordía las entrañas, se inclinó del todo al lado de la mala causa, y comenzó a trabajar abiertamente y con el mayor entusiasmo por lo que menos le convenía.

Por una casualidad llegó a manos del general Bonilla la siguiente carta, que revelaba la verdadera situación del Gobierno, y ponía al general Sierra en el caso de pedir la renuncia al ministro o ser corresponsable de los conceptos contenidos en ella:

"Ministro de la Guerra. – Correspondencia particular. – Tegucigalpa, agosto 2 de 1902.

Señor don Julián M. Reyes. – Trujillo. – Estimado amigo: recibí sus 2 apreciables de 3 y 10 del recién pasado mes. Mucho me contenta con encontrar en Ud. un amigo y decidido de nuestra causa en la actual contienda electoral y tengo la firme convicción que con su influencia se ganarán las elecciones en todo ese litoral, pues Ud. es hombre de gran influencia y de partido en toda la costa y no dudo que se empeñará en salir triunfante, pues en todos los departamentos están unánimes en favor del Dr. Arias. Su carta se la entregué al Dr. Arias y queda muy agradecido de Ud. y tomará en cuenta sus importantes servicios. Los $200 que necesita, le serán situados cuando venga un correo que espera de esa, mandado por Melhado. El Dr. ha visto unos telegramas suyos en los periódicos de propaganda del general Bonilla, yo le he dicho que no dudo de esto, pues creo Ud. estaba engañado: que al recibir mis cartas Ud. atenderá mis indicaciones, y sus trabajos serán en favor de su candidatura: que Ud. no sabía mis opiniones antes y que no le había dicho nada; con esto está convencido y que Ud. será decidido partidario nuestro. El cambio de Aguán ya se hizo y se puso a Ponce como Ud. desea, y el comandante de Sonaguera será cambiado también. Espero su mayor actividad y asegurar el triunfo. Yo seré el vicepresidente y todos mis amigos están trabajando por el Dr. Arias; por consiguiente serán compensados sus trabajos y no se arrepentirán de ello. Mis determinaciones en este sentido han sido por las razones siguientes: 1ª. El General Bonilla se ha rodeado de todo el cachurequismo, del elemento corrompido de las Administraciones pasadas, enemigos del partido liberal y del Gobierno actual, por consiguiente, en el poder estos hombres, seríamos víctimas de ellos y el partido moriría para siempre, hombres que hemos combatido, y procurarían vengarse, aunque del general Bonilla nada tengo qué decir de su persona, pues él sería la misma víctima de sus amigos que lo rodean. 2ª. El Dr. Arias, amigo del Gobierno, está con el partido liberal y rodeado de los amigos del Gobierno y es del agrado del general Sierra y tiene su aprobación. Mi candidatura sería extemporánea, aunque conozco que tengo muchos amigos que lucharían por ella, pero en la actualidad sería complicar las cosas y yo no quiero contribuir al trastorno del país sin asegurar la paz. Con lo resuelto me queda el porvenir abierto, seré más conocido en el país y más tarde la opinión pública será compactada en mi favor. No dudo Ud. tomará en cuenta mis razones que van revestidas de verdadero patriotismo y Ud. como amigo mío, nos ayudará sin descanso para coronar la obra.

Soy su afmo. S.S. y amigo.

M. B. Rosales".

El velo quedaría descorrido: si el ministro faltaba a la verdad, no tenía más camino que el retiro, y si decía lo cierto, se afianzaría en su puesto. No fue destituido, y la Nación supo desde entonces que tenía que luchar contra una espantosa imposición, provocada por las intrigas de una mujer sin conciencia que todo lo debía al pueblo que hacía tiranizar, dinero, posición social y hasta la dicha de haber mejorado las condiciones de su familia.

En la misma fecha en que el general Rosales escribía la carta anterior, El Patriota, valiente adalid de la prensa bonillista, publicaba el bien meditado artículo siguiente:

"PUNTO OBJETIVO"

"Los raquíticos bandos políticos que disputan el triunfo en los comicios al robusto é invencible partido bonillista, convencidos plenamente de su incapacidad para competir con tan formidable como resuelta y firme agrupación, en el terreno de la dignidad política, de la lealtad y del honor, han buscado su salvación en medios ilícitos, reprobados por la moral. Ellos se han dicho: que naufrague todo, menos la Presidencia.

En efecto: el arismo, viéndose completamente agobiado por la inmensa mayoría que proclama entusiasmada la candidatura de uno de nuestros más prestigiados jefes militares, de uno de nuestros héroes nacionales, General don Manuel Bonilla, ha perdido por completo, no solo el respeto que se debe a sí mismo, sino también el que debe a la sociedad y al Gobierno.

Sus medios de propaganda son: la corruptela, por medio de la dádiva y las promesas; la intimidación, por medio de las autoridades que se han dejado sorprender y convertir en instrumentos de innobles ambiciones, y el chisme, la calumnia y la ruin intriga. Sabido es que los partidarios del ministro-candidato son los empleados de su dependencia; así, los directores y redactores de periódicos son directores, inspectores o profesores de escuelas y colegios que, no pudiendo ganarse la vida conservando la dignidad e independencia, se prestan a todo, con tal de mantenerse en el empleo. En el importante y delicado ramo de la Administración a cargo del doctor Arias, se han hecho nombramientos que con sobrada y merecida justicia merecen la censura general: una condición se requiere para hacer los nombramientos y esta condición es la de ser arista, aun cuando el agraciado sea sordo y mudo, incapaz, material y moralmente, para el desempeño de la elevada misión que se le confía: con el dinero de la Nación el hábil ministro Arias paga el afecto y servicios de sus partidarios.

Los abusos cometidos por empleados civiles y militares contra la libertad del sufragio, son muchos: se observan en varios departamentos de la República, llegando a cometerse arbitrariedades sin nombre en los de Comayagua, Intibucá, Copán, Olancho y Yoro, en donde los empleados han perdido toda idea de honor y moralidad, volviéndose pérfidos y cobardes, abusando de la fuerza contra honrados e indefensos ciudadanos. Tales procedimientos nos hacen recordar que el individuo que es malo por temperamento, no se corrige jamás. En la presente campaña, el impopular ministro Arias, como era natural, ha encontrado sus instrumentos mejores en los que tuvieron como escuela la tiranía de Vásquez o alguna otra; pues éstos, acostumbrados a no respetar ley alguna y a cometer toda clase de arbitrariedades contra las libertades públicas y ultrajes inauditos contra el individuo, valiéndose de la imposibilidad de éste para defenderse, son recalcitrantes al establecimiento de la verdadera democracia y al imperio de la ley; de aquí que su conducta se encuentre en abierta oposición con la del señor Presidente, cuyos actos los ha marcado con un profundo respeto a la ley y a las instituciones del credo liberal que profesa. Los que han luchado por el implantamiento y respeto de las teorías de la República democrática, no pueden prestarse al ambicioso doctor Arias para que ahogue la libertad.

Pero si todo esto es reprobado, el empleo de la calumnia es lo más inicuo y villano, de tal medio solo pueden valerse los que han llegado al último grado de corrupción, los réprobos, los demonios de la tierra; sin embargo, nuestros adversarios la usan públicamente, sin que el rubor asome a su rostro encallecido por la desvergüenza. Ellos dicen – "El general Bonilla está rodeado por los enemigos del general Sierra". – No; es falso: el actual jefe del Ejecutivo no tiene enemigos; él no ha levantado el cadalso político; él no ha establecido el reinado del palo o la fustigación en las cárceles y cuarteles; él atiende al progreso del país y mantiene el imperio de la ley, y así no se tiene enemigos; sin embargo, que venga la prensa arista, que enumere esos enemigos, dando causas y razones y diciendo también qué se propone con decir y repetir día por día semejante falsedad. Ellos dicen – "Los bonillistas conspiran, son enemigos de la paz". – No, mil veces no; somos amigos del orden, respetuosos a la autoridad dentro de los límites de sus atribuciones, predicamos el mantenimiento de los principios libérales reducidos a ley en nuestra Carta Fundamental y contamos con el triunfo seguro en el próximo octubre. Afortunadamente, el señor comandante de Armas, coronel Reyes, como soldado honrado y valiente, no da crédito a tales especies; pero si por desgracia este jefe militar fuera algún cobarde, de los que se asustan con falsas afirmaciones, ya viviríamos en continua alarma y temiendo, por la honra del señor presidente, ser presos y maltratados de un momento a otro, y entonces nuestros enemigos se solazarían con sus asechanzas.

Al emprender la lucha franca y leal, lo hemos hecho confiados en la honorabilidad y carácter incorruptible del señor general Sierra, quien, como verdadero liberal, desea poner en práctica el principio de alternabilidad en el poder mediante sufragio libre de los pueblos, y bajo tales auspicios y con la asombrosa popularidad de nuestro candidato, seguros estamos de que nuestros adversarios, en el próximo octubre, exclamarán: "Todo se ha perdido, hasta el honor".

Por más que muchos nieguen que el pueblo hondureño tenía conciencia de que defendía sus más sagrados intereses al apoyar la candidatura del general Bonilla, lo cierto es que tanto durante la campaña electoral como en la guerra que tuvo que llevar a cabo para mantener su soberanía, mostró valor, cordura y patriotismo, que le ponen sin duda alguna entre los pueblos más inteligentes y abnegados. Veamos sino la siguiente acta publicada el 14 de agosto:

"En Talanga, a los veintisiete días del mes de julio de mil novecientos dos.

Reunidos pacíficamente los miembros que componen el club "Fraternal" de este pueblo, en número de 170 hombres, con el objeto de tratar asuntos de su competencia; y

Considerando: que desde el momento mismo en que el Congreso Nacional convocó a los pueblos de la República a elecciones de presidente y vicepresidente de la misma y magistrados de la Corte Suprema de Justicia, que fungirán el 1° de febrero de 1903 a la misma fecha de 1907, el señor presidente Sierra, fiel cumplidor de la Constitución y demás leyes que rigen el país, ordenó a todos sus empleados subalternos el más estricto cumplimiento de la Ley Constitutiva de Elecciones y demás disposiciones legales, como se deja ver en la circular de 6 de marzo último, que todos conocen, en la cual se registran, entre otras cosas, estas terminantes frases: 1° – "Observancia, respeto y cumplimiento efectivo, por su parte, a la Ley Constitutiva de Elecciones y demás disposiciones legales análogas. 2° – Abstención completa de todo acto o trabajo de propaganda; y neutralidad absoluta de parte de su autoridad, en cuanto a cualquiera candidatura que se presente a la consideración de los ciudadanos".

Considerando: que a pesar de lo terminantemente ordenado por el supremo jefe de la Nación, en la circular de que se ha hecho referencia, el señor ministro, don Juan A. Arias, traicionando la consigna de su jefe y con expresa violación del artículo 60 de la Ley de Elecciones, hizo que una reunión compuesta del ministro Altschul y otros empleados superiores, a quienes les está prohibido, por razón de sus cargos, tomar parte en asuntos de esta clase; lanzaran a los cuatro vientos su candidatura para presidente de la República en el próximo período constitucional.

Considerando: que el ministro-candidato no solo ha visto con el mayor desprecio las justas reclamaciones que el pueblo a quien pretende gobernar le ha hecho por medio de la prensa, para que renuncie el puesto oficial en que se encuentra y se coloque a la cabeza de sus correligionarios a medir sus armas o ceder sus prestigios en la actual campaña electoral, con las demás candidaturas que se han lanzado a la consideración del pueblo hondureño de que formamos parte; sino que también prevaliéndose del elevado puesto que ocupa ha estado influyendo para imponer su candidatura en las próximas elecciones, por medio de empleados subalternos, quienes propalan que es oficial y que está protegida por el señor presidente de la República; aduciendo como prueba de esta impostura, el hecho de haberse destituido sin motivo alguno a varios comandantes y subcomandantes locales de algunos departamentos, sustituyéndolos con aristas violadores de la ley.

Considerando: que acaba de efectuarse en este pueblo el cambio de subcomandante local, poniendo en su lugar al arista Ciriaco Armijo, con el único fin de que este, con amenazas de toda clase, haga que los milicianos de este lugar sufraguen en las próximas elecciones en favor de la desprestigiada candidatura de don Juan A. Arias, no obstante de saber perfectamente, de que todos estos electores, con excepción de Martín Armijo, hermano del nuevo subcomandante, están afiliados de antemano en favor de la candidatura de los prestigiados generales, don Manuel Bonilla y don Miguel R. Dávila; y que el mencionado Ciriaco Armijo ha comenzado ya a violar la Ley de Elecciones y la circular del ministro de la Guerra, pues ha amenazado a varios milicianos, manifestándoles que si no firmaban una acta que tiene escrita en favor del señor Arias, los mandaría a la carretera o a hacer plaza; pues él acababa de regresar de Tegucigalpa y esas eran las órdenes que traía; pero uno de dichos milicianos le contestó: "que aunque le trozaran la cabeza, su firma y su voto eran para los honrados generales Bonilla y Dávila". Por tanto, y siendo este proceder de los empleados de que se ha hecho referencia un verdadero descrédito para el Gobierno del señor Sierra, quien no tiene parte en todas estas maquinaciones; resuelven:

1º. – Lanzar un voto de censura contra el ministro-candidato y los demás empleados serviles, violadores de la Constitución y demás leyes.

2º. – Dar un voto de confianza al señor presidente Sierra, por su lealtad y firmeza en el fiel cumplimiento de la ley y la libertad que nos ha garantizado para elegir, en las próximas elecciones, un sucesor digno de su nombre.

3º. – Protestar una vez más nuestra adhesión en favor de nuestros candidatos generales, don Manuel Bonilla y don Miguel R. Dávila, por quienes sufragaremos en octubre próximo, aunque las amenazas se sobrepongan a nuestros sentimientos; pues no hay poder humano que nos haga desistir de nuestros propósitos; y

4º. – Excitar a todos los clubs y correligionarios nuestros para que hagan lo mismo que nosotros, y denunciamos desde luego, ante el señor presidente de la República y ante el pueblo hondureño, los abusos que comienza a cometer el subcomandante Armijo, sin perjuicio de que ya lo acusaremos formalmente ante el juez de la Paz de este pueblo por el delito de coacción. Con lo cual se levantó la sesión, mandando que la Secretaría saque copia de la presente para remitirla a la redacción del periódico El Elector, para su publicación. – Santiago Bustillo, presidente. – Julián Lanza, vicepresidente. – César Cruz, vocal 1º. – Nemesio Núñez, vocal 2º. – Agustín Pagoaga, secretario 1º. – José María Aparicio, secretario 2º. – Manuel Rodríguez, prosecretario 1º. – Aquilino Rodríguez, prosecretario 2º. – Por mí y Abraham Velásquez, Rosendo Armijo R. – Guadalupe Cruz. – Arcado Carías. – Jorge Romero. – Por mí y mi padre Gregorio Rivera, José M. Gálvez. – Francisco Rivera. – (Siguen las firmas).

Es conforme con su original. – Agustín Pagoaga, secretario del club".

Los abusos cometidos durante la primera quincena del mes de agosto fueron tantos y repetidos, que se necesitaba el temple del pueblo hondureño para que el partido bonillista en lugar de concluir hubiera crecido tan poderoso como sucedió.

El 10 de agosto fue preso, de orden del comandante Nuila, el redactor de La Prensa, sin más motivo que no ser amigo de la imposición de Arias; el 14 del mismo mes fue destituido de su empleo de maestro de Maraita el preceptor don Juan J. Rivera, no obstante que la Municipalidad y los vecinos estaban satisfechos de su conducta.

La mayor parte de los milicianos de Reitoca huyeron al Salvador, pues la tiranía del comandante era insoportable.

En Yoro estaban presos, de orden del comandante López García, los ciudadanos señores Manuel Medina, Jesús Arriola, Natividad Hernández y Martín Cabrera, por ser bonillistas.

En Olancho, Portocarrero, fuera de mil vejaciones cometidas contra los pacíficos habitantes del departamento, llegó a la barbarie de hacer colocar, sobre el pecho del redactor del periódico Azul y Blanco, tantos fusiles, que le produjeron una hemorragia tan violenta, que sin los cuidados del Dr. Francisco Bertrand habría muerto el pobre, mártir de sus convicciones.

En Valle de Ángeles, departamento de Tegucigalpa, los ciudadanos Atanasio Mairena, Pedro Vega y José María Maradiaga fueron llamados a la Subcomandancia y flagelados, como si viviéramos en los tiempos de la más monstruosa esclavitud.

En Comayagua, Cornelio Corzantes, vergüenza de la humanidad, saciaba todos sus instintos brutales y cometía todos los crímenes imaginables, sin que se pusiera coto a sus desmanes.

La prensa independiente publicaba a los cuatro vientos los escándalos y hechos salvajes perpetrados por los empleados del Gobierno al servicio de la ilegal candidatura del Dr. Arias; pero el general Sierra, riéndose unas veces y fingiendo cólera otras, jamás puso nada de su parte para librar al país de la horrible imposición que, al chasquido del látigo, preparaba los ánimos para la revolución reivindicadora.

CAPÍTULO XI: TRAMA INFERNAL EN TONCONTÍN

MES DE AGOSTO (continuación). – Editorial de El Elector del 19 de agosto. – Asesinos en Guarita. – Manifiesto del doctor Arias. – Nuevos abusos.

El 17 de agosto de 1902 llegó a Toncontín el doctor don Fernando Sánchez como enviado extraordinario y ministro plenipotenciario del Gobierno de Nicaragua ante el de Honduras.

Por las íntimas relaciones que existen entre el país de los lagos y este desde la guerra de 1893, la llegada del doctor Sánchez podía ser de muy buen efecto o de terribles resultados para la campaña electoral.

Lo que sucedió en aquellos días nos recuerda la leyenda de la Sarabanda de Condega. Hay un pueblecillo en el departamento de Nueva Segovia, en Nicaragua, donde dizque en un tiempo vivió una mujer de malas pulgas, dada a la fiesta y al perpetuo jolgorio, y la cual tenía el espantoso poder de asimilar a su temperamento a cuanto cristiano llegaba a la famosa Condega. El obispo de León destacó uno tras otro a varios frailes y prelados, todos en olor de Santidad, para que con el hisopo y el agua bendita sacaran del cuerpo de la Sarabanda el demonio de la fiesta y rompieran el encanto que a más de un millar de criaturas humanas ataba a sus movimientos la infernal mujer; pero desde que prelados y frailes iban llegando, apenas intentaban levantar el asperjador, cuando sentían un terrible cosquilleo, y alzándose la sotana hasta las caderas, seguían el movimiento general, zapateando de lo lindo hasta llegar al frenesí.

La muerte, más poderosa que los alguaciles y los frailes, rompió el encanto y el misterio, llevándose a la tumba a la Sarabanda; y pudieron entonces, aunque tristes y cabizbajos, volver los santos varones a rezar sus maitines y letanías a la catedral de León.

Desde que el general Sierra se trasladó a Toncontín, un silencio de muerte pareció rodear la finca de don Jesús Estrada, las guardias se mudaban silenciosamente, el presidente, encerrado en su cuarto y vigilado por la señora, no tenía derecho de recibir a sus verdaderos amigos sino a los que podían convenirle a su mujer, quien, como una

139

serpiente infernal, se colaba al oído, y derramando el veneno del odio, del temor y de la calumnia, preparaba en el sentido que ella quería el ánimo de su marido.

Tegucigalpa era para aquella fatal mujer su eterna pesadilla: no se olvidaba nunca de que las dos primeras veces que vino a la pintoresca ciudad cantada por Palma, nadie la vio, porque no la notaban, o si la miraban era como se ve en toda sociedad moralizada a una concubina que sin respetar a sus hijos los lleva a la cámara donde pasa las noches con su amante.

Como en la leyenda de la Sarabanda de Condega, el que llegaba a Toncontín padecía de la ceguera que, a unos con el estramonio y a otros con la maldad, producía aquella mujer.

El Dr. Sánchez cayó, no le dejaron llegar a la capital más que una vez y eso con el alemán Mr. Altschul, ministro de Fomento de doña Carmen, quien, ojo avizor y oído atento, no se separó un instante del enviado nicaragüense.

El Dr. Sánchez trabajó con franqueza por la reelección del general Sierra; pero este se negó rotundamente, sosteniendo lo que antes había dicho: que ni un minuto más, después del 1° de febrero, seguiría en el poder.

Desde entonces doña Carmen se empeñó, de una manera enérgica, en que el Gobierno de Nicaragua aceptase a su candidato, a su amigo el Dr. Arias, a quien deseaba llevar a la Presidencia para vengarse a sus anchas de sus enemigos y para aplastar y corromper la pureza de nuestras costumbres sociales.

Mientras la trama infernal se preparaba en Toncontín, el partido bonillista crecía como una marea, y con la moderación de que se revisten siempre las buenas causas, El Elector del 19 de agosto publicó el siguiente artículo:

"EL CANDIDATO NACIONAL"

"La benevolencia de los hondureños ha levantado al general don Manuel Bonilla a la categoría de candidato nacional para la Presidencia de la República.

A tan alto puesto ha llegado el general Bonilla precedido de una reputación envidiable, conquistada con sus correctos procederes en los destinos públicos que ha desempeñado y en el trato social en que tanto se distingue.

De este modo, y como era natural, desde hace algún tiempo ha llamado la atención de los hombres pensadores y patriotas, quienes, al examinar su vida con datos suficientes y levantado criterio, han reconocido y publicado que posee las dos insignes "cualidades que no pueden suplirse con nada para gobernar un pueblo libre: LA LÓGICA EN LOS DESEOS Y EL ARTE DE TRATAR CON LOS hombres". Estos son sus dones; y se aprovecha de ellos, sin hacer ningún alarde.

El juicio imparcial e ilustrado, y por lo mismo de valor inapreciable de nuestros mejores ciudadanos, ha cundido por todo el país. De esta suerte se explica la popularidad y el entusiasmo admirables de que disfruta en todas las capas sociales el nombre del general Bonilla, y la confianza fundada que se tiene de que ha de ser un excelente gobernante.

Garantizan y abonan esta convicción común, a más de lo dicho, otros rasgos de su naturaleza moral. Nadie ha visto, ni ha podido ver en el general Bonilla "la intemperancia de una vanidad inquieta, ceñuda, que le haga perder toda autoridad a su carácter, toda libertad a su espíritu, todo tacto a su lenguaje y su conducta", hombre de proverbial modestia, sanos sentimientos y ánimo sereno y parejo, el falso orgullo jamás lo tienta; ante la razón se inclina reverente, y solo defiende con pasión los sagrados intereses de la patria.

Con estas cualidades, nadie mejor que él garantiza la inviolabilidad de las instituciones y los intereses permanentes del Estado; ni nadie está en mejores condiciones para ejercer el poder.

Logrado esto, las tareas administrativas las llenará con suma facilidad, como que no tiene novedades que introducir ni teorías que implantar, bastándole para cumplir su misión con honra propia y provecho general, conservar y aumentar lo bueno que existe en la República: sostener la paz, respetando los derechos de los habitantes y de los ciudadanos, alentándolos a la vez para su legítimo ejercicio. Esto es elemental.

Y aún más llano y sencillo será su papel en las relaciones con los pueblos y los Gobiernos vecinos. Pondrá en práctica la política que ha profesado siempre: leal, franca y amplia, evitando cuidadosamente de esta manera ponerse en oposición, no solo con la justicia, sino con las nobles aspiraciones de los Estados y sus dignos mandatarios.

No debe dudarse. El Gobierno del general Bonilla será eminentemente sustantivo, como que su carácter y educación no se prestan a las falsificaciones, y sus preclaros antecedentes constituyen la mejor garantía, para nuestro consuelo, fortaleza y tranquilidad.

Esperemos llenos de confianza.

La buena causa triunfará.

Un hecho escandaloso y criminal llenó de consternación a Honduras de un confín a otro de la República. En Guarita, departamento de Gracias, queriendo solemnizar la inauguración del club bonillista "Las Palmeras", promovieron una procesión cívica el 15 de agosto, tomando parte personas de ambos sexos, para darle más importancia a la prueba de cariño al candidato popular; pero apenas había comenzado el desfile cuando el alcalde y el comandante, aristas decididos, mandaron hacer fuego sobre los manifestantes, matando a doña Juana de Morales y su hija la señorita Natividad Morales, e hiriendo gravemente a Francisco del mismo apellido y a don Sebastián Milla. He aquí los partes:

"Guarita: 14 de agosto de 1902. – Gral. Bonilla. – Tegucigalpa. – Ayer inauguróse club señoritas denominado "Palmeras", presidenta Anita Milla. Saludóle. – Sebastián Milla.

Guarita: 15 de agosto de 1902. – Gral. Bonilla. – Tegucigalpa. – Reunido el club "Guarita", y solemnizando anoche inauguración del club "Palmeras" de señoritas, los miembros de uno y otro sexo, queriendo hacer conocer su adhesión a la causa porque luchamos, dispusieron saliéramos a la calle, donde fueron sorprendentes los vítores al señor presidente Sierra y a los candidatos Bonilla y Dávila. Enfureciéronse alcalde de Policía y unos pocos aristas por conveniencia, esperáronnos en el corredor de la Comandancia, con sus armas propias y las del Gobierno; al echar vítores á Ud. se lanzaron sobre mi hermano Celestino, que venía atrás, golpeándolo atrozmente, y circularon a muchas señoras, haciendo un tiroteo intencional, donde resultó muerta mi mamá, Juana de Morales, mi hermana Natividad; mi hermano Francisco y cuñado vicepresidente del club, Sebastián Milla, baleados. Sírvase hacer presente este hecho al señor presidente y darle publicidad en los periódicos que trabajan por la buena causa. Espero ver la justicia que tal hecho merece. – Ángel M. Morales.

Guarita: 17 de agosto de 1902. – Gral. Bonilla. – Tegucigalpa. – Anoche exhibiéronse aristas matando a mi mamá y una hermana, baleando otro hermano e hiriendo a otro hermano más; también salieron otros heridos, entre ellos el vicepresidente del club bonillista, por los mismos aristas. – María Morales".

El 20 de agosto la ciudad de Tegucigalpa tuvo una sorpresa. Cuando el manifiesto de Coray era pisoteado por los empleados de su autor, cuando la Constitución era arrastrada por el fango, el Dr. Arias, parapetándose tras el Poder, lo toma de bandera, lo agita a los cuatro vientos y se atreve a decir: será mi programa de Gobierno.

Hay cosas que es un delito remover: los pantanos que encierran los microbios pestilentes y los nombres perdidos en la historia o que recuerdan las caídas de los que pudiendo haber sido buenos y grandes se dejaron infamar por tontería.

El general Sierra, que dejándose conducir por su mujer se había manchado, no podía ser bandera política. He aquí el manifiesto del 20 de agosto:

"MANIFIESTO DEL DOCTOR DON JUAN ÁNGEL ARIAS AL PUEBLO HONDUREÑO"

"A los hondureños: Una gran mayoría de vosotros me ha proclamado para que presida los destinos del país a la terminación del periodo del benemérito general don Terencio Sierra. Sensible a tan insigne honra, no he podido menos de prestar mi nombre para los trabajos emprendidos en pro de mi candidatura, teniendo en mira, al llegar al poder supremo, no los homenajes y ovaciones que se tributan al primer magistrado, sino la aspiración sincera de hacer algún bien a mi patria, constituyéndome en su primer servidor.

Faltando poco para las elecciones de autoridades supremas, me considero obligado a exponer ante el país el Programa de Gobierno que me propondría realizar, caso de ser favorecido con el sufragio popular.

Identificado como estoy, de todo en todo, con la política observada por nuestro ilustre mandatario, el general Sierra, a quien por otra parte me unen vínculos de estrecha y heredada amistad, creo que no podría poner en práctica mejor Programa de Gobierno que su manifiesto fechado en Coray el 3 de mayo de 1898. En efecto, en ese importante documento se ha condensado en breves palabras, sin ostentación, todo un plan administrativo: la Constitución Política vigente, como norma invariable de conducta, en cuyo cumplimiento se fundan la paz y el bienestar de la Nación; Administrar con pureza los caudales públicos, y promover el aumento de las rentas, sin perjuicio de la riqueza nacional; Atender a la instrucción popular, base de nuestro sistema democrático; Mantener en buen pie el Ejército, como sostén del orden interno y de la paz exterior; Favorecer el comercio y las industrias, promover la inmigración honrada y abrir nuevas vías de comunicación; Cumplir las convenciones y tratados y las reglas del Derecho Internacional; Por último, hacer efectivas, como lo ha hecho el general Sierra, las palabras con que termina su Manifiesto: Tender al cumplimiento de las leyes y al progreso.

He ahí, en compendio, un programa sencillo de Gobierno que, llevado a la práctica, con decisión y perseverancia, continuará haciendo, como hasta hoy, la felicidad de la República. El Manifiesto de Coray sería, pues, el programa que llevaría a cabo en cuanto alcanzasen mis fuerzas, en el puesto honroso de la Presidencia, manifiesto que literalmente dice:

Al pueblo hondureño: Proclamado por el Partido Liberal de Honduras candidato para presidente del Estado, deber mío es expresar mis ideas acerca de las cuestiones más importantes de política interior y exterior y de la administración de los intereses nacionales; ideas que deben conocer mis compatriotas, a fin de que puedan formarse concepto exacto de mis propósitos, si fuese electo, para ocupar el alto puesto que ahora me designan.

Protesto, con franqueza, que antes de llegar al poder y en el ejercicio del poder, si a él llegara, no me guiará ninguna ambición egoísta; y que, por el contrario, creo hallarme en condiciones adecuadas para servir a mis conciudadanos, inspirado por móviles patrióticos.

Consignado el derecho del libre sufragio en nuestra Constitución Política, y habiendo sido el cumplimiento de este un hecho evidente, el resultado de la elección expresará la voluntad popular, ante la cual me inclinaré respetuoso, cualquiera que sea la persona favorecida por aquélla; y si yo mereciera la confianza de mis conciudadanos, me sentiría orgulloso y satisfecho, porque vería en mi designación el fruto de la libertad electoral.

Nacido el Gobierno que en la actualidad preside el señor doctor Policarpo Bonilla, de los esfuerzos de la agrupación política que obtuvo la victoria en una guerra civil a la cual di mi contingente personal, vivo está en mi ánimo el deseo de corresponder a las aspiraciones del Partido Liberal; y es mi intención llevar a la práctica, con el concurso de ese partido, los principios que forman su credo.

Exento de los compromisos en que se ve envuelto todo Gobierno que surge de una contienda armada, podré elegir con libertad entre mis compatriotas, para colaboradores, a aquellas personas que por sus limpios antecedentes y su honradez, sus luces y su patriotismo, sean las más idóneas para satisfacer las esperanzas de la opinión, y para hacer fructuosa la labor del Gobierno.

Con el triunfo del Partido Liberal logróse sancionar en Honduras las libertades y las garantías que puede apetecer un país democrático. La Constitución Política que está vigente me servirá, pues, de norma; aceptaré todas las derivaciones emanadas de ella; y la promesa de cumplirla y hacerla cumplir, sería la mejor prenda que pudiera ofrecer a los hondureños para que en ella funden su confianza en la paz y el bienestar de la Nación, en todo cuanto de mí dependa.

Está demostrado por el gobernante actual que se puede mandar conformándose a la ley. En consecuencia, si yo fuera favorecido por el sufragio popular, mi Gobierno sería un Gobierno de leyes. Comprendo las dificultades que ocasiona la falta de reglamentación de algunos principios que se hallan consignados en nuestra Carta política: Uno de mis propósitos sería que se dictaran disposiciones que tiendan a concordar esa reglamentación con la ley primordial; mas, en ningún caso, abrigo la intención de que, durante el término que habría de permanecer en ejercicio del Poder Ejecutivo, se reforme o se derogue la Constitución. Subsistiendo esta, la alternabilidad en el poder será, pues, un hecho positivo.

Como en el fondo de todo problema político hay un problema económico, no solamente se necesita administrar con pureza los intereses de la Nación; es menester, además, promover el aumento de las rentas, sin perjuicio de la riqueza pública. Tal es mi propósito.

Deseo que sigamos en todo las tendencias progresistas que rigen a la especie humana. En materia de instrucción oficial, mucho habremos adelantado con solo conservar intacto lo bueno que tenemos. Sin embargo, no me conformaría con eso; y si no fuese posible crear otros centros intelectuales, propendería a mejorar los que existen, dentro de los límites señalados en nuestro presupuesto de egresos. Fuerza es no olvidar los recursos exiguos de nuestra Hacienda, lo cual debemos lamentar, más que por otro motivo, porque no nos consiente impulsar la instrucción pública al extremo que reclama el espíritu de la época presente.

Dadas las ventajas que a los Gobiernos trae el estar preparados para sostener, en caso de peligro, las garantías de la sociedad y los derechos de la Nación; y siendo obvios los inconvenientes que les acarrea la falta de preparación oportuna, el ramo de la guerra sería una de mis atenciones primordiales. Leyes de progreso, que son el ideal político que deseo realizar, no pueden tener aplicación ni dar fecundos resultados, sino en un estado permanente de paz; y el llamado a conservar la paz es el Ejército.

Para aumentar nuestra población, mejorar el trabajo personal, hacer amplio y lucrativo el comercio, y más productivas las industrias nacionales; y para establecer otras que son desconocidas por nuestro pueblo, pero que podría aprenderlas y explotarlas con utilidad, intentaría promover la inmigración honrada y laboriosa, a favor de concesiones a los inmigrantes, con el objeto de que se decidan a fijar definitivamente su residencia en nuestro país.

Si queremos tener agricultura, industrias, comercio floreciente, capital y crédito; si deseamos aprovechar la riqueza que nos guarda la tierra en su seno o en nuestros grandes bosques, debemos comenzar por tener caminos por donde movilizar nuestros productos. Dedicaría, pues, atención especial a conservar y mejorar las vías de comunicación que tenemos, y abrir las demás que sean necesarias, para que en breve término podamos ponernos en contacto con los mercados extranjeros, enviar a éstos nuestros frutos e importar lo que necesitamos, y hacer factible el cambio rápido de ideas con todo el mundo culto.

Está pendiente una contrata para la construcción del ferrocarril interoceánico y el arreglo de la deuda extranjera. Por el mérito de esa contrata, por la importancia de la obra y por la necesidad de redimir el crédito de Honduras, tomaría particular interés en que aquella se llevase a efecto; pero si desgraciadamente fracasara, haría esfuerzos por celebrar una negociación igual o en las mejores condiciones posibles para el Estado.

Cumpliría con buena fe los tratados públicos y las prescripciones del Derecho Internacional. En lo que se relacione con la actitud del Gobierno hondureño ante los demás de la América del Centro, seguiría la misma política que ha observado el actual, porque la considero sensata y patriótica. Aplaudo todos los ensayos que se han hecho para realizar la unión de Centroamérica; me congratulo de ver en vía de completo cumplimiento el Pacto de Amapala, y proveería lo que sea conducente a la continua aplicación de él, respetando los compromisos que suscribió el Gobierno en nombre del pueblo hondureño. Honduras no tiene intereses que estén en pugna con los de sus vecinos; no ha sido, y presumo que no será nunca un obstáculo para la rehabilitación de la patria centroamericana.

Todos mis esfuerzos en el ejercicio del Poder Ejecutivo irían dirigidos a realizar tales propósitos. En suma, mi Gobierno llevaría a la práctica estas dos tendencias esenciales: EL CUMPLIMIENTO DE LAS LEYES Y EL PROGRESO.

Terencio Sierra.

En Coray, a 3 de mayo de 1898.

Mas, para que el anterior manifiesto siga cumpliéndose como hasta ahora, confío en la continuación de las buenas relaciones que el señor general Sierra ha sabido cultivar con las hermanas Repúblicas, y el valioso concurso de los hondureños de buena voluntad, amantes de su patria, que aspiren a verla floreciente, digna y respetada. El gobierno de un país no es labor de uno solo, es labor de muchos, interesados en el bien de la colectividad. Si mis compatriotas me honrasen con sus votos, haría en el Poder un llamamiento al talento, a los hombres de luces, para que me ayudasen en la obra difícil, pero generosa y patriótica, de procurar el engrandecimiento de la

República. Tengo derecho a contar, y de ello me lisonjeo, con el patriotismo y experiencia en los negocios públicos de mi distinguido amigo el señor presidente Sierra, que no me negará sus indicaciones y consejos, y que será el mejor sostén de mi Gobierno.

No creo de más declarar que mi política, inspirada en los principios liberales, fiel y escrupulosamente observados, tenderá a que la suerte de los hondureños se mejore por la instrucción y la educación que les proporcionan la conciencia de sus derechos y dignidad. Los Gobernantes de Centroamérica profesan iguales principios, y tan feliz circunstancia contribuye a fortalecer los lazos de unión y perfecta confraternidad que ligan a las cinco Repúblicas.

Juan A. Arias.

Tegucigalpa: 20 de agosto de 1902".

El Heraldo, comentando el manifiesto del 20 de agosto, por la pluma del propio Dr. Arias, dijo lo siguiente:

"El MANIFIESTO DEL DR. DON JUAN ÁNGEL ARIAS"

Con gusto cedemos nuestra columna de honor al manifiesto que el Dr. Don Juan Ángel Arias dirige al pueblo hondureño.

Es una obra digna de su ilustración, de su modestia, de los sanos principios que profesa, de la rectitud de sus intenciones, y un homenaje a la Administración del general Sierra, a quien siempre ha estado unido por vínculos de estrecha y heredada amistad, como muy bien dice nuestro candidato.

Hacer un programa de Gobierno en que no se ostenten todos los principios, todas las teorías de los expositores de la ciencia política, es lo más fácil: formado el plan, se desarrolla, adoptando lo que han dicho tantos autores sobre la ciencia del gobierno. Pero sucede que esos programas nunca se cumplen, ya porque nuestras costumbres, nuestra civilización, nuestro modo de ser, se oponen a ello; ya porque el autor del manifiesto lo forja con la dañada intención de deslumbrar al pueblo para llegar al poder por medio de vanas promesas; ya porque el gobernante se rodea de hombres incapaces de comprender sus tendencias, sus fines, o que intencionalmente, por discordancia de principios o por intereses personales, ponen en tropiezo al que manda, para que no realice sus buenos propósitos. Estos casos se han visto con tanta frecuencia en Centroamérica, hemos sido víctimas de tantas mentidas esperanzas, que los pueblos ya ven con desconfianza esos programas luminosísimos en que tanto se exageran las cosas, que se creería que el pretendiente al poder convertiría a la Nación en una especie de Jauja.

El Dr. Arias, hombre práctico, experimentado en los asuntos de gobierno, conocedor de nuestro genio, de nuestras posibilidades, y, sobre todo, sincero, de carácter enérgico, de reconocido patriotismo, poseedor de suficiente capital, amante como el que más de su patria, no quiere engañar a los pueblos con frases de relumbrón, no quiere embaucarlos con vanas promesas. Él ha comprendido nuestra situación, él se ha aprovechado de la enseñanza adquirida al lado de su gran amigo el patriota don Terencio Sierra, y ha comprendido que el general Sierra ha encontrado la clave del gobierno en nuestras Repúblicas incipientes, particularmente en países como Honduras, donde la mala fe política ha echado profundas raíces.

El general Sierra tiene la gloria de haber cumplido su programa de gobierno al pie de la letra. Gran político, con su conducta correcta, conciliadora y respetuosa respecto a los demás países de Centroamérica, se ha hecho apreciar ante las naciones vecinas; de recto criterio y de espíritu fortificado por la moral más pura, ha huido de la baja adulación y ha despreciado a los delatores de oficio; de valor a toda prueba, no ha tenido venganzas con sus gratuitos enemigos, y más bien les ha dado garantías; enemigo de novedades peligrosas, no ha derrochado los dineros de la Nación en gastos superfluos, ni en ensayos aventurados; conocedor de la ciencia administrativa y económica, ha redimido la mayor parte de nuestra deuda interior y ha procurado que sus empleados estén pagados al día; incansable en el trabajo, no descuida ni el último detalle en los asuntos de la administración; él, en fin, ha logrado hacer un verdadero Gobierno digno de imitarse".

Durante aquellos penosos y tristes días arreció la tormenta de los abusos, que la prensa denunció con valor en estos términos:

"ACTUALIDADES DE POLÍTICA"

"Don Indalecio Rodríguez, de Juticalpa, telegrafía que el comandante Portocarrero, a pesar de que pertenece a la reserva, le ha ordenado que se aliste para salir el 1° de septiembre a sentar plaza a la Costa Norte. ¡Influencias de Juan Ángel Arias!

Lo mismo comunica don Pedro Moya. ¡Más abusos!

—El honorable ciudadano don Juan A. Cruz, de Puerto Cortés, manifiesta que algunos sotistas y aristas propalan que las autoridades superiores han prohibido las reuniones de los clubes bonillistas. ¡Mentirosos!

—En Comayagua, el comandante Corzantes, por medio de sus subalternos, hizo llevar al cuartel al director de la Imprenta Nacional y director de El Escalpelo, don Francisco Cruz. Este fue golpeado y herido por los soldados y Corzantes. ¿Y la Ley de Imprenta? ¡Bajo los pies de... Corzantes!

—Las autoridades militares de San Pedro Sula están provocando un conflicto que puede surgir de la cólera popular, por los ultrajes gratuitos que a aquellos ciudadanos se infieren. Últimamente han sido apresados sin motivo los señores coronel don Donoso Cubero y don Salvador A. Casco, presidentes de los clubs bonillistas de La Pimienta y Arenales. ¡Siempre la fuerza, la amenaza, la ilegalidad!

—Léase, para ejemplo, lo que dice una mujer de Camasca, de carácter bien templado: "San Antonio firme. Mi esposo preso arbitrariamente, orden Villela. Triunfaremos". – ¡Oigan, aristas impostores!

—El subcomandante de Caridad fue destituido y reemplazado, por un arista, quien exige firmes para don Juan Ángel, por la fuerza. ¡Al fin es de la fracción!

—Los abusos desautorizados de los aristas sirven para aumentar los prestigios del general Bonilla. Así lo comunican de Santa Bárbara.

—De Danlí se ha recibido el siguiente telegrama: "No comprendo qué busca Dr. Arias persiguiendo a nuestros correligionarios, pues él sabe bien, por enseñanzas recientes, que el pueblo hondureño, tan manso cuando se le castiga con la ley, vuélvese león cuando se le persigue injustamente. ¿Por qué se afana ese hombre en hacerse odioso?" (Diario de Honduras, 25 de agosto de 1902).

Las autoridades militares de Cortés continúan haciendo de las suyas para que triunfe en las próximas elecciones el ministro-candidato. A cada rato se reciben telegramas en que se participa ya la destitución de un empleado, ya el encarcelamiento de un ciudadano y hasta de un diputado o ya el llamamiento de una persona que les estorba. Hoy tenemos que hacer públicos dos de estos abusos: "Choloma, 25 de agosto de 1902. – General M. Bonilla. – Ayer fue destituido el director de Policía de este pueblo, supongo por manuelista. También fue conducido por una escolta, a San Pedro, el secretario municipal Rosales. ¡Viva nuestra causa! ¡Viva la libertad de Honduras! – Ignacio Bustillo". Choloma, 27 de agosto de 1902. – General Bonilla. – Ayer tarde fue apresado y conducido a San Pedro Ramón Rosales, causa de ser bonillista. – J. A. Cárcamo". – Mas estos atropellos sirven para hacer más odiosa la candidatura Arias, pero don Juan Ángel no lo cree así. ¡Con su opinión se quede!". – (Diario de Honduras, 28 de agosto de 1902).

"COMAYAGUA"

"Comayagua, julio 30 de 1902. – Señor Editor del Diario de Honduras. – Tegucigalpa. – Muy señor mío: Para que le dé publicidad en su importante periódico, y para que el Gobierno y el público en general sepan la conducta de cierto empleado de este departamento, le comunicó a Ud. lo siguiente:

El 21 de mayo del corriente año, como a las 10 de la noche, llegó el comandante de Armas, Cornelio Corzantes, de origen chapín, acompañado de una escolta compuesta como de catorce soldados, a mi casa, sita en el Barrio Arriba de esta ciudad. Con el propósito de disfrazar su negra intención, se fingió ebrio; con su escolta se metió a mi casa, donde yo vivo trabajando con mi familia, y me sacó por la fuerza a mi bija Micaela Rojas, de veintidós años de edad. Como esta hiciese resistencia a procedimiento tan villano, y, gritando, se agarrase de mi cuerpo y del de una hermana suya, para salvarse y para evitar que los soldados se la llevaran, Corzantes me puso en el pecho el revólver, amenazándome, y le dio un golpe a la otra hija mía, y así logró sacar a la calle a la desdichada Micaela. Una vez afuera la niña, Corzantes ordenó a sus soldados que la condujeran a la casa nacional, donde él habita, en donde permaneció secuestrada mi hija inocente, dos días y dos noches.

Si antes no había delatado este crimen, había sido por temor a las constantes amenazas que este canalla me hacía.

Parece que este tipejo no es solo a mi hija la que ha deshonrado, pues igual cosa le sucede a la señora Concepción Mejía, con su muy estimada y trabajadora niña Ricarda.

Nunca había habido intranquilidad en nuestras familias, hasta que llegó a este departamento este chapín, aborto de la tierra.

Creo que este hecho es un ultraje bárbaro, no solo para mí y mi familia, sino para la sociedad en general; y por lo mismo es de utilidad pública y hasta un deber, hacerlo conocer por la prensa, por lo cual suplico a Ud. que, si lo tiene a bien, le dé cabida a la presente carta, en las columnas de su bien dirigido periódico.

Soy de Ud. atenta servidora,

Nicolasa Velásquez".

"ALLANAMIENTO PUNIBLE"

"El comandante de Armas de Olancho, J. R. Portocarrero, es uno de los más aventajados discípulos que tiene don Juan Ángel. En todo el departamento de su mando, el señor Portocarrero se ha hecho temible: ha levantado procesos al por mayor, ha encarcelado, flagelado, martirizado a muchos pacíficos ciudadanos; ha ordenado también el allanamiento de casas de familia honorables; y en fin, ha establecido una verdadera anarquía en aquella bella sección del país. El telegrama que sigue denuncia uno de sus tantos desbordes: "Manto, 28 de agosto de 1902. – General Manuel Bonilla. – Antenoche, comandante Portocarrero mandó allanar casa nuestro correligionario, receptor de rentas, José María Aceituno. Ignórase motivo; sorpresa igual alármanos. – Filiberto Munguía". – Hombres como el comandante Portocarrero, a quienes se acoge con cariño, no debieran pagar de esa manera los favores que se les dispensan; ¡pero la raza de los ingratos no se extingue, ni se extinguirá...!"

"EL SHAH PORTOCARRERO"

Este cacique no desmaya en su negro plan de hostilizar a los miembros del gran partido nacional que rodea al general Bonilla. Los subcomandantes de Olancho le siguen como el animal a su amo, y algunos le aventajan en sus procederes incorrectos. De éstos es el subcomandante de San Esteban, que públicamente ejecutó una lesión en la cara a nuestro correligionario don José Antonio Calix; capturado infraganti el delincuente y puesto en la cárcel por el activo juez de Paz, el Shah Portocarrero ordenó, por telégrafo, que inmediatamente se le diera libertad, fomentando con esto la impunidad de los delitos públicos. A continuación insertamos el telegrama que dio el aviso: "San Esteban: 28 de agosto de 1902. – General Bonilla. – Decretóse prisión criminal subcomandante. Hoy ordena comandante póngase libertad, PARA BIEN NUESTRAS INSTITUCIONES. – Jesé Antonio Calix". – Tipos parecidos a Portocarrero, son casi todos los de la fracción arista. Calcúlese si triunfarán..."

"LA FUERZA OBRANDO"

"Bien conocidos son los malos procedimientos empleados por los aristas en su propaganda. El carácter y la lealtad de los bonillistas han hecho que se les frustren sus empeños de hacer variar la opinión del país. Los secuaces de don Juan Ángel, haciendo uso de medios que solo los tiranos ponen en práctica, han obtenido un éxito en contra que ellos no esperaban. Entre más se quiere ahogar el entusiasmo popular, más alto es el grito de indignación de los buenos hijos de la patria: los bonillistas serán torturados, pero morirán firmes, sin cometer la negra acción de Judas. Cualquier correligionario, inmediatamente de ejecutado un abuso, lo pone en conocimiento del general Bonilla, por telégrafo, no dando lugar a que se quede ignorado. Ayer no más, don Pedro Sandres, avisó de Ojojona, que el comandante está remitiendo, amarrados, a la carretera, a los pobres bonillistas. Pero con todo, jamás triunfarán". — (Diario de Honduras, 29 de agosto de 1902).

"REINA DEL TERROR

Choloma: 29 de agosto de 1902. – Señor general M. Bonilla. – Esto horroroso. Militarismo imperando. Estamos un verdadero estado de sitio. Rosales, Sánchez y Casco, capitanes, despojados y puestos como soldados. Gobernador, redactor Debate y Zacarías, constituyéronse en este Cabildo e hicieron de las suyas. A Portocarrero le han levantado proceso para separarlo Alcaldía. Los pueblos demandan amparo al general Sierra, que ofreciónos libertad. – J. A. Cárcamo.

Choloma, 29. – Señor general don Manuel Bonilla. – Aquí amenazados brutalmente comandante NUILA. Particípeme si hay garantías o no. Capitán Rosales, alta soldado y otros tantos. Contésteme. Urge. – José C. Reina.

Orocuina: 29 de agosto de 1902. – General don Manuel Bonilla. – Háseme ordenado concentrarme Choluteca. Comandante y gobernador departamental ordenan comandante este, juntamente inspector, reclutamiento bonillistas para mandarlos carretera; en estos incluyen dos hijos casa mía. Semejante atentado contra nuestras libertades públicas y electorales, creo con justicia no autorizarlo señor presidente, quien es fiel cumplidor leyes, guardián celoso su honra y nuestras instituciones. Suplícole comunicarlo señor presidente, pues no dudo reprimirá empleados transgresores de ley, quienes con arbitrariedades deshonran nuestro digno gobernante. Agradeceríale indicarme resultado. Afectísimo. – Juan P. Aplicano". (Diario de Honduras, 30 de agosto de 1902).

"CORRESPONDENCIA (FRAGMENTOS)

Jesús de Otoro. — Aquí en este departamento las opresiones de los empleados departamentales imperan al extremo de tener que trabajar muy privadamente, porque de lo contrario hay que ir a las carreteras y de alta el que es miliciano; pero aunque la imposición impere, con franqueza le declaro que aquí el triunfo de su parte será un hecho, llegado el momento.

Colomoncagua. — De aquí mandaron dos, bien custodiados, a hacer plaza a La Esperanza, solamente porque dieron firmas a Ud., y así consiguieron que algunos protestaran de su candidatura, pero todos dicen que el voto será para Ud.

San Fernando. – En el mes pasado anduvo por los pueblos de este departamento el general Belisario Villela, acompañado del comandante local Vicente Arriaga y Gonzalo Mejía Nolasco, quienes traían por única mira engrosar el número de partidarios del doctor, sin fijarse para ello en los medios que empleaban. En Camasca mandó formar la milicia, y una vez hecho esto, empezó a atemorizarlos con servicio de guarnición a los puertos, carretera y cárcel a todos aquellos que se negaran a dar su firma para Arias. Un miliciano sufrió de bofetadas del señor comandante por ser su partidario, y dio orden para que se le arrestara.

Barra de Salado. – El actual telegrafista es arista, y ha querido desorganizarnos, pero nada ha logrado en una masa tan compacta como esta.

Morolica. – El comandante de este pueblo es arista y amenaza a algunos para que lo sigan en los trabajos aristas.

Cololaca. – Dicen los aristas que Ud. está desprestigiado y apoyado por los enemigos de nuestro Gobierno y muchas cosas más que es vergonzoso decirlas. En Santa Rosa constantemente se cometen abusos contra nosotros solo por ser bonillistas, pero haremos pie firme hasta última hora.

La Virtud. – Aquí nos han venido varias conquistas para hacernos a favor de Arias; en una de esas comisiones vino el general Belisario Villela, comandante de Armas de Intibucá, amenazándonos con el destierro a Trujillo y a Roatán si insistimos en apoyar su candidatura. Este pueblo está compacto todo y le pertenecemos de corazón, a pesar de esas amenazas.

El Porvenir. – En todos estos pueblos se oye, hasta de boca de los tiernos niños, el glorioso y significativo nombre de Manuel Bonilla, por quien todos los ciudadanos marcharemos, si es posible al cadalso, en defensa de nuestra noble causa.

Catacamas. – Las persecuciones contra los bonillistas llegan a su colmo". – El Patriota, 30 de agosto de 1902.

CAPÍTULO XII: SIERRA DEBE PARAR LOS ABUSOS

MES DE SEPTIEMBRE. – Artículo del general Gutiérrez con motivo de la tiranía imperante en el país. – Más abusos. – El Manifiesto del general Bonilla. – Escándalo del 29. – Comentarios del Diario de Honduras.

A medida que el tiempo corría con la impasible fuerza que le precipita en la eternidad, los días se hacían cada vez más sombríos para la causa de la justicia de Honduras.

Ya hemos visto la reseña de los abusos cometidos durante el mes de agosto de 1902; pero tan lamentables y escandalosos hechos, nada fueron en comparación de lo que tuvimos que sufrir en septiembre, ¡el mes de los recuerdos de nuestra gloriosa independencia!

Parecía que, como obedeciendo a la ley de la gravitación, aumentara la intensidad de la caída de aquellos que, sin respetar promesas constitucionales, virtud y sociedad, oprimían bárbaramente al pueblo admirable que, en silencio casi siempre, solo dejaba escapar las quejas y lamentos del dolor sufrido con paciencia, hasta el momento en que, sacudiendo altiva la cabeza, debía gritar en la hora legal: ¡reivindicación y guerra!

El 5 de septiembre, el general Gutiérrez volvió a la carga, denunciando hechos concretos de las barbaridades que se estaban cometiendo, con el valor con que este patriota ha procedido siempre, cuando han peligrado las libertades patrias. – He aquí el artículo:

¿QUOUSQUE TANDEM?

Sí. Es la pregunta que cabe en estos momentos supremos para el Estado.

¿Quousque tandem? ¿Hasta cuándo cesarán los inconvenientes que se nos oponen por ciertos militarejos vulgares y por ciertos empleados que, desconociendo o queriendo decir o aparentar que no conocen sus deberes, ejecutan, a cada momento, actos que significan nada menos que el atropello más injustificable y la violación más vergonzosa y flagrante de la ley?

¿Qué es un hombre que lleva galones, si comprende lo que vale la institución militar, sino un centinela permanente y un guardián que cumple su consigna, consigna sagrada, cual es la de mantener incólumes los derechos del individuo y las instituciones de la Patria? Y ¿qué es un empleado del orden civil, en cualquiera esfera que se le considere, sino un depositario, también del cumplimiento y ejecución de la ley, para garantizar asimismo al individuo y al ciudadano?

Desgraciadamente y para deshonra de este pedazo de tierra tan querido, orgullo de la América latina, porque es cuna de muchos héroes y de muchos hombres que no solo han luchado y triunfado en los campos del honor y en el campo de las Letras, sino que también han sabido sostener y levantar muy alto el Pabellón Nacional, cuenta hoy con hombres que, en y fuera del empleo, cometen abusos tales que no solo no deben consentirse, sino que además hay que denunciarlos, en la confianza de que el señor general don Terencio Sierra, digno jefe de la Nación, al tener conocimiento de esos atentados, sabrá corregirlos, para bien del país, y para aumentar y confirmar sus laureles.

Empezaremos con el coronel Cornelio Corzantes, comandante de Armas de Comayagua, a quien, durante estuvo en esta ciudad, le guardamos las consideraciones y los respetos de que lo creíamos digno.

Ese empleado, violando una Ley Constitutiva, la de Elecciones, y las órdenes del supremo mandatario del Estado, de un modo franco toma participio en la presente lucha electoral, patrocinando la por demás desacreditada candidatura del Dr. Juan Ángel Arias; y llega a tal grado su audacia, que medita en unión del cadete Jesús Bendaña, e inventa con este tránsfuga de nuevo cuño, procesos y medios inicuos de tortura contra todos aquellos que, honrados y haciendo uso de la libertad del pensamiento y del sufragio, se han adherido, como nosotros lo estamos, incondicionalmente, a la candidatura del eximio general don Manuel Bonilla, que es la causa de la honradez, del progreso y del bienestar de la Patria. Esto por ahora respecto a Corzantes; y haciendo un paréntesis, vamos a publicar un documento que queda en nuestro poder y a la orden de quien quiera verlo, que convence hasta dónde llegan los atentados de los partidarios del Dr. Arias.

Ese documento dice: "Ordóñez M. – Por telégrafo de 1902. – Recibido en Maraita.1902. – Señorita María Barrientos. – Por recomendación de Félix Vásquez quiero que inmediatamente venga a esta oficina; él quiere entenderse con Ud. con urgencia. – Su afectísimo amigo. – Raimundo Ordóñez M, telegrafista".

¿Qué se proponía ese telegrafista al llamar a su oficina, simulando recomendación del joven Vásquez, a la muy apreciable señorita Barrientos? La respuesta queda para el Dr. Arias y para el telegrafista Ordóñez M.

No es que vamos a terminar, sino a suspender simplemente nuestra relación, haciendo esta declaratoria:

Varios correligionarios nos han llamado la atención porque en uno de los números del periódico La Paz, que actualmente edita "La Unión Patriótica", aparece nuestra firma en una acta de proclamación a favor del Dr. Marco Aurelio Soto, y se cree que nosotros hemos desertado de las filas en que hemos formado, formamos y formaremos hasta la conclusión de esta gloriosa jornada, y deber nuestro es explicar el error en que están, y hacerles recordar que aquella acta de proclamación fue firmada el año de 76, según así reza la fecha de aquel documento.

Continuaremos

Dionisio Gutiérrez".

Crueldades inauditas, violencias espantosas que en forma de quejas llovían por telégrafo á Toncontín, eran ocultadas por doña Carmen Alemán y Mr. Altschul, para que el general Sierra no se impusiera de ellas, y cuando las dejaban penetrar hasta la prisión del presidente, era con los comentarios más calumniosos contra el pueblo, hasta que, neutralizada la verdad, estallaba el general Sierra contra el bonillismo, aplaudiendo las monstruosidades de sus subalternos.

Creyente todavía el pueblo de que había buena fe en su gobernante, se dirigió a él en vano, porque no hay peor sordo que el que no desea oír, y El Elector consagró una sección a pintar la obra del arismo. Vean nuestros lectores las denuncias hechas por tan autorizado periódico ante el mundo y el Jefe de la Nación:

"LA OBRA DEL DOCTOR JUAN ÁNGEL ARIAS"

"Berlín: 30 de agosto de 1902. – General Bonilla. – Tegucigalpa. – Famoso comodín Administración Belisario Villela, arista, ultraja bonillistas; mis hermanos presos Camasca militarmente, desconociendo exoneraciones militares Gobierno constituido doctor Bonilla; particíposelo para protestar tales abusos. Mándeme periódicos. Su afectísimo. – Antonio Milla

Roatán: 23 de agosto de 1902. – General Bonilla. – Tegucigalpa. – Ante la imposición del comandante y mayor de plaza, se inauguró ayer club de señoritas intitulado "Libertad y Unión", presidiéndolo señorita Juana Valderramos. Triunfo asegurado. – Calixto P. Calderón.

Roatán: 23 de agosto de 1902. – General Bonilla. – Tegucigalpa. – Estoy de alta como soldado por ser ardiente partidario de su candidatura; pero nada me amedrenta; siempre firme. – Adolfo M. Zúñiga.

Trujillo: 28 de agosto de 1902. – General Bonilla. – Tegucigalpa. – Artesanos honrados Catacamas, Pedro Moya, Santos Castro, Indalecio Rodríguez, milicianos segunda, mándanlos costa hacer plaza. – Juan M. Amador.

Trujillo: 28 de agosto de 1902. – General Bonilla. – Tegucigalpa. – Milicianos segunda mandan costa hacer plaza, Moya, Castro y Rodríguez; pagaré plaza; esperamos que Ud. interesarse en sentido; telegrafíeme Catacamas. – Guillermo Rosales.

La Ceiba: 28 de agosto de 1902. – General Bonilla. – Tegucigalpa. – Nada hace retroceder; triunfo seguro. Roatán organizóse club bonillista de señoras, sobre bayonetas decrépito Lacayo. – Manuel Barcelo h.

Olanchito: 24 de agosto de 1902. – General Bonilla. – Tegucigalpa. – Estoy encerrado en mi casa, amenazando este comandante, evitar compromisos graves; conviene entenderse general Sierra, procedimiento arbitrario; urge respuesta. Salud. – Gilberto Leiva.

Yoro: 26 de agosto de 1902. – General Bonilla. – Tegucigalpa. – Aunque fusilen, seremos con Ud. – Ciriaco Ramírez.

Jocón: 28 de agosto de 1902. – General Bonilla. – Tegucigalpa. – Van dos procesos que siguen. ¿No hay libertad electoral? Desocuparé hoy mismo territorio hondureño. ¡Adiós! – Pedro Rivera.

San Pedro: 25 de agosto de 1902. – General Bonilla. – Tegucigalpa. – He venido de Río Blanquito a esta, y en el tránsito he podido notar el singular entusiasmo por su candidatura, a pesar de la imposición de la primera hasta la última autoridad. ¡Viva Bonilla! ¡Viva la democracia! – Carlos T. Aguilar, presidente club "Costa Norte".

San Pedro: 25 de agosto de 1902. – General Bonilla. – Tegucigalpa. – Lo que aquí pasa no tiene nombre. Ayer, en plena calle, 3 policiales cayeron sobre el licenciado Campos, diputado, conduciéndolo a la cárcel. Sociedad alarmada. – Máximo Rivera.

San Pedro: 25 de agosto de 1902. – General Bonilla. – Tegucigalpa. – Ayer remitiéronme a la cárcel orden Nuila. No respetaron inmunidad. – Guillermo Campos.

Choloma: 25 de agosto de 1902. – General Bonilla. – Tegucigalpa. – Ayer fue destituido el director de Policía de este pueblo, supongo por manuelista; también fue conducido por una escolta a San Pedro el secretario municipal Rosales. ¡Viva nuestra causa! ¡Viva la libertad de Honduras! Ignacio Bustillo.

Baracoa: 26 de agosto de 1902. – General Bonilla. – Tegucigalpa. – Aquí firmes, no obstante amenazas subcomandante arista. ¿Recibió comunicaciones? M. Chávez.

Choloma: 26 de agosto de 1902. General Bonilla. – Tegucigalpa. – DESPOTISMO EN CORTÉS, IGUAL A TIEMPO DE MARRAS. ¿Qué hacemos? – J. Antonio Cárcamo.

Choloma: 27 de agosto de 1902. – General Bonilla. – Tegucigalpa. – SEGÚN LOS HECHOS, NO HAY LIBERTAD. PREGUNTE SEÑOR PRESIDENTE. Contésteme. – Pedro Hernández.

Choloma: 27 de agosto de 1902. – General Bonilla. – Tegucigalpa. – Ayer tarde fue apresado y conducido a San Pedro Ramón Rosales; causa, el ser bonillista. – J. A. Cárcamo.

Choloma: 29 de agosto de 1902. – General Bonilla. – Tegucigalpa. – Esto horroroso. Militarismo imperando. Estamos en verdadero estado de sitio. Rosales, Sánchez y Casco, capitanes, despojados y puestos como soldados. Gobernador, redactor Debate, y Zacarías, constituyéronse en este cabildo e hicieron de las suyas. A Portocarrero le han levantado proceso para separarlo de Alcaldía. Los pueblos demandan amparo al general Sierra, que ofreciónos libertad. – J. A. Cárcamo.

Choloma: 29 de agosto de 1902. – General Bonilla. – Tegucigalpa. – Aquí amenazados brutalmente comandante Nuila. Particípeme si hay garantías o no. Capitán Rosales alta como soldado y otros tantos. Contésteme. Urge. – José C. Reina.

Santa Lucía: 30 de agosto de 1902. – General Bonilla. – Tegucigalpa. – A PESAR IMPOSICIONES, firme esta. – Amelia Ramos.

La Esperanza: 25 de agosto de 1902. – General Bonilla. – Tegucigalpa. – José María Melara, presidente club bonillista San Antonio, fue llamado a esta comandancia y detenido sin ser militar y mayor de 40 años. Solicitó amparo, pero comandante negóse exhibirlo, imponiéndole un mes de arresto en Camasca, donde se encuentra. R. J. López.

Santa Rosa: 24 de agosto de 1902. – General Bonilla. – Tegucigalpa. – Entendido telegrama Hoy celebro aumento nuestros clubs. En Lucerna organizóse club "El Independiente"; Enrique Dubón. EMPLEADOS SIGUEN ABUSANDO. – E. Hernández.

Amapala: 19 de agosto de 1902. – General Bonilla. – Tegucigalpa. – Recibimos alta. Esto enardece nuestros espíritus. ¡Viva nuestro candidato! – Vicente Narváez. – Macario Zelaya. – Pablo Pavón. – Eduardo Galo.

Caridad: 24 de agosto de 1902. – General Bonilla. Tegucigalpa. – Destituido subcomandante por bonillista, reemplazólo arista. Exigen firmas fuerza. – Pascual Maldonado.

Pespire: 17 de agosto de 1902. – General Bonilla. – Tegucigalpa. – Comandante, instrumento de la imposición ministerial. Los principales jóvenes partidarios de Ud. son remitidos hoy para Amapala Siempre firmes. – J. Daniel Matamoros.

Pespire: 18 de agosto de 1902. – General Bonilla. – Tegucigalpa. – Jóvenes bonillistas remiten hoy Amapala indicación hermano comandante. Prueba impotencia este procedimiento. – Carlos Jirón.

Pespire: 18 de agosto de 1902. – General Bonilla. – Tegucigalpa. – Salimos Amapala plaza por bonillistas; pero levantamos frente muy alta por defender honradez; ni ladrones ni traidores. Adiós. – Vicente Narváez. – Eduardo Galo. – Pablo Pavón. – Macario Zelaya.

Danlí: 22 de agosto de 1902. – General Bonilla. – Tegucigalpa. – Ministerio de la Guerra concede cuatro meses de licencia a los milicianos aristas. Rogámosle pida estos gajes para los suyos al señor presidente. – De Adalid. – José Idiáquez.

Danlí: 22 de agosto de 1902. – General Bonilla. – Tegucigalpa. – Entendido. No comprendo qué busca Dr. Arias persiguiendo a nuestros correligionarios, pues él sabe bien, por enseñanzas recientes, que el pueblo hondureño, tan manso cuando se le castiga con la ley, vuélvese león cuando se le persigue o hiere injustamente. ¿Por qué se afana ese hombre en hacerse odioso? Afectísimo. – José Idiáquez.

Manto: 16 de agosto de 1902. – General Bonilla. – Tegucigalpa. – Este comandante es arista, molestándome por bonillista; quisiera garantías. – Isidoro Abrego.

Manto: 16 de agosto de 1902. – General Bonilla. – Tegucigalpa. – Este comandante es arista, molestándome por bonillista; quisiera garantías. – Isidoro Abrego.

Concordia: 30 de agosto de 1902. – General Bonilla. – Tegucigalpa. – Recluta olanchana saludámosle; vamos como desterrados Roatán; trajéronnos con escolta, encarcelándonos recluta. Manto siempre firme. – F. Luis Meza.

San Pedro: 30 de agosto de 1902. – General Bonilla. – Tegucigalpa. A pesar de las imposiciones del comandante Nuila, este pueblo confía en las promesas del señor presidente, y espera de un momento a otro su protección. Cada día más entusiasmados. – Guillermo Campos.

San Pedro: 30 de agosto de 1902. – General Bonilla. – Tegucigalpa. – Es temible llegar San Pedro. ¿QUÉ ES DE LA LIBERTAD DE HONDURAS, PROMETIDA POR EL SEÑOR PRESIDENTE? Ignacio Bustillo.

San Esteban: 20 de agosto de 1902. – General Bonilla. – Tegucigalpa. – Sus prestigios, a pesar imposiciones, no desaparecen. Triunfará a pesar manejos reprobados. – Margarita Irías.

Concordia: 20 de agosto de 1902. – General Bonilla. – Tegucigalpa. – Citado hoy Comandancia Juticalpa; marcho mañana, creo será por trastornos. – F. Lino Meza, presidente club "Concordia".

163

Juticalpa: 22 de agosto de 1902. – General Bonilla. – Tegucigalpa. – Soldado reserva, previéneme Portocarrero alistarme primero de septiembre hacer plaza costa. – Indalecio Rodríguez.

Juticalpa: 22 de agosto de 1902. – General Bonilla. – Tegucigalpa. – Soldado segunda categoría, hízome venir desde Catacamas Portocarrero, solo para notificarme viniera listo primero de septiembre para marchar a hacer plaza. – Pedro Moya.

Catacamas: 23 de agosto de 1902. – General Bonilla. – Tegucigalpa. Comandante de Armas Portocarrero manda mi hermano Santos Castro a Roatán a sentar plaza, siendo miliciano de segunda categoría. Afectísimo. – J. Francisco Castro.

Catacamas: 23 de agosto de 1902. – General Bonilla. – Tegucigalpa. – Hoy llegamos aquí, llámanos nuevamente Portocarrero. Soportamos con paciencia estas molestias. No retrocedemos nuestras ideas, somos firmísimos. Pedro Moya. Indalecio Rodríguez.

Cantarranas: 24 de agosto de 1902. – General Bonilla. – Tegucigalpa. – Peñalva molestando; darle parte presidente. Pedro J. Bustillo O.

San Esteban: 25 de agosto de 1902. – General Bonilla. – Tegucigalpa. – Estos pueblos inflexibles, no valen amenazas. Subcomandante cometió crimen. – Leónidas Manzano.

Cedros: 25 de agosto de 1902. – General Bonilla. – Tegucigalpa. – —Anoche subcomandante Suyatal, con hermanos Matamoros, aprisionaron José María González, sin causa, cumpliendo, dicen, órdenes superiores. Pablo Archaga, Gerardo Archaga, auxiliar, Paulino Medina, fueron heridos por Pedro Matamoros y hermanos, que patrocinaban escolta. Afectísimo, J. Antonio Raudales.

San Esteban: 26 de agosto de 1902. – General Bonilla. – Tegucigalpa. – Abusos de empleados, aumentando. Subcomandante dióme una herida en la cara, gratuitamente. Retrocedemos tiempo inquisición. – José Antonio Calix.

Salamá: 26 de agosto de 1902. – General Bonilla. – Tegucigalpa. – Marcho servicio Ceiba como cabo; soy sargento segunda categoría; motivo, ser bonillista doquiera arrójenme. – Santos Lanza.

Gualaco: 26 de agosto de 1902. – General Bonilla. – Tegucigalpa. – Remítele certificado. Extráñame no haya llegado; 186 inscritos. Todos firmes, aunque imposición militar descarada. B. Parrales P.

Salamá: 26 de agosto de 1902. – General Bonilla. – Tegucigalpa. – Mi hijo Santos Lanza salió servicio por bonillista; nada importa, firmes hasta triunfar. Su partidario. Rafael Lanza, vicepresidente club "Simón Bolívar".

Danlí: 26 de agosto de 1902. – General Bonilla. – Tegucigalpa. Propaganda Soto nula. Bonillistas firmes. Comandante Armas despojando subcomandantes Paraíso, Teupacenti y Zapotillo, reponiéndolos con aristas. LEONTE CÓRDOVA VANAGLORÍASE MANEJAR MINISTERIO GUERRA, EXHIBIENDO DOCUMENTOS PÚBLICAMENTE. – J. Bernardo Bardales.

Caridad: 26 de agosto de 1902. – General Bonilla. – Tegucigalpa. – Milicianos firman favor Arias atemorizados; nada hácenos desmayar. ¡Pobre Arias! Firmas tiene, quién sabe voto. – Cecilio V. Romero.

Cedros: 26 de agosto de 1902. – General Bonilla. Tegucigalpa. González va amarrado para esa. – J. Antonio Raudales.

Catacamas: 27 de agosto de 1902. – General Bonilla. – Tegucigalpa. – Mi yerno Pedro Moya, segunda categoría, remitido Roatán; ruégole pedir amparo; pagaré todo gasto. Afectísimo. – Casto Rosales.

Manto: 27 de agosto de 1902. – General Bonilla. – Tegucigalpa. Marchamos para Roatán. No admitiéronnos nada absolutamente. Esperamos su aprecio. Pedro Moya.

Manto: 28 de agosto de 1902. – General Bonilla. – Tegucigalpa. Antenoche comandante Portocarrero mandó allanar casa nuestro correligionario receptor de Rentas, José María Aceituno; Ignórase motivo; sorpresa igual alármanos. Salúdole. Filiberto Munguía.

San Esteban: 28 de agosto de 1902. – General Bonilla. – Tegucigalpa. Decretóse prisión criminal subcomandante; hoy ordena comandante póngase libertad, para bien nuestras instituciones. – José Antonio Calix.

San Esteban: 28 de agosto de 1902. – General Bonilla. – Tegucigalpa. Procuren salvar esta sociedad impidiendo libertad subcomandante delincuente. Situación grave. R. L. Pastor.

San Esteban: 28 de agosto de 1902. – General Bonilla. – Tegucigalpa. – Hoy dirigímonos presidente, pidiendo, en número de ochenta personas, se respeten nuestras leyes, impidiendo libertad un criminal, azote del bonillismo; suplicamos influencia; nuestra amenaza, general, grave. S. S. Pedro P. Argueta.

Santa Ana: 28 de agosto de 1902. – General Bonilla. – Tegucigalpa. – Comandante remitiendo amarrados bonillistas carretera. – Pedro Sandres, presidente.

Orocuina: 29 de agosto de 1902. – General Bonilla. – Tegucigalpa. – Háseme ordenado concéntreme Choluteca. Comandante y gobernador departamental ordenan comandante este, juntamente inspector, reclutamiento bonillistas para mandarlos carretera; en estos incluyen dos hijos casa mía. Semejante atentado contra nuestras libertades públicas y electorales, creo con justicia no autorizáralo señor presidente, quien es fiel cumplidor leyes, guardián celoso su honra y nuestras instituciones. Suplicóle comunicarlo señor presidente, pues no dudo reprimirá empleados transgresores de ley, quienes, con arbitrariedades, deshonran nuestro digno gobernante. Agradeceríale indicárame resultado. Afectísimo. – Juan P. Aplicano.

San Esteban: 30 de agosto de 1902. – General Bonilla. – Tegucigalpa. – Extráñame conducta autoridad; esposo herido cárcel; interesada justicia presidente. Afectísima. – Juliana Argüello.

Danlí: 31 de agosto de 1902. – General Bonilla. – Tegucigalpa. – Cuatro milicianos Teupacenti prefirieron hacer plaza que aceptar redención por voto Arias. Leonte y Calalao dan licencia por votos; pero devuélvenlas. Hay pruebas fehacientes. – Lucio Paz.

Choluteca: 31 de agosto de 1902. – General Bonilla. – Tegucigalpa. – Hoy detuvieron parada por haber dado vivas Ud. y general Sierra, cinco correligionarios; depórtanlos Amapala; sin embargo, entusiasmo auméntase. – Marcial Soto.

Choluteca: 31 de agosto de 1902. – General Bonilla. – Tegucigalpa. – Encontrámonos quince bonillistas arrestados por haber vivado Ud., general Sierra. – Alfonso Guillén.

Choluteca: 31 de agosto de 1902. – General Bonilla. – Tegucigalpa. – Presos por vivarlo a Ud. y presidente Sierra. Viva la constitución. – J. A. Midence.

Choluteca: 1° de septiembre de 1902. – General Bonilla. – Tegucigalpa. – Desde ayer presos cuartel Midence, Guillén, Padilla y diez más por vivarlo Ud.; entusiasmo creciente. – Leandro Rojas.

San Francisco: 1° de septiembre de 1902. – General Bonilla. – Tegucigalpa. – Ayer formularon club arista sacando milicianos de las filas; poquísimos fueron los tímidos; en octubre, alcanfor. Irrítanos medios propaganda arista. – Tiburcia Mancía. – Magdalena Aguiriano. – Teodora Martínez. – Ramona García. – Francisca Rivera. – María Garay. – Simona Ruiz. – Aureliana Padilla. – Emeteria Cárcamo. – Matilde Muñoz. – Bartola Mencia. – Marta Galeas. – Teresa Aguiriano. – Delfina Padilla. – Leticia Sánchez. – María Mencía. – Néstor López. – Angela Acosta Durón.

Choluteca: 1° de septiembre de 1902. – General Bonilla. – Tegucigalpa. – Nosotros libres hoy; compañeros Ángel Guillén, Abel Navas, Gabriel Abarca, Cleto Torres, Francisco Santos, Hipólito Vilches, Antonio Quiroz, León Padilla, Anselmo Rodríguez, Vicente Cruz, Vicente Alvarado y Vicente Escobar, continúan presos, destinados a Amapala. – Alfonso Guillén. – J. A. Midence.

Choluteca: 1° de septiembre de 1902. – General Bonilla. – Tegucigalpa. – Presos caballeriza cuartel. Siempre firmes. – Leónidas Lara.

La Ceiba: 2 de septiembre de 1902. – General Bonilla. – Tegucigalpa. – Estos momentos nos encontramos, correligionarios suyos, presos, orden del comandante de Armas; ignoramos motivos; por arbitrariedad; somos 6; avisaremos resultado. – Wenceslao Guerrero.

Olanchito: 2 de septiembre de 1902. – General Bonilla. – Tegucigalpa. – Hoy salió recluta amarrada para Trujillo; procedimientos causan indignación general. – P. Zelaya.

Aramecina: 2 de septiembre de 1902. – General Bonilla. – Tegucigalpa. – Milicianos bonillistas haciendo plaza; de todos modos maltratados; pero siempre firmes. NO HAY LIBERTAD. Afectísima. – Buenaventura Álvarez, secretaria del club "Inmortales".

Choluteca: 2 de septiembre de 1902. – General Bonilla. – Tegucigalpa. – Ayer protesté enérgicamente al señor comandante por arbitrariedades cometidas contra ciudadanos honrados, solo por el delito de ser bonillistas. Se me ha dicho me procesarán por desacato a la autoridad; no importa, la verdad debe decírseles a los funcionarios públicos que pisotean la ley. Con gusto iré a la cárcel. Hoy deportarán, no sé para dónde, a los ciudadanos José Ángel Guillén, Juan P. Aplicano, León Padilla, Abel Navas, Cleto Torres, Balbino Portillo, Francisco Santos, Anselmo Rodríguez, Vicente Cruz, Hipólito Vilches y Félix Izaguirre, todos honrados y bonillistas. Afectísimo. – Marcial Soto.

San Pedro: 2 de septiembre de 1902. – General Bonilla. – Tegucigalpa. – Estamos oprimidos; pero confiamos que el señor presidente castigará abusos. – Pablo J. Monnar.

La Ceiba: 2 de septiembre de 1902. – General Bonilla. – Tegucigalpa. – Anoche hubo gran bochinche este puerto; provocáronlo Juan Antúnez, primo hermano comandante, arista; Justo Meza y José Cruz Hernández, sotistas, todos de alta guarnición aquí; policía, con su comandante al frente, capturólos, pero comandante Presidio negóse recibirlos, diciendo tenía orden comandante de Armas no recibir los presos; quedaron en libertad, amenazando, revólver en mano, un sinnúmero bonillistas; sábado una maroma trabóse lucha, saliendo herido Juan Antúnez, y comandante de Armas, con escolta, dispuso bochinches, y hoy ha metido cárcel gran número bonillistas y toda la policía; es alarmantísima nuestra situación; los empleados militares nadie puede acusarlos, no hay Tribunal para ellos, y si declarantes prisión, comandante negóse entregarlos. Solo la fuerza puede repeler la fuerza. Afectísimo. – José M. Herrera.

La Ceiba: 3 de septiembre de 1902. – General Bonilla. – Tegucigalpa. – En estos momentos nos encontramos en la cárcel algunos correligionarios de nuestro partido Bonilla, orden del señor comandante de Armas; ignoramos motivo; no hay cuidado; siempre firmes. Salúdolo. – Policarpo R. Romero.

Choloma: 3 de septiembre de 1902. – General Bonilla. – Tegucigalpa. – La canción del arismo, que están apoyados por tres ministros. ¡GENERAL SIERRA ES HONRADO, Y DEBE DESTRUIR LOS ABUSOS! – Ignacio Bustillo.

Amapala: 3 de septiembre de 1902. – General Bonilla. – Tegucigalpa. – Hoy fuimos alta soldados, sin previa degradación, no obstante haber adquirido grados militares, luchando defensa nuestras libertades públicas. CREEMOS QUE SEÑOR PRESIDENTE NO

AUTORIZA ESTAS ARBITRARIEDADES. Comunicámoselo para conocimiento público. – Juan P. Aplicano. – León Padilla. – Abel P. Navas. – J. Ángel Guillén. – Vicente Cruz.

San Esteban: 3 de septiembre de 1902. – General Bonilla. – Tegucigalpa. – MILIRAISMO SENTADO SUS REALES EN ESTA. Llevaron otros amarrados. APARECEN RECTIFICACIONES TEMOR BAYONETAS. Triunfaremos. – Leónidas Manzano.

La Ceiba: 5 de septiembre de 1902. – General Bonilla. – Tegucigalpa. – La intervención del comandante ante el administrador bastó para destituirnos como a gentes fiscales, por partidarios suyos yo y Gonzalo Galindo. – Policarpo R. Romero.

Santa Rita: 5 de septiembre de 1902. – General Bonilla. – Tegucigalpa. – Recibí telegrama ayer. LOS PUEBLOS GIMEN BAJO LA OPRESIÓN Y DESPOTISMO DE LAS AUTORIDADES ARISTAS. Club de Quezailica perseguido por comandante Emilio Mejía. Cada día más tirante la situación. Contésteme. – Eduardo Hernández.

Roatán: 7 de septiembre de 1902. – General Bonilla. – Tegucigalpa. – Aunque oprimidos por autoridades aristas, morimos por Ud.; triunfo brillante. – Leopoldo Ochoa.

Roatán: 7 de septiembre de 1902. – General Bonilla. – Tegucigalpa. – Atropellos aristas nos dan privilegios; ayer 300 partidarios, hoy 400; ojalá sigan camino hasta octubre. – Calixto P. Calderón.

Ceiba: 8 de septiembre de 1902. – General Bonilla. – Tegucigalpa. – Hemos sido víctima arbitrariedades comandante; salimos bajo fianza; siempre firmes. – Francisco Urbina.

Ceiba: 8 de septiembre de 1902. – General Bonilla. – Tegucigalpa. – Arbitrariedades comandante no nos arredran. La justicia triunfará. Somos suyos. – Ismael N. Obando.

Ceiba: 8 de septiembre de 1902. – General Bonilla. – Tegucigalpa. – Estamos libertad bajo fianza. Damos gracias correligionarios licenciado Mejía, Rosendo Martínez, el pueblo que se interesó salida. – Policarpo Romero.

Progreso: 8 de septiembre de 1902. – General Bonilla- – Tegucigalpa. – San Pedro vinieron a este José María Nuila, Cayetano Aguiluz y Ezequiel Sierra, establecer club arista; no lograron nada, fuéronse derrotados; aquí firmes incondicionalmente favor suyo. ¡Viva nuestro candidato general Bonilla! – Petronilo Alvarado.

Santa Bárbara: 8 de septiembre de 1902. – General Bonilla. – Tegucigalpa. – Ayer regresé de San Pedro. Los escándalos aristas abruman; pero el pueblo firme y paciente. Triunfaremos con honor. ¡Adelante! Salud. – J. M. Pineda.

Pimienta: 8 de septiembre de 1902. – General Bonilla. – Tegucigalpa. – Comandante Villanueva por vivas arrestó bonillistas; firmes. – Jesús Pineda.

Ceiba: 8 de septiembre de 1902. – General Bonilla. – Tegucigalpa. – El pueblo sin garantías; desórdenes por militares siguen. – Joaquín Mejía S.

Gualaco: 8 de septiembre de 1902. – General Bonilla. – Tegucigalpa. – Este comandante recoge firmas de infelices para Arias; quien no firme asegura despacharlo Costa Norte; esto sucede en plena Comandancia. ¿Cómo destruimos esta epidemia? Antier pasaron reos presidente club San Esteban y otros, por bonillistas. – B. Parrales.

Juticalpa: 8 de septiembre de 1902. – General Bonilla. – Tegucigalpa. – Abusos Portocarrero insoportables. Juez de Paz San Esteban tiénelo preso. – Jorge Gómez.

Gualaco: 8 de septiembre de 1902. – General Bonilla. – Tegucigalpa. – Aunque hay imposición militar contra libertad, permanecemos firmes. Desesperados esperamos octubre. ¡Viva Sierra! ¡Viva Bonilla! – Juan Cardona.

La Esperanza: 8 de septiembre de 1902. – General Bonilla. – Tegucigalpa. – Anoche atalayáronme como salteadores; esas son las garantías dadas por guarnición. Creo quieren asesinarme; nunca temo bandidos; moriré con honor. – Agustín Soto.

Gualaco: 9 de septiembre de 1902. – General Bonilla. – Tegucigalpa. – Este comandante local llama milicianos de 1° y 2° categoría al despacho, allí pide firmas por Arias, amenazándolos de mil maneras; metió a la cárcel dos milicianos que negáronse a dar su firma. Si firman Arias, aunque sean desertores tienen garantías; así hizo con un desertor. AQUÍ NO HAY LIBERTAD; MÁS DICE ESTE EMPLEADO: "HASTA DE FUSILAR TENGO ORDEN". Nosotros adherímonos incondicionalmente. Faustino Guillén. Justo

Maldonado. Juan Cardona. Asunción Padilla. – S. Lambur. Zenón García.

Aramecina: 9 de septiembre de 1902. – General Bonilla. – Tegucigalpa. – Mandáronme hacer plaza, enfermo, por bonillista; regresé, firme hasta morir. P. Maldonado Banegas.

Choluteca: 9 de septiembre de 1902. – General Bonilla. – Tegucigalpa. – Ayer destituyéronme Inspectoría por bonillista. F. Acosta M.

Orocuina: 9 de septiembre de 1902. – General Bonilla. – Tegucigalpa. – Inspector Quesada destituyóme Escuela Niñas este pueblo por adhesión su candidatura. Trabajaré con más ardor. Secretaria del club "Juana de Arco", María Moncada.

Comayagua: 9 de septiembre de 1902. – General Bonilla. – Tegucigalpa. – Sigue preso Francisco, sin fallarse amparo. Agradézcole cuidado. Comunicaréle resolución. Celebro marche bien nuestra causa. Lo mismo aquí. Afectísimo. Julián Cruz.

Sonaguera: 9 de septiembre de 1902. – General Bonilla. – Tegucigalpa. Voy alta Roatán, de Olancho. Santos Lanza.

Aramecina: 9 de septiembre de 1902. General Bonilla. – Tegucigalpa. Ayer diéronse de golpes dos aristas por el Ministerio Hacienda, el uno que él iba a ser y el otro también. ¡Pobres! ¡Qué promesas les hará don Juan Ángel! Afectísimo. G. Díaz.

Choluteca: 9 de septiembre de 1902. General Bonilla. – Tegucigalpa. – Ángel Guillén, secretario Juzgado Paz Civil, alta Amapala. Pido amparo. J. A. Midence.

Gualaco: 9 de septiembre de 1902. – General Bonilla. – Tegucigalpa. – Imposición militar asita hácenos progresar. EL REMEDIO CONTRA LA LIBERTAD ES LA MISMA LIBERTAD. Bonillistas sabrán recoger fruto octubre. ¡Salud! S. A. Lambur.

Nacaome: 10 de septiembre de 1902. General Bonilla. – Tegucigalpa. A despecho imposiciones tres ministros, sus amigos estamos firmes. Triunfaremos. Saludo afectuosamente doctor Medad. Afectísimo. – Eduardo Tomé.

Choluteca: 11 de septiembre de 1902. – General Bonilla. – Tegucigalpa. – Teniendo despachos capitán he sido alta como soldado. No desmayaré. – F. Acosta M.

San Pedro: 11 de septiembre de 1902. – General Bonilla. – Tegucigalpa. – Hoy, 3 semanas, estoy de alta como soldado. Hostilízanme al extremo. No puedo contestarle carta. – Isidoro Sánchez.

Carmen, vía Camasca: 12 de septiembre de 1902. – General Bonilla. – Tegucigalpa. – Papá sigue preso, ultrajado Villela. Trabajos adelantan. Triunfaremos. Su afectísima. – Ester Melara.

Concepción de María: 12 de septiembre de 1902. – General Bonilla. – Tegucigalpa. – Hay orden quitarme de aquí por bonillista. Soy firme partidario suyo. Dígame qué debo hacer. – Francisco Funes, presidente club "El Republicano".

Choloma: 12 de septiembre de 1902. – General Bonilla. – Tegucigalpa. – Hoy presenciamos un escándalo promovido por el agente de Policía. El alcalde, en castigo, lo destituyó inmediatamente; el jefe del resguardo invadió el cabildo con sus soldados, y a no ser la calma, respeto y espíritu conciliador del señor Portocarrero, J. D., habría habido desgracias que lamentar. – I. Bustillo G.

La Esperanza: 12 de septiembre de 1902. – General Bonilla. – Tegucigalpa. – Durante prisión permanecí silencio, más ardiente partidario. Bonillistas sin garantías. – Sinforiano Gallardo.

Aramecina: 13 de septiembre de 1902. – General Bonilla. – Tegucigalpa. – Mandáronme hacer plaza Amapala por bonillista; regresé más firme. Trabajaré con ahínco nuestro triunfo. – Lucas Maldonado.

Roatán: 13 de septiembre de 1902. – General Bonilla. – Tegucigalpa. – 28 olanchanos bonillistas reemplazan guarnición de este; 26 baja, caminan a Olancho a votar por Ud. Aristas cantando pavita. Salúdole. – Constantino González.

Roatán: 13 de septiembre de 1902. – General Bonilla. – Tegucigalpa. – Entendido de su telegrama; la propaganda arista es por empleados militares, abusando de la ley y mintiendo descaradamente y amenazados a destierro. Saludes amigos. – A. M. Zúñiga.

Choloma: 13 de septiembre de 1902. – General Bonilla. – Tegucigalpa. – Bustillo ayer preso, ya libre. Este pueblo adelanta como espartano. – M. A. Oquelí.

Choloma: 13 de septiembre de 1902. – General Bonilla. – Tegucigalpa. – En estos momentos Ignacio Bustillo reducido a prisión villanamente. Salúdole. – José C. Reina.

Choloma1. 13 de septiembre de 1902. – General Bonilla. – Tegucigalpa. – En estos momentos ponen preso Ignacio Bustillo. Salúdolo afectuosamente. – Carmen C. García.

San Pedro: 14 de septiembre de 1902. – General Bonilla. – Tegucigalpa. – Aunque la Corte tendría que amparar a Bustillo, que es víctima de un atropello, sería infructuoso, porque Nuila se burla de la Corte. – Guillermo Campos.

Concepción de María: 14 de septiembre de 1902. – General Bonilla. – Tegucigalpa. – Aun con imposición del subcomandante este, siempre permanecemos firmes. – José N. Quiñónez.

Choloma: 14 de septiembre de 1902. – General Bonilla. – Tegucigalpa. – 14 horas estuve en la cárcel de Choloma; el señor comandante Armas ordenó mi prisión, supongo pésimos informes; convencido él de todo, inmediatamente me puso en libertad; todo el pueblo está tranquilo y esperamos con placer el mes de octubre. – Ignacio Bustillo.

Minas de Oro: 15 de septiembre de 1902. – General Bonilla. – Tegucigalpa. – Ultrájame comandante. Soy bonillista. Encerrado. – Vicente Cáceres.

La Ceiba: 15 de septiembre de 1902. – General Bonilla. – Tegucigalpa. – Levantáronme infame proceso insubordinación y conspiración de rebelión; por decir era su partidario, golpeóme Antúnez; estuve mes preso. Estoy libre. – Daniel R. Padilla.

Roatán: 16 de septiembre de 1902. – General Bonilla. – Tegucigalpa. – Ayer destituido subcomandante West-End porque mi esposa asistió club señoritas; siempre firme. – John Wesley.

Sauce: 16 de septiembre de 1902. – General Bonilla. – Tegucigalpa. – Rivera pisoteó libertad, Morazán gritó no será centroamericano. – Rafael Montoya.

Caridad: 16 de septiembre de 1902. – General Bonilla. – Tegucigalpa. – Este subcomandante, arista, quísome echar cárcel sin delito; pero nuestros correligionarios, viendo la injusticia, quitáronme de las manos de este mentecato. Atentado del crimen. Todos firmes. Esperando octubre. Salud. – M. Alvarado.

Concepción de María: 16 de septiembre de 1902. – General Bonilla. – Tegucigalpa. – Ilegalmente este comandante ordénanle mandarme a Choluteca, orden superior. Despídome. – Francisco Funes.

Caridad: 16 de septiembre de 1902. – General Bonilla. – Tegucigalpa. – Subcomandante quiso echar cárcel Alvarado; delito, solo por ser partidario nuestro; así quieren ganarla, siempre la tendrán perdida. – Apolonio V. Rodríguez.

Santa Rosa: 16 de septiembre de 1902. – General Bonilla. Tegucigalpa. – Da compasión ver sufrir los pueblos. Inspectores persiguiendo ferozmente clubs bonillistas. Despotismo impedirá haya elecciones. – E. Hernández.

Flores: 16 de septiembre de 1902. – General Bonilla. – Tegucigalpa. – Hoy en camino intentaron asesinarme; milagrosamente salí ileso. Herí agresor. Ya dirigíme señor presidente. – F. Davadí.

San Buenaventura: 16 de septiembre de 1902. – General Bonilla. – Tegucigalpa. – Ayer 15 el subcomandante Rivera pisoteó la libertad y la Constitución; pero el pueblo, con nombre del coronel T. Cárcamo, gritó la libertad y fueron satisfechos. – Rosendo Barahona.

Roatán: 17 de septiembre de 1902. – General Bonilla. – Tegucigalpa. – Tiénenme soldado raso; ovaciones espléndidas hubieron favor su causa. Salúdole. Afectísimo. – F. Luis Meza.

Caridad: 17 de septiembre de 1902. – General Bonilla. – Tegucigalpa. – Nosotros firmes; quince septiembre solemnizamos vivando Ud. Alvarado, solo por el hecho que es partidario suyo, el subcomandante quísole echar a la cárcel. ¿Qué delito es este? Defendímoslo con justicia, y comprendan, aristas, que jamás la ganarán con imposiciones; el general Bonilla es el mejor entre mejores. Salúdolo. – Ambrosio R. Bonilla.

San Marcos de Colón: 17 de septiembre de 1902. – General Bonilla. – Tegucigalpa. – Unanimidad pueblo sanmarqueño victoreóle antier; éxito esperámoslo. Hoy renuncio empleo Secretaría Judicial. Emigro. Afectísimo. – J. Ignacio Tercero M.

Naranjito: 17 de septiembre de 1902. – General Bonilla. – Tegucigalpa. – Atemorizan milicianos con plazas por ser fieles candidatura Bonilla-Dávila. – Rosalío Erazo.

Choluteca: 17 de septiembre de 1902. – General Bonilla. – Tegucigalpa. – Acosta aún de alta. Va comisión. ¿Qué hubo de amparo? – Marcial Soto.

San Marcos de Colón: 18 de septiembre de 1902. – General Bonilla. – Tegucigalpa. – Ordénanme siente plaza partidario suyo. – J. Ignacio Tercero M.

Choloma: 18 de septiembre de 1902. – General Bonilla. – Tegucigalpa. – Los aristas cantan victoria; despojaron al receptor de Rentas, Venancio Espinal, único motivo por ser refinado bonillista, para entregarle al redactor de El Debate; desean dar los puestos a los aristas y pagar una remesa de licores a precio que paga el Gobierno, y repartirlos en los puestos de venta para lograr algunos votos. Es una estafa la que desean. ESPERO QUE UD. HABLE CON EL SEÑOR PRESIDENTE Y DIGA SI NO HAY LIBERTAD. – Pedro Hernández.

Choloma: 18 de septiembre de 1902. – General Bonilla. – Tegucigalpa. – Como no soy empleado de ningún ramo, nada tengo que temer. Ayer fue destituido en San Pedro el honrado receptor don Venancio Espinal, por el delito de ser firme partidario suyo. ¿Podrán los aristas mejorar el servicio con don Teodoro Boquín? – Ignacio Bustillo.

San Pedro: 18 de septiembre de 1902. – General Bonilla. – Tegucigalpa. – Alta como soldado. ¿Cómo estamos? – Nicolás Nuila h.

Macuelizo: 19 de septiembre de 1902. – General Bonilla. – Tegucigalpa. – Celebramos triunfo; patriotismo hondureño resistirá impertérrito espadas y bayonetas fratricidas. – Ramón Suazo.

Choloma: 20 de septiembre de 1902. – General Bonilla. – Tegucigalpa. – Nombre general Sierra se engrandecería más ordenando baja bonillistas que por castigo han sido arrebatados de sus hogares para cuarteles, cercenando así nuestro número, obligándoles retractación. Bajo este sistema ruin, sobornan, ¡cobardes! Y torturan, consiguiendo congraciarse con monstruosos candidatos. – J. A. Cárcamo.

Armenia: 20 de septiembre de 1902. – General Bonilla. – Tegucigalpa. – Alcalde y comandante, aristas, golpearon brutalmente a don Pío Sierra. – Miguel R. Aguilar.

Armenia: 20 de septiembre de 1902. – General Bonilla. – Tegucigalpa. – Autoridad arista echóse sobre mi papá, golpeándolo bárbaramente, arrojándole un tiro. ¡Imbéciles! Nuestra causa triunfará. – Mariana Sierra.

Como se verá claramente, en las denuncias hechas no había un anónimo. El resultado sí, en verdad, era nulo en el ánimo del presidente y de sus ministros, no sucedía lo mismo con el país que, pudiendo conocer la imposición bárbara de la tiranía, se preparaba para la guerra en caso llegase a ser indispensable para la salvación pública. De los pueblos que más sufrieron en aquel entonces fue Opoteca, véase esta correspondencia publicada el 5 de septiembre:

"Opoteca, agosto 21 de 1902.

Señor editor del Diario de Honduras. – Tegucigalpa.

Muy señor mío: Precisa que el señor presidente Sierra y el pueblo centroamericano se informen de las violencias cometidas en este departamento, ejecutadas por el comandante de Armas y facilitadas por los ministros prevaricadores. Con tal propósito, pues, me permito enviarle este remitido para que lo publique en su valiente periódico.

Sin ninguna ocultación, el comandante de Armas recluta solo bonillistas para proponerles forzadamente que protesten a favor de Arias, so pena de mandarlos a los puertos si no acceden a la propuesta.

De los que ha reclutado de este círculo, unos, colmados de familia y de quehaceres, y por no abandonar estas obligaciones, han dado sus firmas a favor de Arias, protestando, contra toda su voluntad, no pertenecer al general Bonilla; otros, inspirados en los sacrosantos principios de la libertad, manifestaron: "que ellos eran dueños de sus opiniones: que su palabra la estimaban altamente: que antes permitirán el suplicio que retractarse en su determinación: que el general Bonilla será su único candidato, y que ellos defenderán su honor y su carácter hasta en la tumba". Estos valientes soldados ya van de camino para Puerto Cortés, mientras que aquellos, se hallan de regreso en sus casas, pero sí con el remordimiento de haber traicionado su causa.

Ya no pueden tener mayor intensidad las fechorías de los empleados violadores de la ley; ya solo falta que apaleen y fusilen a los bonillistas cuando no quieran cambiar de opinión; y sin embargo, aquello, creo que ya lo han hecho.

¿Para qué pondrían de candidato presidencial a Juan Ángel Arias sin tener méritos ni prestigios? ¿Para qué le llamarán candidato liberal, siendo un déspota temerario? ¿Para qué le llamarán hijo excelso, no siendo sino un hijo espurio? ¿Por qué le dirán virtuoso, cuando no ha sido sino practicante de los vicios? ¿Por qué le dicen hombre de carácter y conducta inmaculada, habiendo cometido tantos y tan graves desafueros en su vida? ¿Por qué le llamarán patriota, sin que la patria le merezca servicios ni sacrificios, ya por sus ideas, en los recintos parlamentarios, ora por su heroísmo, en los campos de batalla?

¡Ah, injusticias las que se observan en este mundo y más en esta Honduras!

No, señores aristas; nunca ha de ser blanco lo que es trigueño. Aunque ustedes eleven al cielo a su candidato, y lo mantengan en aquellas sublimes regiones, siempre ha de ser el mismo Juan Ángel: "El que ha de ser olote, aunque le haga buen invierno", dice un adagio: Aunque ustedes le hagan y vuelvan a hacer a don Juan, no ha de ser presidente.

El pueblo de Opoteca, aunque sencillo y respetuoso, tiene valor y delicadeza. Los actos ilegales de la autoridad los desatiende, porque es una pusilanimidad sujetarse a ellos: Las arbitrariedades del comandante de Armas y de los ministros prevaricadores, está resuelto a desobedecerlas, fundado en un artículo de la Constitución, que dice: "Los funcionarios públicos no tienen más facultades que las que expresamente les da la ley. Todo acto que ejecuten fuera de la ley, es nulo; etc.".

Estos principios ha tomado este pueblo para norma de su conducta; y si las violencias continúan, sabrá ocurrir al jefe del Ejecutivo y demás tribunales que se haga necesario, para que la ley se cumpla y el Gobierno del general Sierra no se deshonre.

Los demás pueblos del departamento, como este, se hallan justamente indignados por los desafueros del arismo; y si estos continúan, sabrán también hacer sus ocursos a donde corresponda.

La candidatura de Juan Ángel Arias, por acá, ya solo causa enojo y repugnancia; el mismo candidato se ha hecho aborrecer por los violentos procedimientos de él y sus agentes.

El candidato que nosotros aclamamos es, pues, el modesto general don Manuel Bonilla; ese ciudadano probo y respetuoso a la ley; ese héroe de las libertades y derechos de Honduras, que, por mil títulos, merece la confianza pública; ese militar bizarro, que agobiado de hambre y de sed, ha peleado valerosamente en los campos del honor para redimirlos de la opresión que nos devoraba.

Todos los electores de este vecindario, exceptuando dos o cuatro monstruos que hay aquí, esperamos con verdadero júbilo, el último domingo de octubre para sufragar a favor del candidato nacional; "del caballero sin tacha y sin miedo", del que se sacrificó por libertar a Honduras en las jornadas del 92 al 94; del que tiene perfecto derecho a subir a la Presidencia de la República, que es ese hombre conocido de todos, ese distinguido general que se llama Manuel Bonilla".

Desesperado el arismo porque sabía bien que no progresaban sino que disminuían los prestigios del candidato de la imposición, quiso aplastar al general Bonilla propalando que estaba lista la revolución, llevando su audacia hasta sostenerlo por la prensa; pero El Patriota del 6 de septiembre rebatió la calumnia con este brillante y valeroso artículo:

"LA CALUMNIA"

La desvergüenza del loco arismo ha traspasado los umbrales del crimen, en cuya región encuentra elementos, al parecer, propios para combatir a los buenos y honrados ciudadanos que se han negado a rendir culto a la trinidad de ministros, confabulados para escarnecer, en el interior y en el exterior del país, el nombre del Gobierno presidido por el general Sierra, y para labrar la ruina completa de la patria, tantas veces vilipendiada por esos que hoy han dado en llamarse, con mengua y con oprobio, ¡liberales!

La prensa arista no solo insulta, miente y denigra, sino que también calumnia, inventando delitos para ver de hundir al adversario, que, potente, lo tiene reducido a su último atrincheramiento, que es la tenebrosa y hedionda caverna del crimen. De allí, de su tenebroso refugio, el arismo asoma su monstruosa cabeza de ministro del mal y de la perfidia y lanza al viento denuestos infernales que llenan de terror a las gentes piadosas, que oran, con fervoroso recogimiento, porque la legión infernal aplaque el furor con que pretende aniquilarlo todo. No contentos los empleados conjurados, con pisotear las leyes y las instituciones patrias, con insultar soez y cobardemente al candidato popular general don Manuel Bonilla, inventan ¡infames! una atroz calumnia: en el editorial de El Heraldo número 28 se lee: "Cuando todas estas intrigas de mala ley fueron denunciadas y desmentidas por la prensa arista, el manuelismo, enloquecido, desprestigiado y reducido a su menor expresión, se echó en brazos del bochinche, del escándalo y del crimen. Prueba de ello, los diferentes motines que ha llevado a cabo con nombre de ovaciones a su candidatura; prueba de ello los escandalosos asesinatos de Gualaco y de Esquías, y sobre todo las noticias propaladas en estos últimos días de un levantamiento general del manuelismo en toda la República, que tendría lugar lo más tarde el 27 de agosto y que ha mantenido los ánimos en una situación penosa".

No existen palabras adecuadas en nuestra lengua para calificar tanta audacia, tanta maldad y cinismo. Los señores ministros, convencidos hasta la evidencia de su impopularidad, del profundo desprecio y de la repugnancia con que los pueblos han recibido su plan funesto de imposiciones continuadas, han creído conveniente seguir otro camino para llegar al logro de sus siniestros fines, y se han lanzado, sin pudor, por la senda del crimen.

Afirman los plumarios aristas que el bonillismo se encuentra reducido a su última expresión. No, mil veces no; el pueblo en masa aclama al paladín de sus libertades, general Bonilla, y no se deja reducir; sigue, sigue adelante en su propósito de darse un Gobierno digno de él, y no son las imposiciones desatentadas las que lo liarán retroceder un palmo. Cuantas más arbitrariedades se cometan contra la libertad electoral, centuplicado aumentará el entusiasmo en pro de la causa nacional: tened esto entendido, aristas que usáis de la fuerza, sabiendo que a la voluntad popular no puede ponérsele valla.

Afirmar que el bonillismo se ha echado en brazos del bochinche, del escándalo y del crimen, presentando como una prueba los sucesos de Gualaco y Esquías, es una monstruosidad, digna solo de escritores sin fe y sin conciencia. Ya la prensa bonillista ha referido cómo han pasado los acontecimientos traídos a cuenta: el arismo desenfrenado, que ultraja la dignidad humana y la honra de las familias, es el único moralmente responsable de tales actos. En su desesperación, la turba de empleados, instrumentos del doctor Arias, comete toda clase de violencias y arbitrariedades contra los ciudadanos, provocando así las justas iras del pueblo; mas este se mantiene impasible y sereno, esperando el momento en que demostrará a los impostores que en Honduras hay ciudadanos y no desgraciados parias. Crímenes, sí, crímenes atroces son los cometidos por el arismo en Choluteca, Comayagua, Intibucá, Gracias, Cortés, Santa Rosa, Olancho y casi en todos los lugares de la República: allí están las mujeres asesinadas en Guarita, las persecuciones, los encarcelamientos, fustigaciones y torturas sufridas por Francisco Cruz, Plutarco Muñoz, J. Ernesto Alvarado, Guillermo Campos, Donoso Cubero y otros tantos electores, mártires del deber de buenos hondureños, y porque saben ser libres.

¡Ah eso del levantamiento señalado para el 27 es atroz! El bonillismo no caerá en las celadas que tan torpemente le preparáis: convencido como está de la maldad de sus adversarios, permanece impasible ante las maquinaciones; y mientras aristas y sotistas hacen rodar las noticias sensacionales de levantamientos, haciendo miles de ridículos aparatos, los bonillistas permanecen tranquilos en sus hogares, confiados en que, unidos, constituyen el gran titán que se llama pueblo, y que sus enemigos son muy raquíticos, que están vencidos y debe tratarlos con su acostumbrada generosidad.

El formidable bonillismo, oídlo bien, aristas, no ha conspirado, ni conspira, ni conspirará contra el actual orden de cosas, y todos vuestros siniestros planes fracasarán, dejando como único resultado el pleno conocimiento de vuestros feroces instintos: pretendéis aniquilarnos, pero todo en vano.

Centroamérica ha tomado nota de vuestro proceder indigno; continuad, continuad en tan infame tarea.

L. R."

En la misma fecha El Patriota publicó una protesta del club "Unión Democrática", en la que los valerosos hijos de Opoteca arrancaban la máscara a los que, llamándose liberales, cometían los delitos más atroces contra la libertad y el orden social.

No obstante que ya más por neutralizar al presidente le consagraban frases encomiásticas, el odio del general Sierra crecía contra la causa del bonillismo. Véase el artículo del club de Opoteca.

"EL DOCTOR ARIAS NO ES LIBERAL"

"Mil pruebas pueden darse, si mil pruebas se piden, para demostrar que el doctor Arias no es liberal.

Liberal es el que atiende y cumple la ley, el que respeta y defiende los derechos ajenos. ¿Cumple el doctor Arias alguno de estos deberes? No, ni en su grado mínimo. Entonces ¿por qué le llaman liberal sus partidarios? Los liberales por antojo o por cálculo, no son liberales; las palabras no significan nada si no se fundan en la verdad. Para que una persona pueda llamarse liberal es preciso que sus hechos respondan al liberalismo; de lo contrario su tal liberalidad es ficticia, es una palabra sin sentido y sin sustancia.

Nosotros habíamos querido hablar sobre el presente tema, pero cuando tuviésemos documentos que no dejaran lugar a duda.

Tenemos causas ostensibles y fundadas razones para afirmar que don Juan Ángel no es liberal, y ya demostraremos, con testimonios irrecusables, la evidencia de nuestro aserto.

Nadie, por ignorante o malicioso que sea, puede desconocer que el doctor Arias, valido del Ministerio que se le ha confiado, trabaja por su elección presidencial; tampoco podrá desconocerse que el mismo señor Arias, por medio de los comandantes de Armas y otros funcionarios públicos, intimida a los electores, amenazándolos y restringiendo la libertad electoral: asimismo ninguno podrá negar que el aludido señor, abusando del poder que ejerce, destituye a los empleados bonillistas, por dignos que sean, para sustituirlos con aristas ineptos, o deja vacantes las oficinas, con grave perjuicio de la juventud y de la Nación. Aquí tenemos los documentos y allí está la parte sensata de los hondureños para combatir al que quiera desmentir tales aseveraciones.

Lo que dejamos dicho acerca del ministro-candidato doctor Arias, son verdades axiomáticas, y por consiguiente no necesitan demostración. Nosotros discutimos con principios irrevocables y no con palabras fugaces y razones oscuras como nuestros adversarios.

El doctor Arias, pues, no es liberal: el dictado de liberal genuino que le dan sus endiosadores, no tiene causa ni razón de ser: así lo dice la conciencia, así lo afirma el criterio público.

Por el contrario, la historia y la tradición nos justifican que el general Bonilla se ha sacrificado por nuestra libertad; que este es quien, de acuerdo con Terencio Sierra, nos redimió de aquella tiranía que nos exterminaba.

Los acontecimientos actuales nos convencen de que el general Bonilla tiene profundo respeto a la ley, profundo amor a su patria y entrañable cariño a sus semejantes. Por consiguiente, no es sino este candidato el que debe llamarse liberal. A este candidato es al que le ha costado la libertad de Honduras, y por lo mismo, es el que la venera y la defiende.

El club "Unión Democrática".

Opoteca: 24 de agosto de 1902".

Vamos a recordar uno de los actos más desleales de la política del arismo.

El 18 y 19 de septiembre el Diario de Honduras publicó dos justicieros artículos, que rezan así:

"UN MONUMENTO DE CONSECUENCIA POLÍTICA Y DE AMISTAD PERSONAL"

I

Durante la Administración del general Bográn, el general Bonilla, como es bien sabido, permaneció fuera del país, en calidad de emigrado político; pero esos ocho años de destierro, de persecución y de privaciones, no fueron suficientes a doblegar su carácter y a entibiar su patriotismo. Antes bien supo vivir dignamente, supo proceder con verdadera cordura, sin tomar parte, vez alguna, en las descabelladas intentonas que no traían a Honduras sino la intranquilidad y el descrédito. El, con patriótica paciencia y verdadera circunspección política, esperaba regresar al país cuando sonara la hora de luchar por una causa verdaderamente justa, verdaderamente nacional; no por la causa de la ambición y de la venganza personal.

Sus mismos enemigos políticos le hacían cumplida justicia en esta parte; y en las esferas oficiales de Honduras se decía y se creía que el general Bonilla nunca habría de presentarse en armas sino en un movimiento serio, bien combinado y sostenido. De suerte que al tomar él por asalto a Puerto Cortés se creyó entre los hombres del poder que se trataba de un movimiento revolucionario de grandes proporciones.

En la ocupación de esa importante plaza, el general Bonilla procedió, como siempre, con intachable honradez, dejando los depósitos de la Aduana, en dinero y en mercaderías, tal como los encontrara. Más bien quiso garantizarlos lo mejor posible, interesando en su custodia y seguridad al cónsul americano residente en el puerto. De esto existe un comprobante en el Archivo del Ministerio de la Guerra, suscrito ese documento por un alto empleado de aquella época que elogió los procedimientos del general Bonilla, a pesar de que luchaba este contra la Administración a quien servía aquel notable funcionario público.

Pasajes como este, abundan en la vida privada, en la vida política y militar del general Bonilla; muchos de ellos bien conocidos en todo Honduras y en Centroamérica.

A esa reputación proverbial de acendrada honradez debemos agregar, entre otros y para el solo asunto de que hemos de ocuparnos, los timbres militares que supo conquistar en las gloriosas campañas del 92 al 94. Pero no solo esto debe tenerse presente, sino, además, la inquebrantable firmeza y adhesión incondicional que ofrendó siempre a la revolución. Rechazó indignado toda propuesta que se le hizo para excluir al Dr. Don Policarpo Bonilla y nombrarlo a él jefe del Partido Liberal y presidente provisorio de Honduras.

Al presentarse, pues, aquí, terminada la campaña del 94, su posición era brillante y envidiable, por no decir envidiada. Su personalidad militar lucía las insignias de tantos combates, entre los que brillaba, con fulgor inextinguible, como entorchado de primera magnitud, esa disputada y decisiva batalla de Choluteca, de que la prensa hizo glorioso recuerdo en días pasados. Su personalidad política reasumía el cariño de millares de veteranos y el respeto y el afecto de las muchedumbres; siendo, a la vez, para los vencidos, una prenda de confianza y garantías. El general Bonilla era el sostén más firme del recién inaugurado Gobierno, y lo que es más, quien podía darle relaciones y amistades poderosas en Centroamérica. No faltaron, por supuesto, otra y otra vez las insinuaciones para que él ocupara la Presidencia de Honduras; a lo que siempre se negó, por lealtad, por consecuencia y patriotismo. Si aceptaba su exaltación al poder era solo mediante los procedimientos legales y la soberanía nacional libremente manifestada.

Sus numerosos partidarios esperaron el año de 98 para trabajar con entusiasmo por su candidatura. Mas la situación política de aquel año trajo a flote un grave problema: el de la llamada República Mayor de Centroamérica. Suponiendo la buena intención de los gobernantes que patrocinaban la gran idea, en este caso era deber del patriotismo cooperar de algún modo, por algún camino, a su completa realización. Si esa buena intención no existía, siempre era honroso para los verdaderos unionistas contribuir con fe y lealtad a la reconstrucción de Centroamérica. Este solo era ya un motivo para proceder con toda circunspección y procurar que se allanara el camino a la federación de los tres Estados, que al parecer se acercaba a la realidad.

Por otra parte, mucho antes de que se lanzara el decreto de convocatoria a elecciones, a iniciativa del Dr. Bonilla, se había reunido, en el Salón de Retratos, el 14 de enero, una Junta de Notables que proclamó al señor general don Terencio Sierra, casi por unanimidad de votos, candidato a la Presidencia de la República.

Ligaban entonces y ligarán siempre al general Sierra y al general Bonilla los vínculos del compañerismo, lo cual, para felicidad del país, valió mucho en el modo de resolver aquella evolución presidencial. Creyó el general Bonilla, creyéndolo fundadamente, que el general Sierra procedería con todo acierto en el manejo de la

Administración pública y que, mediando el vínculo del compañerismo militar y el político, por consecuencia al amigo y el bien del país, convenía armonizar los elementos y hacer al nuevo gobierno todas las facilidades posibles, en la senda de la legalidad y del honor.

Además, pero esta era ya otra consideración, no quería el general Bonilla exponer sus amigos a la hostilidad de los elementos oficiales que de seguro habrían de combatir su candidatura. Consideró cuántos sufrimientos habría de atraer a sus partidarios una campaña electoral en oposición al Gobierno. Tenía, es cierto, como los tiene ahora, numerosos prestigios con que contrarrestar una influencia oficial, pero siempre repugnó, como en tantas ocasiones lo tiene demostrado, causar a sus innumerables amigos y partidarios la menor incomodidad, si esta había de provenirles al trabajar por su candidatura a la Presidencia de la República. Si ahora aceptó y ha enfrentado los trabajos de su propaganda, fue porque al iniciarse estos abrigaba completa convicción sobre la absoluta neutralidad del general presidente Sierra.

Pero, lo repetimos, en aquella ocasión, es decir, el año de 98, si pesaban en su ánimo otras consideraciones, ninguna pesó tanto, y no podía ser otra, que la amistad y el compañerismo con el general Sierra, de quien ha tenido siempre el mejor concepto; lo cual no sucede ahora que, frente a la suya, están dos candidaturas que han principiado sus trabajos denigrando su honradez inmaculada, inaccesible a los tiros de la envidia impotente y furibunda.

El general Bonilla, hombre de carácter, hombre de virtud, hombre de palabra, parco en ofrecer, pero exactísimo en cumplir, dio al viento de la publicidad, a 2 de octubre de 1898, la siguiente proclama, que es, y siempre será, ante la justicia, ante la historia y ante el pueblo hondureño, un monumento de consecuencia política y de amistad personal.

"Conciudadanos: Próxima está la fecha en que debéis elegir el presidente que ha de ejercer el Poder Ejecutivo en el periodo de 1899 a 1903.

Vais a hacer uso del más importante de vuestros derechos políticos, del derecho en que se ostenta más claramente la soberanía del pueblo.

Nadie ignora que un gran número de vosotros está dispuesto a llevar su voto a las urnas electorales, designándome como presidente del Estado.

Por tan alta muestra de confianza con que se me honra, no puedo menos de expresar mi profunda gratitud a todos los que se interesan por mi exaltación al Poder Supremo.

Debo, sin embargo, compatriotas, ser franco con vosotros en este momento: debo haceros una solemne declaración de los sentimientos de que estoy animado, en presencia de las circunstancias que me obligan a dirigiros este manifiesto.

La historia, cuyas lecciones no debemos olvidar, nos enseña que en Honduras está demás la lucha electoral; hemos visto a los Jefes del Poder Ejecutivo hacerse reelegir o resultar electos los candidatos oficiales; pero nunca, por desgracia, salir triunfante la oposición en los comicios electorales.

Ante esta verdad tan amarga, que veréis confirmada una vez más, la lucha electoral no es patriótica, porque exacerba siempre los ánimos en detrimento de la causa pública y engendra discordias y resentimientos que solo el tiempo puede extinguir.

Por otra parte, la época actual exige de vosotros la mayor unión, la mayor armonía y la mayor fraternidad; y a ella debéis posponer el ejercicio de cualesquiera derechos, por interesantes que sean.

Unidos ya los Estados de Nicaragua, El Salvador y Honduras, bajo la forma federativa, la dirección suprema de los gobiernos de estos va a depender del Gobierno General, del que partirá en adelante el impulso regulador que ha de predominar en los Estados, cuyos jefes no podrán menos de secundar sus altas miras.

Con tales bases, todo aconseja no empeñarse en una lucha electoral que puede traer serias consecuencias impropias del momento que ya tocamos; de la REORGANIZACIÓN NACIONAL.

Por tan graves motivos, conciudadanos, yo excito a los que tienen el propósito de sufragar por mí en la próxima elección presidencial, a que se abstengan de usar en esta ocasión de su derecho; y a que permanezcan unidos y compactos, a fin de prestar el mayor apoyo posible al Gobierno Federal, al que es preciso hacer fuerte por la opinión desde los primeros días de su aparecimiento.

Os he hablado, compatriotas, con la franqueza que os he ofrecido.

En cualesquiera dificultades, yo estaré siempre para ayudaros; y si el caso lo demandare, para sacrificarme por vosotros.

Vuestro conciudadano y amigo,

Manuel Bonilla.

Tegucigalpa: 2 de octubre de 1898".

II

El general Bonilla, lógico en sus procedimientos, consecuente siempre, no tuvo inconveniente en ir, tan luego se instaló esta Administración, a desempeñar la Comandancia de Amapala, a pesar de sus negocios y de su salud quebrantada. Permaneció allí largo tiempo, el que convenía para servir lo más posible, del mejor modo, al Gobierno del amigo.

Regresó de Amapala a esta capital, pero siempre para acreditar de palabra y de obra su digna y patriótica adhesión al Gobierno, su amistad personal nunca desmentida al gobernante.

Este mismo fue su norte cuando el último Congreso emitió el decreto de convocatoria. Excitado por el país y por sus grandes amigos de Centroamérica, quiso a la vez saber la actitud del presidente Sierra, en el grave y trascendental asunto de elecciones. Como hallara en el amigo la consecuencia a que tenía derecho y recibiera, además, solemnes y reiteradas protestas de absoluta neutralidad por parte del gobernante, se decidió a aceptar las múltiples invitaciones del patriotismo, que desde el primer día le proclamó su escogido.

Si el general Bonilla no hubiera contado con esas protestas de absoluta neutralidad, no hubiera afrentado su candidatura, porque antes que todo, como tantas veces lo tiene demostrado, prefiere la vida privada, con su honradez y su tranquilidad, a la vida pública, a la Presidencia de la República, si esta ha de costar sufrimientos al pueblo hondureño.

Y continuando la lógica de sus acciones todas, al tronar la prensa en los ámbitos de Honduras, proclamándole a voz en grito candidato de la Nación, él quiso que la propaganda del periodismo comenzara por reconocer los servicios de la presente Administración y los méritos del gobernante; quiso que su candidatura, como lo había estado su personalidad, presentar al país una entidad, una formidable agrupación completamente armonizada con un Gobierno que garantizaba la libertad electoral. Se proponía él demostrar sus aspiraciones, sus sentimientos y como entiende él, como deberá siempre entenderse la verdadera condescendencia entre amigos, la verdadera consecuencia política.

¿Cómo procedió entre tanto el doctor Arias? Él debe saber ahora, decimos, a quien debe verdaderamente, a qué influencias debe su Ministerio de Justicia e Instrucción Pública. Y permaneció en ese puesto, a lo menos por uno o dos años, con evidente incomodidad, a juzgar por las conversaciones que tuvo con sus amigos de entonces en más de una reunión pública. Llegó a decir: "Yo estoy en el Ministerio, sufriendo humillaciones, no de alto empleado, sino de ciudadano, de hombre, solo por el general Bonilla, de quien soy decidido amigo: quiero servirlo a su debido tiempo". Así exclamaba en "El Sitio", durante un paseo de campo a que fue invitado él y numerosos caballeros más, ante quienes se expresó como apuntamos.

Mas a pesar de estas públicas protestaciones, bien supo olvidarlas cuando llegó a vislumbrar un si es no es de apoyo a su candidatura. Y ese apoyo no existe ni puede existir; y el doctor Arias, digno castigo de su fragilidad, de su credulidad, de su ambición, se quedará, como dicen, sin retrato y sin Beatriz, o mejor dicho, sin alta posición política y desprestigiado, por no decir maldecido del pueblo hondureño.

Hay que ser honrado por convicción, por amor patrio y hasta por cálculo. Quien no lo es, quien camina por sendas tortuosas, concluye por contradecirse y desacreditarse. En tanto que los doctores Arias y Soto, decidores, intrigantes, farsantes, charlatanes y cortesanos, van y vienen, prodigando lisonjas, atrapando venales y viciosos, combinando, fraguando; el general Bonilla, honrado, tranquilo, valeroso, no tocado de la diabólica ambición, enemigo de supercherías, religioso en cumplir su palabra, consecuente hasta el último grado, verdadero amigo del pueblo, verdadero patriota, se está quieto en su modesta habitación, a donde llegan a saludarlo las oleadas de la opinión pública, como esos solitarios del Oriente, que teniendo por norma la virtud y el amor al hombre, así solitarios cómo vivían, eran más poderosos que los reyes porque con ellos estaba el corazón de la humanidad.

De parte de esos hombres, de esos políticos del siglo XV viviendo en el siglo XX, de parte de Arias y de Soto, de parte también de sus más altos cómplices, el general Bonilla debía quedar oscurecido, excluido y si se pudiera hundido; de modo que él, es decir, el general Bonilla, si se cumplieran las intenciones de sus detractores, a quienes sirvió con su nombre, con sus prestigios y su condescendencia, podría exclamar con aquellos versos de Homero: "yo les he dado la vida y ellos me han dado la muerte".

Mas no, no es posible que suceda así. Para toda injusticia hay una reparación; para todo servicio una recompensa; para todo espíritu honrado una aura de popularidad. Esa aura aparece ahora sobre las sienes del general Bonilla; y el pueblo hondureño, honradísimo y valeroso, inteligente y de sano criterio para distinguir al bueno del malo, pueblo a quien no deslumbran los falsos oropeles, a quien no seduce el oro amasado con sus mismos sudores, grande para vencer asechanzas, fuerte para resistir las fascinaciones demoniacas, generoso para sacrificarse, justiciero como el ángel del Señor, incontrastable como las fuerzas plutónicas, ese pueblo, el mismo que siguió a Morazán en su carrera triunfal; a Cabañas en sus luchas legendarias, a Céleo Arias en su defensa del 73, al Partido Liberal en sus glorias sangrientas del 92, es el mismo que hoy pide con voz estentórea, con voz parecida a bramidos de huracán y retumbo de volcanes, pide con voz que se acrecienta por momentos, pide que ascienda a la Presidencia de la República, desde febrero próximo, al único que puede garantizar la paz, la paz justa para todos, el general don Manuel Bonilla, grande para conjurar las tormentas de la situación, magnánimo para olvidar las injurias, patriota para llamar a su lado todas las energías del país, hasta las de sus enemigos, y meritísimo por sus servicios para ocupar ese puesto desde hace años.

No son las apreciaciones pasionales de los admiradores entusiastas, ni los denuestos de los enemigos de un hombre los que pueden constituir su fama como bueno o como malo, como sabio o ignorante. La opinión general es una especie de Criba de Eratóstenes, donde solo los hechos reales se mantienen con valor efectivo, cayendo en el olvido los encomios y las calumnias.

El general Bonilla, durante la campaña electoral, fue víctima de más de doce hojas aristas, que procuraron, sin reparar en los medios, hundir en el fango su nombre limpio de toda mancha; sin embargo, convencidos de la impotencia de poder alcanzarle, con el espíritu de la envidia vigilaban el momento en que presentara un flanco para sepultarle el cuchillo con que matar su personalidad.

Bien sabido es ahora, como lo era entonces, que el año de 1898, cuando se debatía la cuestión electoral de Autoridades Supremas, el general Bonilla, en el deseo de evitar la guerra civil o por lo menos la división social que traería su candidatura como de oposición, dirigió el Manifiesto que el articulista del Diario de Honduras reprodujo su "Monumento de consecuencia política y de amistad personal".

El Dr. Arias, calculando que sería difícil verificar en todo el país lo que él dijera a fines de septiembre, se apresuró a comunicar, bajo su nombre, por cartas y por el telégrafo, que el general Bonilla, convencido de su falta de prestigios, renunciaba a su candidatura; y para dar el golpe maestro de la felonía, reprodujeron, sin fecha, el Manifiesto de 1898 en casi todos los periódicos aristas de la República.

Con la moderación y honradez características al temperamento y a la educación del general Bonilla, dio a la publicidad el Manifiesto del 29 de septiembre, el cual, como lo verán en seguida nuestros lectores, es la expresión de la sinceridad y de la buena fe. Nada de palabrerío rimbombante, nada de promesas incumplibles. Esperamos que lo dicho en este famoso documento sea evangelio durante los años que gobierne su autor:

"Hondureños: Proclamado candidato para ejercer la Presidencia de la República, en el periodo que comienza en el año entrante, debo exponernos, ahora, con toda franqueza, el plan de Gobierno que procuraré realizar en el caso de ser favorecido por la mayoría de los ciudadanos en las próximas elecciones.

Séame permitió, sin embargo, hacer uso de una ligera digresión.

Acaban de cumplirse 81 años de nuestra independencia nacional, acaba de pasar este aniversario glorioso, y bajo tales impresiones, no puedo menos que recordar con entusiasmo la sabia Constitución dada por los ilustres padres de la patria, en que organizaron la República

Federal de Centroamérica y declararon los sagrados e inviolables derechos de los ciudadanos.

Desgracia ha sido que tan preciosas garantías, más o menos consignadas en las Constituciones particulares de los Estados después de disuelto el pacto federal, no hayan sido siempre observadas con la religiosidad debida; originándose de aquí un largo periodo de vaivenes y conflictos que llenan la historia patria de páginas sombrías.

En presencia, pues, de semejantes cuadros, y en la convicción de que el mejor y más poderoso medio de alejarlos, es el de mantener el imperio de la ley, mi mayor solicitud se encaminaría a hacer que las garantías de los ciudadanos sean verdades prácticas; verdades respecto de las cuales haya plena confianza de que no son declaraciones o preceptos vanamente escritos, sino de que serán fielmente cumplidos.

Asimismo serían objeto de mi especial cuidado la educación e instrucción popular, sin las cuales las instituciones republicanas no cuentan con segura base y no producen todos los grandes bienes para que han sido establecidas. A fin de que, entre nosotros, el sistema tenga éxito completo son indispensables las condiciones ya expresadas.

La educación contribuye, en gran parte, a la formación del carácter, y sin éste, que tanto enaltece a la persona, y sin el conocimiento, siquiera elemental, de los derechos y deberes del ciudadano, mal se puede llegar a los propósitos generosos de la República.

Por otra parte, bien sabido es que, sin tesoro nacional, el Gobierno no puede llenar, ni aun medianamente, su cometido.

Bajo este concepto, yo cuidaría de que el manejo de las rentas públicas se confiara a personas que, por su honradez y patriotismo reconocidos, fuesen incapaces de faltar a su deber.

Con empeño procuraría, además, acrecentar el poder productivo del país, y prescindir, hasta donde fuera dable, de crear o aumentar impuestos; sistema rentístico que casi siempre redunda en perjuicio de la riqueza nacional.

Uno de los medios más eficaces para aumentar la producción es el fomento de la inmigración honrada y laboriosa; la cual se consigue mediante leyes protectoras para el extranjero.

En orden a los otros ramos de la Administración, haría todo aquello que me pareciese compatible con los recursos del país, atendiendo siempre a las necesidades más imperiosas de la sociedad.

Entra, como es natural, en mi propósito, obrando en la esfera que corresponde al Poder Ejecutivo, procurar la mayor seguridad de las personas y de sus propiedades.

Dedicaría también especiales trabajos a la organización de las milicias nacionales, acogiendo todo lo mejor que la experiencia ha venido indicando, sin descuidarme de infundir en el soldado la idea de que debe ser el guardián celoso de la ley, y de ninguna manera su conculcador desatentado.

Tocante a los asuntos exteriores, mi plan sería mantener y estrechar, hasta donde fuera posible, las relaciones internacionales, bajo el pie de la mutua conveniencia y de recíproca lealtad.

Por supuesto, que tales vínculos deben ser, indudablemente, más estrechos con las Repúblicas vecinas y hermanas, que en unión de Honduras formaron un día la antigua federación.

Centroamérica podrá volver a ser lo que fue si las secciones disgregadas se aproximaran, cada vez más, por la unificación de intereses y la analogía de instituciones. Y si a esto se agregan medios de comunicación que nos pongan en contacto inmediato con todos los centroamericanos, entonces podría decirse fundadamente que estaba restaurada la nacionalidad: entonces no habría más que convertir EL HECHO EN DERECHO; y la obra quedaría concluida. Allá debemos encaminarnos, en la justa confianza de que llegaremos al fin propuesto. Esta es mi esperanza, y al mismo tiempo el ideal de la juventud hondureña.

Vuestro conciudadano.

Manuel Bonilla.

Tegucigalpa: 29 de septiembre de 1902".

El mismo día en que circuló el Manifiesto del general Bonilla, Tegucigalpa celebraba como fiesta cívica la conmemoración de la llegada de los pliegos en que Guatemala comunicó a los pueblos del resto de Centroamérica la proclamación de la independencia de España. La Municipalidad había invitado con ese objeto para una reunión en el Cabildo y para el paseo de la bandera nacional.

El pueblo de la capital, exaltado por la imposición de aquellos días, se reunió lleno de entusiasmo para hacer una manifestación que revelara su actitud, concurrió en masa, tanto al acto en el Cabildo como al paseo de la bandera. Al llegar la procesión cívica frente a la plaza de La Libertad, la concurrencia aclamó al autor de este libro para que hablase por la independencia, y aunque el señor alcalde, don Jesús Estrada, creyendo sería intencionado el discurso en favor del general Bonilla, mandó retirar la Banda para continuar la marcha; el pueblo soberano, sin querer moverse, continuó en su puesto hasta que, concluido el discurso, volvieron todos al Parque de Morazán.

Faltaba realizar, en nombre de la tiranía, un gran escándalo.

Despechados con el Manifiesto del general Bonilla y su creciente popularidad, los del Gobierno dieron las órdenes más terminantes para ahogar en sangre cualquier manifestación popular; pero sin embargo, las clases obrera y agricultora y aun la más alta, concurrieron a la retreta que se daba esa noche en el Parque Central. A las 8 y 45 p. m.., un grito poderoso y terrible resonó de un extremo a otro del parque: que hable el General Somoza Vivas, y repetido varias veces, tuvo el autor de este libro que separarse de la compañía del señor director de Policía, don Lee Christmas y del señor cónsul americano don H. K. Moe, con quienes tenía el honor de encontrarse, bajo el kiosco en que la Banda de los Supremos Poderes ejecutaba el concierto, y subiendo la escala que conduce a la parte en que ejecuta la Banda, comenzó su improvisación con las siguientes frases:

"Señores: Vuestra aclamación es para mí de una fuerza irresistible, porque no solo tiene el valor que para los liberales y demócratas significa el sentimiento de las mayorías, sino que, vinculado íntimamente por familia con el actual presidente de la República, es deber mío borrar de la imaginación de algunos de mis conciudadanos las sospechas o desconfianzas que ese parentesco pueda inspirar.

Hace 81 años que, débil Honduras, casi una aldea de Tegucigalpa, tan luego llegó a su conocimiento la proclamación de la independencia hecha en Guatemala, se levantó en masa jurando ser libre o morir.

Hoy, señores, el chasquido del salvaje látigo, de empleados tan salvajes como el látigo, llega hasta nosotros de un confín a otro de la

República; debemos, pues, imitar el noble y valeroso ejemplo de nuestros mayores, demostrando que, cuando la bandera de la patria es manchada con el lodo de las botas del despotismo, el pueblo altivo debe lavarla con su sangre, porque solo esta redime las grandes afrentas de las naciones".

El ministro de la Guerra dio orden de bajar al orador; un tumulto espantoso estalló en el pueblo, y sin la serenidad del general Bonilla y la honrada actitud del director de policía, Mr. Lee Christmas, la sangre habría corrido a torrentes esa noche, pues las escoltas del cuartel recibieron orden de tirar sobre el pueblo; pero este se había preparado para luchar. Muchos jóvenes fueron presos, y el autor de este libro, capturado la mañana del 30, que la esposa de su suegro ordenaba fuera procesado por tentativa de sedición, a lo que contestó que deseaba ser acusado para publicar, en un folleto, su defensa, revelando los robos y crímenes cometidos por la mujer perversa que, valiéndose de medios criminales, deshonraba a su esposo y dañaba a Honduras. Así conseguí mi libertad y la de los presos de la víspera, pues la denuncia hecha ante el Juez de Letras Dr. Zepeda, no fue tomada en cuenta por este honrado funcionario.

El Diario de Honduras publicó, respecto al particular, los siguientes comentarios:

"EL SUCESO DEL 29 DE SEPTIEMBRE"

Todo Honduras está al corriente de que los habitantes de Tegucigalpa, lo mismo que los de Comayagüela, son esencialmente bonillistas, y que, teniendo conciencia de sus deberes y derechos, ninguna clase de amenazas puede hacer que varíen de opiniones.

El 29 de septiembre próximo pasado, celebrábase en esta capital una alegre fiesta cívica, con motivo de ser la fecha en que llegaron los pliegos de la independencia nacional. Los tegucigalpenses, por naturaleza festivos, asistieron a todos los actos que ofreció al público la Municipalidad.

Después de los discursos oficiales en el Cabildo, muchos jóvenes estudiantes aclamaron al general don Fernando Somoza Vivas, para que hiciese uso de la palabra; pero el señor alcalde, don Jesús Estrada, no dio lugar a ello y levantó la sesión. Cuando el paseo del pabellón nacional llegó a la plaza de La Libertad, en Comayagüela, fue aclamado el mismo general para el propio objeto; mas apenas había principiado a hablar, cuando el señor alcalde ya citado, hizo que continuara el paseo, disposición que se efectuó en el acto.

Como el espíritu público está agitado con motivo de la campaña electoral, la juventud capitolina no pudo contenerse y estalló en estrepitosos vivas a los señores generales Sierra, Bonilla y Dávila: la fecha se prestaba para esos arranques de patriótica expansión.

Por la noche, encontrábase congregado en el Parque Morazán, lo más selecto de Tegucigalpa y Comayagüela, presenciando los fuegos de artificios, a los que daba mayor realce un magnífico concierto ejecutado por la Banda Marcial. Poco antes de las 9, los estudiantes aclamaron de nuevo al general Somoza Vivas, quien a las muchas instancias y previo el permiso del señor director de Policía, subió al kiosco y comenzó a hablar de nuestra emancipación política, en relación con la de los grandes países del Planeta. Los aplausos resonaban por todos los ámbitos de la plaza, confundidos con los tronantes vivas que de todas partes se daban al general Bonilla. Esto disgustó a los pocos aristas que allí se encontraban, quienes principiaron, aunque de un modo solapado, a ofender al candidato nacional.

Abstraído en su improvisación estaba el orador, cuando fue bajado bruscamente del kiosco por un policial, con instrucciones del señor ministro de la Guerra, Gral. Don Máximo B. Rosales. El pueblo de Tegucigalpa, aunque indignado por esta medida violenta, se contentó con recibir en los brazos a Somoza y repetir sus vivas a Sierra, Bonilla y Dávila, vivas que inundaron la plaza, las calles y callejones vecinos.

No podemos precisar el número de bonillistas que tomaron parte en esta manifestación del patriotismo, y nos conformamos con decir que toda la gente de Tegucigalpa y Comayagüela, exceptuando unos 10 o 15 aristas que estaban aislados y afligidos, dio rienda suelta a la expansión dentro de los límites legales, siendo de notarse la actitud de las mujeres, viejas y jóvenes, que no abandonaron la plaza hasta que lo hicieron los hombres.

La Policía guardaba el orden, y para evitar desagradables percances, prohibió los gritos; mas como algunos individuos dieran vivas de nuevo, fueron capturados. Sus compañeros pretendieron arrancarlos a los policiales, quienes, por su parte, no los quisieron dar, originándose un ligero zipizape, en el que salieron algunos levemente golpeados. De súbito apareció César J. Castillo, revólver en mano y acompañado de una escolta militar, atropellando ciudadanos, que sin armas y pacíficos evitaron todo conflicto. El intruso fue desarmado a pocos momentos.

El general Bonilla, que había llegado a contener la manifestación, el señor ministro de Gobernación, doctor don César Bonilla y el señor director de Policía, lograron al fin restablecer el silencio, no sin haber ido algunos ciudadanos a dormir a la sombra.

Hecho esto, como cuatrocientos o quinientos ciudadanos fueron voluntariamente y en el mayor orden, a dejar al general Bonilla a su habitación, en el Palacio Nacional.

A medianoche sintióse una manifestación de los aristas, que, acompañados por el oficial de día y su guardia, daban vivas y mueras en todas direcciones. Personas que los vieron aseguran que serían de quince a veinte individuos.

Esto fue lo que ocurrió en Tegucigalpa el 29 de septiembre del corriente año".

CAPÍTULO XIV:

MES DE OCTUBRE. – Falaz política de aristas y sotistas. – Tres días de gloria. – Después de las elecciones.

Los que no querían la alternabilidad en el Poder, y deseaban la continuación del general Sierra, en el siguiente período presidencial, encontraron un medio en apariencia honroso y constitucional: se representaría una farsa de completa libertad de elecciones, pensando que el dinero con que contaba el Dr. Don Marco A. Soto y el apoyo de casi todos los empleados para el Dr. Don Juan Ángel Arias, lograrían torcer la opinión pública, dando por resultado que ninguno de los tres candidatos obtendría mayoría absoluta; que en la elección que debía verificarse en el Congreso tampoco habría posibilidad de que alguno obtuviese la deseada mayoría, y, como era de suponer, antes que atenerse a la suerte de la urna, los diputados abandonarían sus bancos, el país quedaría al borde de la más espantosa de las anarquías, y el que disponía del tesoro y de la fuerza, aparecería como el ángel de la salvación nacional. Mas, por desgracia de los que combinan en las tinieblas del mal, los que se ocultan del sol y de la verdad, para tejer esas telas que las arañas preparan para coger a sus víctimas incautas, muchas veces sirven contra ellos mismos; la obra que con tanta habilidad parece preparada se rompe en un instante, y sus autores perecen en ella.

Ni el palo infamante que sonaba sobre las espaldas de los que no se vendían a la imposición del Gobierno, ni el oro corruptor que corría por las manos de los agiotistas lograban torcer el inmenso río de los prestigios de un solo hombre, que sin armas y sin dinero se enfrentaba a la más terrible de las situaciones, esperándolo todo del buen criterio, de la altiva honradez del pueblo hondureño; porque cosa rara y a la vez satisfactoria para nosotros, más de dos tercios de los que se prestaron para ser instrumentos de la imposición y de la tiranía, ¡no eran hondureños!

El ministro de Fomento, alemán; el tesorero general, que no pagaba sino a los aristas, nicaragüense; Lacayo Jerez, que torturaba hasta mujeres en las Islas de la Bahía, nicaragüense; Corzantes, que afligió al país con sus horribles crímenes, guatemalteco; Triviño, ecuatoriano; Federico Velarde, costarricense; Alberto Morales, guatemalteco; Flores Orantes, salvadoreño; Portocarrero, nicaragüense; Salamanca y Herrera, colombianos; y como esos la mayor parte de los que nos oprimieron.

Parecía que vivíamos en los tiempos del imperio romano, en el reinado de Tiberio, cuando un Sejano podía aplastar a la nobleza y al talento del pueblo latino.

La cuerda estaba al romperse, cada queja de un apaleado, cada lamento de un herido, el estertor de la agonía de los mortalmente sacrificados, vibraban con la velocidad del rayo por los telégrafos del país, como un sarcasmo más, de los que pudiendo evitar el mal se reían de ver cómo se sufría con paciencia esperando la hora de la reivindicación.

La prensa, valiente como nunca, tronaba contra aquel despotismo de cien cabezas, irresponsable e inatacable con las leyes porque estaba atrincherado con más de cuatro mil bayonetas.

Sin embargo llegó el 26 de octubre, los abusos se duplicaron, escoltas al mando de Comandantes sin conciencia y sin vergüenza violaron la Ley Electoral, colocando fuerza armada cerca de los cabildos electorales, hubo centenares de golpeados; pero aunque el telégrafo estuvo mudo para el general Bonilla, en Toncontín se supo antes de la noche que en casi toda la República la victoria estaba de nuestra parte.

Tres días de gloria imperecedera para este pueblo heroico, pueblo consciente, que no ha ido como muchos suponen sin saber a dónde sino con la convicción de que defendía el edificio de sus leyes, levantado con su sangre y con sus lágrimas, y el cual, sin los nuevos sacrificios realizados, habría caído en las manos de oprobio y de la tiranía.

Los tres días de las elecciones de octubre, en que el oro fue pisoteado y la imposición burlada, forman, en la cadena del tiempo, la base en que descansa el legítimo y constitucional poder del general Bonilla.

El penúltimo día de las elecciones de octubre, el ministro de la Guerra, general Rosales, al pasar frente al Cabildo municipal, donde el pueblo hacía uso del derecho del sufragio, y notando la inmensa minoría de los aristas, entró en cólera y dio orden de hacer fuego sobre la muchedumbre.

Al valor y patriotismo del general don Dionisio Gutiérrez, que manifestó al secretario de Estado, que si disparaban siquiera un tiro, "él sería una de las primeras víctimas aunque fuese diez veces ministro", y a la serenidad del pueblo que impasible despreció siempre las provocaciones que se le hacían para tener motivos de oprimirlo más, se debió que aquella orden salvaje no produjese el incendio de las furias populares contra la fuerza armada.

Sin embargo de todos los abusos y actos tiránicos cometidos, ningún provecho sacaron los que deseaban imponer a la nación, por la fuerza bruta, un candidato destituido de las virtudes y cualidades que deben adornar a un gobernante.

Sabido el brillante resultado de las elecciones y confiando en que si era verdad que el Ejecutivo había violado la Ley Electoral y pisoteado la Constitución, aceptaría los hechos consumados, contra su voluntad, esperamos todos en que la paz y la reconciliación reinarían en la República, cansada de una lucha de más de medio año.

El mundo entero, y sobre todo Centroamérica, supieron que el general Bonilla había resultado electo por mayoría abrumadora sobre sus contrarios, y a la vez que recibía las justas felicitaciones de todas partes, un hurra sonoro y unánime se oía por doquiera, para el pueblo valeroso, ordenado y paciente que, despreciando los palos y las cárceles, pasara tranquilo y sereno a dar el voto por el elegido de su voluntad.

Sin embargo, los hombres que al tomar posesión de los destinos que la patria confiara a sus manos, habían jurado cumplir y hacer cumplir sus leyes, no se dieron por satisfechos y comenzaron a tejer la tela en que debían ellos mismos caer.

Como dijimos en unos de nuestros anteriores capítulos, el golpe del 30 de enero no es un hecho casual, sino el resultado de una larga premeditación para matar nuestras instituciones y arrebatar el Poder al general Bonilla.

Vamos a tratar la materia, para descubrir la verdad.

Cuando el general Sierra llegó a la Presidencia, siempre se sintió acosado por un odio profundo contra su antecesor, hombre de principios, de carácter y temperamento frío, en quien veía siempre un rival que le perseguía perpetuamente, aun en sueños, recordándole que es un deber de honradez y moralidad dominar las pasiones exaltadas y cumplir las promesas hechas.

A este odio, a esta rivalidad, debió Honduras que el temperamento y la escuela militar no saltaran a la vista de todos en los primeros tiempos de la recién pasada Administración; pero un espíritu perverso, hijo de la más baja clase social, se enroscó al gobernante, y unas veces con halagos, otras con verdaderos actos de teatro, con fingidos dolores, con arranques de falsa desesperación, sembrando la desconfianza para todo el mundo, consiguió alejar los afectos en que aquel hombre confiaba, y le hizo huraño, intratable, repudió al mundo entero y el odio fue siendo, con el natural deseo de la venganza, el que reinó en el Palacio de Tegucigalpa. Desde entonces le repugnó la sociedad vivió casi siempre en el campo, y en la soledad, el alma se recrea y eleva con la ciencia o se pierde la conciencia con el olvido de los deberes que tenemos con nuestros semejantes.

Olvidando que el Poder no es más que una delegación del pueblo, pensaron hacer un juguete o una propiedad trasmitiéndolo, en el momento oportuno, a quien mejor conviniese para sus intereses personales.

Un círculo reducido de hombres de mala fe se propuso explotar la mina, y ancianidad, talento y ciencia, fueron burlados y tomados como instrumentos para realizar el fin que se proponían.

El Dr. Arias, responsable ante los tribunales comunes por los tremendos delitos que cometió durante su ilegal y efímero poder, es también responsable ante la Historia por haber aceptado ser el primer cómplice del escarnio de nuestras instituciones, prestándose a ser falso candidato, procurando dividir únicamente, pues sabía que ni un solo pueblo, ningún círculo, casi ningún hombre honrado, deseaba poner a la patria a disposición de quien no conoce, ni tiene Dios ni ley.

El Dr. Soto, advertido por los que conocíamos a fondo la situación, tampoco hizo casó, y halagado en su amor propio, se olvidó de sus deberes y promesas, y concurrió, lanzándose a la palestra, al plan de los que se reían de todos y fingían afecto a todos.

El general Sierra había dicho un año antes: "vendrá el Dr. Soto, y si no viene, Máximo ocupará su puesto; pero siempre serán tres". Era la base de la emboscada, tres candidatos, valiéndose de distintos medios, podían evitar la mayoría absoluta; pero al ver que ni aun así había podido llevar a cabo su proyecto, buscó las encrucijadas de la ilegalidad.

Acababa de publicarse en la Imprenta Nacional, de orden y bajo la dirección del mismo presidente, el Censo de la República, era, podía decirse, la opinión oficial, y según aquel documento la población de Honduras fluctúa entre 750,000 a 800,000 habitantes, de donde se deducía claramente que el número de electores podía llegar de 90,000 a 100,000; pero como el general Bonilla obtuvo 42,000 sufragios, 28,000 el Dr. Arias y 7,000 el Dr. Soto, que daban 77,000, se comenzó a propalar que las elecciones eran nulas, pues no correspondían los sufragios al Censo de 1880.

Naturalmente, si hubiera habido fraude, era claro que lo cometieran los que habían usado y abusado de la fuerza y no los bonillistas, que, gracias al voto secreto, podían, sin graves consecuencias, depositar la papeleta.

Constaba, por ejemplo, que Santa Rosa de Copán, teniendo casi la mitad de la población de Tegucigalpa, dio un número casi igual de votos que la capital; que en Comayagua, y aquí mismo en Comayagüela, se cometieron abusos, fraudes y aun crímenes para sacar avante la candidatura de Arias.

Pero el objeto era no declarar la elección del general Bonilla, y para conseguirlo, todo fue lícito y bueno, según ellos.

Desde el momento que encontraron tan repugnante salida, los otros dos candidatos se entendieron para proclamar aparentemente la reelección; pero llevando en mira pasar sobe las leyes y sobre la opinión en su propio provecho, respectivamente.

Tal era la situación del país al reunirse el Congreso Nacional.

PARTE SEGUNDA
SESIONES DEL CONGRESO NACIONAL

CAPÍTULO I: LES JUGARON LA VUELTA

Juntas preparatorias. – Elección de la Mesa. – Protesta del Dr. Ugarte. – Refutación de los aristas

Nosotros somos de los que creen que la Soberanía Nacional es indeclinable, que reside solamente en la universalidad de los ciudadanos, manifestada por medio del sufragio libre o por la revolución armada, porque ni el Congreso podría, con legitimidad, desmembrar el territorio de la Nación, ni convertir en monarquía a la República.

Es, pues, el Diputado, un simple delegado de los que le eligieron, y siempre que vote contra la opinión de sus electores, traiciona la confianza del pueblo.

Al reunirse la Asamblea de 1903, la situación política era clarísima. El general Bonilla estaba electo por 42,000 sufragantes, victorioso en la mayor parte de los departamentos, a pesar de la imposición gubernativa, y no podían los diputados que representaban por ejemplo a Tegucigalpa, Choluteca u Olancho, sino estar de acuerdo con las mayorías de sus electores; pero desgraciadamente, como ya dijimos, los partidarios de los doctores Soto y Arias, queriendo a todo trance burlar la opinión pública y arrebatar el poder al general Bonilla, aparecieron compactos en el Congreso Nacional, sirviendo de instrumento al pavoroso plan que debía realizarse el 30 de enero.

Es tan delicada la misión del diputado, que en ningún sacerdocio tiene tantos deberes y responsabilidades el hombre, así es, que ni el miedo puede ser excusa para prestarse a la violación de sus compromisos, porque el que no tiene valor suficiente para defender a los diez mil habitantes que le eligen, no debe, en ningún caso, aceptar la comisión de ponerse a su cabeza.

Bien sabido es que los Estados Generales en Francia, se reunían cuando el rey, en sus apuros, deseaba tener auxiliares entre la nobleza, el clero y el estado llano, y, sin embargo, no siempre encontraron la complicidad de todos aquellos a quienes de su orden se elegían, y como un ejemplo grandioso, citemos las palabras de Mirabeau, en la Asamblea Constituyente, cuando fuerzas alemanas guardaban

Versalles, cuando el rey era absoluto y cuando la nobleza y el clero representaban dos tercios contra el resto de los Representantes de la Nación:

"Olvidáis que el pueblo, al cual oponéis el límite de los tres poderes, es el origen de todos los poderes, y que a él solo toca delegarlos; olvidáis que al soberano es a quien negáis el derecho de censurar sus administradores; olvidáis, en fin, que nosotros, representantes del soberano, nosotros, ante quienes se hallan suspendidos todos los poderes, incluso el del jefe de la Nación, sino procede de acuerdo con nosotros, no pretendemos poner y quitar ministros en virtud de nuestros decretos, sino emitir la opinión de nuestros delegantes sobre tal o cual ministro".

Así es, indudablemente, como se cumple con dignidad, como debe cumplirse la honra de representar a nuestros conciudadanos, y los que temblaban al oír el ruido de las guardias del Palacio, debieron dimitir y marcharse a las faenas domésticas, para las que indudablemente nacieron predestinados.

Mas, de nuestra desdicha, en el Congreso Nacional de enero de 1903, no solo hubo miedo, sino malas intenciones, verdadera complicidad para asesinar al pueblo, porque la guerra que tuvo que llevar a cabo el general Bonilla para defender nuestras instituciones, fue una emboscada, un horrible asesinato en masa de la Nación hondureña, hecho por los que más tarde dieron el golpe del 30 de enero.

Vamos a los hechos.

El 20 de diciembre del año próximo pasado, la mayor parte de los diputados se encontraban ya en Tegucigalpa, y en la tarde de ese mismo día, fueron citados por el ministro de Gobernación, para inaugurar las juntas preparatorias en la mañana del 21.

Los amigos de Soto y de Arias, se reunieron a las siete a. m., en lugar de la hora de costumbre, que eran las nueve. Cuando llegaron los diputados bonillistas, estaba instalada la Mesa Directiva de la Junta, y no obstante que el diputado doctor don Ángel Ugarte pidió se leyese el acta en la sesión siguiente, no lo consiguió: pues ¡había sido aprobada el mismo día! y sobre toda consecuencia social y sobre el mismo Reglamento Interior del Congreso, se negó a hacerlo el secretario, que poco más tarde debía ser ministro del Gobierno usurpador.

El doctor Ugarte presentó la siguiente protesta:

"PROTESTA"

"El día 20 de este mes se mandó citar a varios diputados por el Ministerio de Gobernación, para la primera sesión preparatoria del Congreso Nacional, que debía tener efecto al día siguiente:

Yo no fui citado, pero tuve informes por algunos diputados de que no se señalaba hora para la reunión; y supusimos, de conformidad con los precedentes del Congreso, que aquella no comenzaría antes de las nueve de la mañana, hora en que se han abierto, cuando más temprano, las sesiones.

Concurrí con varios compañeros a la hora indicada de las nueve, y al llegar al Salón del Congreso, supimos que la Junta se había reunido a las siete, y que la sesión estaba para terminar; sin embargo, por la Secretaría nada se nos dijo, y aún no sabemos si tomó nota siquiera de nuestra asistencia. A los cinco o diez minutos de nuestra llegada se levantó la sesión.

En la sesión siguiente pedí la lectura del acta de la anterior, y se me dijo por la Secretaría, que ya estaba aprobada y no era posible leerla; negativa, en mi concepto, contraria a las prácticas parlamentarias, y aun al espíritu del Reglamento Interior del Congreso, en su artículo 34 y número 2° del 48, los que disponen que se agreguen a las actas los discursos, votos razonados, protestas y dictámenes de los diputados, lo cual no tendría efecto si estos no tuvieran conocimiento, como no lo tuvimos nosotros, en virtud de la negativa de la Secretaría, de lo que hubiera ocurrido en la sesión anterior.

Por los antecedentes expuestos, protesto de las irregularidades cometidas respecto de los puntos que se han mencionado, y pido que la presente protesta se agregue al acta de esta sesión.

Tegucigalpa: 31 de diciembre de 1902.

Ángel Ugarte".

El importante documento reproducido, primer barrunto de lo que iba a suceder, dio lugar a la discusión, que, por su importancia histórica, publicamos en seguida:

Abierta la sesión, el secretario leyó el acta de la anterior y la protesta del diputado Ugarte, y dijo: "Esta protesta contiene varios puntos inexactos: dice que la Junta se reunió a las siete de la mañana, y no fue sino a las ocho: dice que cinco o diez minutos después de haber llegado el diputado Ugarte con otros diputados, se levantó la sesión, y no es cierto, porque cuando llegaron esos diputados ya la sesión se había levantado, y si estaban los representantes en el salón, era porque se había convenido así, extra sesión, hasta dejar escrita en el libro y firmada el acta; dice que el secretario se negó a leer el acta manifestando que no era posible hacerlo, lo que tampoco es cierto, porque el secretario lo que dijo fue que el acta había sido aprobada el mismo día de la sesión y escrita y firmada en el libro, donde podía verla cualquier diputado; significando con eso que no se creía obligado a dar lectura a un documento que no tenía relación con los asuntos de la sesión actual; que como la Junta podía estimar inconveniente que se consignase la protesta con tales inexactitudes, creía de su deber consultarle sobre el particular, y proponía, como cuestión previa, si se consignaba o no".

El diputado Ugarte dijo: "Se ha dicho por la prensa que la sesión comenzó a las siete de la mañana, y como yo no conocía el acta, precisamente por la negativa de la Secretaría a leerla, puse en la protesta lo que he leído en la prensa respecto a la Representación Nacional. Dice el señor secretario que cuando yo llegué, ya se había levantado la sesión, y cuando yo vine oí que el señor presidente dijo: ´Se levanta la sesión´, de modo que cuando entré fue en plena sesión. El punto de que se ponga a discusión una protesta de un diputado es un nuevo precedente parlamentario, porque todos los señores diputados tienen perfecto derecho para hacer eso. El señor secretario puede poner una contra protesta y dar las explicaciones que guste en el acta, pero es obligación de él agregar mi protesta, conforme al Reglamento. Como tratamos de esas irregularidades, digo que consignarlas no es punto que pueda discutirse, porque esto es reglamentario y legal".

El diputado Uclés: "No creo conducente la protesta del diputado Ugarte, porque no tiene objeto. ¿Desea él enrostrar a la mayoría del Congreso un procedimiento ilegal? La única condición constitucional y legal de la Junta Preparatoria es que no se reúna antes del veintiuno de diciembre con un número menor de cinco diputados. ¿Qué obligación tiene la mayoría de esperar a los seis diputados que se retrasaron?".

Agregó: "Yo he asistido a muchas Juntas para las cuales no he sido citado; el objeto de ellas es organizar una Mesa Directiva; 37 la mejor prueba de que no tiene razón el diputado Ugarte es la sesión de hoy, pues hoy mismo esos seis señores diputados por sí solos no pueden organizar una Mesa. En el capítulo del Reglamento del Congreso que trata de las Juntas Preparatorias, no se habla de protestas. El artículo 19 del Reglamento habla de reconsideraciones; no sé si el autor de la protesta pensó en que se reconsiderara el personal de la Mesa nombrada, lo cual no es reconsiderable, primero, porque el acta estaba aprobada, y después, porque eso no le corresponde sino al Congreso pleno. Dice el Reglamento que deben agregarse los votos razonados, mas no habla de protestas. Si esto último se pudiera hacer, podrían agregarse también al acta los votos de censura. En buen derecho parlamentario no hay, pues, ningún artículo violado de ley Reglamento, por lo cual excito al diputado Ugarte para que retire su protesta. En realidad, se ha instalado la Junta del Congreso, que es el objeto, y no hay ningún motivo de queja. Creo que lo que nos corresponde hacer es dar gracias a la Mesa por haber reunido los diputados necesarios para que haya quórum".

El diputado Ugarte manifestó que no accede a retirar su protesta, porque ella se funda en un derecho indiscutible.

El diputado Uclés dijo: "Que es cierto lo que dice el artículo 48 en su número 2°; pero que ese artículo está comprendido en el Reglamento, y que el Título X viene después del II, que trata de las Juntas Preparatorias; por consiguiente, no debe hacerse en una Junta particular lo que debe hacerse en Congreso pleno. Si el señor Ugarte y algunos otros diputados se hubieran reunido en algún otro lugar, habría habido dos Juntas preparatorias. No es, pues, que se rechace su protesta porque viniera tarde, sino porque él y sus compañeros vinieron en menor número. ¿Tiene el señor diputado Ugarte derecho para protestar de lo que sucedió en una sesión a la cual él no asistió? Si no ha estado en ella, carece de derecho y no hay ninguna disposición, por otra parte, que prohíba que una acta se apruebe en una misma sesión. En el fondo, se ha elegido una Mesa por diez y seis votos contra seis, y se ha procedido correctamente. La protesta no es, pues, sino un voto de censura que puede presentarse en la prensa; Yo creo, dijo, que aquí no hay prensa verdaderamente, sino eso que se llama prensa´; allí puede presentar su protesta".

El diputado Ugarte observa que ha dicho el diputado Uclés que no hay derecho para consignar protestas en una sesión a la cual no se ha concurrido; y agrega que fue en la sesión anterior, a la cual asistió, cuando presentó su protesta. Esta se funda, dijo, en que se me ha negado la lectura del acta de la sesión anterior a esa, estando yo presente en la sesión donde pedí la citada lectura.

El diputado Uclés expresó que todos los representantes pueden pedir la lectura de las actas y documentos que estimen convenientes; pero que la Secretaría no está en el deber de hacerlo: que por lo mismo, no halla importancia, no halla materia para la protesta, y cree que no vale la pena discutirla.

El diputado Soto: acaba de manifestar el diputado Ugarte que protestó, no por los actos verificados por la Junta de la primera sesión, sino por la negativa de la lectura del acta; y en realidad, así fue; pero en su protesta escrita, después de relacionar aquellos actos, concluye manifestando que protesta contra las irregularidades a que se ha referido, esto es, a todos los actos de la Junta. Esto implica una notable contradicción, y encuentro en ella un motivo más para llamar la atención a la Junta sobre la cuestión propuesta.

Suficientemente discutido el punto, se resolvió por votación nominal. Votaron porque se consignase la protesta los diputados Arellano, Vidal, Tinoco, Rivas, Medal, Vásquez, Gamero, Ugarte, Reyes (don Gregorio), Bertrán, Suárez, Gómez E., Mejía, Hernández, Rosa, Zúñiga, Rojas, Dávila y Durón; y en contra los diputados Uclés, Castillo, Maradiaga, Villafranca, Zelaya, Alvarado, Reyes (don J. Isaac), Pineda (don Ricardo), Oquelí Bustillo, Chacón, Pineda (don Anselmo), Fiallos, Bueso, Barahona, Bendaña, Trejo, Alvarado Manzano y Soto.

El diputado Pineda (don Anselmo): si se me tiene como incorporado, desde luego doy mi voto y digo que no se consigne la protesta.

El diputado Rivas: como considero que cada diputado es responsable de lo que dice, estoy porque la protesta del diputado Ugarte se agregue al acta.

El diputado Medal: voto porque se consigne la protesta, porque consignarla es un derecho propio del diputado Ugarte, que no está sujeto a la consideración de la Junta, y también por el decoro propio de la Mesa organizada. Hago presente también que el señor Pineda (don Anselmo) es diputado suplente y no ha sido llamado por la Junta, a fin de que se resuelva si debe tomarse en consideración su voto.

El diputado Ugarte: yo no opino que se consigne la protesta, sino que, en virtud de un derecho reglamentario, pido que se agregue.

El diputado Hernández: voto porque se consigne la protesta; pero, al mismo tiempo, protesto contra lo manifestado en ella, porque es inexacto.

El diputado Durón: voto porque se consigne la protesta, y pido a la Secretaría que haga la salvedad de las incorrecciones que el señor secretario Soto ha manifestado.

El secretario puso a discusión el acta con la protesta.

Sin discusión fue aprobada el acta.

CAPÍTULO II: GUARDIAS EN EL CONGRESO

Guardias en la Asamblea. – Llamamiento hecho al diputado A. Pineda por los bandos coligados. – Discusión con ese motivo. – Votación nominal.

Ya no cabía lugar a duda, el zarpazo contra la libertad, el golpe de sable sobre la Constitución no podía tardar mucho tiempo; porque, aun cuando todos comprendíamos que la unión de sotistas y aristas no era, no podía ser leal, contaba con el apoyo del Ejecutivo, que veía en la ciega ambición y en la mala fe de los vencidos de octubre, el medio para llegar a la realización de su fin.

Una doble guardia de policías y soldados formaban valla desde la puerta del Ministerio de la Guerra hasta la entrada del Salón de Sesiones del Congreso, queriendo infundir pavor de esa manera, al pueblo que silencioso observaba solamente, aguardando la hora solemne de reivindicar sus derechos.

Parecía, al asistir a las famosas deliberaciones de enero de 1903, estar presenciando las sesiones del Senado romano, cuando a la muerte de Augusto, (el año 14 antes de Cristo), Livia, aquella mujer fatal que tenía la maldad de la hiena y el disimulo de la zorra, hacía coronar a su hijo después de haber arrojado del Palacio de César a todos los hombres que podían haber cortado las alas de su malvada ambición, con la diferencia, sí, que en el pueblo romano el reinado de Octavio había muerto el espíritu de la libertad, mientras que en nuestro pueblo, ocho meses de tiranía habían reavivado más la esperanza de poner fin a la opresión para entrar a los hermosos dominios de la justicia y de la equidad.

Se registraba a todo el que deseaba entrar a la galería del Congreso, porque no obstante que la liga del mal público contaba con la fuerza armada y con la mayoría de que hacían alarde con el mayor cinismo, para violar la ley temían al pueblo, y cada vez que lanzaban una frase reveladora del complot, lanzaban miradas de soslayo al público, que sonriente y callado, oía y veía solamente para realizar la justicia en el caso llegado.

El General Bonilla, tanto para descansar, después de la campaña electoral, como para ponerse a cubierto de alguna y segura asechanza traidora, pues desde antes de las elecciones varios asesinos sentaron sus reales en Tegucigalpa para emplear el sistema de eliminaciones por el convencimiento del puñal, se trasladó al puerto de Amapala, de donde pensaba volver en el caso que el general Sierra diera pruebas de que entregaría constitucionalmente el Poder.

El General Bonilla era diputado; pero no fue citado para que viniera a tomar asiento en la Asamblea, sino que, en el deseo de aumentar el número de la liga, llamaron al suplente don Anselmo Pineda, a quien ya vimos, en la discusión anterior, retratado de cuerpo entero con motivo de la protesta del Dr. Ugarte.

Continuamos en la sesión:

"Se puso en conocimiento de la Junta que el señor presidente de la misma, en virtud de la autorización que le fue dada en una de las sesiones anteriores, hizo llamar al diputado suplente don Anselmo Pineda, en reposición del diputado propietario general don Manuel Bonilla, mientras este se presenta a ocupar su puesto, porque hasta la vez no se ha presentado ni se sabe si concurrirá a las sesiones.

El diputado Medal: yo deseo saber si el ingreso del diputado Pineda merece la aprobación del Congreso, porque si es verdad la autorización que tiene el señor presidente para llamar a los diputados suplentes, es en virtud de alguna excusa de los propietarios, que debe considerar el Congreso.

El diputado Uclés: entiendo que está bien llamado el diputado Pineda por el señor presidente de la Junta, porque este tiene autorización plena para hacer el llamamiento, dado por unanimidad de votos, y esas autorizaciones no se reiteran. Podría suceder que uno o varios diputados no concurrieran ni quisiesen excusarse de concurrir. ¿Qué debe hacerse? Da primera obligación de la Junta es reunir Congreso, y el llamamiento de un suplente no le quita su derecho al propietario. El diputado Pineda es del agrado de todos sus compañeros; pero si viene el diputado Bonilla, tendrá que retirarse, con sentimiento de parte de nosotros.

El diputado Medal: en el acta de la sesión anterior se dice que había treinta y dos diputados, y que se citarían para otra sesión, cuando el señor presidente lo creyera conveniente. Con estas palabras, dice la Mesa que no había creído conveniente citar para otra sesión, porque creía que en esa había el quorum reglamentario. Confío mucho en el señor presidente Alvarado; pero creo que es un derecho del Congreso rever esos actos, porque pueden adolecer de error. Si en la última sesión hubo quorum, el llamamiento de este diputado suplente está fuera de la facultad de la Mesa, y yo daré mi voto en contra, mientras no venga la excusa del diputado propietario.

El diputado Hernández: la Mesa llamó al diputado Pineda, no en la segunda sesión, sino en la primera, cuando había solo veintidós diputados y, por tanto, se carecía de quorum. En esa misma sesión se llamó también al diputado Chacón, en lugar del diputado Figueroa, a pesar de saberse que este último venía en camino y estaba para llegar a la capital. Como el diputado Bonilla no ha llegado, ni ha manifestado si vendrá, es correcto el llamamiento del suplente que debe reemplazarlo.

El diputado Ugarte: me parece que ahora debíamos establecer la diferencia hecha antes por el diputado Uclés, entrejunta preparatoria y Congreso pleno. Si el veintiuno último se dispuso a llamar a los propietarios, hasta que no se conocieran las excusas de estos, no se debía llamar a los suplentes. Es atribución privativa del Congreso llamar a estos; pero improcedente en la actualidad, porque solo cuando el Congreso se halle reunido es cuando se puede hacer el llamamiento. En la sesión pasada había cinco diputados de exceso sobre el quorum: no había razón para llamar suplentes, y contra el precepto constitucional no podemos marchar.

El diputado Uclés: el diputado Pineda ha venido llamado desde la primera sesión preparatoria, cuando había pocos diputados. Si el propietario no se excusa, ni quiere excusarse, es preciso que concurra el sustituto; la ley no mira el semblante ni el color de las personas; si viene el propietario, desaparece el suplente, y si aquél no viene, este puede quedar. Tengo seguridad de que la mayoría del Congreso declarará que el señor Pineda está bien llamado, y el departamento de Gracias bien representado por él.

El diputado Medal: en el acta de la primera Junta se hizo referencia solamente al diputado Chacón, en reposición del diputado Figueroa. Apelo a la memoria del señor Presidente, para que nos diga la fecha en que se llamó al señor Pineda, y tengo seguridad de que esa fecha es posterior a la que hubo quorum. Insisto en creer en que los llamamientos posteriores al quorum son contrarios al reglamento.

Este es el pacto de honor que nos liga a todos los diputados, y antes de pasar por encima de él, es deber de todos cumplirlo y exigir que se cumpla.

El Pineda diputado (don Anselmo): yo no tengo interés de permanecer en el Congreso; fui llamado el veintiuno último, y salí de Gracias el veintitrés para llegar aquí el treinta. El Congreso decidirá lo que guste; pero yo, repito, no tengo interés en permanecer aquí.

El diputado Gamero: dice el diputado Pineda que fue llamado el veintiuno; siendo suplente, ¿Cómo sabía la Mesa que se iba a excusar el propietario? Lo natural era llamar a este y no al suplente.

El diputado Uclés: he pedido la palabra para contestar el diputado Gamero, la Mesa tenía noticias que él no tiene; se sabía por muchos conductos, por el telégrafo, especialmente, que el diputado Bonilla no vendría. La cuestión es de autorización legal, y esta la tiene el señor presidente de la Junta.

El Secretario preguntó a la Junta si se aprueba el llamamiento del señor diputado Pineda. Se resolvió por votación nominal. Estuvieron por la aprobación: Uclés, Castillo, Vidal, Maradiaga, Villafranca, Zelaya, Alvarado, Reyes (don J. Isaac), Pineda (don Ricardo), Oquelí Bustillo, Chacón, Pineda (don Anselmo), Fiallos, Rivas, Hernández, Bueso, Barahona (F.), Bendaña, Trejo, Durón, Alvarado Manzano y Soto; y en contra: Arellano, Tinoco, Medal, Vásquez, Gamero, Ugarte, Reyes (don Gregorio), Bertrán, Suárez, Gómez E., Mejía, Rosa, Zúñiga, Rojas y Dávila".

Hay documentos que valen más que una hermosa y brillante narración histórica, el anteriormente trascrito es de esos.

CAPÍTULO III: SOTISTAS Y ARISTAS, UÑA Y MUGRE

Elección de la Mesa del Congreso. – Expulsión del diputado Beltrán. – Protesta de los bonillistas. – Triunfo de los de la coalición.

En la misma sesión se procedió a elegir la Mesa Directiva del Congreso, y aunque generalmente los nombramientos del Directorio son más bien honoríficos simplemente, en caso como el que se iba a debatir tenía una gran importancia, pues se trataba de la vida o de la muerte de nuestras instituciones, de la guerra o de la paz en Honduras.

Como había dicho bien el diputado Dr. Uclés, la mayoría estaba de parte de ellos (de la liga), y nada les importaba la justicia de la causa del pueblo, nada el valor y el heroísmo de los representantes de la minoría, que, oyendo el mudar y reforzar de guardias, el choque de los sables y de los fusiles, al comunicar las contraseñas y consignas, levantaban la voz reclamando el cumplimiento de la Constitución, a los que, pasando sobre el deber y el juramento, se reían de las leyes, y consultaban como oráculos a la soberbia y a la ambición.

¿Tenían, se pregunta el historiador, un plan determinado, cuando llegaron a la última sesión preparatoria, con los puños manchados, con los nombres escritos de los miembros de la Mesa Directiva, y la conciencia con la intención de lanzarnos a una guerra, en que serían, como son realmente, los responsables de la sangre de más de quinientas víctimas?

No, no podían tener ese plan; cuando dos panteras hambrientas de carne se tiran rabiosas sobre la oveja indefensa, pueden aliarse para dar la muerte; pero a la hora del reparto, las palpitantes entrañas de la inocente víctima son poca cosa para cada una de ellas, y es la batalla, la sangrienta batalla de los dientes y de las garras la que decide cuál será la harta y cuál la que ruede manchando con su propia sangre la intrincada selva o la verde y deliciosa pradera.

Los que deseaban que no hubiera elecciones, o no tuviera nadie mayoría absoluta, se reían diciendo: "Soto tiene el oro que subyuga a los abyectos, Arias el poder que mantiene a los venales y a los hambrientos y Bonilla, el pueblo que no puede nada sin quien le arme y le conduzca a la guerra".

217

"El hombre pone y Dios dispone", reza un antiguo refrán, que en este caso ha sido completamente cierto, porque todas las criminales combinaciones de los que no pudieron comprender las energías de la nación, pagan sus delitos comunes en las cárceles o llevan en el ostracismo, sino el dardo que lacere la conciencia de los que pueden arrepentirse, por lo menos, la tremenda lanzada de la desesperación.

¿Quién es la causa, preguntamos, de la unión de sotistas y aristas, para burlar la más hermosa elección presidencial de Honduras?

Preguntad al santo libro de la historia, que nada olvida, que es eterno espejo de los hombres y de los tiempos, quién fue la que hizo confinar a Julia, la bella hija de Octavio a la isla Pandataria; quién hizo que aquel emperador hipócrita consintiera en exterminar a sus propios nietos; quién mató al joven Marcelo, gloria de Roma; al general Agripa, esperanza del Imperio; a Lucio y a Cayo César y por último á Póstumo, el único que habría podido conservarse en medio del torrente de venenos, de intrigas de hacer, con que a Tiberio se le dejó libre el camino del Palacio de los Césares.

Fue Livia, la mujer que jamás amó el esposo sino al soberano, al hogar sino al poder, a Roma sino a la dominación, detestando a todo el que no era su propia sangre o no servía para realizar sus ambiciosas miras.

No dudamos que para la cortesía social, el nombre de las señoras es digno de respeto y muchas veces hasta del silencio; pero para el historiador solo debe ser digna de respeto la verdad.

Nadie hay, que sepamos, ha tomado a mal que historiadores serios hayan narrado la vida silenciosa de Mesalina, de la Pompadour, de la Dubarry o cualquiera otra dama de reyes o emperadores.

Ahora mismo sabemos por el cable los escándalos de princesas y aun reinas que, sin respetar las conveniencias sociales, se han echado por la calle de en medio; así, pues, no creemos faltar a la moralidad de la Historia, al decir que la mayor parte de la intriga que dio por resultado la última guerra civil de Honduras, se debió a la ambición y avaricia de la esposa del general Sierra.

Ella fue la directora é instigadora de la unión de aristas y sotistas para dejar en el Poder a su propio marido, o al que más le conviniera al final del drama que sabía se iba a realizar.

Como hemos dicho ya, el mundo entero supo que el general Bonilla había sido electo presidente de la República y conforme a la Constitución, sin faltar a sus deberes, los empleados públicos honrados debían reconocer, del 1° de febrero en adelante, al electo por la Nación.

Por este motivo, tan luego se vio el resultado de los comicios, el general Teodoro Valladares fue destituido del puesto de comandante de Valle, lo mismo que los coroneles Eligio Herrera, de la sección de Danlí, y don Ricardo Maldonado, de la Comandancia y Gobernación Política de La Paz; que eran, precisamente, con el general Ordóñez, los únicos que, respetuosos a la Constitución, no habían pisoteado la ley y maltratado a los ciudadanos para imponer la candidatura del doctor Arias.

Y no quitaron al general Ordóñez, como a los otros, porque decían ostensiblemente en Toncontín, que el puerto de Amapala serviría de puente de plata para que el general Bonilla huyera al extranjero, una vez que el Congreso declarase nulas las elecciones de octubre.

Ese era el plan en que se basó la unión de los dos candidatos vencidos.

Hombres cobardes de aquella cobarde y traidora liga llegaron a injuriarnos diciendo que el general Bonilla no llegaba por miedo al Congreso, donde deseaban tenerle para rematar su plan; pero por dicha, a todos les vimos correr ante el empuje de los soldados de la legalidad y muchos de ellos ni siquiera tuvieron valor de salir a las calles en los días de la lucha.

Para que no se dude ni un momento de la combinación, llevaremos al lector nuevamente a la famosa sesión del 31 de diciembre de 1902.

"Se procedió a la elección del Directorio del Congreso, y resultaron electos, por mayoría absoluta de votos: presidente, el señor diputado Alvarado Manzano; vicepresidente, el diputado Bendaña; secretarios, los diputados Soto y Durón; y vicesecretarios, los diputados Rivas y Pineda (don Ricardo).

Los electores ocuparon sus asientos.

Se nombró en comisión, para el examen de credenciales, a los diputados Oquelí Bustillo, Maradiaga y Pineda (don Ricardo); y se excitó a los diputados no incorporados para que presentasen las suyas a la comisión.

El diputado Medal: tengo recomendación del señor diputado don Sotero Barahona para expresar a los honorables representantes, que él siente mucho no poder concurrir a la sesión presente, y que el motivo consiste en que no se le ha enviado la credencial por la junta electoral de La Ceiba; y que por consiguiente, suplica a la Mesa, por mi conducto, que se dirija al Ministerio de la Gobernación para que se remita al Congreso copia autenticada de su credencial. (Lee un telegrama del gobernador del departamento de Atlántida, en el cual se anuncia que la credencial mencionada se halla rezagada en la Administración de Correos). No veo inconveniente en que, para que el Congreso tenga completa la representación del departamento de Atlántida, se pida el documento aludido al Ministerio de la Gobernación y, por tanto, hago moción en ese sentido.

El secretario Soto preguntó si se tomaba en consideración la moción del diputado Medal; y resuelto en sentido afirmativo, se puso a discusión.

El diputado Uclés: he pedido la palabra para oponerme a la moción del diputado Medal. El diputado que se presenta al Congreso es quien debe traer su credencial. Los documentos que están en el Ministerio de la Gobernación son las actas electorales, y estas no son credenciales. Pedir copia de ellas sería una oficiosidad y una incorrección de la Mesa. El señor diputado Bueso estaba en Europa, y hasta que regresó, trajo sus credenciales. La moción del diputado Medal es inaceptable porque está en contra del Reglamento. No tiene la Mesa para qué buscar credenciales. Cuando se presentan, se califican. Hay diputados que vienen al Congreso después de varios días de instalado, y entonces presentan sus credenciales; se nombra la comisión de calificación y, si se encuentran en debida forma, se les incorpora. Aquí el argumento anterior del diputado Medal: "tenemos número suficiente de diputados" y no hay para qué pedir credenciales para que venga otro más; si viene, que venga con ellas. Yo tendré mucho gusto en que venga el diputado Barahona, porque tendría agrado en discutir con él algunos asuntos; pero por parte del Congreso, pedir su credencial sería una oficiosidad imperdonable. Por tanto, mi voto será en contra de la moción, y espero que la mayoría del Congreso también votará en contra.

El diputado Ugarte: la moción del diputado Medal no está en la ley ni en contra de la ley; credenciales o actas es cuestión de palabras. Si en el Congreso hay quorum, deseamos también tener el mayor número de diputados, y nos agradaría mucho tener presente aquí al diputado Barahona, cuando podemos tenerlo con solo pedir una copia del acta, para lo cual no hay inconveniente ninguno, porque no es contrario a la ley.

El diputado Medal: lástima que el diputado Uclés no se manifieste ahora tan celoso como antes por el cumplimiento del Reglamento. En cuanto al concepto de credencial y al concepto de acta, solo diré que aquella se llama así porque es la que acredita el estado oficial de una persona. Si hay tanto celo porque el Congreso esté completo y porque el país esté totalmente representado, ¿por qué motivo se opone el representante Uclés a que se traiga un documento oficial con ese objeto? Si antes creía él que era conveniente llamar al señor diputado Pineda, de igual modo debe ahora su celo estar en que el Congreso represente a todo el país, por lo cual creo que no debe oponerse a la moción que tuve el honor de presentar.

El diputado Uclés (Alberto): el artículo 8° del Reglamento dice terminantemente: (lo lee).

No está aquí el diputado Barahona para que presente su credencial; por consiguiente, no se puede calificar, y la moción del diputado Medal es contra la letra terminante del Reglamento, porque la Mesa no puede pedirla. Ni el diputado Medal, ni otro diputado, tiene que constituirse en gestores oficiosos del señor Barahona para el efecto de pedir actas. Cuando el señor Barahona se presente, se pasará su credencial a la comisión y se calificará. Si el señor Barahona no quisiera ser diputado, y no presentara credenciales, ¿cómo se le podía obligar a hacerlo? Es cierto que los departamentos deben estar todos representados; pero actualmente hay número suficiente de diputados, y en ninguna parte se ha presentado el caso de que el Congreso pida actas.

El diputado Medal: la verdad, señores Diputados, es que se trata de una omisión, maliciosa tal vez, del señor administrador de Correos de La Ceiba. Depende la falta, pues, de la autoridad, y no es justo dejar por eso sin representación completa a un departamento. No vengo a constituirme, como dijo el diputado Uclés, en gestor oficioso del señor Barahona; pero sí, en defensor del país.

Ese celo que el diputado Uclés manifiesta actualmente, no lo comprendo comparado con el que manifestó hace poco en el caso del señor diputado Pineda. Hasta al Archivo se han pedido en otras ocasiones documentos por el Congreso. ¿Por qué motivo, siendo este un caso especialísimo que depende de la autoridad, no ha de hacerse lo que en otras ocasiones se ha hecho? No hay ninguna razón para proceder así. Dice el diputado Uclés que si el señor Barahona no quisiera venir, no podríamos traerlo por la fuerza. Pues sí, señor: hay ley hasta para compeler a los diputados con multas para que asistan. No hay que tener miedo a la representación total del país. No hay razón para negarle asiento a ningún diputado electo por el pueblo.

El diputado Uclés (Alberto): la moción que se discute es contraria al artículo 8° del Reglamento. Tengo noticia de que el señor Barahona ha pedido sus credenciales, y de que ya le llegarán. Por un diputado más o menos en el seno de la Cámara, esta no vale más. La Cámara no tiene miedo ni celo de ningún diputado. Yo tendría mucho gusto en recibir al señor Barahona con los brazos abiertos; pero tratamos ahora de asuntos de Derecho público en asuntos de Derecho político, y el diputado Medal no tiene la representación del señor Barahona. Todos los diputados representamos a todos y a cada uno de los departamentos de la República, y entre los diputados no hay uno que valga más o menos que otro. Lo de los celos que habla el diputado Medal, es una palabra impropia. Yo no defiendo aquí a ningún diputado; lo que defiendo es el Reglamento, y el caso es de un diputado que se ha retardado. Tratándose del señor Barahona, los que formamos la mayoría ya sabemos lo que debe hacerse si viene, lo mismo que si no viene.

El diputado Medal: no he venido aquí, como ha dicho el diputado Uclés, a constituirme en gestor del señor Barahona. Yo no soy aquí gestor de nadie. He dicho que el diputado Barahona me ha comisionado para dar una excusa a la Mesa; nada más. Por tanto, rechazo la afirmación gratuita que me ha hecho el diputado Uclés.

Suficientemente discutida la moción, se resolvió por votación nominal. Votaron en favor, los diputados Arellano, Maradiaga, Zelaya, Alvarado (don Jesús M.), Chacón, Pineda (don Anselmo),

Tinoco, Rivas, Medal, Vásquez, Gamero, Ugarte, Reyes (don Gregorio), Bertrán, Suárez, Gómez E., Mejía, Bueso, Rosa, Zúñiga, Rojas, Dávila y Barahona; y en contra, Uclés, Castillo, Vidal, Villafranca, Reyes (don J. Isaac), Pineda (don Ricardo), Oquelí Bustillo, Fiallos, Hernández, Bendaña, Trejo, Alvarado Manzano, Durón y Soto.

Quedó aprobada la moción.

Se suspendió la sesión.

Al continuarse, sin asistencia del diputado Beltrán, la Secretaría leyó el dictamen de la Comisión de Credenciales, en el cual propone que se aprueben las de los señores diputados Manuel F. Barahona, electo por el departamento de Santa Bárbara; doctores don Valentín Durón y Fausto Dávila, por el de Tegucigalpa; don Ignacio Vidal, por el de Choluteca; y don Marcial Gamero, por el de El Paraíso; y que se impruebe la del doctor Francisco Bertrán, por el departamento de Olancho, en razón de que ha dejado vacante su puesto por haber aceptado el empleo de Cirujano Militar de la guarnición de Juticalpa.

Se puso a discusión.

El diputado Medal: la comisión invoca, señores diputados, para fundar su opinión, la Constitución Política, que en uno de sus artículos dice: que no pueden ser diputados los militares en servicio; pero el caso es que el señor Bertrán no ha sido militar en servicio. Además, existe un precedente de carácter igual o parecido, que no acredita mérito para que un diputado vaque en ejercicio de sus funciones. El señor Bertrán fue nombrado por el Poder Ejecutivo Médico Forense y Cirujano Militar, es decir, se le exigía un doble servicio: el de ilustrar con sus conocimientos científicos las cuestiones jurídicas ante los Tribunales respectivos, y el de hacer beneficios a los militares de la guarnición que padecieran enfermedades. El servicio profesional prestado así no está contenido en el concepto puramente jurídico militar. La ley militar dice: que deben prestar servicio obligatorio todos los hondureños desde 21 años hasta 45. Se exige, pues, servicio puramente personal, sin tomar en cuenta que las personas que lo prestan sean o no sean letradas; porque todos estamos obligados a servir al país; por lo tanto, el servicio médico de los cuarteles no está comprendido en el servicio militar obligatorio. El servicio médico de una guarnición no da jurisdicción al médico; no le pone un rifle en la mano ni le da influencia alguna, que es lo que la Constitución exige para que un individuo pueda ser diputado: porque las armas pueden imponerse a las masas; porque la fuerza puede ejercer su influencia perniciosa sobre los ciudadanos para obligarlos a dar su voto por una persona determinada.

El señor Bertrán, con su bisturí para hacer operaciones; con sus sulfatos, con sus quinas para curar, ¿podría haber ejercido influencia sobre el pueblo? Me parece que la respuesta está demás, y creo que no habrá ningún diputado que diga que sí. Por consiguiente, el empleo de Cirujano Militar es un servicio profesional que se exige en bien del Ejército, pero no es empleo militar. Tan es así, que el mismo Código Militar considera a los médicos, en tiempo de guerra, como asimilados para el efecto de juzgarles por los delitos que cometan. Asimilado quiere decir parecido; asimilado a militar quiere decir parecido a militar, pero no precisamente militar. En la guarnición de Tegucigalpa está de cirujano un doctor alemán, el doctor Fest, a pesar de que no es hondureño ni tiene obligación de prestar servicios obligatorios; por lo tanto, el empleo de cirujano no es un carácter que pueda quitarle a una persona su habilidad para ser diputado. He de invocar recuerdos del Congreso pasado, porque también soy amigo de las autoridades cuando pesan, cuando provienen de buenos maestros. El año pasado vino al Congreso el doctor don Francisco Matute, quien era cirujano de la guarnición de La Ceiba, tenía sus temores de que no se le recibiera, y el asunto fue consultado al maestro que nos ha educado a todos nosotros, al maestro que ha educado a varias generaciones, y él estuvo de acuerdo en que ese carácter de cirujano en nada influía en el de diputado. El Cirujano tiene encima la influencia militar para obligarlo a cumplir sus deberes y para castigarlo por los delitos que cometa, pero nada más. En este concepto, ruego al Congreso que se sirva aprobar la credencial del diputado Bertrán, porque es completamente válida, legítima y correcta.

El diputado Uclés (Alberto): yo soy de la opinión de la comisión. Tengo a la vista el acuerdo del Poder Ejecutivo, en que se nombra al señor Bertrán; certificado por el Ministerio de la Guerra, e igualmente otro acuerdo en que se le admite su renuncia. Dicen así:

(Los leyó).

El caso del diputado Matute no prueba nada.

Yo no sabía que el señor Matute era cirujano, y creo que la mayoría del Congreso tampoco lo sabía; si no, no lo habríamos admitido. Él tuvo cuidado en no decirlo. El señor Bertrán no es diputado. La ley es terminante a este respecto. En apoyo de mi opinión, citaré la de amigos y compañeros del señor Bertrán; voy a leer un párrafo del acta de la sesión del nueve de enero de 1901, que dice así:

(Leyó un pasaje en el cual aparece que el diputado Reyes (don Gregorio) afirmó que el señor Bertrán, por su empleo, había dejado de ser diputado).

Contra la opinión del señor diputado Medal tengo la opinión del señor diputado Reyes. 27 diputados votaron entonces por la excusa del señor Bertrán y 7 por la multa; así es que los 27 entendían que él había vacado. Esto es de sentirse, porque creo que el señor Bertrán presta mejores servicios aquí en el Congreso que en la guarnición de Juticalpa; sin embargo, tenemos que vernos en el lamentable caso de separarnos de él en las actuales sesiones, porque el título 7° de la Constitución, en su artículo .86, número 3°, dice que no pueden ser diputados los militares en servicio, y el artículo 88 siguiente, dice: que si los diputados aceptan empleos del Poder Ejecutivo, dejan, por el mismo hecho, de ser diputados, sin necesidad de la declaratoria del Congreso. Es cierto que el servicio militar es obligatorio para todos; pero como el señor Bertrán era diputado, no tenía obligación de prestar servicio militar. Lo prestó, ha dejado de ser diputado. La cuestión de que el servicio militar que presta un cirujano sea distinto del que presta otra persona en un cuerpo del Ejército, es natural; pero los que manejan el telégrafo, los proveedores, las ambulancias, los que manejaron el telégrafo del sol en la guerra de los boers, todos eran militares, tanto como los que entraban en combate; el cuerpo de ingenieros presta servicio, no de armas, y sin embargo, pertenece al Ejército. El señor Bertrán, por su edad, es miliciano y está obligado a servir en el Ejército; pero siendo diputado, no tiene esa obligación.

El Dr. Fest no es militar; no está obligado a prestar servicio militar como el señor Bertrán, porque no es hondureño. Los diputados no están obligados a servir al Poder Ejecutivo; cuando sirven por su voluntad, dejan de ser diputados; tenemos presente la certificación expedida por el Ministerio de la Guerra, en que constan los acuerdos en que se nombró al señor Bertrán, y en que se le admitió su renuncia; por consiguiente, vacó en su puesto de Diputado.

Es sensible tener que separarnos de tan buen compañero, porque creo que él presta mejor servicio en el Congreso, sirviendo a toda la República en todos los órdenes de la administración, que en una guarnición de un departamento; pero la ley es ley y hay que cumplirla. El precedente que citó el diputado Medal, refiriéndose al señor Matute, no es de tenerse en cuenta, porque eso pasó inadvertido y lo que pasa inadvertido no forma precedente. Creo, pues, que el diputado Medal tiene que rectificar, y que la mayoría del Congreso aprobará el dictamen de la comisión.

El diputado Medal: yo no he negado que el diputado Bertrán perteneciera al Ejército. Noto con pena, que el diputado Uclés no quiere entrar a examinar el verdadero concepto de servicio militar, y que de intento calla la palabra obligatorio, es decir, obligado a servir. Ni en tiempo de guerra están los cirujanos obligados a prestar sus servicios; son, como dije, asimilados: no tienen otra clase de obligaciones que las de su profesión científica, como no tiene tampoco otro derecho que no sea el de aceptar el nombramiento. Si el señor Bertrán hubiera dicho "no quiero aceptar el nombramiento de cirujano", el Poder Ejecutivo no podía haberlo obligado, por ser diputado, y porque los servicios de la ciencia no son obligatorios. Es notorio que el diputado Matute era cirujano en ejercicio cuando fue recibido en el Congreso; apelo al señor diputado Mejía, quien también consultó ese punto. Tenemos presente también al señor Castillo, que es profesor de la Escuela de Artillería; sin embargo, a nadie se le ha ocurrido decir que es militar en servicio activo. Si lo fuera, estaría sometido a las leyes militares para los efectos penales, y habría tenido influencia para imponerse a los pueblos. Hay, pues, que buscar el espíritu de la ley, y ese espíritu es, en el caso actual, el de evitar que los militares ejerzan la influencia que les dan las armas, para defraudar las esperanzas de los pueblos e imponerse por la fuerza, haciéndose elegir Diputados.

El diputado Ugarte: la cuestión no se ha presentado en su verdadero pie. Los artículos 86, 87 y 88 de la Constitución están todos tres en relación unos con otros (los leyó). De modo, pues, que el servicio militar está separado de los empleos del Poder Ejecutivo a que se refiere el artículo 88. Han ocurrido casos análogos en Congresos anteriores, a ciencia y paciencia de la Representación Nacional. Los doctores Alejo Lara y Julián Baires, siendo el último cirujano de la guarnición de Honor y el primero cirujano del cuartel principal de Tegucigalpa, ocuparon sus asientos de diputados. No recuerdo si también el Dr. Reyes (don José Isaac) ha sido cirujano y, sin embargo, lo hemos tenido y lo tenemos actualmente entre nosotros.

El diputado Uclés: observo que no hay acuerdo entre las opiniones de los señores diputados Medal y Ugarte. Los casos citados por el último no son análogos al del diputado putativo o exdiputado Bertrán, porque el nombramiento de él fue hecho antes de la elección de diputados. Respecto a la clase de servicio que presta un cirujano, es servicio militar; el cirujano está sometido a la disciplina militar, recibe sueldo del presupuesto militar; debe obediencia a los superiores y no puede deliberar, lo mismo que los militares; así es que de todo en todo, la ley lo considera como asimilado militar. Si antes ha habido en el Congreso cirujanos en servicio y no han sido declarados vacantes, quiere decir que se dejó de hacer lo que se debía hacer conforme a la Constitución, y una omisión no prueba nada. Nadie puede desconocer que los cirujanos en servicio son empleados en el servicio militar y son también empleados del Poder Ejecutivo, porque quien manda el Ejército es el presidente de la República. Donde la ley no distingue, no debemos distinguir; la ley dice: "empleos del Poder Ejecutivo", y unos de esos empleos son los que se refieren al servicio militar. Además, sería peligrosa, legalmente, la admisión del diputado Bertrán, porque implicaría nulidad en los actos del Congreso. Todos los diputados deben tener sus credenciales en debida forma, limpias, como se dice en otras partes.

El espíritu de la Constitución viene también a confirmar la letra de la misma. La Constitución no quiere que un militar sea diputado, porque el militar no puede deliberar, y la Constitución quiere que el diputado delibere; el militar es una máquina, y el diputado no lo es, o, por lo menos, no lo debe ser; estos cargos son incompatibles. El diputado ejerce poder, ejerce mando, y el militar está sometido a la obediencia ciega. Es indiscutible, por tanto, la nulidad de la credencial del diputado Bertrán. Creo que la mayoría de la Cámara aprobará el dictamen de la comisión, porque la prohibición constitucional es terminante y no se necesita ni declaratoria del Congreso. Por último, la mejor de todas las opiniones es la del mismo diputado Bertrán, cuando dijo en el año pasado que él creía que había dejado de ser diputado. Así lo dijo él mismo, y así lo entendió la mayoría del Congreso en ese año.

El diputado Reyes (don José Isaac): he pedido la palabra, señores diputados, únicamente para responder a la alusión personal del diputado Ugarte: nunca he recibido nombramiento de cirujano militar; he ejercido solo el cargo de médico forense.

El diputado Castillo: he pedido la palabra para manifestar al diputado Medal, que yo no soy profesor militar, sino profesor de letras, mientras que el señor Bertrán sí es cirujano militar; así lo dice el acuerdo respectivo; de manera que no hay completa relación de analogía entre un caso y el otro.

El diputado Medal: yo dije que sabía que el señor Castillo era profesor de Aritmética y Geometría, y como tal, era empleado del Poder Ejecutivo; pero no empleado militar; y por tanto, pudo ser electo diputado; he defendido, antes bien, al señor Castillo.

Terminada la discusión, fue aprobada la primera parte del dictamen, que se refiere a las credenciales de los señores Durón, Dávila, Barahona, Vidal y Gamero; y sobre la segunda parte, que se refiere a la credencial del diputado Bertrán, se resolvió por votación nominal. Votaron por la aprobación del dictamen los diputados Uclés, Castillo, Vidal, Maradiaga, Villafranca, Zelaya, Reyes (don José Isaac), Pineda (don Ricardo), Oquelí Bustillo, Pineda (don Anselmo), Alvarado (don Jesús M.), Chacón, Fiallos, Rivas, Hernández, Bueso, Bendaña, Trejo, Barahona, Alvarado Manzano, Soto y Durón; y en contra, Arellano, Vásquez, Tinoco, Medal, Gamero, Ugarte, Reyes, Suárez, Gómez E., Mejía, Rosa, Zúñiga, Rojas y Dávila. Quedó, en consecuencia, improbada la credencial del doctor Bertrán.

El diputado Reyes (don Gregorio), dijo: habiendo sido aprobado el dictamen en todas sus partes, hago moción para que se llame a un diputado suplente en reposición del señor Bertrán; y hago presente, también, que en la actualidad se encuentra en esta ciudad el diputado suplente don Ramón Lobo Herrera.

El diputado Oquelí: hago presente al Congreso que lo urgente, lo indicado por la ley, es comenzar por recibir a los señores diputados la promesa constitucional.

Los señores diputados Durón, Barahona, Dávila, Vidal y Gamero, se acercaron a la Mesa y prestaron la promesa ante el presidente.

No era necesario estar al corriente de lo que pasaba en Honduras, para ver claramente que no era aquello un Congreso, sino una congregación, porque ya no se tomaba en cuenta al Soberano que es el pueblo, sino los intereses de los partidos, que cuando pasan sobre las leyes tienen que penetrar al lamentable terreno de la guerra civil.

CAPÍTULO IV. MENSAJE DEL TAMAGÁS DE CORAY

Instalación del Congreso. – Lectura del mensaje del presidente. – Comentarios

Como vimos en la última sesión preparatoria, no obstante los argumentos brillantísimos de los doctores Ugarte y Medal, el diputado Bertrán fue arrojado del Congreso, por haber sido cirujano de la plaza de Juticalpa y rechazado a la vez el diputado Lobo Herrera, suplente del Dr. Bertrán.

El coronel Guadalupe Reyes, en confianza y por cariño había advertido al diputado don José María Agurcia, que era mejor no fuese al Congreso, porque tenía orden de que al primero que hiciese dificultades al Gobierno, lo mandara en calidad de paseo al otro mundo.

Es decir: no obstante que los de la liga contaban con la mayoría, pusieron el mayor empeño en echar del Congreso a todos los que se sabía eran amigos del general Bonilla.

El primero de enero, a las dos de la tarde, se instaló solemnemente la Asamblea Nacional Legislativa, con la asistencia de los representantes Dr. Don Rafael Alvarado Manzano, Barahona, Bendaña, Bueso (Francisco), Castillo, Chacón, Fiallos, Gómez Escobar, Hernández, Laínez, Maradiaga, Medal, Oquelí Bustillo, Pineda (Ricardo), Reyes (Gregorio), Rivas, Rojas, Rosa, Suárez (Luis), Tinoco, Uclés, Ugarte, Vidal, Villafranca, Zelaya, Zúñiga, Soto y Durón.

No habiendo querido el presidente de la República, leer por sí mismo el mensaje, con que debía dar cuenta al Congreso, se excusó protestando estar enfermo.

Fue el Dr. Alvarado Guerrero quien, con el ceremonial acostumbrado, se presentó en la sala de las sesiones a dar lectura al último mensaje del general Sierra, el cual, estudiado concienzudamente, es una verdadera trampa, en la que caerían los incautos.

Veámoslo:

"SOBERANO CONGRESO: Próximo está ya el término del cuarto y último año de mis servicios a la República, en calidad de Supremo Administrador y Jefe del Ejecutivo, o sea como presidente constitucional. Os saludo por última vez, con motivo de vuestra instalación.

El 3 de mayo de 1898 dirigí de Coray, lugar de mi residencia particular, un manifiesto a los hondureños, en el que emitía mis ideas acerca de política interior y exterior, y expresaba los designios que presumía realizar en cuanto concierne a la administración pública. Tales propósitos consignados en ese documento han tenido el valor de compromisos cumplidos: deber mío es declarar aquí que ningún éxito habría alcanzado sin el concurso de los colaboradores del Gobierno, que, o sirvieron o están sirviendo con actividad y buena fe los intereses nacionales.

Honduras, por su posición central en el continente americano, bañadas sus costas por ambos mares, con variados climas en donde al inmigrante es dable escoger el que mejor convenga a su bienestar, notable por su riqueza en todos los productos naturales, con una base de población de 774 a 800 mil habitantes, hospitalarios, honrados, valientes y generosos, perseverantes en el trabajo, sufridos en las privaciones, inteligentes, leales y tolerantes, es un país llamado a un porvenir de lisonjera prosperidad y a que los demás le guarden respeto y estimación, si en las manifestaciones del progreso nacional se ejercen las más altas cualidades del ciudadano. No obstante, ha habido y habrá que empeñarse en vencer los inconvenientes de un país montañoso al interior, con malas vías de comunicación, que ha estado sujeto al fanatismo político y religioso, en que el despotismo y las guerras han hecho su cosecha durante la época colonial y después de ella, y en el que la ignorancia era general y la poca instrucción y aun la educación obtenidas se han resentido por falta de criterio práctico; si bien es cierto que muchos de estos obstáculos se han removido o se están removiendo gradualmente. El adelanto alcanzado ha sido lento, pero seguro; y es de esperarse que, continuando estable la paz y no habiendo causas perturbadoras que retrasen su marcha progresiva, en breve tengamos satisfechas nuestras legítimas aspiraciones patrióticas.

Me es grato informaros que la situación actual de la República, al favor de la no interrumpida paz que se ha disfrutado en los cuatro años de mi administración, es satisfactoria; y confío en que mi sucesor pueda contar con el patriotismo de los hondureños para sostener este bien inestimable, y mejorar, bajo su egida, las condiciones ventajosas en que se encuentra felizmente la nación.

El orden público no se ha alterado, a pesar de la agitación consiguiente a la lucha electoral. El voto secreto, que garantiza la libertad del sufragio, en esta vez como en otras, demuestra que la única presión que pudiera ejercerse bajo un régimen constitucional, sería aquella a que se presta la ley, por deficiente, no dando intervención a las minorías que disputan las mesas electorales para vigilar los actos de los individuos que las componen. Así es que, a mi juicio, la elección en general se practicó legalmente, salvo el caso de notorio fraude.

El Congreso funciona como un gran jurado, y conforme a nuestra legislación es irresponsable. Deliberad, pues, a conciencia, y emitid vuestra resoluciones que serán acatadas por el Ejecutivo.

Permitid que me refiera ahora a los asuntos más importantes que tratarán por extenso los señores secretarios de Estado.

Después de las elecciones de autoridades supremas se practicaron con notable tranquilidad las de autoridades locales.

El 15 de septiembre último fue inaugurado el departamento de Atlántida que creasteis por decreto de 24 de febrero de 1901. Es una de las más favorecidas porciones del territorio de Honduras, por su inmediación a los Estados Unidos y a las Antillas, sus extensas costas con puertos seguros, su buen clima y abundancia de agua, sus productos tropicales variados y algunos excelentes por lo apropiado del terreno para estos frutos, debido especialmente a la fertilidad del suelo. A esto se agrega la sabia ley dando facilidades, seguridad y protección a la agricultura a lo largo de la costa y en el distrito de Tela. Es de esperarse que dentro de corto tiempo esa extensa zona agrícola, que hoy solamente cuenta con 12,402 habitantes, aumente su población rápidamente, como ya se está notando, con la llegada de inmigrantes americanos y europeos.

El Gobierno ha procurado atender, de la manera más conveniente, todo cuanto se refiere a Orden Público, Policía, Ornato, Salubridad,

Beneficencia y Establecimientos penales, encomendados a los gobernadores políticos y a las Municipalidades; y en varios departamentos, al impulso y celo de estos empleados, se deben notables mejoras.

A 242 asciende el número de municipios registrados en el censo. Los erigidos últimamente son tres. En los cuatro años de mi gobierno hay creados 14 pueblos con sus municipalidades, a saber: Potrerillos, en el departamento de El Paraíso; La Arada, en Santa Bárbara; El Conal, en Gracias; Santa Rita, en Santa Bárbara; Concepción del Sur, en Santa Bárbara; Guarisama, en Olancho; Colohete, en Gracias; San Marcos de Sierra, en Intibucá; Cabañas, en Copán; Veracruz, en Copán; Morillos, en Yoro; Soroguara, en Tegucigalpa; Colorado, en Atlántida; y Jimerito, en Atlántida. Están en tramitación las solicitudes para constituir municipios de los siguientes: Yojoa, en Cortés; Nueva Armenia, en Colón; La Guadalupe, en Tegucigalpa; San Juan de Opoa, en Copán; y San Jorge, en Copán.

El Cuerpo de Policía de seguridad está dividido en dos secciones, para el servicio de las ciudades de Tegucigalpa y Comayagüela, que forman la capital: el director don Lee Christmas, persona de honradez y aptitudes, le ha dado una buena organización; y, en efecto, corresponde a las exigencias de la sociedad como verdadera garantía de los ciudadanos y para el sostenimiento del orden.

En materia de higiene y salubridad, me es dable deciros que, en cuanto a la primera, las juntas de sanidad son solícitas y que en algunas poblaciones principales como San Pedro, La Ceiba, Trujillo, Roatán y La Esperanza, se ejecutaron trabajos que sirven de ornato y, a la vez, mejoran las condiciones higiénicas; me refiero a la nivelación de las calles con buen material, a las aceras de cemento romano, a los pequeños puentes, lo mismo que a la construcción de parques y paseos públicos. En lo que concierne a la salubridad en general, también me es grato informaros que el país se ha visto libre de toda epidemia y de enfermedades endémicas que afecten el incremento normal de la población.

Cuidado especial se recomienda para que haya higiene en todos los lugares de detención. Pero solamente en la Penitenciaría de esta capital se reúnen las condiciones requeridas para el objeto, y en donde el régimen y disciplina son cual corresponde a un establecimiento de su clase. Dentro del mismo edificio existe el Taller de Sastrería para hacer los uniformes militares de tropa y oficiales. Los gastos para el sostenimiento de la Penitenciaría ascendieron a $9,661.33 ½.

El Hospital General se haya bien atendido, y está a cargo del competente facultativo Dr. Jenaro Muñoz Hernández. La división del establecimiento, desde que se puso en servicio la parte nueva, consiste en una sala de medicina para hombres, sala de medicina para mujeres, sala de cirugía para hombres, sala de cirugía para mujeres, sala de maternidad, sala de niños, sala de venéreos y sala para enfermedades de los ojos. La farmacia del Hospital despacha las recetas del mismo y las de las distintas guarniciones de los cuarteles de Infantería y Artillería, Palacio, Policía y Penitenciaría.

El número de enfermos asistidos en el local ascendió, en el año transcurrido, a 2,141: el tanto por ciento de mortalidad fue el de 27.

Existen ya en el Hospital todos los instrumentos que se pidieron, y con ellos se ha facilitado la práctica de las operaciones.

Se han hecho en el edificio importantes reformas y reparaciones indispensables.

Los gastos generales subieron a $25,282.76, y el de medicinas e instrumentos, a marcos 38,493.90.

Al Hospital de Amapala entraron en el año 357 enfermos, y ocurrieron 6 defunciones. Los ingresos a la Tesorería de la Junta ascendieron a $22,301.31, y los egresos a $20,662.99, dejando un saldo en efectivo de $1,638.32.

Al Hospital General del Norte entraron en el año 872 enfermos. Fallecieron 42. Ingresaron a la Tesorería del Hospital $9,023.35 ½. Los gastos montaron a $8,757.73.

La Tipografía Nacional, que tiene como anexo el Taller de Encuadernación, representa, según inventario el valor de $118,210.19. Los ingresos en efectivo son $10,574.02, y virtuales o considerados como dinero, $33,914.45: total, $44,488.47. Los egresos: sueldos, $20,366.75; gastos, $258.90; materiales invertidos, $12,401.37: total, $33,027.02. Utilidad: $11,461.45.

Se ha publicado el resumen del censo de la población de Honduras. Es considerable el aumento que se nota: comprobado por el número de proletarios y por la proporción de milicianos, resultaron 774,901 habitantes, calculándose en no menos de 800,000 con las tribus selváticas. Sin embargo, esta cifra no guarda la relación de crecimiento que se había observado en la primera parte del siglo XIX, según la cual, siguiendo su natural curso, deberíamos tener 997,000 habitantes.

La Instrucción pública se ha atendido con perseverancia y buena voluntad; sintiendo solamente que los recursos del país no permiten emplear maestros educados bajo una nueva enseñanza, para que el pueblo, a la vez que adquiera conocimientos útiles de aplicación práctica, se forme un criterio adecuado para la vida y para aplicarlo a los demás conocimientos que le sea dable obtener.

En cuanto al número de escuelas, de 715 que había cuando empezaba mi período administrativo, hoy contamos en la República 851, o sean 136 más; y de 26,690 alumnos, se elevaron a 30,025; es decir, 3,335 de diferencia.

Durante el año económico se abrieron, como se acaba de expresar, 851 escuelas; 508 de varones, 280 de niñas y 63 mixtas. La inscripción se elevó a 18,771 varones y 11,254 niñas. El promedio de asistencia fue de 22,745; 13,960 varones y 8,785 niñas. Comparando con el año anterior, se nota un aumento de 67 escuelas y 1,999 alumnos.

Continúan organizadas las secciones normales en casi todos los colegios de la República. Asistieron 212 alumnos; de estos, 9 obtuvieron el título de maestro.

La Escuela Normal de Maestras, subvencionada por el Estado, que dirige la señorita Jesús Medina, en esta capital, continúa con éxito. Se educan 144 alumnas.

De las escuelas superiores merece especial mención la de Señoritas de Tegucigalpa, que dirige la señorita Concepción Maldonado. Concurrieron a ella 71 alumnas.

En la Escuela de Bordado y Flores, a cargo de doña Antonia Carbó y Montardo, se están obteniendo resultados dignos de encomio. Asistieron 30 alumnas.

La segunda enseñanza continúa impartiéndose en trece colegios nacionales y uno privado. Asistieron 646 jóvenes, y obtuvieron el título de Bachiller en Ciencias y Letras, 55.

La enseñanza profesional se da en las Facultades de Jurisprudencia y Ciencias Políticas y de Medicina y Cirugía, como también en la Escuela de Derecho de Comayagua. Hay 135 concursantes.

La Biblioteca Nacional contiene 6,854 volúmenes. Se compraron, en 1901, 861 libros científicos y literarios, por valor de $2,570.00.

El Poder Judicial, en el desempeño de sus funciones, ha conservado su independencia, y la mejor armonía con el Ejecutivo.

A 5,268 ascendieron las resoluciones dictadas por los tribunales de la República: 891 en materia civil, 1,476 en materia criminal, 438 en recursos de amparo y 2,463 sobreseimientos. De las 1,476 pronunciadas en causas criminales, 778 fueron condenatorias y 708 absolutorias. Comparando estas cifras con las del año pasado, se advierte un aumento de 30 resoluciones en lo civil y una disminución de 107 en lo criminal. La Corte Suprema de Justicia dictó en casación 31 sentencias en juicios civiles y 45 en juicios criminales.

Quedan pendientes 2,249 causas; 821 civiles, 1,406 criminales y 22 de amparo.

Los delitos sumaron 1,632; 234 menos que el año anterior.

Según los cuadros estadísticos enviados a la Corte Suprema por los Registradores de la propiedad, hasta el 31 de diciembre de 1901, el importe de las enajenaciones de bienes raíces es de $1,093,539.30 5/8.

El importe de las hipotecas constituidas representa $503,141.86 ¾, y el de las canceladas, $63,879.37.

Trataré ahora de informaros de las materias de administración que corresponden a Fomento y Obras Públicas.

AGRICULTURA. – Es visible el incremento de la agricultura. El cultivo del banano ocupa el primer lugar; los departamentos de Cortés y Atlántida son los productores de este fruto; grandes fincas se forman en el Chamelecón por empresarios americanos. El tabaco, el café, el trigo y el añil siguen en importancia, y se exportan principalmente para El Salvador en la época de las ferias. Las cosechas de maíz en el interior y sur han sido medianas, y en el norte abundantes. El producto de los frutos, incluso el café, es el de $1,943,168.16; aumentó en los cuatro años pasados $ 697,987.85.

GANADERÍA. – La ganadería no progresa por falta de terrenos acotados y sembrados de yerbas forrajeras, lo mismo que por descuido en el cruzamiento y selección. En los departamentos de

Copan y de Cortés es mayor la dedicación, a pesar de no haber zonas especiales de crianza. Sin embargo, el producto exportado da hoy la suma de $560,411.00 contra $273,819.60 en 1898.

MINERÍA. – La principal empresa minera es la del Rosario; siguiendo en importancia la Aramecina Gold & Silver Mining Co. La primera ha producido menos que el año anterior; y la segunda, próximamente $309,000 oro. De Olancho se extrajeron 1,952 onzas de oro. De la mina del Tránsito y de otras igualmente ricas no se conocen los valores extraídos. El producto de la minería que representaba, en 1898, $1,501,114.18, actualmente llega a $2,346,990.26.

INDUSTRIAS VARIAS. – En general, solo la sal, los tabacos, la harina y los sombreros de Santa Bárbara, merecen mencionarse por su cantidad y calidad y por ser artículos exportables.

ARTES Y OFICIOS. — El edificio de la Escuela de Artes y Oficios ha sido aumentado en más del doble en extensión. Hay 53 aprendices en los diversos-talleres. En lugar de un saldo de $1,071.51 que arrojó en contra el año pasado, resultaron $7,408.40 a favor en el presente.

Está para regresar de Bélgica el joven Norberto Guillén, después de haber concluido sus estudios de mecánico y electricista. Los informes de sus conocimientos adquiridos son de importancia.

LITOGRAFÍA. – Tiene este establecimiento una diferencia en contra de $12,707.50, con relación al año antepasado.

El señor Hipólito Cano, recientemente llegado de los Estados Unidos, a donde fue a hacer sus estudios de litógrafo, se ha hecho cargo de la Litografía Nacional.

COMERCIO. — La importación fue de $4,377,161.42; la exportación, de $6,170,353.27, dejando esta a beneficio de la riqueza pública $1,793,191.85. En 1898 la importación fue aproximadamente, de $1,600,000, la exportación de $4,782,686.58. Ha habido, pues, incremento.

El comercio hondureño goza de buena reputación y del crédito consiguiente. No hay registrada una sola quiebra. El Banco hace pocas, pero buenas transacciones.

Se tiene particular cuidado de no intervenir en asuntos de moneda, sino es para que la que se acuñe en el país tenga el peso y ley decretados. No se prohíbe ni su importación ni su exportación; pero, a fin de prevenir indirectamente la disminución de la moneda fuerte hondureña y de los soles, se mandó que se trajeran a la Tesorería, con regularidad, de la costa norte, las existencias mensuales en soles, y que se cumpliera en las Aduanas la ley respecto al recibo de la moneda fraccionaria que no tenga 0,900.

CASA DE MONEDA. – Se acuñaron $27,919.17, o sean $13,330.25 más que el año pasado, con una utilidad de $2,824.87. En 1898 se acuñaron $21,734.06. Solamente se están acuñando piezas de plata de a 100 centavos, porque hay abundancia de moneda menuda.

CORREOS. – El movimiento de la correspondencia fue de $1,242,860 piezas, o sea un aumento de 180.243. El servicio de certificados aumentó cerca de un 10%. El de paquetes postales recibidos fue de 2,819 fardos, con peso de 9,537 kilos, 915 gramos, produciendo $71,499.50 de derechos; el de paquetes despachados fue de 63 kilógramos, 766 gramos: hubo un aumento casi de 60%. También los giros postales aumentaron en $1,975.57, habiéndose girado en cantidad de $1,975.57.

TELÉGRAFOS Y TELÉFONOS. – La red telegráfica se aumentó en 89 millas: hay un total 3,249 millas. De Gracias a Guarita se construye una línea directa. Se establecieron 8 oficinas nuevas y se suprimió una; el total de oficinas es de 168, y el de empleados que la sirven, de 608. Están en servicio 92 teléfonos.

VÍAS DE COMUNICACIÓN. – En lo que concierne a navegación, abrigo la esperanza de que tendrá buen éxito la canalización del Chamelecón y del Ulúa. El canal de la Laguna de Alvarado une esta con el río Chamelecón. Estoy informado que la compañía constructora pondrá en operación otra draga más. Los departamentos de Olancho y Yoro serán abiertos al comercio por medio del camino carretero o de rieles que conectará con la expresada vía fluvial. La ruta de tierra se construye y progresa. A esta compañía se le concedió prorroga.

Con pocas excepciones, en toda la República se desmontaron, se hicieron reparaciones a los caminos, o se construyeron algunos de herradura.

En Copán, Gracias é Intibucá se han seguido los trabajos de carreteras, lo propio que la carretera al Salvador, pasando por los pueblos, en el departamento de Valle.

A las Tesorerías de Caminos ingresaron $141,207.67, incluyendo la existencia anterior. Los egresos han sido $112,654.89, quedando en caja un saldo de $28.,552.78. Durante los últimos cuatro años económicos ingresaron $493,492.56. habiéndose gastado $464,876.78.

La carretera del Sur alcanza a La Venta, y la nivelación de dos metros de ancho, a Moramulca. En este río está iniciada la construcción de un puente de mampostería.

Con el propósito de facilitar a los pasajeros un viaje cómodo en la parte de carretera construida, se pidió una diligencia para hacer regulares viajes de esta capital a las poblaciones del tránsito. Son los automóviles de ruedas lisas los destinados a reemplazar los vehículos empleados hoy.

Siendo insuficientes los fondos de caminos para construir grandes vías carreteras (como lo son las del Sur y Norte, que están en ejecución y destinadas a la comunicación de mar a mar), las contratas de apertura y macadamización de las mismas se han hecho sobre la base de crédito público, reembolsando a los contratistas el 25% que les cuestan las constancias de crédito, y aplicando el 75% al pago de planillas de operarios, gastos, etc., y además, al de la utilidad que se calcula que debiera quedarles a su favor al terminar su compromiso. Así se explica, de la manera más sencilla, por qué hacemos hermosas carreteras y pagamos a la vez nuestras deudas de crédito público.

FERROCARRIL. – El servicio del Ferrocarril se halla poco más o menos en el mismo estado. En otra parte del presente mensaje me refiero a lo ocurrido con relación a este asunto.

OBRAS PÚBLICAS. – El nuevo edificio de la Escuela de Artes costó $28,626.00; y su anexo, en la misma cuadra, llamado de la Tenería, $6,000.00.

En este año económico y civil se compraron cinco casas y un solar en las ciudades de San Pedro, La Ceiba y Amapala. Durante mi término administrativo se han invertido más de $70,000.00 en compra de edificios y casas, por razones de utilidad pública.

Los problemas políticos o de administración llevan en sí un problema económico. No bastan la mejor voluntad, la honradez y los buenos principios para facilitar el engrandecimiento del país y su prosperidad: hay que organizar lo que esté fuera de un buen sistema, regular el trabajo, según el ramo de que se trate, y darse cuenta de si los resultados corresponden a un fin objetivo. Todo esto he tratado de realizar con las reformas en materia de hacienda, ramo a que he dedicado particular atención.

El producto bruto de las rentas durante el año económico de 1901 a 1902, fue de $3,562,877.89 ¼; y el producto líquido, de $2,757,556.81 5/8. Comparando este último con la cifra calculada en el Presupuesto, resulta un superávit de $128,506.81 5/8, a pesar de la baja de la renta aduanera y de que no hubo ingreso alguno por la del ferrocarril.

El movimiento total de ingresos durante el año es de $3,594,975.06 3/8, quedando así una existencia de $286,805.17 para el año corriente.

Con excepción de la renta aduanera, en todas las demás ha habido superávit.

En noviembre quedó establecida la Tesorería General. La creación de esta oficina era de una necesidad evidente, lo mismo que lo fue la de la Oficina de Centralización, que controla todas las operaciones de los empleados que administran fondos de la Nación, y está en aptitud de suministrar datos preciosos a los tribunales para la fiscalización de las cuentas de los empleados de Hacienda y para los juicios que se ventilen.

Antes de separarse las oficinas de Dirección, Tesorería y Centralización de Hacienda, se necesitaba un trabajo excesivo para ponerse al corriente de las operaciones que demostraran el estado de cualquiera de los ramos fiscales, la verdadera situación de la caja y especies, o las cuentas en su conjunto y en sus relaciones. Con la división expresada, y empleando el sistema de contabilidad por partida doble, se han salvado los graves males que pasaban inadvertidos; y es una prueba de ello la voz de alarma que dio el jefe de la Centralización, contra el exdirector de Rentas, doctor Alejo S. Lara h., a cuyo cargo existe un saldo considerable.

A la Dirección General de Rentas ha quedado la gerencia de Hacienda, sin más limitaciones que las legales. Corresponde, pues, al director general la supervigilancia de las rentas, fomentar la producción fiscal y su incremento; estudiar las causas de aumento o disminución, removerlas en este último caso, y no pudiendo hacerlo, dar cuenta al superior, celebrar contratas, prever la falta de la especie, etc.

La Tenencia de Administración de Tela, que creasteis por decreto de 8 de febrero de 1902, ha venido a llenar la necesidad sentida de un puerto habilitado en esa parte de la costa. Se organizó el 22 de abril del mismo año.

En uso de las atribuciones que le confiere al Ejecutivo el decreto de 7 de marzo de 1900, se acordó, con fecha 12 de abril último, el Reglamento Provisional de las Centralizaciones de Aguardiente, habiéndose instalado, conforme q él, los centros destilatorios de esta capital y del departamento de Valle.

La Escuela de Contabilidad quedó abierta el 1° de agosto. Hay seis contadurías de Rentas desempeñadas actualmente por alumnos titulados en dicho establecimiento; y a cargo de otro, está el empleo de Tenedor de Libros de la Tesorería General de Caminos.

La deuda reconocida al hacerme cargo de mi honroso puesto, era de $ 1,704,124.67%. En 31 de octubre de 1901 quedó reducida a $1,221,298.09%. Hasta esa fecha la disminución de la deuda fue de $482,826.58. El total amortizado en dos años nueve meses, asciende a la suma de $1,916,180.18%; y el total incorporado o reconocido en el mismo período, $1,433,353.60%. Diferencia entre lo reconocido y lo pagado, $482,826.58%. Siendo el total amortizado en los dos años nueve meses mencionados, de $1,916,180.18%; y el total encontrado en deuda el 31 de enero de 1899, de $1,704,124.67%, resulta la diferencia entre lo pagado y el saldo encontrado, que arroja la cantidad de $212,055.50 ¾, o lo que es lo mismo se pagaron $212,055.50 ¾ más que el total de la deuda existente al principiar mi periodo; es decir, si no se hubieran reconocido $1,433,353.60 ½, correspondientes en gran parte a Gobiernos anteriores, mi Administración no solamente hubiera cancelado la deuda pública que recibió, sino que existiría un fondo de reserva para futuras amortizaciones, de $212,055.50 ¾, en la fecha en que se instaló la

Tesorería General. Esta oficina ha suministrado el dato de lo pagado por crédito público desde el 1° de noviembre de 1901, hasta el 31 de julio de 1902, y asciende a la cantidad de $256,453.76. Es decir, el monto pagado hasta el 31 de julio último es de $2,172,633.93 5/8, dinero efectivo.

Hemos gozado de una completa paz. Ningún peligro de guerra exterior o conmoción interior nos ha amenazado para ocurrir al estado de sitio. No obstante, han sido reconocidas las ventajas que resultan de estar preparados para sostener las garantías sociales y los derechos de la Nación. La experiencia nos enseña los inconvenientes que traen el descuido y la confianza infundada en todo cuanto concierne al importante ramo de la guerra. La acción del Gobierno se ha encaminado a conservar la disciplina y lealtad en el Ejército, a instruirlo a dotar los almacenes con buenos elementos y a tener dinero en caja, de suerte que, al pasar del estado normal al de guerra, no se ejerzan violencias ni se encuentren serios tropiezos.

El 31 de julio último, el Ejército constaba de 480 jefes, 2,608 oficiales, 47,841 de tropa; total, 50,929. La fuerza permanente, en la misma fecha, constaba de 87 jefes, 226 oficiales y 2,481 de tropa. El aumento en los cuatro años transcurridos es de 8,488 individuos.

Los vaporcitos "Tatumbla" y "22 de febrero" recorren nuestras costas norte y sur, en persecución del contrabando y en el desempeño de comisiones oficiales.

Honduras se mantiene en paz con todos los países del mundo; se cultivan relaciones amistosas con la mayor parte de los gobiernos de las naciones civilizadas; y, respecto a los de la América Central, no pueden ser más cordiales.

El 20 de enero del año anterior se efectuó en el puerto de Corinto, la conferencia de los Presidentes de Costa Rica, El Salvador, Honduras y Nicaragua; no habiendo podido asistir personalmente el de Guatemala, por impedírselo graves asuntos de Estado. De esa conferencia surgió la Convención de Paz y de Arbitraje obligatorio de que os di cuenta.

En cumplimiento de una de sus estipulaciones, y por insinuación del Gobierno de Costa Rica, se acreditó un representante común con el carácter de enviado extraordinario y ministro plenipotenciario, nombramiento que recayó en el distinguido jurisconsulto salvadoreño, Dr. Don José Antonio Rodríguez. Desgraciadamente sus gestiones no tuvieron éxito.

En el mismo año se verificó la renovación del Poder en la República de Costa Rica. El ilustrado y bien conocido hombre público, licenciado don Ascensión Esquivel, se hizo cargo de su alto empleo de presidente constitucional.

En el lugar llamado "Amatillo," en 12 de mayo de 1902, se colocó un mojón por los ingenieros Fiallos y Müller de la Comisión mixta de límites de Honduras y Nicaragua. Los trabajos de esta quedaron diferidos para una fecha determinada, en que no se realizó su reunión. Entiendo que nuevamente podrán ponerse de acuerdo los comisionados para reanudar sus trabajos, puesto que las fechas ni lugares en que se verifiquen las discusiones no afectan lo esencial de la Convención.

Con fecha 26 de mayo, el Excelentísimo señor don Tomás Estrada Palma me envió una carta autógrafa, poniendo en mi conocimiento que había cesado la ocupación de Cuba por los Estados Unidos, que aquel país quedaba constituido en República y que asumía el ejercicio del Poder Ejecutivo conforme a la Constitución. Fue contestada la autógrafa del presidente Estrada Palma, congratulándole y haciendo votos por la prosperidad de la nueva República.

La Legación del Gobierno de los Estados Unidos de América participó oficialmente el fallecimiento de S. E. William McKinley, presidente de aquella República, ocurrido en el mes de septiembre, a causa de un violento atentado; con tal motivo, este Gobierno, en su nombre y en el de la Nación, envió al Ministro americano sus expresiones de condolencia y de sincera simpatía, haciéndolas extensivas al Gobierno y pueblo de los Estados Unidos; disponiendo por acuerdo del propio mes que, en señal de duelo y por el término de tres días, se enarbolara a media asta el pabellón nacional en todas las ciudades y puertos de la República.

En la Segunda Conferencia Panamericana se creó un Congreso aduanero, al que invitó el Consejo Directivo de la oficina de las Repúblicas Americanas. Este Gobierno creyó conveniente que Honduras fuera representada, y con este objeto nombró al señor general Nicanor Bolet Peraza. Asimismo fue delegado a la

Convención Sanitaria y al Congreso para el estudio de la producción y consumo del café.

Se aceptó la invitación del Gobierno de los Estados Unidos para la Conferencia Sanitaria convocada para el 15 de febrero último; y la de la Asociación Internacional de Juegos Olímpicos que deberá celebrarse en 1904 en la ciudad de Chicago. Queda pendiente la invitación para tomar parte en la Exposición Universal de Luisiana, que se verificará en San Luis, en el presente año.

Las reclamaciones Belden y Turner, discutidas extensamente, están en definitiva terminadas por arreglo con el Gabinete de Washington, por medio de la Legación respectiva. El 28 de octubre se emitió el acuerdo mandando pagar una módica suma convenida.

Los delegados a la Segunda Conferencia Internacional Americana, doctores don José Leonard y don Fausto Dávila, presentaron su informe. De los trabajos del Congreso Panamericano, que se reunió en la ciudad de Méjico el 22 de octubre de 1901, os dará cuenta el señor secretario de Estado en el Despacho de Relaciones Exteriores.

A varias potencias de Europa se han enviado delegados, ya por invitación a Congresos o con motivo de un gran acontecimiento.

El señor cónsul don León Valles, representó a Honduras en el Congreso Internacional para el mejoramiento de la suerte de los ciegos, en el Congreso Internacional de Comercio e Industria y en el Congreso Penitenciario, en Bélgica.

El Gobierno de Honduras comisionó al señor Ministro de Guatemala, en España, don José Carrera, para representarle en el solemne acto del juramento prestado ante la Representación Nacional, en Madrid, el 17 de mayo de 1902, por S. M. el rey don Alfonso XIII, al declararse su mayor edad.

En 11 de febrero del año pasado se celebró una convención aduanera entre Honduras y Francia, la cual fue aprobada por la Asamblea el 3 de marzo siguiente. Aún no se ha efectuado el canje de las ratificaciones.

A la coronación de S. M. el rey Eduardo VII se nombró, en misión especial, al señor cónsul de Honduras en Bélgica, don León Valles.

La Convención firmada en Guatemala el 2 de mayo de 1900 por los representantes de Honduras y de la Gran Bretaña, sobre Marcas de Fábrica y de Comercio, fue ratificada.

Se mandó pagar la suma de L 200 al señor McGuyn por medio del cónsul Campbell, terminándose así la reclamación británica de este nombre.

Como tenéis sabido, el Ejecutivo concedió prórroga de un año al "Honduras Syndicate". El 10 de marzo último protestó el Cónsul de S. M. Británica, don C. W. Campbell, por instrucciones del encargado de Negocios, caballero Ralph Paget, y a nombre de su Gobierno, con el objeto de proteger los intereses de los tenedores de bonos: esa protesta fue también puesta en vuestro alto conocimiento. Esos asuntos están por resolverse. Así el nuevo Gobierno queda en libertad de celebrar una nueva contrata de construcción, de seguir arrendando la sección de Puerto Cortés a La Pimienta, de administrarla por medio de un gerente o de cederla a los tenedores de bonos por la totalidad de la deuda.

SEÑORES DIPUTADOS:

Hago votos porque la cordura y acierto que siempre habéis mostrado presida hoy en vuestras deliberaciones.

La situación del país es bonancible: la paz de que se goza ha permitido a la administración pública continuar las obras emprendidas, y ha desarrollado en los pueblos el amor al trabajo, que los engrandece y moraliza.

La marcha administrativa, bajo un plan sostenido con perseverancia, la podéis apreciar en todos sus detalles con presencia de los informes que os presentarán los señores secretarios de Estado.

Cumple a vosotros, con la imparcialidad y rectitud que os caracteriza, juzgar de mi conducta como Gobernante de la República, durante los cuatro años de mi administración.

Mis pasos se han encaminado a la realización de las promesas que hice al Pueblo Hondureño en mi Manifiesto de Coray, promesas sintetizadas en estas palabras: "el cumplimiento de las leyes y el progreso".

Vosotros diréis, señores diputados, si he cumplido mi deber en el elevado puesto que me confirió el voto libre de los pueblos.

TERENCIO SIERRA.

Tegucigalpa 1° de enero de 1903".

Como exposición doctrinaria dice: "Honduras es un país montañoso al interior, con malas vías de comunicación, que ha estado sujeto al fanatismo político y religioso, etc.".

Nunca, por una de esas casualidades que nadie se explica, ha habido fanatismo religioso en Honduras, país cristiano como todos los colonizados por los españoles, puede contarse entre los pueblos que profesan la religión de Jesucristo, pero exageraciones religiosas, la intolerancia del fanatismo, no se conoce ni aun en la clase sacerdotal.

Por lo que respecta a la exaltación política, es también de los cinco estados de la América Central, donde más fácilmente se borran los linderos de los partidos; porque ni hay el conservatismo de la sangre y el dinero, ni la exaltación del radicalismo intolerante.

Conservadores y liberales en Honduras, son en lo religioso y en lo social, hasta donde se puede llegar a ser, respetuosos a las creencias y convicciones ajenas, y aunque hemos sufrido por algún tiempo gobiernos despóticos, han caído siempre ignominiosamente del puesto de que abusaron, haciéndose indignos de la confianza de la Nación.

Al hacer el general Sierra, el cargo de nuestro doble fanatismo, se revela un despecho por el entusiasmo con que el pueblo hondureño había sacado victoriosa la candidatura del general Bonilla, luchando con una clara y abierta imposición gubernativa.

La alta, la verdadera filosofía, tanto en la historia como en la política, debe ser serena, imparcial, porque de lo contrario, no es lógica ni puede llegar a convencer. El general Sierra no procedía, al juzgar al pueblo hondureño, ni como filósofo, ni como imparcial.

Dice en seguida: "El orden público no se ha alterado, a pesar de la agitación consiguiente a la lucha electoral. El voto secreto, que garantiza la libertad del sufragio, en esta vez, como en otras, demuestra que la única presión que pudiera ejercerse bajo un régimen constitucional, sería aquella a que se presta la ley, por deficiente, no dando intervención a las minorías que disputan las mesas electorales, para vigilar los actos de los individuos que las componen. Así es que, a mi juicio, la elección general se practicó legalmente, salvo el caso de notorio fraude".

"El Congreso funciona como un gran jurado, y, conforme a nuestra legislación, es irresponsable. Deliberad, pues, a conciencia, y emitid vuestras resoluciones que serán acatadas por el Ejecutivo".

Nada más cierto que las primeras palabras de los párrafos trascritos. Causaba, y aun nos cansa asombro el pensar, cómo el pueblo hondureño, con la brutal imposición de los Corzantes, Portocarrero, Lacayo, Nuila, Herrera y cien tiranuelos más que apaleaban, mataban y se reían de la ley, la santa ira de la insurrección popular no hubiera estallado antes del golpe de Estado, cortando las cabezas de los inmunes asesinos y violadores de la libertad; pero es que la Nación tenía sus aspiraciones de luchar hasta el último momento sin regar de sangre inocente el suelo patrio; parecía tener una sola alma, y calló y sufrió hasta el último día en que se venció el plazo para que había electo al General Sierra.

La tiranía es ciega, por dicha de la humanidad, que si tuviera buenos ojos, sabría elegir las víctimas para que nunca triunfara la justicia, ni existiera la razón.

El Gobierno tenía su plan liberticida; pero deseaba que fuera el Congreso el que diera el golpe de hacha en la Constitución, motivo por el cual le llamaba gran jurado, calificativo impropio, pues bien sabido es por todos los que conocen nuestras instituciones, que los jurados resuelve conforme a la propia conciencia, mientras que los Congresos deben respetar los preceptos de la ley fundamental.

El proyecto era claro para todos los que sabíamos la situación de la República, en aquellos críticos momentos, deseaba que, no habiendo mayoría en la Asamblea por ninguno de los partidos, los tres bandos juntos fuesen a implorarle se quedase mientras se verificaban nuevas elecciones y aunque los miembros de la liga fingían estar de acuerdo con ese pensamiento, buscaban en el fondo conseguir cada uno de ellos la primera designatura, para coger sin trabajo la deseada Presidencia.

Vamos a ver la lucha heroica e impotente que tuvieron que sostener los bonillistas en el Congreso de 1903.

CAPÍTULO V: LA JUSTCIA Y EL PUEBLO DE SU PARTE

- Debates y decretos del Congreso del mes de enero de 1903

No obstante que casi todos los diputados de la República se encontraban en Tegucigalpa, con un pretexto o con otro, los de la Liga, en el deseo de retardar las resoluciones de importancia y especialmente para no declarar la elección de Autoridades Supremas, hicieron que hasta el seis de enero se verificase la segunda sesión del Congreso, después de perder cinco días de trabajo, aunque ganaban y recibían las dietas correspondientes con la mayor puntualidad.

Por el Reglamento Interior de la Asamblea, en los primeros quince días del mes de enero deben declararse las elecciones de Autoridades Supremas, y elegirse los designados a la Presidencia de la República, pero los dos partidos coligados tenían particulares intereses para pasar la fecha reglamentaria sin verificarlo, y a pesar de haber perdido casi una semana, al nombrar las comisiones legislativas se cuidaron bien de no mencionar el asunto de escrutinio de votos, que por ser tan trabajoso debía ser estudiado desde a principios del mes.

Las comisiones fueron:

Para el examen de credenciales, a los diputados Oquelí Bustillo, Maradiaga y Pineda (don Ricardo); para la contestación del mensaje, a los diputados Zelaya, Oquelí Bustillo, Bendaña, Dávila y Laínez; para los asuntos de legislación, a los diputados Zelaya, Oquelí Bustillo y Pineda (don Ricardo); para Gobernación, a los diputados Mejía, Rivas y Hernández; para Justicia, a los diputados Reyes (don Gregorio), Alvarado (don Jesús M.) y Hernández; para Instrucción Pública, a los diputados Rosa, Barahona (don Manuel) y Maradiaga; para Fomento y Obras Públicas, a los diputados Arellano, Gómez E. y Trejo; para el ramo de Hacienda, a los diputados Reyes (don Gregorio), Bueso y Figueroa; para Crédito Público, a los diputados Gómez E., Fiallos y Villafranca; para el Presupuesto, a los diputados Vásquez, Villafranca, Pineda (don Anselmo) Medal y Reyes (don José Isaac); para el ramo de la Guerra, a los diputados Oquelí Bustillo, Tinoco y Vidal; y para Relaciones Exteriores, a los Diputados Zelaya, Ugarte y Pineda (don Ricardo).

En la misma sesión, el diputado licenciado don Gregorio Reyes, pidió se llamase al suplente del doctor Bertrán; pero el representante doctor don Alberto Uclés hizo moción para que no se llamara, y como uno de los medios de que se valían era rechazar a los diputados bonillistas, la Cámara, por 18 contra 16 votos, desechó la moción Reyes. He aquí la votación nominal:

Por la moción del representante Uclés, los diputados Uclés, Figueroa, Bendaña, Castillo, Vidal, Pineda (don Anselmo), Fiallos, Zelaya, Villafranca, Rivas, Oquelí Bustillo, Bueso, Hernández, Trejo, Alvarado (don Jesús M.), Alvarado Manzano, Soto y Durón; y por la moción Reyes, los representantes Arellano, Vásquez, Medal, Barahona (don Sotero), Dávila, Gamero, Tinoco, Ugarte, Reyes (don Gregorio), Suárez, Gómez E., Rosa, Zúñiga, Mejía, Rojas y Laínez.

Al dar su voto el diputado Dr. Don Ángel Ugarte pidió a la Mesa se consignara como explicación y complemento del suyo el número 2° del artículo 90 de la Constitución, violado por la mayoría del Congreso al rechazar la moción de Retes.

¿Cómo podía una Asamblea pensar que es cuestión de capricho el llamar a los suplentes cuando faltan los propietarios, si el objeto y el nombre de la Representación Nacional es para significar que la universalidad de los ciudadanos están representados en las deliberaciones legislativas?

La cita del Dr. Ugarte habría caído como una bomba en el recinto del Congreso si la alianza criminal que mantenía la traidora unión de los vencidos de octubre, no les hubiera dado la elasticidad maravillosa, que a su inmunidad añadía la más fría y tenaz indiferencia ante la justicia, la ley y la verdad.

La Mesa resolvió celebrar sesión secreta para tratar de procesos criminales contra dos de los miembros de la Cámara, es decir, contra los Doctores don Luis Suárez y don Jesús Bendaña.

Como se verá adelante, contando como contaban los de la Liga con la mayoría artificial, que les daba su colisión, deseaban aprovechar el tiempo para salvar de toda responsabilidad al doctor Bendaña en lo porvenir, y arrojar, a la vez, a otro diputado bonillista, declarando con lugar a formación de causa al representante Suárez, a pesar de que el delito del Dr. Bendaña era mucho más grave y repugnante que el del primero.

El doctor don Jesús Bendaña había sido acusado por don Vicente Gámez por el delito de hurto de ganado mayor de su propiedad, y las pruebas presentadas por la contra parte eran tan claras y terminantes que solo esperaba el juez la declaratoria a tener lugar la formación de causa para decretar el auto de prisión.

En cambio, la causa del Dr. Suárez revestía caracteres, no solo atenuantes sino justificadores de su conducta.

Era Juez de lo Criminal de Juticalpa, y a la vez diputado al Congreso Nacional, doble motivo para que fuese odiado de los criminales a quienes podía hacer perseguir y de los políticos de mala fe que desde entonces tenían el espantoso proyecto de lanzarnos a la guerra civil.

Yendo el Dr. Suárez una tarde del Juzgado para su casa, se encontró en la calle con un grupo de malhechores, presididos por un ayudante del comandante de Armas de Olancho, y después de dirigirle injuriosas palabras quisieron matarle a palos; en su defensa hirió con un revólver al militar traidor y abusivo. Esa era la causa del proceso del diputado Suárez.

Habríamos querido que la sesión del Congreso fuera pública, que los oradores de la Liga defendieran el abigeato y atacaran el delito de lesiones en la propia defensa, porque hasta allí, estamos seguros, hubieran llegado los que, sordos al deber y ciegos a la justicia, solo pensaban en saciar sus ambiciones, aun cuando cayera la deshonra sobre la República y la muerte sobre sus conciudadanos.

La comisión nombrada para dictaminar sobre los procesos a que hemos hecho referencia entregó, para su estudio, las causas al doctor don Gregorio Reyes, quien, la noche de la retirada de los representantes bonillistas, se los llevó para evitar salvaran al que realmente fuera criminal, sin que este proceder justiciero valiera, porque el seudo Congreso del doctor Arias, reunido con suplentes, declaró sin lugar a formación de causa al ministro usurpador, sin tener a la mano la causa ni previo conocimiento del asunto.

Los días pasaban con la misma rapidez con que el tiempo corre como indetenible río al mar de lo eterno; el mes de enero de 1903 iba a llegar a su media carrera, y aun los representantes de la Nación no se habían cuidado de cumplir su Reglamento Interior, eligiendo los designados a la Presidencia, ni declarado las elecciones de Autoridades Supremas.

En las sesiones de los días 7, 8, 10, 12 y 14, en balde los amigos de la legalidad se esforzaron en que se nombrase la comisión escrutadora de votos, porque los lobos con piel de oveja, que humildemente pedían en Toncontín el continuismo o sea la reelección, afilaban sus garras y sus dientes bajo el pellejo ajeno para coger la primera designatura y quedarse con el poder.

Varias conferencias celebradas en la casa que habitaba el doctor don Marco Aurelio Soto, así como en la sala del doctor Juan Ángel Arias, no habían dado el resultado que apetecían los dos partidos de la Liga, por que, tanto uno como otro, deseaban que recayese el puesto de primer designado en el jefe, o en un amigo que no pudiera alzarse con el santo y la limosna.

Si los dos bandos enemigos de la causa de la legitimidad y del pueblo, hubieran podido ponerse de acuerdo un solo día, es indudable que la guerra se habría llevado a cabo, siempre con la palma de la victoria para el general Bonilla; pero tendrían hoy algún pretexto que, aunque sin valor histórico para justificarse, habría sido siquiera un paso politice al anular, con apariencias de legalidad, la hermosa y abrumadora elección de nuestro candidato.

Tres eran las soñadas ilusiones de los personajes de aquella comedia que debía terminar en drama heroico para ventura y enseñanza del pueblo hondureño.

El entonces presidente de la República, general don Terencio Sierra, se mantenía para los bonillistas impenetrable y terrible, como Moisés en el Sinaí, cuando recibía o por lo menos afirmaba que iba a recibir las Tablas de la Ley; para que aterrorizados nuestros representantes, abandonaran los bancos legislativos, y ser, por una estratagema digna del soñado Príncipe de Maquiavelo, dueño de una situación anormal en que, contando con los elementos de guerra y el Tesoro Nacional, poder decir a Centroamérica: los victoriosos de octubre, teniendo de su parte las mayores probabilidades de triunfar, huyeron ante la coalición de sotistas y aristas y han dejado al país en anarquía, viéndome en el caso forzoso y desgraciado de asumir los poderes públicos, mientras una Asamblea Constituyente reorganiza la Nación.

Por un plan semejante se quedó Reina Barrios en el Poder de Guatemala; pero respondió también al triunfo de ese proyecto una bala de revólver colt, que rompiendo el cielo palatino de su autor, acabó con el autor y el proyecto.

Para el general Sierra, más sagaz y disimulado que el general Reina Barrios, la actitud de los diputados bonillistas no abandonando sus puestos hasta que dio el golpe de Estado el 30 de enero, y las balas del Aceituno y de Coray le probaron que en Honduras, sin necesidad de un Zolinger, se sabe escarmentar a los que se ríen de la Constitución y de la soberanía popular.

Estamos por el segundo escarmiento, porque el que se muere ya no puede aprender aun cuando sean objetivas las lecciones de la historia.

Los sotistas procuraban poner de su parte al presidente, para que este decidiera a los aristas a votar porque el Dr. Soto fuera nombrado primer designado a la Presidencia, después de anular las elecciones de octubre; pero en igual sentido trabajaba el Dr. Arias para sí, y comenzó a verse lo que de antemano sabíamos, es decir, que no había tal sincera y desinteresada unión.

En la sesión del 15, fecha en que ya debía haberse declarado la elección de Autoridades Supremas, la Mesa propuso el nombramiento de los diputados escrutadores, recayendo, como siempre, la designación en dos sotistas, dos aristas y un bonillista.

Nombrada la comisión a que nos referimos, no se trató de registrar las actas electorales, pues eran conocidas por haberse publicado en el Diario de Honduras y tenerlas iguales el Ministerio de la Gobernación, sino que comenzó una campaña de politiquerías repugnantes, y con un motivo o con otro, hasta el 19 de enero celebró el Soberano Congreso su 10a sesión ordinaria, es decir, ¡a poquísimo más de una por cada dos días!

Solo se trató de oír leer el enorme volumen con que el ministro de Fomento resumió su período administrativo, porque de tal pareció dar cuenta en cerca de cien páginas de lectura, que decía estar en el idioma que tanto honrara don Miguel de Cervantes.

Tampoco en las sesiones del 20, 21, 23, 24, 26 y 29 de enero se trató del resultado del escrutinio de votos en las elecciones de

Autoridades Supremas, y el 1° de febrero debía tomar posesión de su empleo el presidente de la República.

El Dr. Soto, convencido de las intenciones del general Sierra, había salido de la República por la frontera de Nicaragua; quedaba el Dr. Arias, armado hasta los dientes, con las Comandancias de Armas y cuarteles, y el general Bonilla, tranquilo, sin elementos de guerra, pero con la justicia y con el pueblo de su parte.

Vamos a entrar al drama.

CAPÍTULO VI: SE PERDIERON LAS ESPERANZAS

Reminiscencia del Pacto de Corinto. – Últimas tentativas del bonillismo para evitar la guerra. – Reunión del Consejo de Ministros en Toncontín. – La noche del 30 de enero. – Declaración de Aguatequerique.

El 20 de enero de 1902, los presidentes de Honduras, de El Salvador, de Nicaragua y de Costa Rica, firmaron en el puerto de Corinto un Tratado de Arbitraje Obligatorio, por medio de sus respectivos ministros de Relaciones Exteriores.

Si hubiera habido patriotismo y moral en todos los autores de tan notable documento, Centroamérica habría dado un gran paso histórico proscribiendo la guerra civil que de tal puede calificarse cualquier contienda armada que se verifique en el istmo de la América Central; pero lo que menos se tomó en cuenta fue la patria, y el general Sierra, por ejemplo, sugestionado por su esposa, buscó en las aguas nicaragüenses una alianza que le garantizara en el Poder un nuevo período.

Para los menos perspicaces, "El Iniciador", de La Ceiba, en lugar de ofender al general Sierra le alababa con entusiasmo y le alentaba para que, despreciando a los que le empujaban al abismo, entregara la Presidencia al elegido de los pueblos y se salvara de las eternas manchas de perjuro a la Constitución y a la República.

Pero tan luego regresó de Nicaragua, encontró inconsecuente la aparición de "El Iniciador" y comenzó a descargar sus amenazadores discursos contra el general Bonilla, no obstante que siempre que se encontraba cerca de él le manifestaba profundo afecto.

Como han visto nuestros lectores en uno de los números anteriores, desde el 25 de enero tenía resuelto entregar al Consejo de Ministros, por lo que dijo al señor representante de Alemania, por haber felicitado al general Bonilla por su elección presidencial.

Un hecho llegó a convencer al Congreso de las verdaderas intenciones del general Sierra. El General don Saturnino Medal tenía encargo expreso del general Bonilla para evitar a todo trance la guerra civil, irremediable si daban el golpe de Estado.

Confiando en la honorabilidad del doctor don Rafael Alvarado Manzano, amigo íntimo del presidente Sierra, y sabedor de que el general Bonilla estaba legalmente electo, se propuso unir los votos de los bonillistas y de los sotistas para sacar electo primer designado a la Presidencia al doctor Alvarado, y que ejerciera el Poder Ejecutivo mientras llegaba a la capital nuestro legítimo gobernante; pero a condición esencial de que primeramente se hubiera hecho el escrutinio de votos a favor del general Bonilla.

Mas, tan luego como se apercibió el general Sierra que podían ponerse de acuerdo aquellos dos bandos, estalló en odio, y provocar la guerra fue su único camino.

Los ciudadanos habían perdido toda esperanza de salvar a la República, y desde mediados de enero, la capital y las principales ciudades del interior y del Sur, se despoblaron rápidamente, pasando unos la frontera salvadoreña y otros refugiándose en Amapala para acompañar al general Bonilla.

El 30, a las dos de la tarde, se reunió el Consejo de Ministros en Toncontín, en presencia del enviado de Nicaragua, Dr. Don Leopoldo Ramírez Mairena, y después de una larga como inútil discusión, porque el plan estaba resuelto de antemano, acordó el general Sierra entregar al Ministerio, fingiendo que esa misma noche saldría para Nicaragua.

Tenemos los documentos necesarios para probar que el general Sierra nunca pensó entregar al Dr. Arias y también que el Dr. Arias jamás pensó en ser amigo del hombre que tantas veces le había ultrajado, y aun cuando el pueblo hondureño y el general Bonilla hubieran sido aplastados, nuevos ríos de sangre hubiera costado el triunfo de uno de los dos rivales, pues mientras unos comandantes de Armas y jefes de cuerpos de ejército eran solamente sierristas, la mayor parte eran aristas, vinculados por ambiciosas miras personales con aquella máquina compleja y sin fundamento ni armonía, ateniéndose sí el general Sierra a que los elementos de guerra eran manejados únicamente por amigos suyos que no obedecían más que sus órdenes.

Al entregar al Consejo de Ministros el general Sierra, quería hacer creer que depositaba en Arias, pues contaba este con el de la Guerra, Gral. M. B. Rosales; Fomento, con don Francisco Altschul; Justicia e

Instrucción Pública, con don Manuel Sabino López; y en sus propias manos, Relaciones Exteriores. El de la Gobernación, que desempeñaba el Dr. Don Rafael Alvarado Guerrero, también quedaría a la orden de Arias, pues el Dr. Alvarado comprendió el tenebroso plan a donde se dirigía el general Sierra y le manifestó: que desde ese momento se consideraba desligado de la política del Gobierno, y que antes que servir al Dr. Arias, prefería el destierro.

A las nueve de la noche la casa de los doctores Alvarado se convirtió en cuartel general de los legalistas. Los diputados, doctores don Sotero Barahona, don Mariano Vásquez, don Fausto Dávila, don Francisco J. Mejía, don Luis Suárez, general don Juan Ramón Soto, coroneles don Sabino Tinoco, don Jesús Arellano y otros tantos más, se prepararon para la retirada al Sur.

Acéfala de poder legítimo la República, los coroneles Mejía Juárez, Marcelo Rivera y Lee Christmas, con las fuerzas de la Guardia de Honor y una parte de la Policía de la capital, ingresaron al grupo de patriotas, perfectamente equipados, para salir aun cuando hubiera que dar un combate para ir a donde el jefe constitucional de la República.

Los diputados que para salvar la honra y la vida salieron de Tegucigalpa, firmaron la siguiente declaración en el pueblo de Aguanqueterique:

"Los suscritos, diputados al Congreso Nacional, instalado en la capital de la República el 1° de enero del corriente año, con vista de las actas de elección de Autoridades Supremas de la República, y con presencia también del escrutinio que practicó la comisión nombrada por el Congreso,

DECLARAMOS:

1°. – Que obtuvieron mayoría absoluta de votos para Presidente y Vicepresidente de la República, respectivamente, los señores Generales don Manuel Bonilla y don Miguel R. Dávila; para Magistrados propietarios de la Corte Suprema de Justicia, los señores Doctor don Rafael Alvarado Manzano, licenciado don Trinidad Berrari, don Manuel Villar, don Francisco Escobar y don Leandro

Valladares; y para magistrados suplentes, los señores licenciados don Alberto Rodríguez, don Trinidad Fiallos S. y don Carlos Zúñiga; y

2°. – Que la comisión de escrutinio, compuesta de los diputados Ignacio Vidal, Francisco Bueso, Ricardo Pineda, Jacinto R. Rivas y Leandro Rojas, no presentó en el mes de enero el dictamen correspondiente para hacerse la declaratoria de la elección antes del 1° de febrero.

Aguanqueterique: 1° de febrero de 1903.

Rafael Alvarado, presidente del Congreso, y F. Dávila, diputado por el departamento de Tegucigalpa; Francisco J. Mejía, diputado por el departamento de Colón; J. Arellano, diputado por el departamento de Intibucá; Sotero Barahona, diputado por el departamento de Atlántida; M. Vásquez, diputado por el departamento de las Islas de la Bahía; Ruiz Suárez y Sabino Tinoco, diputados por el departamento de Yoro.

Han hecho la misma declaración los diputados:

Ángel Ugarte, diputado por el departamento de Cortés; Saturnino Medal y Gregorio Reyes, por el departamento de Olancho; Marcial Gamero, por el departamento de El Paraíso, Leandro Rojas, por el departamento de Choluteca; y Diego Zúñiga, por el departamento de Valle".

CAPÍTULO VII: GUERRA A LA VUELTA DE LA ESQUINA

Marcha de los bonillistas hacia Langue. – Actitud de los pueblos el tránsito. – Pronunciamiento de Amapala

A las doce y media de la noche del 30, la columna armada de policías, al mando del coronel don Lee Christmas, y una parte de la Guardia de Honor, comandada por el coronel don Marcelo Rivera, desfilaban por el oriente de la capital para dar la vuelta a Juana Laínez y encaminarse por la aldea de Mateo, rumbo a Lepaterique y de allá a la frontera de El Salvador.

Como ya hemos dicho, el doctor Alvarado Manzano, presidente del Congreso, disuelto aquel día por el golpe de Estado; el coronel y doctor Alvarado Guerrero, ministro de la Gobernación que había servido como un hijo al general Sierra; los diputados Arellano, Dávila, Vásquez, Suárez, Barahona; los coroneles don Rafael López, don Juan Midence y don Pilar M. Martínez, marchaban en aquel grupo de patriotas que después de dos meses de luchar contra la usurpación debían volver triunfantes a sus hogares.

Por otros rumbos el general don Dionisio Gutiérrez con una respetable columna de voluntarios de Tegucigalpa, desfilaban en busca del jefe constitucional de la República; así como los diputados don Santos Soto, doctores Gómez, Emilio Mazier, don Trinidad Rivera y don José María Agurcia, en otra dirección.

Nosotros, por lo imprevisto de aquel golpe brutal que desquiciaba en un instante la paz de la Nación y manchaba el nombre de una persona a quien tanto estimábamos, como lo era el general Sierra, no pudimos conseguir bestia en que huir de aquellos que con sangre alimentaron sus pasiones, en los pocos días que pudieron mandar, y resueltos a cumplir con nuestro deber a cualquier precio, nos dirigimos a pie al camino de La Cuesta, donde, en un flaco e infeliz caballo, pudimos llegar a la aldea de Támara.

Pasando por intrincadas montañas y por cerros cubiertos de malezas, donde parecía hacerse eterno nuestro viaje, continuamos en busca del jefe legítimo de la Nación.

El 1° de febrero, día en que el general Bonilla prestaba la promesa constitucional ante el alcalde de Amapala, habiéndonos reunido a la columna de Alvarado, adelante de Lepaterique, fuimos a pernoctar al pueblo de Aguanqueterique, estableciendo el servicio de rigurosa campaña, y siendo jefe de Día, en esa fecha memorable, el coronel don Rafael López.

A las 7 a. m. del dos, salimos para Lauterique, pasando por el valle de Barrancaray, a las 9 y 35' de la mañana. De Lauterique partimos para Caridad, a donde pudimos llegar a las 5 de aquella tarde. Allí determinaron los doctores Alvarado pasar el río Goascorán, con varios de los diputados, para ponerse al habla con el general Bonilla, por vía de El Salvador, y después de una alegre comida de despedida, nuestra columna marchó sobre la aldea de Olubre, ensangrentada más de una vez en la retirada o fuga de los que, olvidando sus juramentos, han violado nuestras instituciones.

Eran las 9 de la noche cuando nuestros soldados acabaron de llegar, cansados por la larga jornada de aquel día.

Estábamos apenas a tres leguas y media de Aramecina, pueblo rico y trabajador, entusiasta por la causa del Gobierno legítimo, y, sobre todo, cuna de nuestro amigo, el coronel don Marcelo Rivera. Después de ligera discusión se dispuso que, acompañados de unos pocos montados, marcháramos inmediatamente a dar un golpe de mano al subcomandante que, según informes, solo contaba con 20 soldados; pero aguardaba una columna respetable y era preciso llegar antes que el auxilio.

Los coroneles Rivera y Barahona, el Dr. Luis Suárez y el autor de este libro, acompañados de seis montados y cuatro de a pie, perfectamente equipados, salimos para Aramecina y poco antes de la media noche, al grito entusiasta de ¡Viva el general Bonilla, presidente constitucional de la República!, saludamos con una alegre descarga aquellos cerros donde la tiranía y el derecho debían combatir bien pronto.

Poco después, las gentes, que huían de los empleados del general Sierra y del doctor Arias, se presentaron satisfechas de estar ya garantizadas por las armas de la legalidad.

Volvimos a Olubre esa misma noche, y el tres, a las diez y media de la mañana, teníamos nuestros cuarteles establecidos, presentándose más de doscientos ciudadanos para servir a la causa legitimista.

El 4, muy temprano de la mañana, se reunieron a nuestra columna el doctor don Ángel Ugarte y sus hermanos: coronel don Manuel Ugarte y señores don Urbano y Rafael, todos procedentes de la capital, retirándose hacia las filas legalistas, llevando consigo al jovencito don Manuel Ugarte h, nuevo en las campañas de la guerra, pero activo propagandista durante la lucha electoral.

Eran las 10 a.m. de aquel mismo día, cuando una columna de maraiteños y tatumblenses, con sus clarines y tambores, llegaron a engrosar el ya fuerte cuerpo de ejército que acampaba en Aramecina.

A las II de aquella misma mañana, don José María Valladares llegó también a nuestro campamento con una parte de la fuerza del general Gutiérrez, todos tegucigalpenses, valerosos y dispuestos a dar la vida antes que a soportar la tiranía que, desde hacía nueve meses, se iba levantando como una tempestad de oprobio sobre el país.

A las seis y media, cuando el sol, sangriento, como presagio de la guerra que los usurpadores iban a desatar sobre nuestra querida tierra, el general don Dionisio Gutiérrez se presentó en la plaza de Aramecina, pronunciando, como oración de los antiguos campamentos, estas palabras, alegoría sacrosanta que la providencia de los pueblos debiera oír clemente, siempre que los tiranos quieran ser dueños de sus gobernados, como de manadas de ovejas:

"Compañeros y amigos: Como vosotros he salido, no huyendo, sino en retirada de aquella ciudad mecida por sus brisas, arrullada por sus pinares y glorificada por el nombre de sus hijos ilustres, y al reunirme a esta columna de futuros héroes y patriotas, ruego al genio de esta tierra heroica de Lempira, suene la hora en que terminen las luchas fratricidas, y que el triunfo de nuestro querido jefe, el general Bonilla, sea la victoria última del derecho contra la usurpación, porque el respeto al soberano, que es el pueblo, no sea otra vez violado como ahora".

Pocos instantes después, un correo del general don Carlos F. Alvarado nos llevó el decreto del presidente constitucional asumiendo el Poder Ejecutivo. Tocando reunión al centro, seiscientos veintisiete hombres, que formaban en cuadro en la plaza de Aramecina, oyeron leer el primer documento público, por el cual supimos la levantada actitud del jefe constitucional de Honduras, y al concluir, el que redacta esta obra, dirigió al ejército que le escuchaba la siguiente alocución:

"Soldados y compañeros: bien sabéis por la prensa, que durante ocho meses ha mantenido el pendón de la patria, que no obstante los vínculos que me unen al que, desgraciadamente cegado por la ambición, nos entrega a la guerra civil, he compartido a vuestro lado defendiendo vuestros derechos, y en esta hora solemne está dispuesto a correr la suerte vuestra cuando las balas asesinas de la tiranía silben sobre los defensores de la Constitución y de la libertad.

Como habéis oído, el presidente legítimo, el que los votos de cuarentaidós mil hondureños reclamaron al Poder para el período que comenzó el 1° de febrero a pesar del fraude y de la imposición ha resueltamente asumido las responsabilidades de su puesto, y desde este momento juremos que nuestro lema, durante la presente campaña, serán las sacrosantas palabras: "Constitución y Libertad"."

Los cornetas tocaron dianas y todos los distintos cuerpos de nuestro rudimentario ejército volvieron a sus cuarteles.

Dos días después, dejando al coronel Lee Christmas con cincuenta policías, equipados a veinte tiros, marchamos sobre Goascorán, donde, sin ninguna resistencia, llegamos a las 8 de la noche del seis de febrero; pero encontramos el telégrafo abandonado, pues los empleados de aquella oficina, aristas nombrados para el caso, habían huido al territorio salvadoreño.

A la siguiente tarde, la columna legalista marchó sobre Langue, de donde el comandante Portillo abandonó su puesto con la escolta del resguardo de su mando al oír los primeros disparos de la avanzadilla bonillista.

Puestos en comunicación telegráfica con el presidente de la República, supimos el nombramiento del mayor general del Ejército y comenzó la verdadera organización de las tropas con que el legítimo gobernante de la Nación debía triunfar sobre los usurpadores y sus cómplices.

Iba a caer la sangre sobre los ambiciosos y los traidores.

PARTE TERCERA: LA GUERRA

CAPÍTULO I: MENSAJE DEL GENERAL BONILLA

ACTITUD DEL GENERAL ORDÓÑEZ. – Pronunciamiento de Amapala. – Combate de Los Limones. – Comunicación entre el general Medal y la columna de Langue. – Comunicaciones de los usurpadores.

Como hemos demostrado ya, todo empleado que sirve a su patria, no jura, en Honduras, obediencia como el súbdito a su Dios y a su Emperador, sino fidelidad a la República y respeto a la Constitución.

Los que desgraciadamente al aceptar un puesto público lo hacen por hambre o complacencia para con un hombre, más mérito y virtud tendrían yendo junto al arado y guiando a sus bueyes de labranza para laborar la tierra, que con ello ni serían una carga para el Estado, ni perderían la vergüenza y el honor con el artificio indigno de ganarse la subsistencia.

El general don Salomón Ordóñez, encanecido en el buen servicio de la República, conocedor de todas las artimañas de que se valen los que se creen poderosos por el voto de las muchedumbres, o por el fraude o la imposición, fue a la hacienda de Coray, posteriormente a las elecciones, y sosteniendo la opinión patriótica del general Bonilla, manifestó al presidente general Sierra: que estaba autorizado por el electo en los comicios de octubre, a manifestarle que no tenía ambición; que tampoco podría servirle, si resolvía quedarse otro período; pero que antes que lanzar al país a la guerra civil, prefería el general Bonilla emigrar y recomendar a sus amigos y partidarios le acompañasen durante los otros cuatro años.

El general Sierra, con gran disimulo, aseguró al general Ordóñez, que tenía convicción de que el general Bonilla estaba electo por el pueblo, y que, por lo que respectaba a él, ni un día, ni una hora, después de las dos de la tarde del 1° de febrero de 1903, seguiría en la Presidencia, que le estaba atormentando como una pesadilla atroz desde hacía mucho tiempo.

Incomunicada Amapala, desde que diera el presidente Sierra el golpe de Estado entregando, ilegalmente, el Poder al Consejo de Ministros, no quedaba al general Ordóñez otro camino que reconocer al Gobierno legítimo, y al efecto, el 1° de febrero, a la hora en que comenzaba el período constitucional de 1903 a 1907, se puso a las órdenes del general Bonilla, el que, antes de prestar la promesa de ley, dio al país el siguiente Manifiesto:

"MANUEL BONILLA,

PRESIDENTE DE LA REPÚBLICA,

A los Hondureños:

Ya se ha puesto en obra el proyecto de frustrar la voluntad de los pueblos y subvertir el orden constitucional en beneficio de ambiciosos decididos a usurpar el poder público. De nada han valido los votos de nuestros conciudadanos: han sido letra muerta los preceptos del Código Fundamental; y a esta hora el país ha sido entregado a la ley de la fuerza, como si todos nosotros no fuéramos más que esclavos del déspota cuyos desmanes hemos tenido la paciencia de tolerar.

No se conoce un caso igual en el curso de nuestra vida republicana. Hemos tenido tiranos más o menos disimulados, usurpadores más o menos impúdicos, que por distintas vías se han apoderado de la autoridad suprema; pero ninguno había llevado su atrevimiento hasta convertir en farsa grotesca las elevadas funciones del Congreso, llamado a declarar la elección de Presidente y Vicepresidente, ni a traicionar sin escrúpulo la opinión de los hondureños, claramente manifestada en favor de su propio candidato; ninguno se había creído facultado para prorrogar a discreción su período de mando, por sí o por medio de sus cómplices, a merced de argucias curiales en que brillan por su ausencia la legitimidad y la honradez.

Basta de sufrimientos; basta de una obediencia que lastima nuestra dignidad y compromete los grandes intereses de Honduras. Mostremos que somos ciudadanos independientes; que conocemos nuestros derechos y que sabemos defenderlos aun en el campo de batalla. De mi parte, soldado de la ley, distinguido por mis compatriotas con el encargo de restablecer el imperio de la Constitución, cuento para ello con vuestro valor y patriotismo, y tendré a mucha honra derramar mi sangre por la santa causa de la Patria.

Conciudadanos: a las armas. Ha llegado para nosotros la hora de protestar contra el vilipendio a que nos condena la codicia de dos prevaricadores sin conciencia, empeñados en seguir enriqueciéndose a expensas del trabajo ajeno. Hagámosles ver que no somos materia de explotación, que el sufragio popular es dogma del sistema republicano, y que la imposición y la tiranía. son insuficientes para contrastar los impulsos del sentimiento nacional. En todo caso, encontraréis en el terreno del civismo y la legalidad a vuestro conciudadano y amigo,

MANUEL BONILLA.

Amapala, febrero 1° de 1903".

En la misma fecha, teniendo el general presidente que organizar su Gobierno, pero en el deseo de dar unidad de acción al Poder público durante los días que durase la guerra, emitió el decreto número 1°, que dice así:

MANUEL BONILLA, GENERAL DE DIVISIÓN,

llamado por el voto de mis conciudadanos al ejercicio de la Suprema Autoridad en el periodo constitucional que comienza en esta fecha, y después de haber prestado la promesa de ley ante el señor alcalde municipal de este puerto,

DECRETO:

Art. 1°. – Asumo el Poder Ejecutivo de la República.

Art. 2°. – Nombro ministro de la Guerra al señor general don Salomón Ordóñez, encargándole internamente el desempeño del Ministerio General.

Art. 3°. – Llamo alrededor del nuevo Gobierno a todos los hondureños de patriotismo y honradez.

Dado en Amapala, el día primero de febrero de mil novecientos tres.

El ministro general, MANUEL BONILLA.

Salomón Ordóñez.

Y por disposición del señor presidente, imprímase y comuníquese.

Ordóñez".

El tres de febrero, el general don Mariano Ortez salió de Amapala para el puertecito "Las Doradas", en el departamento de Choluteca, en cuya jurisdicción debía operar, llamando la atención del enemigo y procurando reunir el mayor número de voluntarios que, por falta de un punto de cita, no podían presentarse a las filas del Gobierno legítimo.

A las siete de la noche del mismo tres, apenas desembarcada la pequeña expedición, Ortez emprendió la marcha hacia una finca llamada "El Cedreño", de cuyo lugar prosiguió en la madrugada del 4 de febrero, hacia el punto denominado "Monjarás", donde una escolta arista, al mando del comandante don Benito Aguilar, se encontraba pernoctando; pero este, al saber la aproximación de la tropa bonillista, huyó primero a la aldea de Marcovia y poco después se concentró a la ciudad de Choluteca.

El misino día que, sin disparar un cartucho ocupaba Marcovia el general Mariano Ortez, salió de Amapala (4 de febrero) el general don Saturnino Medal, con dirección al puerto de San Lorenzo, donde, con una pequeña columna, acampaba el coronel don Samuel S. Valladares.

Con el objeto de explorar el campo enemigo, y no distando más de cinco leguas aquel puertecito de la ciudad de Nacaome, el general Medal destacó una montada de 30 individuos para que se informaran de la verdadera situación del enemigo.

El 7 de febrero salió de San Lorenzo el coronel don Samuel S. Valladares con una fuerza de 80 hombres, entre infantería y caballería, para recorrer el camino de Pespire, y facilitar a los partidarios del Gobierno constitucional los medios de incorporarse sin peligro al ejército legitimista.

Era tal la confianza de las tropas, que sin destacar avanzadilla, ni tomar ninguna otra precaución, se encontraron de sorpresa frente a la columna del general don Andrés Matute, que con 250 soldados y una pieza de 6 cm. les recibió en el portillo de Los Limones.

Tanto por el descuido con que habían hecho su marcha los nuestros, como por la superioridad numérica y de elementos del enemigo, tuvieron que retirarse, muchos de ellos, en completo desorden, y aunque esa escaramuza no tenía ninguna importancia, los usurpadores la celebraron como una especie de Waterloo, en que el general Bonilla iría a la emigración o a la muerte.

A las cuatro de la tarde, los voluntarios derrotados en Los Limones habían vuelto a su punto de partida, es decir, al puerto de San Lorenzo, y por órdenes del comandante general, la caballería, al mando del coronel don Francisco Soriano, por tierra, y la infantería, bajo el mando del propio general Medal, por mar, se dirigieron al puerto de El Aceituno, donde, unidos a la columna del coronel don Andrés Leiva, que marchaba hacia el mismo sitio, partiendo de La Alianza, debían formar la vanguardia del ejército legalista para operar contra los usurpadores.

Al mismo tiempo que el general Medal establecía su cuartel en El Aceituno, la columna de Langue, que ascendía a cerca de 700 hombres, esperaba solo el armamento para iniciar las operaciones de la guerra.

Mientras el patriotismo estaba dispuesto al sacrificio, el Gobierno usurpador se dirigía en los siguientes términos a las cancillerías de las otras Repúblicas de Centroamérica.

"Palacio: 31 de enero de 1903.

Señor...

Tengo el honor de transcribir a V. E. el decreto siguiente:
"Decreto número 42.—Terencio Sierra, presidente constitucional de la República, en uso de sus facultades y para que se cumplimente el artículo 107 de la Constitución Política de la República, — DECRETA: Artículo único. — Depositar el Poder Ejecutivo en el Consejo de Ministros. — Comuníquese. — Dado en Tegucigalpa, a treinta de enero de 1903. — Terencio Sierra. — El secretario de Estado en el Despacho de Gobernación, R. Alvarado Guerrero. — El

secretario de Estado en el Despacho de Relaciones Exteriores, Juan Ángel Arias. — El secretario de Estado en el Despacho de la Guerra, Máximo B. Rosales. — El secretario de Estado en el Despacho de Hacienda y Crédito Público, Daniel Fortín h.— El secretario de Estado en el Despacho de Justicia e Instrucción Pública, Manuel S. López. — El secretario de Estado en el Despacho de Fomento y Obras Públicas, Francisco Altschul".

De conformidad con el decreto que me he permitido transcribir a V. E., el Consejo de Ministros ha entrado en el ejercicio del Poder Ejecutivo, y con instrucciones del mismo, me es grato manifestar a V. E., para que se sirva elevarlo al conocimiento del señor presidente de esa República, manifestándole, a la vez, que el Consejo de Ministros pondrá particular empeño en que las cordiales relaciones que felizmente han existido con el Gobierno de V. E., no sufran interrupción alguna, y que, lejos de eso, se fortalezcan y se estrechen cada día más, como lo impone la comunidad de intereses de estos países, unidos por su origen, por su historia y por su porvenir. Confío, pues, en que V. E. me honrará con la continuación de sus amistosas relaciones; y haciendo votos por la prosperidad de esta República hermana, me es honroso suscribirme de V. E., con toda consideración, muy atento y S. S.

Juan Ángel Arias".

Acto continuo, el enigma se aclaraba con el famoso decreto del Consejo, en que reconocía como comandante general al mismo presidente Sierra, es decir, se reservaba el verdadero poder, que en tiempo de guerra, es el ejército, quedando los ministros como simples corresponsables del enorme atentado suyo contra la República.

"Tengo el honor de poner en conocimiento de V. E. el decreto que dice:

"Decreto número 43. — Considerando: que la Comandancia General de la República es un empleo cuya reposición no está prevista por nuestras leyes. — Considerando: que dicho empleo no puede ejercerse por incompatibilidad cuando, conforme al artículo 107 de la Constitución Política, el Poder Ejecutivo recae en el Consejo de Ministros. — Por tanto, el Consejo de Ministros RESUELVE: 1° —

Reconocer como comandante general de la República al señor presidente general don Terencio Sierra; y 2° — Que se le guarden y hagan guardar todos los honores que le corresponden, y se le preste, por sus subalternos, la obediencia debida. — Dado en Tegucigalpa, a los 31 días del mes de enero de mil novecientos tres. — El secretario de Estado en el Despacho de la Gobernación, por la ley, Trinidad Fiallos S. — El secretario de Estado en el Despacho de Relaciones Exteriores, Juan A. Arias. — El secretario de Estado en el Despacho de la Guerra, Máximo B. Rosales. — El secretario de Estado en el Despacho de Hacienda y Crédito Público, D. Fortín h. — El secretario de Estado en el Despacho de Justicia e Instrucción Pública, Manuel S. López. — El secretario de Estado en el Despacho de Fomento y Obras Públicas, Francisco Altschul".

So de V. E. muy atento y seguro servidor.

JUAN A. ARIAS".

CAPÍTULO II: UNA GUERRA QUE PUDO SER EVITADA

Se generaliza el movimiento constitucionalista. – Escaramuza de Apacilagua. – Sale el general Sierra para Nacaome. – Combate. – El Congreso inconstitucional.

Al grito de guerra lanzado por el general Bonilla desde el puerto de Amapala, respondió la República entera como un solo hombre, y a pesar de la vigilancia de los empleados de la usurpación, a despecho de la espantosa tiranía que ni respetó la vida, ni la conciencia, ni la razón, todos los pueblos aun de aquellos donde contaban con sus supuestos prestigios los aristas, las poblaciones quedaban abandonadas y los montes se poblaban de ciudadanos dispuestos a ofrendar la existencia por la reivindicación nacional.

En el departamento de Choluteca la comisión dada al general don Mariano Ortez, producía los mejores resultados, pues no solo había logrado formar una columna respetable, sino que también el 10 de febrero pudo enviar al puerto de Amapala una compañía de patriotas que, armados inmediatamente, quedaron en estado de combatir. Habiendo sabido el general Ortez, que el capitán Pedro R. Osorio, comandante local de Apacilagua, con una escolta de 25 hombres campaba en aquel pueblo, paralizando el movimiento de los patriotas que huían de esa dirección hacia el puerto de Amapala, dispuso ir a combatirla, como al efecto lo hizo, destacando la noche del 12 de febrero al capitán don Felipe Acosta, con una pequeña columna, y saliendo poco después el propio general Ortez del lugar llamado "El Trapiche".

La escaramuza no tuvo significación de gran importancia, pues bastó media hora de fuego para que Osorio abandonase la plaza, dejando en poder de los legitimistas las armas y el parque de fusiles que tenía. Las pérdidas fueron escasas, como se verá por el informe del propio jefe, en el apéndice correspondiente.

Al mismo tiempo, el general Spilbury, que ha prestado desde hace mucho tiempo servicios a Honduras, levantaba una columna de voluntarios en la jurisdicción de Concepción de María; el general don Juan Benito Mendoza y sus hijos hacían otro tanto en la comprensión

275

de San Marcos de Colón y de San Francisco; y el coronel don Silvano Aguilar en Orocuina.

Encontrándose la mayor parte de aquella Brigada sin armas para combatir, se dirigió el general Ortez para la isla del Tigre, por el puertecito de "los Loros," el día 20 de febrero.

El general Sierra no había obrado con cordura como presidente durante la lucha electoral, porque pudo evitar la guerra y solo se ocupó de provocarla, así como en la lucha armada procedió completamente extraviado.

El general Bonilla se retiró al puerto de Amapala, no solo para darse las seguridades de que carecía por completo en la capital, sino porque allí le era fácil conseguir los elementos indispensables para operar libremente a la hora que le hubiera convenido.

El general Sierra sabía que Amapala es una verdadera trampa para el que coja el puerto en un momento dado, sin contar con amigos que le secunden dentro del país; pero el punto más estratégico en aquel entonces para el general Bonilla, pues era un invulnerable por el ejército del interior y le ponía en fácil comunicación exterior.

En esa creencia errónea, el general Sierra preparó el ejército que, no solo iba a vencer las huestes de la legalidad en el sur, sino que también a su regreso aplastaría al Dr. Arias y a los suyos. Por ese motivo no quiso que salieran armas para occidente, sino después que se vio perdido y quiso que la responsabilidad cayera solo sobre los que le habían servido de instrumentos.

Con 1,200 hombres, seis piezas de artillería ligera, dinero en abundancia, víveres y todo cuanto puede ser útil para una campaña, salió el general Sierra el 14 de febrero, riéndose del resultado del aplastamiento de moscas que iba a realizar en el sur de Honduras.

Con las columnas de Antúnez y del general Andrés Matute, completó dos mil soldados, que agregándosele la fuerza del comandante de Valle, general Sotero Flores, reunía bajo su mando 2,250 hombres.

Se cuenta que de la gente de Tegucigalpa, la mayor parte legitimista, hubo quien llorase al ver salir la fuerza del general Sierra.

Poco antes de la salida del general Sierra para el sur, los restos del Congreso Nacional, disuelto de hecho por la ausencia de la mayor parte de los propietarios, se reunieron con algunos suplentes hechos venir urgentemente, y después de aprobar tanto el decreto del depósito en el Consejo de Ministros como el nombramiento de un comandante general, continuó sus sesiones, de las cuales la más famosa, la más digna de que sea estudiada, es la siguiente:

"DÉCIMA NOVENA SESIÓN DEL CONGRESO NACIONAL

Tegucigalpa: 16 de febrero de 1903.

Presidió el diputado Bendaña, con asistencia de los representantes Alvarado, Barahona (M. F.), Bueso, Castillo, Cervantes, Chacón, Estrada, Fiallos, Fugón, Gálvez, Hernández, Laínez, Maradiaga, Mejía Colindres, Pineda (don Anselmo), Pineda (don Ricardo), Reyes, Rivera, Rojas, Trejo, Uclés, Vidal, Villafranca, Zelaya y los secretarios Soto y Rivas.

1°. – Abierta la sesión, se leyó el acta de la anterior, y sin discusión, fue aprobada.

2°. – Estando presente el señor licenciado don José María Cruz, diputado suplente por el departamento de Copán, se le excitó para que presentara sus credenciales a la comisión respectiva.

3°. – Se suspendió la sesión.

4°. – Continuada esta, la Comisión de Credenciales dio cuenta con su dictamen, en el que manifiesta se aprueben las credenciales en referencia, el que, puesto a discusión, fue aprobado, presentando a continuación el señor Cruz la promesa constitucional en la forma reglamentaria.

5°. – Se dio cuenta del dictamen de la comisión que hizo el escrutinio general de votos para presidente y vicepresidente de la República, en vista de las actas remitidas por el señor secretario de Estado en el despacho de Gobernación. La comisión opina que, no encontrando con las formalidades legales las actas de los pueblos de Cedros, Santa Ana, Valle de Ángeles, Maraita, Tatumbla, San Antonio de Oriente, Lepaterique, Santa Lucía, Marale, Alubarén, Orica, Concepción, Santa Fe, Piraera, La Virtud, Soledad, Liure, San Lucas, Teupacenti, Alauca, Potrerillos, Concepción de María, Marcovia, Juticalpa, Gualaco, San Francisco de la Paz, Guata, Yocón, Guayape, La Unión, Campamento, Esquipulas del Norte, San José de Colinas,

Naranjito, San Francisco, Concepción del Norte, Atima, Chinda, Santa Ana, Santa Hiena, Chinada, Camasca, Concepción de Intibucá, Santa Lucía de ídem., San Jerónimo, San José del Potrero, San José de Comayagua, Santa Cruz de Yojoa, San Manuel, Olanchito, Sulaco, Jocón, Agalteca, Iriona, Santa Rosa de Aguan, Tocoa, Balfate, Sonaguera, Langue, Caridad, Guanaja, Utila, Puerto Sierra y Amapala, por no estar extendidas conforme al artículo 29 de la Ley de Elecciones, carecen de autenticidad y no deben tomarse en cuenta. Practicado el escrutinio con las restantes actas, resultó un total de 58,539 votos, distribuidos de la manera siguiente:

Para presidente:

General don Manuel Bonilla   28,550
Doctor don Juan Ángel Arias   25,118
Doctor don Marco A. Soto   4,857
Otros Candidatos   14

Para vicepresidente

General don Miguel R. Dávila   28,548
General don Máximo B. Rosales   25,117
Doctor don Rafael Alvarado M   4,885
Otros candidatos   19;

y que siendo 29,269 la mitad del número total de electores, aparece que ninguno de los candidatos obtuvo mayoría absoluta de votos, al tenor de lo dispuesto en el artículo 79 de la Ley de Elecciones; por lo que la comisión cree, que de acuerdo con el artículo 90, inciso 10 de la Constitución Política, el Congreso debe hacer la elección de presidente y vicepresidente, entre los tres candidatos que hubieren obtenido mayor número de sufragios para cada cargo, y los cuales son: general don Manuel Bonilla, doctor don Juan Ángel Arias y doctor don Marco A. Soto, para presidente; y para vicepresidente, los generales don Miguel R. Dávila y don Máximo B. Rosales y doctor don Rafael Alvarado Manzano. El diputado Rivas, miembro de la Comisión de Escrutinio, se abstuvo de firmar el dictamen por no estar de acuerdo con él.

Puesto a discusión el dictamen, se declaró suficientemente discutido y aprobado. El diputado Uclés pidió que siendo este asunto de grandísima importancia para la República, se tomara votación nominal.

La Secretaría manifestó que, aunque la Cámara ya había pronunciado la aprobación del dictamen, no había inconveniente en repetir la votación. Tomada esta, resultó aprobado el dictamen por 22 votos en favor de este, y 6 en contra del mismo.

Razonaron sus votos los señores diputados siguientes:

El diputado Uclés dijo: yo, con la convicción de que la mayor parte de las actas de la elección de Autoridades Supremas han sido protestadas, creo que la elección debe declararse totalmente nula y reponerse por los pueblos en los próximos comicios. Mi voto, pues, es en contra del dictamen y por la reposición de la elección de Autoridades Supremas.

El diputado Vidal: voto por el dictamen, porque lo he suscrito de la manera más honrada. Las actas mencionadas no podían tomarse en cuenta porque carecen de validez ante la ley, así como no es válida tampoco una escritura sin firma del cartulario que la autorice. En este sentido, la comisión dictaminó con entera conciencia y procedió con honradez.

El diputado Pineda (don Anselmo): no dudando de la buena fe que merece la comisión, mi voto es en favor del dictamen.

El diputado Laínez: suplico a la Secretaría se sirva anotar mi voto en contra, porque creo que las actas no son nulas. Razonó extensamente su voto probando la razón de sus argumentos.

El diputado Hernández: voto por el dictamen, haciendo la debida apreciación de lo que hace poco dijo el diputado Vidal. La forma garantiza el fondo en todas las cosas y en todas las leyes. Han venido muchas actas que no están de conformidad con la ley a este respecto; de tal manera, que son verdaderamente nulas. Este será un juicio puramente privativo de algunos de nosotros; pero el hecho es que así lo preceptúa la ley y asimismo tendrá que pasar a la historia. A mi juicio, las actas son nulas porque no solamente lo previene la ley en su espíritu, sino también en su letra. Así es que, no solamente en el fondo, sino en la forma, estoy por el dictamen y quiero se consignen expresamente mis palabras.

El diputado Zelaya manifestó: que estimándose nula la elección puesto al debate, según el dictamen de la comisión, votaba porque se procediese a nueva elección, conforme al artículo 56 de la Ley Electoral.

El diputado Rivas dijo: no estoy de acuerdo con el dictamen; conozco perfectamente las actas, porque las he estudiado a fondo y sé que hay más de ochenta y siete protestas, muchas de ellas muy fundadas; en la capital, por ejemplo, hubo absolutismo de parte de las mesas electorales; se rechazaron varias protestas que, en uso de su derecho, presentaron varios electores, y todo aquello que se haga por las autoridades o funcionarios públicos con el fin de impedir el ejercicio de un derecho, conforme al artículo 4° de la Constitución Política, es nulo y de ningún valor.

En este asunto se ventilan intereses de vital importancia para la República: este acto tiene resonancia trascendental ante la historia. Bien se comprende que hay en juego muchísimos intereses personales de parte de las distintas fracciones que disputaron el poder público en las elecciones últimamente efectuadas, y proceder a nuevas elecciones sería volver a encender esos odios que han dado por resultado venganzas, levantamientos armados y divisiones profundas entre la familia hondureña; pero ante todo, está la conveniencia pública. Las muchas protestas, procedentes de las distintas agrupaciones políticas, manifiestan que hubo fraude notorio en la elección, y que deben calificarse esas protestas, las que hacen presumir que no se ha manifestado con exactitud la voluntad de los electores; por este motivo, voto en contra del dictamen.

6°. – La Secretaría manifestó: que habiéndose aprobado el dictamen, iba a procederse a la elección de presidente de la República, y leyó la parte correspondiente del dictamen aprobado, en que se propone que el Congreso haga la elección del presidente y vicepresidente entre los tres candidatos que han obtenido mayoría de votos para cada cargo. Tomada votación nominal para presidente de la República, resultó que los diputados Vidal, Castillo, Pineda (don Anselmo), Villafranca, Reyes, Chacón, Mejía Colindres, Pineda (don Ricardo), Laínez, Fugón, Bueso, Cruz, Fiallos, Hernández, Gálvez,

Estrada, Maradiaga, Zelaya, Barahona, Trejo, Alvarado, Bendaña y Soto; total 23 votaron por el doctor don Juan Ángel Arias; los diputados Uclés, Cervantes y Rivas, por el doctor don Marco A. Soto, y los diputados Rojas y Rivera, por el general don Manuel Bonilla. Razonaron sus votos los diputados Uclés y Hernández.

El diputado Uclés: habiendo votado contra el dictamen y por la nulidad total de la elección, mi voto sería por la reposición de la misma elección; pero debiendo dar un voto expreso por determinada persona, lo doy por el doctor Marco A. Soto.

El diputado Hernández dijo: doy mi voto por el doctor Juan Ángel Arias. Este voto no solamente es ad libitum, sino que está dentro de la esfera de la Constitución, porque en ella hay un artículo que ordena, como en el caso presente, que entre los tres candidatos que hayan obtenido mayor número de votos, debe elegir el Congreso a cualquiera de ellos. Digo esto no solo porque podría creerse que mi voto está autorizado únicamente por mis simpatías particulares, sino porque creo que la elección del doctor Arias es enteramente legal, y quiero que así se consigne en el acta.

El diputado Zelaya dijo: que habiendo votado contra el dictamen y porque se repusiese la elección, no se consideraba obligado a votar, salvo que la Mesa resolviera en contrario. Habiéndose resuelto que estaba obligado a dar su voto, lo hizo por el doctor Arias.

La Secretaría hizo presente que se procedería a tomar votación para elegir el vicepresidente de la República. Tomada la votación, dio el siguiente resultado: 24 señores representantes votaron por el general don Máximo B. Rosales; 2 por el general don Miguel R. Dávila, y 2 por el doctor don Rafael Alvarado M.

8°. – La Secretaría manifestó que en virtud de las dos votaciones anteriores, quedaban electos presidente y vicepresidente de la República, en el término constitucional de 1903 a 1907, respectivamente, el señor doctor Juan Ángel Arias y el general don Máximo B. Rosales.

9°. – Se suspendió la sesión.

10°. – Continuada esta, la Secretaría propuso el proyecto de decreto en el que se declara constitucionalmente electo presidente y vicepresidente de la República, por su orden, a los señores doctor don

Juan Ángel Arias y general don Máximo B. Rosales; y prescribe que prestarán la promesa constitucional cuando lo estimen conveniente.

Puesto a discusión, el diputado Zelaya indicó que deseaba que se determinara la fecha de la toma de posesión.

El diputado Gálvez hizo moción para que, en este mismo decreto se señale también la fecha en que deban prestar la promesa de ley los miembros del Tribunal Superior de Cuentas, últimamente nombrados. El Congreso no la tomó en consideración.

El diputado Barahona hizo moción para que la Secretaría agregara en el decreto que los miembros del Tribunal Superior de Cuentas debían prestar la promesa, lo mismo que el presidente y vicepresidente de la República, cuando lo tengan por conveniente. La Cámara tampoco la tomó en consideración.

El diputado Laínez hizo moción para que las Autoridades Supremas del Estado presten la promesa en la fecha que oportunamente les señale el Congreso. Fue tomada en consideración, y puesta a discusión, el diputado Uclés indicó: que le parecían inconvenientes los términos del decreto en cuanto a que la promesa del presidente y el vicepresidente fueran hechas cuando ellos lo creyeran conveniente, porque era indefinido y podrían no querer prestarla en ningún tiempo; que la fecha de que se trata debía quedar a la disposición del Congreso o del presidente del mismo; que no era correcto que tratándose de las Autoridades Supremas, se hablara en el mismo decreto de los señores contadores, y concluyó indicando que la Secretaría debía precisar la fecha, o decir que sea cuando el presidente del Congreso la señale.

El diputado Cruz hizo indicación para que no se señale la fecha, pero sí se diga que la promesa debe prestarse en la presente Legislatura.

El Diputado Hernández expresó: que no podrían cohonestarse el hecho de fijar fecha determinada para el presidente de la República, con los términos del decreto en que se reconoce al señor general Sierra comandante general del Ejército, porque si aquella fecha se fijara, en la misma tendría que depositar la Comandancia General el general Sierra en el presidente electo.

El diputado Vidal dijo: que por razones de conveniencia pública tal vez las autoridades electas no podrían prestar la promesa cuando se les designara; pero que el Poder Legislativo, en virtud del artículo 92 de la Constitución Política, podría delegar esa facultad: y que, por tanto, hacía moción para que el Congreso la delegara en el Consejo de Ministros.

El diputado Soto defendió los términos en que está redactado el decreto, y apoyó la moción del diputado Vidal, expresando que ella podía consignarse en un inciso del mismo decreto.

El diputado Laínez pidió permiso para retirar su moción, el que le fue concedido por la Cámara.

El diputado Cruz declaró que se hallaba de acuerdo con la moción del diputado Vidal, y que se consignara en inciso especial como lo deseaba la Secretaría.

Terminada la discusión, fue aprobado el proyecto con la moción del diputado Vidal.

11°. – Se dio lectura a una solicitud presentada por don Pedro Díaz M., en representación de Francisco Antonio Morga y García, y contraída a pedir indulto de la pena de dos años cinco meses quince días de presidio que por el delito de lesiones, le impuso el Juzgado de Letras de la sección de Danlí. Se pasó a la Comisión de Justicia.

12° – El diputado Vidal hizo moción para que se celebren dos sesiones diarias, a contar de hoy, en atención al poco tiempo de que el Congreso dispone para sus sesiones ordinarias, y que se paguen dobles dietas a los señores diputados. Tomada en consideración, fue aprobada, y la Mesa señaló las 7 p. m. para la segunda sesión; y

13°. – Se levantó la sesión.

JESÚS BENDAÑA,
Vicepresidente.

JOAQUÍN SOTO,
Secretario JACINTO R. RIVAS,
Vicesecretario

CAPÍTULO III: EL DEBER DE MORIR COMO SOLDADO

Consideraciones sobre la sesión del 16 de febrero del Congreso inconstitucional. – Invasión de Occidente. – Invasión de Occidente. – Toma de Ocotepeque.

Una vez disuelta la Asamblea Nacional por la retirada a la frontera de la mayor parte de los Diputados, entre ellos el presidente del Congreso, no pudo, sino previa convocatoria, reinstalarse para conocer de las cuestiones de que debió haberse ocupado durante los primeros días del mes de enero, esto es, de la declaratoria de las elecciones de Autoridades Supremas y del nombramiento de los designados a la presidencia de la República.

Como hemos dicho en otras ocasiones, con motivo de la afirmación del general Sierra, de que un Congreso es un gran jurado nacional, creemos y podemos sostenerlo siempre, que ni una Constituyente, no digamos una Asamblea Legislativa, tiene semejanza con un jurado, porque mientras este resuelve sin más consultorio que su conciencia, las otras deben basarse en el espíritu o la letra de las leyes universales o locales; así, pues, declarado el país en los comicios en favor del general Bonilla, era traicionar a la República dar un voto que contrariaba la soberanía nacional, de la que los diputados son simplemente delegados.

En el Título VIII, Art. 54 de la Ley de Elecciones, no se encuentra en ninguno de los incisos como motivo de nulidad, la falta de la firma del Secretario Municipal, pues basta la de los miembros de la Mesa electora, sin embargo, fue la causa alegada para anular las actas de una tercera parte o quizá la mitad de los votos que el pueblo hondureño, pasando sobre las bayonetas, depositó en octubre por el candidato popular.

Si la simple falsificación de un documento cualquiera está penado por las leyes, la falsificación hecha por representantes del pueblo para contrariar su soberanía, es más criminal y los diputados actores o cómplices del último escándalo provocado por su cobardía o por su mala fe, debieron ir a la Penitenciaría, junto con los reos de asesinatos monstruosos, porque por ellos la sangre de más de mil hondureños ha

285

teñido el suelo de la patria y por su causa más de dos millones de pesos faltan a la riqueza nacional.

Entre aquella Asamblea de parciales solo tres diputados tuvieron conciencia de lo que hacían: el licenciado don Silverio Laínez, que declaró que en su concepto no eran nulas las actas y los señores Rojas y Rivera que, aun conociendo la situación, dieron su voto por el electo por la nación. Desgraciadamente, el licenciado Laínez votó por el doctor Arias, teniendo la convicción de la legalidad de las actas, como hemos visto en su voto razonado. Ha pasado la tormenta, el cielo de la patria despejado solo deja entrever risueño horizonte de un porvenir de Justicia y de afianzamiento de la libertad; pero es preciso que se cumpla lo que el diputado don Jacinto Rivas dijo en la famosa sesión de que nos ocupamos: "En este asunto se ventilan intereses de vital importancia para la República, este acto tiene resonancia trascendental ante la historia".

La historia ha recogido sus palabras de aquel día en que su voto contribuyó a que la muerte fuera necesaria para la redención de Honduras y ella, severa e imparcial, declara que no es cierto lo que el diputado Rivas aseguró con relación a las elecciones de Tegucigalpa.

Personas honradas como don Jacob Estrada, el doctor Samuel Gómez E. y otros de reconocida honorabilidad, presidieron las elecciones de octubre en la capital, y no solo aceptaron las protestas inmotivadas del círculo sotista, sino que invitaron y aun exigieron que los acompañasen representantes de los dos partidos, de la minoría. No hubo, pues, absolutismo en la mesa electoral de esta ciudad, sino completa tolerancia de parte de los bonillistas, pues las violencias fueron cometidas por el entonces ministro de la Guerra, general Rosales, quien mandó hacer fuego sobre el pueblo y lo cual no se verificó por la actitud del secretario privado del presidente, Dr. Don Rafael Alvarado Guerrero y del general don Dionisio Gutiérrez.

En Comayagüela sí se cometieron horribles atentados contra la Ley de Elecciones. El comandante Pedro Díaz, con una escolta de 25 hombres, frente al Cabildo electoral, amenazaba o rechazaba a los bonillistas, llegando a provocar un conflicto con la policía, que por la pericia y valor del entonces coronel Christmas, no manchó de sangre las calles de la ciudad; el comandante 1° don César Castillo, revólver en mano, no apaleó solamente, sino que dio orden de fusilar al coronel don Marcelo Rivera, y, cerrando las puertas, declaró por sí y ante sí la mayoría para don Juan Ángel, sin acordarse que la Presidencia contra el gusto de la Nación, se convierte entre nosotros en Penitenciaría o Cementerio.

Mucha razón tuvo, pues, la Asamblea que declaró nulos todos los actos de los usurpadores, desde la fecha en que se reinstalaron en Congreso; pero faltó para realizar la justicia por completo, declararlos traidores a la República y reos de tan feo delito.

Desde a fines de enero, el patriota Dr. Don Eduardo Hernández se trasladó a la población salvadoreña Citalá, de donde hizo un llamamiento a los buenos hijos de Copán, por si, lo que ya se esperaba del Gobierno, hacía indispensable la guerra.

A 350 voluntarios llegó el número de soldados de la reivindicación, organizándose bajo el mando del general don Maximino Mondragón, quien nombró segundo suyo al general don Fidel Bulnes.

El 12 de febrero, a las cuatro de la tarde, la columna de patriotas copanecos atravesó la frontera de la patria y, tomando por el camino de la "Ermita", se dirigió sobre Ocotepeque, la segunda ciudad del departamento de Copán.

El general don Ezequiel Ferrera, uno de los mejores jefes del ejército hondureño, acampaba en esa ciudad, comandando 400 hombres del Gobierno usurpador.

Procediendo caballerosamente el general Mondragón, intimó al general Ferrera la entrega de la plaza, recordándole que apoyaba una causa injusta y que era de honor militar no sacar la espada sino por la defensa de la patria o de sus instituciones.

El general Ferrera contestó inmediatamente manifestando que cumpliría con su deber de soldado hasta morir, y que esperaba el ataque, y acto continuo, destacó una columna a ocupar el cerro de "La Cruz", a un poco más de media legua de Ocotepeque. Era el jefe de esa fuerza destacada el general don Guadalupe López.

El general Mondragón, que se encontraba a poco menos de dos leguas del campamento del general López, hizo salir a los coroneles don Francisco Argeñal y don Nemesio Merino, para que al asalto tomaran el cerro, lo que estos valerosos jefes hicieron con tal arrojo, que en dos horas de fuego desalojaron al enemigo, dejándoles todos sus pertrechos de guerra.

Después de esta primera victoria, las Municipalidades de Sinuapa, Concepción y Santa Fe, acordaron desconocer al Gobierno de Tegucigalpa y adherirse a la causa constitucionalista.

El 18 de febrero, el general Mondragón dispuso atacar la plaza de Ocotepeque, y al efecto, hizo marchar por la derecha al coronel Argeñal con 60 soldados, por la izquierda al coronel don César Lagos con 40 y por el centro, cada uno con 50, a los coroneles don Francisco Guerrero y don Salvador Coto. Dejó la caballería como reserva al mando de los tenientes-coroneles don Manuel J. Jordán, don J. Salvador Pineda y don Miguel Castillo.

A las 4 y 20' de la tarde se rompieron los fuegos, y después de dos horas y media, las primeras casas de la población estaban en poder de los legitimistas.

El 19, a las 4 y 25' de la tarde, después de un combate de 24 horas, los usurpadores abandonaron la plaza, dejando 30 prisioneros, 300 fusiles y su equipo, así como las bestias de la remonta.

Por el parte del jefe se verá quiénes fueron los más distinguidos por su valor en aquel primer triunfo de las armas del Gobierno constitucional, en occidente.

CAPÍTULO IV: ¡HONDURAS EN GUERRA!

Combate de Lamaní. – Retirada del general Medal. – Batalla del Aceituno. – Desastre del general Sierra. – Falsos informes de los usurpadores.

Estaba perfectamente indicado por el arte de la guerra, cortar la comunicación de la capital con los departamentos de Comayagua y de La Paz, porque eran los centros de donde los usurpadores podían reclutar gente para sostenerse. El general Bonilla, conocedor del país y de la situación del fatal Gobierno del doctor Arias, dispuso que el general don Saturnino Medal saliera a realizar el plan estratégico de que hemos hecho mención; y al efecto, el 17 de febrero, con una sección de la Brigada del general don Alfonso Gallardo, que acampaba en Langue, se dirigió a la Villa de San Antonio del Norte, a donde se había trasladado de Aramecina el coronel Lee Christmas con su cuadro de policías y oficiales.

La Cuesta Grande o de Las Vueltas, forma el gran cinturón de montañas que amuralla por el este el espléndido valle de Comayagua, dejando la bellísima llanura de catorce leguas de largo, por ocho de ancho, a cerca de cinco mil pies bajo la aldea de Protección, la cual ocupa el punto medio entre la antigua Valladolid y Tegucigalpa.

Una fuerza de cien hombres bien equipados que defendiera el camino de esa montaña, sería invencible, y el general Medal, para apoderarse de la cordillera sin dejar enemigo a su retaguardia, se dirigió al pueblo de Lamaní, a donde llegó temprano el 23 de febrero.

Poco rato después de haber acampado el general Medal, un escuadrón de caballería enemiga, que indudablemente se ocupaba de explorar el campo, apareció cerca del pueblo, pero a las primeras descargas del retén legitimista, huyó a la desbandada para su cuartel general.

El 24 de febrero, a las 12 a.m., los generales don Teodoro Valladares y don Lorenzo España, con trescientos hombres perfectamente equipados, se presentaron en son de combate, cargando las improvisadas fortificaciones de la línea exterior donde los retenes avanzados defendían a Lamaní.

El General don Juan Ramón Soto, al occidente de la línea de combate; al norte, el comandante don Tomás Cuchilla; en el centro o vértice de estas líneas, el general Medal y el coronel Christmas; y al oriente, el coronel don Jerónimo M. Rivas, se sostuvieron brillantemente durante tres horas; pero al vencerse este tiempo, el retén constitucionalista de occidente cedió por fin a la carga certera y a la superioridad del número; pero el general Soto recogió a los soldados y policías dispersos, y en lugar de intentar la reconquista de la posición perdida por el frente, el jefe Medal ordenó una carga violenta por el flanco derecho de los defensores de la usurpación, movimiento que, combinado con otro semejante, hecho por el coronel Rivas a la izquierda, las fuerzas del arismo abandonaron los puntos que habían conquistado, y cuando el sol se ponía tras la lejana y fértil montaña de Pane, solamente uno que otro tiro de fusil se podía escuchar de tiempo en tiempo, en el distante llano que se extiende haciendo horizonte por el norte de la población.

El 25 de febrero, tanto porque los elementos de guerra se habían consumido casi por completo, como porque era necesario esperar refuerzos para atacar La Paz, donde tenían los aristas su cuartel general, la columna del general Medal se dirigió en contra marcha hacia San Antonio del Norte.

Comprendiendo el general Sierra que si tardaba más tiempo en Nacaome sin operar sobre el enemigo, no le quedaría tropa, dispuso después alistar todos los medies de trasporte para conducir los grandes recursos y elementos de guerra de que disponía. Al efecto, el 22 de febrero, muy temprano, tomó el camino de El Aceituno, donde pensaba que con solo su presencia el ejército de la legalidad huiría amedrentado.

El coronel don Francisco Soriano, a las 2 y 15' p.m., se encontró con la avanzada del ejército del general Sierra, dando parte, a poco más de las 3, del movimiento de los aristas que, por Quebrada Seca, a legua y media de El Aceituno, había dejado.

A las cinco y cuarto de esa misma tarde, el batallón vanguardia, al mando del coronel Pablo Bueso, se situó frente a las posiciones del Gobierno legítimo, rompiendo los fuegos de llamada de atención, mientras un segundo batallón, al mando del coronel Romualdo Figueroa, avanzaba en línea oblicua al flanco derecho del primero. Al mismo tiempo, el coronel don Alfredo Labró ocupaba la colina llamada El Tránsito o Chaparral, situada al este del puertecito de El Aceituno, a una distancia de unos mil cien metros, próximamente.

El presidente de la República, general don Manuel Bonilla, vio claramente su difícil situación; pues solo haciendo uso de la mayor resistencia y heroísmo, podían sostener el puesto los 250 hombres a que llegaba el total de los defensores del puerto, la tarde del 22 de febrero. El mayor general, don Dionisio Gutiérrez, cumpliendo la orden del comandante en jefe, distribuyó en pequeños retenes aquel puñado de valientes, y el combate se inició, dispuestos los legitimistas a sucumbir antes por la muerte que por la derrota.

Un cañoncito de a 6 y ½, sistema Krupp, modelo 1866, era la única pieza de artillería con que contaba en El Aceituno el general Bonilla; mientras el general Sierra tenía dos Hotchkiss, de a 7 y ½, en el Chaparral, y otras dos piezas de igual clase en un flanco del cuartel general de Los Luises.

Bien haya sido por la confianza que tenía el general Sierra en su triunfo, bien porque toda fuerza que destacaba distante del centro se le desertaba, es lo cierto que no cuidó de romper la línea telegráfica que de El Aceituno partía por La Alianza para Goascorán y Langue, de donde debían llegar recursos de gente y elementos a su contrario.

El hecho de que no atacara simultáneamente Langue, El Tránsito y El Aceituno, solo se explica por la certeza que tenía de que a los primeros tiros de sus 1,800 hombres, no le habrían quedado ni la cuarta parte; por eso inició el ataque dejando de por medio el estero del puerto que les servía de valla a sus desertores.

Durante la noche del 22, la fuerza de los usurpadores trabajó sin descanso en sus atrincheramientos, mientras, haciendo uso de correos y del telégrafo, desarrollaba su nuevo plan el general Bonilla.

Durante aquellas doce horas de espera, apenas llegaron al campamento constitucionalista doce hombres de la guarnicioncita de Goascorán y 18 del puerto de Amapala.

Tal era la verdadera situación, cuando al salir el sol sobre las lomas lejanas del oriente, los dos cañones del Chaparral abrieron sus certeros fuegos sobre el cerrito donde el comandante, don Benjamín Sánchez, con un grupo de patriotas, defendía su pieza de artillería.

A las 6 y 25, la tropa del general Sierra, confiando en el resultado del fuego de sus artilleros, dispuso una carga de infantería sobre el cerro de La Quebrada y sobre el camino de Nacaome; pero en los dos puntos fue rechazada.

A las 9 de la mañana, el coronel don Andrés Leiva, que había sido llamado de El Tránsito, con su columna de 125 soldados, atacó el flanco derecho del enemigo, haciendo una importante llamada de atención; mientras el coronel don Marcelo Rivera, con 100 hombres más, se le unía, procedente de Langue, como sucedió efectivamente a las 11 y 10 a. m.

La convicción de la mala causa, el desprestigio de aquellos hombres que por gusto ensangrentaron el país, comenzó a producir, con la resistencia y valor de los bonillistas, el desbande del ejército del general Sierra, pues a las 4 de la tarde del 23, partidas de 25 y de 30 hombres arrojaban las armas y huían en distintas direcciones.

Esta difícil situación fue agravada por la carga que, a las 5 de aquella misma tarde, dio el coronel don Maximiliano Ferrari, con 60 de caballería, por la propia retaguardia del cuartel general de los aristas.

La noche del 23, los coroneles Jirón y Moneada llegaron al Aceituno, procedentes de Amapala, con 80 soldados; y en la mañana del 24, el general don Mariano Ortez, con 200, procedente de la isla de Ratón, de donde le había hecho llamar el comandante General. Al amanecer de este día, la rabia de los que ya se sentían vencidos por el heroísmo de los defensores de la Constitución, se manifestó bombardeando todas las casitas que forman el puertecillo de El Aceituno; una de ellas fue incendiada y la mayor parte despedazadas sus techumbres, no llegando a respetar ni aquella en que flameaba la sagrada bandera de la Cruz Roja.

A las 11 y ½ del 24, el general Sierra hizo su más desesperado esfuerzo por arrebatar El Aceituno al general Bonilla; empeñó todas las fuerzas de que disponía y él personalmente dirigió aquel infructuoso ataque, pues si cuando eran apenas 250 los defensores, solo habían conseguido su derrota, con ya cerca de mil le era imposible vencer. Efectivamente, a las tres de la tarde el desastre fue inevitable para los asaltantes, y la deserción creció de modo escandaloso, pudiendo apenas mantener un lento tiroteo durante la tarde de aquel día, para mientras 500 hombres, resto de los 1,800 que habían llegado, se alistaban para el regreso a Nacaome.

Todavía la noche del 24, cien hombres al mando del coronel don Ezequiel Aplicano, fueron a engrosar las huestes victoriosas de El Aceituno.

En la retirada, más bien en la fuga de los aristas, dejaron en su campamento 55,000 cartuchos de fusil, 14 cajas de parque de artillería, 400 Remington, el material de la ambulancia médica, 2 tiendas de campaña y la correspondencia del general en jefe.

Entre las bajas del ejército legitimista hubo que contar 7 muertos y 20 heridos, entre los primeros el coronel don Francisco Soriano, joven que era una esperanza para el país.

Por los partes oficiales de los jefes de los dos ejércitos, que como anexos publicamos en esta historia, conocerán nuestros lectores los detalles de la acción.

CAPÍTULO IV: "EL ENEMIGO TUVO MÁS DE SETENTA MUERTOS"

Conducta del general don Teodoro Valladares. – Telegramas del doctor Arias del 25 de febrero, con motivo de la derrota sufrida por sus armas en Lamaní. – Gacetilla de El Constitucional respecto a esta acción. – Asesinato del general Valladares.

Cuando en nuestros países azota una tempestad política, que casi siempre reviste caracteres sociales, es preciso tener el alma templada como el hierro gris para soportar la presión que tienden a ejercer las pasiones encontradas, fuego, yunque y metal en que cada uno reclama la mejor parte para sí.

Hay, sin embargo, en estas luchas desgraciadas que el tiempo descorre y analiza la Historia, personas y acontecimientos que tienen la pureza de las nieves eternas y la blancura de la luz del sol, cuando aún no ha roto las aristas de un prisma de cristal.

Hombre, aunque no sin pecado, era como la blanca nieve, por la franqueza, el veterano general don Teodoro Valladares. Soldado de la libertad, desde joven, primero con el fusil, después con la espada, supo defender la causa de la democracia, que es la causa del pueblo soberano, de donde él naciera, y de la reivindicación política de que desde la independencia somos acreedores y la cual conoció con honradez, y a la que se consagró con entusiasmo.

La biografía del general don Teodoro Valladares no es para este libro, y nos concretamos a narrar su conducta en los acontecimientos que debían costarle la vida.

El general Sierra, que había roto con todos los partidos del país, que no quería crear un círculo personal, porque entendía que nada valen en la historia esos partidos mezquinos; que odiaba al círculo que le elevara, por envidia y por rivalidad, y al conservador por sus propias creencias, quedaba en el vacío, y descargó su despecho contra el elegido de los pueblos, contra el que hubiera ocupado su lugar en 1899 sino hubiera habido de por medio la altivez de aquel a quien consideraba su rival, aun después de renunciar el general Bonilla a todo trabajo en favor de su candidatura, cuando pudiera haberlo hecho con el mejor éxito, por el apoyo con que contaba en el interior de

Honduras por sus prestigios, y fuera por las ofertas del gobierno de El Salvador.

Esa causa como originaria, y las intrigas de su mujer, que supo hacerlo un instrumento de sus caprichos, precipitaron al general Sierra a la carrera de la ilegalidad y del abuso, entre cuyas víctimas contamos al infortunado general Valladares.

El asesinato de este veterano de nuestro Ejército, reviste los tintes más sombríos en el lúgubre cuadro que desarrollaron como artistas del mal el general Sierra en los últimos meses de su administración y el doctor Arias en los únicos días que dispuso de ilimitado poder en su vida.

De antaño estaba la íntima amistad de los generales Bonilla y Valladares y desde que comenzó la cuestión electoral, siendo el segundo de estos Comandante del departamento de Valle, manifestó al general Sierra que trabajaría como ciudadano en favor de la candidatura del general Bonilla, para cuyo fin le suplicaba aceptase su renuncia.

El presidente Sierra le contestó que bien podía trabajar como hondureño por el que mejor le pareciese, y por no haberle aceptado la renuncia, cumpliendo fielmente circular del ministro de la Guerra, se abstuvo de intervenir en los asuntos que tanto le incumbían, no habiendo una sola persona, en el departamento en que mandaba, que tuviese queja de su conducta de empleado.

Pasada la contienda electoral, el general Valladares fue sustituida en el puesto que desempeñaba por uno de los hombres instrumentos, importados por el general Sierra para imponerse a la opinión pública, por un Sotero Flores, salvadoreño, a quien había tenido de jefe en su Estado Mayor, y el que le había servido para flagelar en el Palacio Nacional a don Eduardo Martínez López, magistrado de la Corte de Apelaciones de lo Criminal.

Con el pensamiento de inhabilitar a Valladares, le colocó en el empleo que tenía Flores Orantes y le trajo consigo a Toncontín a su regreso de su último viaje de Coray.

La infausta noche del 30 de enero, cuando pasando sobre las leyes se dispuso el general Sierra entregar el Poder al Consejo de Ministros, el general Valladares, con la franqueza que le era característica, dijo al presidente estas palabras: Terencio: no hagas ese disparate, no entregues el país a la guerra, quédate si quieres, pero no nos dejes en manos del hombre fatal que te cuesta ya gran parte de tu buen nombre. Arias supo esas palabras y desde esa noche fue jurada su sentencia de muerte.

El general Sierra cometió la falta de no llevar consigo al general Valladares cuando salió con el ejército hacia el sur, dejándole a las órdenes del Dr. Juan Ángel Arias.

Como dijimos en el capítulo anterior, el general Valladares se batió con lealtad y valor en el combate de Lamaní el 24 de febrero, siendo vencido por el Gral. Medal, porque cada soldado voluntario, como eran los que formaban el ejército constitucionalista, valía por diez de los reclutados a la fuerza por los usurpadores.

No cabe la menor duda que si el general Valladares hubiera querido pasarse al campo enemigo, pudo haberlo hecho sin necesidad de dar una acción de cinco horas, exponiéndose a la muerte y haciendo morir más de 50 hombres. También, después de su derrota, pudo dejarse capturar y justificar de ese modo su desastre; pero soldado consecuente con su juramento militar, volvía a las filas aristas, como lo demuestra el siguiente suelto de "El Constitucional" N° 5, correspondiente al 28 de febrero de 1903:

"De la guerra. – Las armas del Gobierno triunfan en todas partes.

Las fuerzas que operan en el Sur, al mando inmediato del valiente general Sierra, han tenido algunas acciones parciales con el enemigo, en disputa de posiciones, y en todas ellas han salido victoriosas. El general Sierra prepara, con táctica admirable, su triunfo decisivo, y pronto lo participaremos a nuestros lectores.

En Olancho se había levantado una columna de sesenta hombres, al mando de un tal Pagoada, a quien batió en Manto el coronel Ceferino Delgado, con veinticinco soldados, y lo deshizo completamente, saliendo herido Pagoada.

La columna enemiga que en Guaimaca comandaba el general Miguel R. Dávila, ha desaparecido también, al aproximarse las fuerzas que de Juticalpa envió el general Herrera y las de aquí, al mando de los generales Flores y Matute. Antes, las fuerzas olanchanas tuvieron un encuentro en El Portillo de Talgua, en el que los facciosos salieron derrotados, dejando en el campo muerto a su jefe, el coronel Pablo E. Moneada.

Hace como ocho días, el general Juan Ramón Soto y el coronel Lee Christmas, con una columna de doscientos hombres, bien equipados, ocuparon el pueblo de Lamaní. El 24 los atacó el general don Teodoro Valladares de la manera más bizarra y resuelta; después de cinco horas de reñido combate y ya reducido el enemigo a su último atrincheramiento, el general Valladares se vio obligado a retirarse por habérsele agotado el parque antes que le llegara el que se le envió. Inmediatamente marcharon al campo los coroneles Corzantes y Morales, y uniendo sus fuerzas a las de los coroneles Garmendia y Zúñiga, atacaron el veinticinco por la mañana, y después de corto, pero animado combate, el enemigo huyó en completo desorden, en dirección a San Antonio del Norte, a donde se envió a perseguirlos una montada bien organizada.

Tenemos que lamentar varias bajas, entre ellas, la del valiente coronel Francisco Venegas; y la desgracia de haber salido herido el general Valladares, aunque no de gravedad.

El enemigo tuvo más de sesenta muertos.

La revolución no progresa en ninguna parte. Conocidas ya sus pocas fuerzas, y casi reducidos a la del sur, es indudable que pronto se restablecerá completamente la paz".

Ya dejamos expuesto que el general Medal, por habérsele casi agotado los elementos que llevara de Langue, como porque Lamaní es una mala posición militar, se dirigió el 25 de febrero a San Antonio del Norte. Dos horas después de haber emprendido su retirada la columna del Gobierno constitucional, 300 hombres, al mando de Cornelio Corzantes, Alberto Morales, Garmendia y Zúñiga, atacaron con nutridas descargas el pueblo abandonado, entrando en triunfo a Lamaní, sin tener enemigo a quien vencer.

Sin embargo que en "El Constitucional" se hablaba en términos tan favorables del general Valladares, el doctor Arias había hecho tres días antes de publicarse la gacetilla inserta, al comandante de La Paz, la siguiente indicación, verdadera sentencia de muerte:

"Palacio, febrero 25 de 1903. – Señor comandante de Armas. – La Paz. – Bien hecho. Si el general Valladares continúa con su pésima conducta, Ud. sabrá lo que tiene que hacer. Su afectísimo. – J. A. Arias".

Y refiriéndose al parte en que le comunica Portocarrero la derrota de Valladares y la salida de Morales y Corzantes, le dijo lo siguiente:

"Palacio, febrero 25 de 1903. – Señor comandante de Armas. – La Paz. – Recibo en este momento su telegrama de la fecha. Creo que están en lo cierto, y que Morales y Corzantes nos comunicarán pronto un triunfo completo. Reitero lo que antes le dije: que Ud. es el jefe de la plaza y que la traición se castiga con la muerte. – J. A. Arias".

El general Valladares pidió a Portocarrero se le condujese a Tegucigalpa para sincerarse ante el doctor Arias del desastre sufrido en Lamaní, y se fingió acceder a su solicitud, pues acompañado por el mayor de Plaza de La Paz, Alberto Morales y de una escolta, salió con dirección a la capital; mas al pasar el río Chiquinguara, se desmontó para darle agua a su bestia y componerse el vendaje de la herida que había recibido en el combate de Lamaní; pero cuando se encontraba inclinado componiéndose, ¡dos tiros acabaron con aquella existencia tan leal y tan buena!

La sangre derramada el 3 de marzo, constituye uno de los delitos más escandalosos y brutales que cometió el seudo-Gobierno de la usurpación.

CAPÍTULO V: TROPAS DE INFANTERÍA

Movimiento del general don Antonio López y del coronel don Sotero Barahona. – Invasión de Intibucá. – Encuentro con los aristas en el Portillo de San Isidro. – Ocupación de Camasca. – Organización de la 1ª. División de Occidente. – Ocupación de Marcala.

El Doctor don Sotero Barahona, como hemos dicho ya, salió de Tegucigalpa la noche del 30 de enero, hacia el lugar donde el general Bonilla se encontraba, para formar en las filas del ejército constitucionalista.

El 5 de febrero, el comandante general, le nombró jefe expedicionario para que operase sobre los departamentos de La Paz, Intibucá, Gracias, Santa Bárbara y Cortés, entregándole en esa fecha, dos mil pesos para los gastos de la expedición.

Acompañaban al diputado doctor Barahona, los coroneles don Florencio Mejía Juárez, don Ignacio Bustillo y el diputado don Jesús Arellano, nombrado este último, habilitado de guerra.

El general don Antonio López, con instrucciones del general don Carlos F. Alvarado, delegado del gobierno legítimo en El Salvador, salió para Sensuntepeque, casi al mismo tiempo que el doctor Barahona y sus compañeros para Goascorán.

En Concepción de Oriente se unieron al doctor Barahona, los coroneles don Ricardo Maldonado y don Macario Medina, así como los abogados don Juan y don José Ángel Ayala, quienes solo esperaban una columna expedicionaria para penetrar, en son de guerra, al territorio hondureño.

Haciendo un llamamiento a los amigos de la causa constitucionalista, los jefes López y Barahona, lograron reunir, en pocos días, cerca de quinientos voluntarios, con los que el 15 de febrero penetraron por el Lempa, en el departamento de Intibucá; yendo a pernoctar al pueblo de San Antonio, después de hacer huir, con los primeros disparos, una escolta que guardaba la frontera.

El 16 de febrero, a las 11 y 20' a. m., una fuerza de cien hombres se presentó sobre el camino de Camasca, al mando del coronel Portillo.

El Gral. López destacó al teniente-coronel don Daniel López sobre el flanco derecho del enemigo, haciendo ocupar una colina al occidente de donde acampaba la fuerza de Portillo.

Por el frente, con un cuadro de oficiales y la sección del coronel don Francisco Peñalva, el Gral. López hizo una llamada de atención mientras hacía ocupar el Portillo de San Isidro, a la retaguardia del enemigo, por el capitán José María Melara, con una compañía de tropa de infantería.

Durante toda la tarde del 16 un nutrido tiroteo mantuvo a los adversarios en sus respectivas posiciones; pero tan luego como la noche tendió su manto de sombras, el coronel Portillo quiso retirarse en orden, contramarchando sobre el camino que había llevado por la mañana; pero la fuerza de Melara, al ver que se retiraba, hizo fuego al tenerle a distancia de tiro y el pánico se apoderó de la tropa de los usurpadores, desbandándose por completo.

El 17 de febrero, el Gral. López ocupó la población de Camasca sin haber encontrado ninguna resistencia, disponiendo inmediatamente los medios defensivos para el caso en que se viera atacado. Efectivamente, el 18 muy temprano apareció por el camino de La Esperanza una columna enemiga, al mando del coronel don Adolfo Manzanares, quien, sorprendido por el repentino fuego de los retenes constitucionalistas, se puso en precipitada fuga, pudiendo la fuerza del Gral. López marchar hasta el puente de Río Negro, tres leguas adelante de Camasca sobre el camino de La Esperanza.

Después de esto dos triunfos de gran significación por la trascendencia militar, quedó organizada la Primera División de occidente, siendo primer jefe, el general don Antonio López; 2° el coronel Barahona; jefe del primer batallón, el coronel don Ricardo Maldonado; del 2°, el coronel don Florencio Mejía Juárez; y del 3°, el coronel don Calixto Marín; todos tres, bien probados ya en la historia de nuestras contiendas, combatiendo siempre por la causa de la libertad. En esa misma fecha fue nombrado tesorero habilitado de la División el coronel don Carlos A. Moncada.

No queriendo el general López, conforme a los principios del arte de la guerra, dejar adversario a su retaguardia, dispuso atacar, antes de internarse más al territorio hondureño, Gualcince y Mapulaca, donde fuerzas enemigas acampaban. Para el efecto, hizo salir de

Camasca al teniente-coronel don Mercedes Cruz sobre el pueblo de Erandique, pasando por San Lucas y San Francisco, mientras el coronel don Sotero Barahona marchaba de San Antonio, por el camino de Piraera y Gualcince, cuidando de mantenerse a una prudencial distancia, de modo que formaran dos alas paralelas que pudieran protegerse mutuamente siempre que se vieran combatidas.

El coronel Salomé Cruz, jefe de la tropa arista, al tener conocimiento de este movimiento, se reconcentró a la ciudad de Gracias, y los pueblos del círculo de Candelaria se pronunciaron en favor de la causa de la legalidad.

Después de nombrar las autoridades del departamento de Intibucá, el 27 de febrero, en la madrugada, salió el batallón del coronel don Ricardo Maldonado de Concepción para Marcala, marchando al siguiente día el general López, con la segunda sección, y el 29 la tercera, al mando del doctor don Sotero Barahona y del coronel don Calixto Marín.

El 1° de marzo, el coronel don Ricardo Maldonado, con su columna y apoyado por el Gral. Don Sinforiano Bonilla, con un cuadro de oficiales, atacó la plaza de Marcala y, después de dos horas de reñido combate, cayó en su poder, pronunciándose, acto continuo, los círculos de Marcala y Opatoro.

Los aristas establecieron su cuartel general en Santa María, posición de gran importancia.

CAPÍTULO VI: EL GENERAL FERRERA MURIÓ COMO VALIENTE

Combate de Santa María. – Toma de Santa Rosa de Copán. – Combate de Talgua y muerte del general Ferrera. – Ocupación de Gracias. – El general don Carlos F. Alvarado se pone al frente del ejército de occidente.

El 7 de marzo, el general López destacó de Marcala sobre el cuartel general de los aristas, acampados en Santa María, al coronel don Florencio Mejía Juárez, quien con 175 hombres debía tomar la plaza.

Los aristas se habían fortificado en el cerro de Camalote, situado en el camino que precisamente llevaba el coronel Mejía Juárez, y como a kilómetro y medio de Santa María.

A las tres y 20' de la tarde comenzó el ataque del coronel Mejía y, no obstante que sus contrarios pasaban de 300, pudo dominarlos desde el principio, haciéndolos retroceder cerca de un kilómetro. El coronel Mejía escribió al coronel Barahona pidiéndole parque y refuerzo de tropa.

A las tres de la mañana del 8, el capitán Pedro Torres, con una escolta, salió de Marcala llevando los elementos que necesitaba el coronel Mejía Juárez, partiendo poco después el coronel Barahona, quien llegó muy a tiempo, pues la situación de las tropas legitimistas era bastante apurada por la superioridad numérica de los aristas.

El general López envió al teniente-coronel don Eleuterio Gámez y al capitán don Vicente Flores del Valle a que se incorporaran con sus fuerzas a los coroneles Barahona y Mejía Juárez.

Aunque siempre era muy inferior el número de los constitucionalistas, los valerosos jefes que los mandaban determinaron dar una carga violenta sobre los atrincheramientos de los usurpadores.

A las 11 de la noche, conforme al plan combinado de antemano, comenzó el asalto de las posiciones del enemigo. Durante toda la noche se batieron con arrojo las dos fuerzas contrarias; pero al amanecer, los aristas fueron completamente derrotados, dejando en su fuga las bestias de su remonta, sus fusiles y pertrechos.

Terminaba la acción de Santa María cuando el coronel don Salomé Cruz se presentó a la retaguardia de los vencedores con 150 gracianos que llegaban a socorrer la plaza. El coronel don Lino Claros, apenas con 14 hombres, y el teniente don Alejando Alballero, con 6, guardaban la retaguardia de las tropas constitucionalistas. La carga fue vigorosa y certera, defendiéndose sí, con verdadero heroísmo, aquel puñado de patriotas, hasta que muerto el coronel Claros y agotadas las municiones, se concentró a la línea general el retén de la retaguardia.

Durante toda la mañana continuó la carga del coronel don Salomé Cruz; pero a la una de la tarde el pánico se apoderó de los suyos y comenzó el desbande de sus tropas sobre el camino de La Esperanza, al tener conocimiento de que el coronel don Calixto Marín se aproximaba, de Marcala, en protección de los constitucionalistas.

El buen éxito de la causa de la justicia en occidente correspondía a la del sur y del oriente, pues el general Mondragón, después de arreglar el servicio público de la sección de Ocotepeque y de reorganizar su columna, que ascendía a 400 voluntarios, marchó sobre Santa Rosa, a donde el 28 de febrero entró sin tener que combatir, pues el general don Ezequiel Ferrera se había situado, con cerca de 400 hombres, en el pueblo de Talgua, lugar casi inexpugnable, sobre el camino de Gracias.

El general Mondragón nombró comandante del departamento de Copán al valiente coronel don Francisco Guerrero y gobernador al doctor Eduardo Hernández.

Los generales Mondragón y Bulnes, antes de salir sobre Talgua, escribieron una atenta carta al general Ferrera, el 3 de marzo, rogándole evitar el derramamiento de más sangre hondureña, por sostener a un Gobierno ilegal y usurpador. En esa carta, que llevó el coronel don Fernando Blanco, es de notar la justa observación hecha por los jefes Mondragón y Bulnes, al recordar al general Ferrera que los militares de honor, que comprenden su misión, deben defender a la patria y a sus leyes y nunca los abusos de la tiranía. Concluía la nota ofreciendo toda clase de garantías para el jefe, como para sus subalternos. El general Ferrera no contestó la intimación, dejando preso al coronel Blanco. Entonces el general Mondragón dispuso el ataque y salió con su columna sobre Talgua.

El coronel don Francisco Argeñal salió con 100 hombres, sobre el frente del pueblo, a ocupar El Matazano, altura que domina gran extensión de terreno; el coronel Merino ocupó la colina del Limonal, para formar el ala derecha de la línea de combate, mientras los coroneles Paredes y Coto, con otros 100 hombres, ocupaban el Tablón a la izquierda.

Apenas comenzaba a clarear el día 4 de marzo, cuando el general Ferrera abrió sus fuegos sobre el puesto defendido por el coronel Merino. Este valeroso jefe no se conformó con defenderse sino que, abandonando sus trincheras, se lanzó dando una carga tan vigorosa sobre el enemigo, que el cerro de El Culuro, que creía intomable el general Ferrera, cayó en poder de Merino a pesar de que estaba guardado por 200 gracianos.

A las dos de la tarde de aquel día, los coroneles Argeñal y Merino ocupa las primeras casas de la población y, haciendo una nueva carga en combinación, tanto por la derecha como por la izquierda, a las 4 p. m., Talgua cayó en poder de los soldados de la legitimidad, costando la vida al propio general Ferrera, quien murió como valiente, aunque por desgracia, sirviendo a la causa de la usurpación.

Quedaron prisioneros 55 enemigos, entre ellos el general Guadalupe López. El material de guerra tomado en la victoria de Talgua, consistió en una pieza Krupp de 6, 78 grandas, 125 fusiles Remington, 18,000 cartuchos y algunos otros elementos de menor importancia.

El 6 de marzo la columna victoriosa de occidente, llevando de jefe de vanguardia al coronel Argeñal, marchó sobre Gracias; pero no tuvo necesidad de combatir, pues don Juan S. Abadíe notificó al Gral. Mondragón que el comandante y gobernador del departamento, general don Belisario Villela, había dejado la plaza en su poder como agente consular, encargo que había aceptado para dar garantías a la población. El día 8 la ciudad de Gracias aumentó el número de los pueblos tomados por el Gobierno legítimo del país.

Fueron nombrados, por el general Mondragón, comandante y gobernador, el general don Fidel Bulnes; mayor de Plaza, el teniente-coronel don Maximino Calderón; don Ángel Lagos, administrador de Rentas; y don Abraham Membreño, contador.

El 9 de marzo, las fuerzas de la columna de occidente llegaba a 650 patriotas, soldados voluntarios y decididos.

El 10 de marzo hizo su ingreso a Marcala el general don Carlos F. Alvarado, nombrado el 22 de febrero general en jefe de las fuerzas que operaban al occidente de la República.

Inmediatamente se ocupó de reorganizar la columna del coronel Barahona, que hacía poco diera la acción de Santa María, y ordenó al general Mondragón marchara de Gracias a La Esperanza, donde se había retirado el general Belisario Villela con las fuerzas de su mando.

CAPÍTULO VII: PARTES DE GUERRA

Primeras órdenes generales del general Alvarado. – Ocupación de Santa Bárbara y de La Esperanza. – Combate de Pespire. – Falsos informes del enemigo.

El general don Carlos E. Alvarado, que conforme a las instrucciones del comandante general de la República, debía reunir bajo su mando las columnas que, por el occidente del país, operaban a las órdenes de los generales Mondragón, Medal y López, procuró, tan luego como hubo llegado a Marcala, reorganizar la fuerza de López y Barahona, que hacía poco se batiera en Santa María, y hacer marchar, con la mayor rapidez la del general Mondragón, acampada en Gracias, después de la entrega hecha por el agente consular don Juan S. Abadíe.

Las primeras órdenes generales del general Alvarado, fueron las siguientes:

"Marcala: 11 de marzo de 1903

Orden general para el 11 de marzo de 1903. – Servicio de rigurosa campaña.

Nómbrase jefe de día para hoy al coronel don Domingo Portillo, a quien se le recomienda la mayor actividad en el servicio; y para mañana, al que se designe.

Dase de alta al general de división don Félix A. Molina, debiendo, oportunamente, designársele el puesto que debe ocupar en el ejército de occidente.

Nómbrase director del Cuerpo Médico, Ambulancia y Hospital, al doctor don Alberto Valenzuela, quien gozará de los honores y sueldo de teniente-coronel.

Dáseles de alta al coronel don Francisco J. Alvarado, tenientes-coroneles licenciandos don Jerónimo J. Reina y don Lope Calderón y al capitán don J. Joaquín Alvarado, como ayudantes de órdenes de este mandato en jefe.

Dase de alta al comandante 2° don Tranquilino Suazo, con el empleo de telegrafista en campaña. – Comuníquese. – Alvarado.

Se adiciona la anterior orden general, designando al teniente-coronel licenciado don Jerónimo J. Reina, como secretario de este mando en jefe. – Alvarado.

Marcala: 12 de marzo de 1902

Orden general para el 12 de marzo de 1903. – Servicio de rigurosa campaña.

Nómbrase jefe de día para hoy al comandante 2° don Tranquilino Suazo, y para mañana, el que se designe.

Habiendo salido en comisión el teniente-coronel don Juan Ayala, nómbrase segundo jefe del cuadro de oficiales al teniente-coronel don Francisco Bonilla.

Dase de alta al capitán don Israel Monterrosa y se le designa como ayudante del general don Félix A. Molina. – Comuníquese. – Alvarado.

Marcala: 13 de marzo de 1903

Orden general para el 13 de marzo de 1903. – Servicio de rigurosa campaña.

Nómbrase jefe de día para hoy el teniente-coronel don Francisco Bonilla, y para mañana, el que se designe.

Dase de alta al comandante 1° don José María Pereira, al capitán Francisco Castañeda y teniente Casimiro Recarte, a quienes oportunamente se les designará el puesto que deben ocupar en el ejército. – Comuníquese. – Alvarado".

Cumpliendo las órdenes del general en jefe don Carlos F. Alvarado, salió el 11 sobre La Esperanza el general Mondragón, pero al llegar al pueblo de Belén, tuvo informes fidedignos de que el general don Belisario Villela, en su larga peregrinación de huir de los constitucionalistas, se había retirado a Santa Bárbara.

Nombrado el general López jefe de Estado Mayor por el general Alvarado, fue destacado sobre La Esperanza, al saber el general en jefe de occidente que el general Mondragón se había dirigido sobre el camino que llevaba el general Villela y entró a aquella plaza sin encontrar enemigo a quien batir.

El 15 de marzo el general Mondragón llega a Santa Bárbara, no encontrando ninguna resistencia, pues el mayor de Plaza, al oír las primeras descargas, abandonó la ciudad con los cincuenta hombres que le había dejado el comandante del departamento, don Ignacio Castro, quien, con cuatrocientos soldados, había emprendido la retirada hacia la frontera de Guatemala, mientras al general Villela, que de trescientos con que saliera de Santa Bárbara, solo le quedaban cien, huía a marchas forzadas hacia San Pedro Sula.

El general Mondragón encontró en la plaza de Santa Bárbara una pieza de artillería y varios otros elementos de guerra.

Listo el general Bonilla para terminar su reivindicadora campaña, cuanto antes fuera posible, hizo salir, inmediatamente después de la derrota del general Sierra en el Aceituno, el 25 de febrero, al general don Mariano Ortez, quien debía acampar en el mineral de El Tránsito, sirviendo de ala derecha al campamento general sobre la plaza de Nacaome, a donde se había refugiado el resto del ejército vencido.

El 14 de marzo, para corresponder a la actividad con que los departamentos occidentales eran batidos por los constitucionalistas, el general Ortez marchó sobre Pespire, donde una guarnición de 110 hombres defendían el poder de los usurpadores, al mando del comandante J. Ángel Matamoros.

El 15, poco después de haber amanecido, las fuerzas del general Ortez, perfectamente distribuidas en las distintas entradas de la plaza, abrieron sus fuegos sobre las trincheras y el cuartel principal.

Durante cinco horas el combate fue completamente infructuoso, pues las balas de los legitimistas se estrellaban en vano en los muros del cabildo y en los atrincheramientos de piedra que cerraban las calles de la población; entonces Ortez ordenó una carga a la bayoneta, la que dio por resultado la completa derrota de los aristas, cayendo en poder de los vencedores: 18 prisioneros, 11 mil cartuchos, 32 fusiles Remington y 1,000 pesos en efectivo.

El general Ortez, tan luego dio ración y reorganizó su fuerza, volvió a El Tránsito, conforme a las órdenes recibidas.

No obstante, el general sierra dio el parte de haber triunfado al Dr. Arias, el que publicó El Constitucional, con los siguientes comentarios:

"Tenemos el gusto de comunicar a nuestros lectores el parte circunstanciado de la acción de Pespire.

El triunfo obtenido por el Gobierno en Pespire es importantísimo, tanto por las ventajosas condiciones y superioridad de número en que se encontraba el enemigo, cuanto por los resultados desastrosos que ha producido la derrota de las filas enemigas.

Deshecha en Pespire la flor del ejército del general Bonilla, la desmoralización lo ha invadido todo. Según noticias verídicas, la fuerza ha empezado a desbandársele llevándose o abandonando las armas, de tal modo que, a la fecha, está reducida a la mitad, poco más o menos.

La táctica del general Sierra nos llevará a los satisfactorios resultados previstos, con gran economía de víctimas y de sangre. No puede ser de otro modo, dados los relevantes méritos del general en jefe y el entusiasmo y valor de las fuerzas que tiene a sus órdenes.

"Nacaome: 18 de marzo de 1903

Señor comandante general de la República.

Tegucigalpa

Tengo el honor de comunicar a Ud. los partes detallados de los dos jefes que intervinieron en el combate de Pespire, coronel J. Larios y teniente-coronel Alberto Barrientos; el primero al mando de una escolta de 25 de tropa, y el segundo de 88 de caballería. Como Ud. verá por los referidos informes, la lucha se empeñó en la desproporción de uno contra cuatro; pero la victoria fue completa y el resultado brillante. Por el próximo correo remitiré originales los documentos expresados.

"Señor general en jefe del Ejército. – El suscrito, teniente-coronel del Ejército y jefe del cuerpo de Caballería de la tercera División del centro, tiene el honor de dar a Ud. el informe de la comisión que se le confiara el día 15 del corriente mes. Salí de esta plaza en la fecha indicada, a las 9 y 30 a. m., con dirección al pueblo de Pespire, al mando de 88 hombres, entre jefes, oficiales y soldados. En el lugar llamado "Lagartillo", la avanzadilla dio parte que se oían por el lado de Pespire detonaciones de rifle. Después de un momento de atención, se notó que era combate formal. Al instante se mandó preparar toda la fuerza para atacar al enemigo por donde quiera que apareciese. Se comunicó por telégrafo al señor general en jefe este parte, y, además, se empezó a reconstruir la línea telegráfica, que desde ese lugar se hallaba destrozada; se dejó al telegrafista una custodia de 15 oficiales, y con el resto de la fuerza se emprendió la marcha sobre el campo de acción. Habiendo llegado a inmediaciones de Pespire, a la 1 p. m., en el lugar "Las Uvas" se encontró al capitán Ángel Matamoros, comandante local de dicho pueblo, quien informó que la plaza había sido atacada y tomada por el enemigo, al mando de los coroneles Mariano Ortez, Román Pineda y Carlos Jirón, en número de 400 hombres, poco más o menos. En presencia de este parte, y de acuerdo con el coronel Larios, se tomó la altura de "Mosonteca", al sureste de Pespire.

Esta posición se compone de tres colinas con dirección norte a sur, sobre los caminos que conducen de esta y Moropocay a Pespire. Casi al mismo tiempo, el enemigo había destacado de la plaza una columna como de 150 a 200 hombres a ocupar la misma posición de "Mosonteca"; pero como estuviera en nuestro poder, se vio precisado a atacarla. Simultáneamente rompió sus fuegos sobre nuestra línea, siendo rechazado en todas partes, y aunque repitió su empuje durante tres horas, siempre tuvo igual suerte. Nuestros valientes jefes, oficiales y soldados, nunca cedieron un palmo al enemigo. Comenzó este a desbandarse por distintas direcciones, convencido de que le era inútil todo esfuerzo, pero llevándose sus heridos. Al mismo tiempo, el resto de enemigos que estaba en el pueblo hacía lo propio, y, observándose el desorden en que se retiraba, se cargó sobre él, quedando la plaza, donde momentos antes saboreaba el placer del triunfo, en nuestro poder. El pueblo fue saqueado atrozmente por el enemigo. La tienda de don Mariano Rivera, extinguida, sin perdonar ni las de sus partidarios. Un soldado enfermo que se hallaba en el cuartel fue bárbaramente asesinado; y al representante de la casa Laínez, le exigieron, por la fuerza, la suma de mil pesos. Se le hicieron al enemigo algunos muertos y un número considerable de heridos. En la fuerza de mi mando, no hubo más que un soldado levemente herido. También fueron avanzados seis rifles y dos bestias.

Así termino el presente informe, quedando del señor general en jefe, respetuoso subalterno. – Alberto Barrientos".

"Nacaome: 18 de marzo de 1903. – Señor: Jerónimo Larios, coronel del Ejército de la República y Comandante del 2° Batallón de la 1ª División del Sur, tiene el honor de dar parte a Ud. del resultado de la comisión que se le confiara el 15 del presente mes. Habiendo recibido orden de incorporarme con 25 individuos de tropa al Cuerpo de Caballería que comandaba el señor teniente-coronel don Alberto Barrientos, a recibir una comisión que venía de Pespire, salimos con dirección a este pueblo. En el lugar del "Lagartillo" dio parte la avanzadilla que sobre el pueblo de Pespire se oían detonaciones de rifle. Al instante se notó que era combate formal. Puesto de acuerdo con el coronel Barrientos, forcé la marcha sobre el campo de acción. Llegamos a inmediaciones de Pespire, y en el lugar "Las Uvas", encontramos al comandante local de ese pueblo, capitán Ángel Matamoros, quien informó que la plaza había sido atacada y tomada por el enemigo, comandado por los coroneles Mariano Ortez, Román Pineda y Carlos Jirón, en número de 400 hombres, más o menos. De acuerdo con el coronel Barrientos, y para esperar órdenes, se tomó la posición de "Mosonteca". Esta posición la forman tres colinas, con dirección de sur a norte. La del centro fue ocupada por el capitán Magín Salgado y el teniente Francisco Martínez con 16 de tropa. La del norte la ocuparon el comandante Manuel Maradiaga y el capitán Bernabé Sorto, cada uno con los oficiales de su mando, y el teniente Natividad Mejía con 8 individuos de tropa; la del sur la ocupó el teniente-coronel don Francisco Cisnados, con 22 jefes y oficiales del depósito del batallón de mi mando. Como el enemigo pretendiera ocupar la misma posición, se vio precisado a disputarla. Simultáneamente rompió sus fuegos sobre toda nuestra línea de combate; pero no obstante la diferencia en el número y la bravura con que hacía sus embestidas, nuestros oficiales y soldados, con bizarría lo rechazaban, haciéndole bajas de alguna consideración. Así duró el ataque durante tres horas, en cuyo tiempo, convencido el enemigo de la inutilidad de sus esfuerzos, comenzó a desbandarse, y a hacer su retirada en completo desorden. De acuerdo con el coronel Barrientos, hice avanzar al capitán Salgado con su fuerza sobre el enemigo. Sin pérdida de tiempo, avanzamos sobre la plaza, la que quedó en nuestro poder. Con verdadera satisfacción comunico a Ud. que no tuve más baja que el soldado Juan Hernández, de Lejamaní, ligeramente lesionado; y que tanto los oficiales mencionados como mis ayudantes, capitán José Antonio Bustillo y tenientes Pedro Domínguez y José Antonio Bulnes, supieron cumplir con su deber como bravos. El enemigo dejó 12 muertos en el campo, y se llevó muerto al coronel Ortez y 30 heridos. Protesto a Ud. mi subordinación y respetos. – J. Larios. – Al señor general en jefe de los Ejércitos de mar y tierra de la República. – Presente".

Con todo respeto y consideración, quedo de Ud. afectísimo subalterno,

TERENCIO SIERRA".

CAPÍTULO VIII: LAS TROPAS BONILLISTAS AVANZAN

Segundo combate de Lamaní. – Triunfo de las armas del Gobierno legítimo. – Ocupación de La Paz y de Comayagua. – Llegada del coronel Barahona a Santa Bárbara. – Capitulación de Nuila y entrada a San Pedro.

Comprendiendo el general Bonilla que era indispensable cortar, a todo trance y cuanto antes, la comunicación de Tegucigalpa con los departamentos de Occidente, ordenó al general Medal, acampado en San Antonio del Norte, después de su retirada de Lamaní, que agregase a su columna la fuerza comandada por el coronel don Marcelo Rivera, y atacase, en seguida, el cuartel general de Corzantes, que con 307 hombres estaba atrincherado en Lamaní.

El general Medal, tan luego recibió la orden, dispuso su marcha, y el 7 de marzo, a las 11 y 45, la columna legitimista hacía alto en el lugar llamado Los Ranchitos, a un poco más de una legua de donde acampaba el enemigo.

Como un movimiento estratégico, el general Medal, para continuar su marcha, dejó el camino ordinario para subir por las faldas de la montaña de Lepaterique, y después de una larga y penosa ascensión, las fuerzas defensoras de la ley se encontraron al sur de su contrario, sin que se apercibiera de ello, pues a las nueve de la noche se encontraba amenazado por donde menos lo podía esperar.

Como Corzantes estaba convencido de que el general Medal seguía en San Antonio del Norte, y esperaba el ataque por el occidente, hizo colocar un cañón Krupp de a 7c. y una ametralladora Gatling, en una loma que hay al oeste del pueblo.

El general Medal, a las 7 y 50 de la mañana del 8 de marzo, tenía dispuesto su plan de ataque, haciendo formar dos alas con las fuerzas de los coroneles Christmas y Rivera, dejando como retaguardia y reserva la del coronel Rivas, quien se encargaba a la vez de custodiar los elementos del tren.

Apenas apercibido Corzantes de la situación inesperada de los constitucionalistas, se vio atacado por los valerosos soldados de la legalidad.

Dos horas de carga impetuosa y bien dirigida, pusieron en completa derrota a los aristas, dejando en el campo de batalla el cañón, la ametralladora, 8 cajas de granadas, 114 saquetes, 18 cajas de cartuchos, 85 fusiles Remington, 25 aparejos y 41 prisioneros, entre ellos el 2° de Corzantes, coronel Damas. De los aristas quedaron catorce muertos y tres heridos.

La desmoralización de los defensores de la causa, de los que violando las leyes y pasando sobre la opinión nacional se habían adueñado del poder, fue espantosa. Portocarrero, comandante de La Paz, salió huyendo para Comayagua, donde el pánico no era menor, tan luego supieron que el coronel Rivera pasaba por la Villa de San Antonio, de orden del general Medal.

A las 5 de la tarde del 9 de marzo, La Paz, víctima de la opresión más horrible durante tanto tiempo, recibió con muestras de afecto a los constitucionalistas victoriosos.

El 10 por la mañana, el espanto en Comayagua llegó a tal punto, que empleados militares y civiles salieron a escape hacia la capital de la República, donde pensaban era invencible el poder que tanta sangre costaba ya por la ambición.

Portocarrero, Corzantes y los empleados de la ciudad no hacían una retirada sino una lastimosa fuga por llanos y por montes, dejando abandonada a la antigua Valladolid hondureña.

El general Medal hizo salir al coronel Rivera con una montada de 50 hombres, para que guardara el orden en Comayagua, mientras él hacía su ingreso a la ciudad.

El 13 de marzo, la columna del general Medal llegaba a 500 hombres, pues el coronel don Ricardo Maldonado había sido incorporado con su gente por orden del general en jefe de Occidente, don Carlos F. Alvarado.

Después de organizar el departamento, el general Medal estableció su cuartel central en la ciudad de La Paz, mientras se reunían todos los cuerpos de tropa que debían formar todo el ejército de Occidente.

El general don Carlos F. Alvarado hizo salir para la ciudad de Santa Bárbara, al doctor Barahona, con autorización de organizar los departamentos, de este nombre y el de Cortés, entrando el 18 de marzo a aquella ciudad; cuando el general Mondragón acababa de hacer salir al comandante 1° don Tomás Arita, quien el 19, al llegar a Trinidad, supo que el coronel don Ignacio Castro había regresado de Quimistán, a donde huyera, para acampar en la plaza mencionada.

El comandante Arita, que apenas llevaba 80 soldados, tomó posiciones a los alrededores de la población, y dio aviso al general Mondragón, quien envió inmediatamente a los coroneles Paredes y Argeñal, con 200 hombres, para que, al reunirse con Arita, atacasen a Castro, distribuyéndose en tres secciones: Argeñal por la izquierda, Arita por el centro y Paredes por la derecha.

Como al presentarse el comandante Arita, los usurpadores le presentaron resistencia, rompió sus fuegos, haciendo reconcentrarse el retén avanzado de Castro a Trinidad.

Al llegar Paredes y Argeñal, el 20 de marzo, a donde el comandante Arita se encontraba, y dado un poco de descanso a la fuerza, se dispusieron al combate, atacando la plaza conforme a las instrucciones recibidas. Durante cinco horas la acción se mantuvo con energía por ambas partes; pero cuando iba a ponerse el sol, comenzó el desbande de las tropas aristas, dejando en manos de sus contrarios sus bestias, fusiles y cartuchos, así como 30 prisioneros, entre los cuales se encontraba el diputado don Pedro A. Trejo y los coroneles don Ezequiel Romero y don Vicente Herradora.

El 21, el general Mondragón salió sobre la plaza de San Pedro Sula, habiendo ordenado antes al coronel don Francisco Guerrero, que con 150 hombres se situase entre aquella plaza y Choloma, para evitar la retirada de los aristas a Puerto Cortés. Mientras el coronel don Sotero Barahona debía colocarse entre Chamelecón y San Pedro, el propio general Mondragón se dirigía a Villanueva, para que, combinadas las tres fuerzas, atacaran simultáneamente Chamelecón, donde el enemigo estaba atrincherado; pero cuando la columna de Villanueva se preparaba para ir atacar las tropas enemigas, fue avisado el general Mondragón de que el coronel Miguel Nuila estaba dispuesto a entregar la plaza de San Pedro, previa la condición de que le diesen garantías para él y sus subalternos, y pasaporte a los que quisieran salir del país.

El general Mondragón que no deseaba, conforme sus propios sentimientos y a la política del Gobierno legítimo, sino evitar en cuanto fuera posible el derramamiento de la sangre hondureña, manifestó no tener inconveniente de entrar en arreglos.

A las 4 p.m. de ese día se presentaron los abogados don Jacinto Meza y don Manuel Antonio Bonilla, así como don José Pérez, comisionados del coronel Nuila para firmar la capitulación en los términos siguientes:

"Los suscritos, Jacinto Meza, José Pérez y Manuel Antonio Bonilla, por una parte, y Maximino Mondragón, por otra, reunidos en Villanueva, a veintitrés de marzo de mil novecientos tres, ampliamente autorizados los primeros por el comandante de Armas del departamento, coronel don Miguel Nuila, y el segundo, en su calidad de general en jefe expedicionario de las fuerzas de occidente y norte del Gobierno legítimo del general don Manuel Bonilla, en el deseo de evitar un inútil derramamiento de sangre, que sería necesario para ocupar la plaza de San Pedro Sula, después de haber conferenciado, han convenido en lo siguiente:

1°. – Los primeramente nombrados convienen en que la plaza referida será entregada al señor general Mondragón el día de mañana o el subsiguiente, dentro del orden posible, sin necesidad de ataque armado, mediante disposiciones que por separado convendrán.

2°. – El general Mondragón, por su parte, y en representación del Gobierno del general don Manuel Bonilla, se compromete a ocupar la iniciada plaza de San Pedro Sula bajo las condiciones indicadas, garantizando la libertad del coronel Miguel Nuila y cuantas personas le han acompañado o le acompañan en la presente emergencia política, y a conceder franco pasaporte a dicho coronel Nuila y sus compañeros que deseen salir del país.

En fe de lo estipulado, firmamos el presente, por duplicado, en Villanueva, en la fecha indicada.

Jacinto Meza. – M. Mondragón. – M. A. Bonilla. – José Pérez".

El 24 de marzo a las cinco p. m., entre vítores y aclamaciones de cariño por el pueblo sampedrano, entró la columna del general Mondragón a la cabecera del departamento de Cortés.

CAPÍTULO IX: LOS ARISTAS HUYEN DE HONDURAS

Expedición de los coroneles Herrera y Gómez Osorio. – Desastre de esta expedición. – Toma de La Ceiba. – Operaciones sobre Colón y Yoro.

Conociendo el general Bonilla la perniciosa influencia que ejercía sobre el general Sierra su mujer y, sobre todo, la intriga desarrollada por los dos partidos que habían combatido su candidatura, y los cuales, aun después de las elecciones de octubre, seguían trabajando para evitar se realizara la trasmisión legítima del poder, hizo salir del puerto de Amapala, con dirección a la República de Guatemala, al coronel don Modesto Herrera, quien debía entenderse con el doctor don Alberto Membreño, en caso que el general Sierra no entregara el poder constitucionalmente, para organizar una expedición sobre los puertos del norte de la República de Honduras, que correspondiese al movimiento que se iniciaría en el sur.

El 23 de enero, el coronel Herrera y el licenciado don Justo Gómez Osorio, acompañados del pasante en medicina don Isidoro Mejía h., salieron de Guatemala para la ciudad de Zacapa, donde consiguieron 350 fusiles Remington y 25,000 cartuchos.

El 29 de enero, sabiendo ya la determinación usurpadora del presidente general Sierra, se hicieron a la vela en la pequeña embarcación 'Tomona", hacia cayo Zapotillo, para entenderse, desde allí, con los amigos de La Ceiba e invadir después del 1° de febrero, para proceder conforme a la Constitución; en el islote antes dicho, dejaron los coroneles Herrera y Gómez Osorio los elementos de guerra, dirigiéndose personalmente al puerto de La Ceiba. El 4 de febrero llegaron al Porvenir, encaminándose inmediatamente hacia la cabecera del departamento de Atlántida; pero tan luego tuvo conocimiento de la llegada de ellos el coronel don Mauricio Ramírez, comandante de aquel departamento, mandó llamarles a las 7 y media p. m., por medio del mayor de Plaza, dejándoles arrestados en el cuartel hasta segunda orden.

Inmediatamente don Justo Gómez Osorio avisó lo que pasaba a sus amigos, por medio de su hermano don Coronado, advirtiéndoles donde estaban las armas para que mandasen por ellas.

A los dos días los prisioneros fueron confinados a la isla de Roatán, enviándolos en la barca "Berta" para su destino.

El comandante de las Islas de la Bahía, don Domingo Lacayo Jerez, recibió a los prisioneros con muestras de consideración, por los vínculos masónicos que tenía con el licenciado Gómez Osorio; pues había sido uno de los peores verdugos para perseguir a los bonillistas durante la campaña electoral.

El 15 de febrero don Viro Betancourt envió a cayo Zapotillo por las armas y el parque; pero desgraciadamente una fuerte borrasca hizo zozobrar la embarcación de que eran llevadas a la costa, perdiéndose en Barra de Cuero.

El 5 de marzo, Lacayo Jerez hizo embarcar para Puerto Barrios al licenciado Gómez Osorio y a don Isidoro Mejía en la goleta "Honduras", dejando prisionero únicamente al coronel don Modesto Herrera.

El mismo 5, el director de la banda de La Ceiba tuvo conocimiento de que al siguiente día, sería fusilado por bonillista. Sus convicciones políticas y la amenaza de una muerte próxima le hicieron decidirse a provocar un alzamiento contra los usurpadores, proclamando al Gobierno Constitucional.

Efectivamente, a las 11 y media de la noche del 6 de marzo la guarnición de La Ceiba se pronunció al entusiasta grito de ¡viva el general Bonilla! entablándose un combate entre la mayoría de la guarnición y los pocos adeptos a Sierra y Arias que secundaban al mayor de Plaza don Sebastián Cruz, pues el comandante, don Mauricio Ramírez, se escondió, en el momento del peligro, en la oficina telegráfica.

En el combate resultaron muertos el instructor de Artillería Basilio Medrano; el brigada Luis M. Velásquez y un soldado; muriendo tres horas después, de resultas de las heridas, el mayor de Plaza Cruz.

Los derrotados de La Ceiba huyeron para el pueblo de El Porvenir, a donde el coronel José Joaquín Varela, que se había puesto a la cabeza del movimiento, destacó 50 hombres en su persecución, al mando del capitán Diego Romero, sin que costara la toma del pueblo más que la muerte del Comandante 2° don Ramón Munguía.

Al siguiente día, antes de las 12 m., el vapor de guerra "Tatumbla" se presentó a la vista de La Ceiba, comandado por el coronel don Abelardo Varela, quien era completamente ignorante de la toma del puerto por los constitucionalistas. El coronel don José Joaquín Varela nombró inmediatamente al coronel don Julio C. Aguilera, para que, con 200 hombres, guardase la costa, desde la barra de Danto hasta el Cangrejal.

Llegado el vapor a la Bahía, el coronel J. Joaquín Varela hizo firmar una orden al excomandante Ramírez llamando a tierra al jefe del "Tatumbla"; pero no desembarcó por motivos de enfermedad, enviando a su segundo, don J. Ramón Castañeda, quien, al saber el cambio operado y siendo amigo de la causa legalista, no tuvo inconveniente en aceptar alta en las filas bonillistas.

A las 4 de la tarde, el "Tatumbla" llevó ancla para marchar a Utila; pero antes que partiera, el coronel don Joaquín Varela dio orden de hacerle fuego con una pieza de la costa, a lo que contestó la artillería de abordo con solo dos disparos.

En la misma fecha en que el "Tatumbla" marchaba hacia las Islas de la Bahía, huyendo de los bonillistas, las milicias de El Porvenir, reunidas espontáneamente, se pusieron a las órdenes del coronel J. Joaquín Varela, encabezadas por el coronel don Miguel A. Bonilla y comandante don Federico A. Becerra y don Jesús Galindo B.

Casi al mismo tiempo que se llevaba a cabo la toma de La Ceiba, el coronel don Inocente Mejía J. se apoderó de Tela, quitándola al doctor don J. de la Cruz Díaz Guerrero; pero el "Tatumbla" volvió a recuperarla; mas al tener conocimiento de que el teniente-coronel C. Gómez, al frente de 50 hombres marchaba de La Ceiba sobre la mencionada plaza, el comandante de Tela y sus amigos se embarcaron en el "Tatumbla" para Puerto Cortés, llevando el dinero de la Aduana.

El coronel Varela nombró comandante de Tela al señor don José María Aguiluz; el 10 de marzo, en la mañana, se embarcaron abordo del vapor "Duncan", el coronel don Mauricio Ramírez, el doctor don Francisco A. Matute, el licenciado don Luis Blanco y el exadministrador don Juan Carias.

Durante los días siguientes, el coronel Varela se ocupó de organizar el servicio público de Atlántida, basta el 16 del mismo mes, en que hizo salir una columna equipada de fusiles Winchester y Remington, de Balfate a Sonaguera, al mando de los Coroneles Zelaya y Aguilera.

En Sonaguera había una escolta arista destacada por el comandante Isaula, al mando del capitán Constantino González, el cual fue muerto en la escaramuza que tuvo lugar en aquel punto.

El coronel Aguilera continuó su marcha sobre Trujillo, donde el coronel Isaula, perfectamente fortificado, se mantuvo firme durante 55 horas de combate, hasta que habiendo llegado una pieza Krupp de a 7 ½, que enviara el coronel Varela, el pánico se apoderó de los aristas e Isaula tuvo que abandonar la plaza apresuradamente, dejándola en poder de los legitimistas.

El general salvadoreño García Alvarenga, al tener conocimiento del desastre sufrido por sus correligionarios en la costa Norte, abandonó el departamento de Yoro, donde era comandante, reconcentrándose al interior de la República.

El licenciado don Justo Gómez Osorio, tan luego desembarcó en territorio guatemalteco, de abordo de la goleta "Honduras", se encaminó a la ciudad de Zacapa, en donde el coronel Drumond, a la cabeza de un cuadro de estudiantes hondureños, se preparaba a invadir el departamento de Copán para ayudar a la causa constitucionalista.

Unido el licenciado Gómez Osorio al coronel Drumond, marcharon juntos hasta Tarros, de donde el segundo se volvió para Guatemala y Gómez Osorio fue a reunirse a la columna de voluntarios que comandaban los coroneles don Federico Ferrera, don Inocente Nolasco y don Donoso Cubero.

El 15 de marzo la columna bonillista y las tropas aristas tuvieron una escaramuza en la cual los dos adversarios se desbandaron completamente, quedando solo en sus puestos los estudiantes que aclamaron como jefe al licenciado Gómez Osorio, dirigiéndose aquel grupo de patriotas hacia la aldea Jigua, en Copán, de donde se encaminó a reunirse al ejército de Occidente.

El 25 de marzo el licenciado Gómez Osorio se incorporó con sus 80 hombres al general Mondragón, quien al saber que los oficiales del cuartel de La Laguna se habían pronunciado, haciendo huir a bordo del "Tatumbla", al comandante del puerto, general costarricense don Federico Velarde, se encaminó inmediatamente a la plaza tomada, nombrando el Dr. Barahona los nuevos empleados y contramarchando el 27 de marzo las fuerzas del general Mondragón que ascendían ya a 1,100 hombres, para ir a formar parte del ejército que comandaría en jefe el general don Carlos F. Alvarado.

Los principales aristas en el norte, deshechos completamente por los defensores de la Constitución, tuvieron que abandonar la República, de diversas maneras. El general Velarde, comandante de Puerto Cortés, al dejar su puesto, llevó a bordo del vapor de guerra "Tatumbla" los fondos de la Aduana, y se encaminó a Belice, donde después de negociar los fusiles Winchester (nacionales), se propuso vender el vapor, recibiendo dinero a cuenta de la contrata; pero el capitán del barco levó anclas y se dirigió a Honduras, para ponerse a las órdenes de la autoridad legalmente constituida; mas al pasar por Roatán, el comandante de las Islas de la Bahía, general Lacayo Jerez, le detuvo y embarcándose en el vapor le hizo marchar hacia las aguas de Nicaragua, después de exigir una contribución de la Municipalidad y vecinos de Utila, donde hizo arrimar el "Tatumbla", cuando huía para aquel país.

Todo parecía responder a la suprema aspiración de la República, pues mientras tantas empresas que parecían imposibles, se llevaban a cabo en el norte, en el oeste y sur del país, en el oriente, desde el fondo de Olancho un ejército de patriotas, encabezado por el vicepresidente constitucional, marchaba a tambor batiente, rompiendo a su paso todos los obstáculos que le oponía el partido de la usurpación.

Vamos a ocuparnos de los principales actos del ejército de oriente.

CAPÍTUO X: TERENCIO DEPOSITA EL PODER EN EL CONSEJO DE MINISTROS

Organización del ejército de Oriente. – Marcha de los tegucigalpenses. – Lamentable situación política de Olancho. – Protesta del 1° de febrero.

Proclamado vicepresidente de la República, por los bonillistas, el general don Miguel R. Dávila, hasta sacar triunfante su candidatura en los comicios de octubre, no podía menos que secundar el movimiento revolucionario para sostener la obra realizada durante las elecciones de Autoridades Supremas.

Desde en el mes de diciembre marchó el general Dávila a su hacienda de Guaimaca, prometiendo antes de partir, al general don Dionisio Gutiérrez, que si el general Sierra no entregaba el poder constitucionalmente, se pondría a la cabeza de la insurrección popular, en Olancho, para restablecer el imperio de las leyes.

A fines de enero, cuando toda esperanza de salvar a la República había desaparecido de la conciencia pública, el coronel don Calixto Carias, con cerca de cien voluntarios, marchó para Olancho para ayudar al vicepresidente en la noble empresa que debía devolver a Honduras las garantías que le arrebataran la ambición del Dr. Arias y la maldad de la esposa del general Sierra.

El departamento de Olancho había sido de los que más sufrieron durante la campaña electoral.

Nacido allá el general Bonilla, era una de las secciones del país donde el entusiasmo por la causa legalista era más marcado y decisivo y por este motivo, primero, Rodolfo Portocarrero y después don Emiliano Herrera, fueron enviados a someter por la fuerza bruta a los pacíficos moradores de aquel rico departamento.

Los palos, los prisioneros, el destierro y el confinamiento fueron los medios con que aquellos comandantes pensaron convencer a los olanchanos; pero todo fue en vano, a medida que la tiranía arreciaba, el patriotismo se erguía más y a fines de enero los ánimos estaban preparados para la sangrienta lucha a donde nos llevaron el general Sierra y el Dr. Arias.

Lejos nosotros de los campos donde operaba el ejército de Oriente, nos atenemos a la narración que hace el señor vicepresidente de la República, quien nos narra con los términos siguientes la organización de la columna que con tanto acierto comandó:

"En enero del corriente año llegaron a Guaimaca los señores general don José Ángel Rosales y el coronel don Pablo Moneada, con motivo de perseguirlos el comandante de Armas del departamento de Olancho, general colombiano don J. Emiliano Herrera, quienes me participaron tenían autorización del presidente de la República electo, señor general don Manuel Bonilla, para tomarse por asalto el cuartel de Juticalpa, al recibir aviso en clave, que él les comunicaría por telégrafo, y me mostraron la correspondencia sobre el particular, siendo entendido que nada se haría antes del primero de febrero.

Excitado por ellos para tomar parte en el movimiento que operaría me comprometí a condición de que el asalto tuviese éxito, en virtud de que se carecía, en absoluto, de elementos de guerra.

No debiendo dejar de tomarse en cuenta a los buenos y valiosos amigos de una cansa que, aunque popular, se fiaba a la suerte de las armas, los señores Rosales y Moncada me iniciaron y yo acepté la conveniencia de entendernos previamente con el señor coronel don Félix Martínez, que a la sazón permanecía en su casa de campo de Tilapa, para que coadyuvase con sus amigos y correligionarios a la lucha que se emprendía en el sentido de hacer prevalecer la voluntad del pueblo hondureño decididamente pronunciada en favor del presidente electo señor general Bonilla; y, al efecto, se le envió un correo excitándolo para que viniese a Guaimaca, a lo que él correspondió, habiéndose después unido al coronel Moncada en el campamento del Portillo de Salamá con un cuerpo de voluntarios.

A fines de enero llegó a mi hato "Buenos Aires" el señor coronel don Calixto Carias, acompañado de más de 100 tegucigalpenses, y se puso a mi orden, cumpliendo, según me dijo, instrucciones del señor general don Dionisio Gutiérrez, a quien, en diciembre anterior que vine a la capital, le había dado mi palabra de contribuir a la lucha armada que se veía en perspectiva.

Siguieron llegando pequeños grupos de tegucigalpenses, y, para hacer vida común de campaña, dispusimos alojarnos en la hacienda "La Mansión", residencia de los señores Rosales y Moncada, para declararnos en franca hostilidad al consumarse la usurpación del poder, de que no dudábamos.

El 30 de enero el telegrafista de Guaimaca don Rafael Lanza, correligionario nuestro, interceptó un telegrama del ministro de la Gobernación comunicando a las autoridades departamentales de Olancho el depósito del poder que el presidente Gral. Sierra hizo en el Consejo de Ministros.

En vista de este acontecimiento y por no ser a posible el cuartelazo proyectado, en virtud de que el comandante de Armas de Olancho, general Herrera, había establecido en todo el departamento el servicio de campaña; no teniendo ningunas otras instrucciones del señor general Bonilla y convencidos de que el golpe de Estado sería recibido en todo el país como un llamamiento a las armas contra los usurpadores, resolvimos firmar el 1° de febrero una protesta contra tamaña usurpación, y que el coronel Moncada, jefe valiente y de prestigios, se internase el mismo día en el departamento de Olancho a guerrillear en emboscadas, poniendo a sus órdenes 13 armas (Winchester), las únicas de que se disponía, con instrucciones de no librar ninguna acción en combate campal".

Y se firmó la protesta que dice:

"PROTESTA DE GUAIMACA

"Los electores de Autoridades Supremas que suscribimos la presente acta, reunidos hoy 1° de febrero de 1903, en la hacienda "La Mansión", pueblo de Guaimaca, departamento de Tegucigalpa, para deliberar sobre la actitud que debemos asumir en presencia de la usurpación del poder público consumada por los traidores generales Terencio Sierra y Máximo B. Rosales, doctor Juan Ángel Arias, Francisco Altschul, Daniel Fortín h. y licenciado Manuel S. López, teniendo a la vista los decretos de 30 de enero próximo pasado, en que el primero depositó el poder en el Consejo de Ministros, formado por los últimos, y estos, en cambio, lo reconocen como comandante general de la República,

RESOLVEMOS:

1°. - Protestar contra la inconstitucionalidad de dichos decretos, en fuerza de que el poder público que legalmente ejercieron dichos traidores caducó constitucionalmente el 31 del referido enero, de modo que de esa fecha en adelante es inconcebible la subsistencia constitucional del Consejo de Ministros representado por los últimos y de la Comandancia General de la República por el primero.

2°. – Empuñar las armas para contribuir a que se cumpla la voluntad nacional que ha electo presidente de la República al patriota distinguido señor general don Manuel Bonilla, quien debe de haber inaugurado hoy su Gobierno en la isla de Amapala.

3°. – Excitar a los demás electores de la República para que obren en igual sentido; y

4°. – Nombrar jefes para que operen militarmente a los generales don Miguel R. Dávila y don José Ángel Rosales".

Esta protesta fue suscrita por 357 ciudadanos, dispuestos a derramar su sangre antes que soportar la usurpación del seudo Gobierno, creado en Tegucigalpa por el golpe de Estado del 30 de enero.

Continúa el informe del general don Miguel R. Dávila.

"No era menos y sí más bien el número en esa fecha, con motivo de que a los tegucigalpenses se habían agregado ya los voluntarios de Guaimaca, Talanga, Cedros, Concordia y Campamento.

Los que no teníamos armas nos quedamos en "La Mansión"; y sin pérdida de tiempo organizamos montadas que recorrían los caminos en todas direcciones para dar notoriedad al movimiento, tomar los correos oficiales y poder apercibirnos de la actitud de los usurpadores. Así permanecimos y ya el quince de febrero todo Olancho, los pueblos circunvecinos de Guaimaca y el distrito de Danlí estaban en conmoción.

Al efecto, el joven ingeniero don Rosendo Contreras V., en unión de otros patriotas de Teupasenti, llegó el 15 a nuestro campamento, y por él, a la vez que supimos el unánime y ardiente entusiasmo de los danlianos, encabezados por el distinguido coronel don Manuel de Adalid y Gamero, supimos también que nada se sabía de levantamientos operados en el sur.

El 17 supimos la adversa noticia de la muerte del coronel Pablo Moncada, acaecida en el Portillo de Talgua, en un tiroteo que se cruzó con el enemigo, al hacer personalmente la exploración de aquella línea.

El coronel Moncada, desviándose de las instrucciones que se le dieron, no quiso guerrillear en emboscadas, sino que al saber que una columna de 100 hombres, al mando del colombiano general Luis Salamanca, procedente de Juticalpa se movía contra él, la avistó con franqueza, llamándole la atención con movimientos estratégicos, sin que el enemigo lo atacase. Ya en esa fecha disponía el coronel Moncada como de 70 hombres armados los más de escopetas; habiéndole destacado de "La Mansión" un piquete de once soldados al mando del señor coronel don Celso Matamoros al saber que permanecía avistado con el general Salamanca en la plaza de Salamá, a quien estuvo acechando sin que saliera. En estos movimientos le tomaba la correspondencia procedente de Juticalpa y por ella supo que el general Herrera le ordenó se reconcentrase, procurando no ser advertido.

El 15, el coronel Moncada, aunque sabía que Salamanca había sido reforzado con 60 hombres más al mando del colombiano coronel Pedro Navarrete, nos comunicó su resolución de atacarlo sobre sus atrincheramientos. Le negamos la autorización, ordenándole que reconcentrase sus fuerzas y levantase el campo como para que el enemigo creyese que él rehusaba el combate, y que adelantándose por caminos extraviados con solo la fuerza armada de que disponía, le pusiese una emboscada al enemigo en su ruta probable de reconcentración a Juticalpa.

El habría obedecido la orden, pero no la recibió, porque llegó en los momentos que hacía la exploración sobre el Portillo de Tagua, y en que probablemente caía mortalmente herido.

Muerto el coronel Moneada se hicieron cargo de la fuerza los coroneles don Félix Martínez y don Celso Matamoros; y tanto porque había faltado el jefe de más esperanza por sus prestigios y valor relevante, como porque un día antes había llegado a Cedros, distante una jornada de "La Mansión", la columna de voluntarios de Comayagua al mando de los generales Isaac Matute y Nicolás Flores, les ordenamos se reconcentrasen organizados a nuestro campamento.

Sabiendo que la muerte de Moncada y el movimiento de retroceso había causado pánico a los nuestros, se adelantó a Concordia el general Rosales para ayudar a su reorganización.

El 18 dispusimos movernos hacia el sur pasando por el distrito de Danlí. Se arengó a la tropa en la plaza de Guaimaca en el sentido de que el señor presidente, general Bonilla, tenía ya organizado un ejército que operaba sobre las plazas de Nacaome y Choluteca, con abundancia de elementos y que ya incorporados a él seríamos invencibles; puesto que el triunfo de la causa estaba operado en los corazones de la generalidad de los hondureños, y no faltaba más que resolverlo en los campos de batalla; recalcándoles que era inaceptable la ignominia de seguir violentamente gobernados por la horda oficial de los traidores. Nuestra tropa en número de más de 300 aclamó con júbilo al señor presidente general Bonilla y juró no retroceder. Ese día tomamos rumbo a Danlí. En Teupasenti se nos incorporó, como para compensar, sin pensarlo, al coronel Moncada, el valiente coronel Teófilo Cárcamo, que venía con rumbo a Guaimaca a correr la suerte de los patriotas.

El 22 por la tarde nos acampábamos en la hacienda del Tablón, como a dos km. de la plaza de Danlí, habiendo ese día sorprendido y derrotado a un piquete al mando del capitán Francisco Soto en la hacienda de don Ángel Alcántara; y es un hecho sorprendente que al día siguiente como a las 3 de la tarde, después de haber nuestra fuerza hecho algunas evoluciones de exploración sobre la plaza, el enemigo no sabía nada de nuestra presencia y sí lo sabía la ciudad, lo que prueba la adhesión unánime del distrito de Danlí a la causa nacional.

En este mismo día tratamos de ponernos al habla con el señor coronel de Adalid, quien en la propia fecha había ocupado por sorpresa el pueblo de El Paraíso, con el único objeto de apoderarse de la correspondencia telegráfica de aquella oficina y mediante ella conocer la situación del país. En su contestación nos dijo que al incorporársenos nos pondría al corriente de importantísimas noticias encontradas en telegramas en clave que él había descifrado.

Como a la una p. m. del mismo día llegaron a la hacienda del Tablón los caballeros señores, ingeniero don E. Constantino Fiallos, don Luis Gamero y otras personas importantes de Danlí para que conferenciásemos sobre lo que convendría hacer en el estado en que se encontraba aquella plaza.

Habiendo tenido la noticia de que el comandante de ella, señor coronel don Juan Pablo Urrutia, se aprestaba como para una marcha, nos pareció que indudablemente ya sabía nuestra presencia allí y que era lo probable que tratase de concentrarse a la plaza de Yuscarán.

Dispusimos darle el mando de nuestra mejor fuerza al coronel don Teófilo Cárcamo, conocedor de las localidades circunvecinas, para que atalayase a Urrutia en el punto El Arenal, camino para Yuscarán. Al efecto, se le entregaron 50 números de las mejores armas con un equipo de 500 cartuchos y se operó el movimiento, mediando entre el Tablón y El Arenal una distancia como de 1 ½ leguas.

Dos horas después de la partida de Cárcamo supimos que el enemigo se movía como con dirección al Tablón, y en el acto colocamos entre el Tablón y Danlí al coronel Matamoros con el resto de la fuerza armada, desplegado en línea de batalla. Trascurrió algún tiempo y nada aconteció. Serían como las cuatro de la tarde cuando el coronel Matamoros nos dio aviso de que el enemigo avanzaba por el camino de San Cristobalito. Entonces se ordenó al coronel Martínez que se le enfrentase rápidamente con la caballería, armada de revólveres; y recorriendo una distancia como de una milla, se encontró con él en el Portillo de San Cristobalito. Rompiéronse los fuegos y fue herido el coronel Martínez a los primeros disparos. Al oír la fuerza de Matamoros los fuegos, y no teniendo enemigo que combatir en su línea, acudió a San Cristobalito, y entonces el enemigo retrocedió, colocándose en las alturas del Carrizal. De allí pudo observar el jefe enemigo, señor coronel Francisco Moneada, la marcha al trote que por el camino de Yuscarán hacía el coronel Cárcamo para tomar parte en el combate, y a la vez el movimiento que por el camino de El Paraíso operaba el coronel de Adalid; y comprendiendo su posición difícil anunció que estaba dispuesto a rendirse. Así se efectuó, dándole toda clase de garantías y devolviéndole un rifle Winchester que había abandonado en el retroceso, en virtud de haber ofrecido tomar como propia la causa nuestra, por la cual él había sufragado en los comicios.

El coronel Cárcamo no se detuvo hasta tomar posiciones en el cabildo municipal y lo mismo hizo el señor coronel don Eligio Herrera, compañero de Adalid. Mientras tanto, los fuegos nuestros habían reducido el enemigo a la iglesia, atrincherada de antemano formalmente. A las ocho de la noche de ese mismo día la plaza de Danlí estaba ocupada. Duraron los fuegos toda esa noche y al día siguiente se dispuso a tomar por asalto la iglesia, porque creíamos y así sucedió que vendrían fuerzas de Yuscarán en auxilio del coronel

Urrutia. El asalto de la iglesia se principió a las 3 p. m. por la parte de la sacristía, en donde el coronel Herrera mandó se pusiesen bombas de dinamita para volar las ventanas. A la explosión de estas, señal convenida con el coronel Cárcamo para el asalto simultáneo, este avanzó intrépido a la cabeza de su columna por el frente de la iglesia, teniendo que recorrer, a pecho descubierto, una distancia de cien metros. El coronel Herrera en unión del coronel don Apolinario Durón, atacó por la retaguardia y el flanco derecho. El coronel don Calixto Carias, con su columna de tegucigalpenses, avanzó también por el frente. Llegados al pie de las murallas de la Iglesia, con auxilio de bombas, picos, hachas y machetes, se forzaron las puertas mayor y la llamada de caracol, con lo cual se tenía ya paso franco al interior del templo. Una vez en el interior, continuaron los fuegos nutridos hasta que toda nuestra fuerza hubo llegado a las torres y coro, habiéndose rendido la guarnición que estaba dentro y capturándose a los principales jefes, coroneles Urrutia y Manuel Milla".

No podía dudarse ni por un momento que la República correspondía en masa al llamamiento hecho por el general Bonilla, y que la victoria definitiva era cuestión de tiempo solamente.

CAPÍTULO XI: JORNADA MEMORABLE EN EL CAMPO DE BATALLA

Combate de la villa de San Antonio. – Orden general del mando en jefe. – Organización definitiva del Ejército de Occidente

El general Alvarado llegó el 20 de marzo a la ciudad de La Paz, donde se encontraba el general Medal con su división desde el 9 de ese mes.

El 24 tuvo noticias el general Alvarado de que 800 hombres al mando del general colombiano don Emiliano Herrera, descendían del lado de Protección al Valle de Comayagua, con el propósito de recuperar los departamentos occidentales, en los cuales basaba sus esperanzas el gobierno usurpador.

El general en jefe del ejército constitucional de Occidente, hizo salir al general Félix Molina con 50 hombres, para reforzar la guarnición que había en la Villa de San Antonio; pero apenas el general Molina había llegado a aquella población, cuando fue atacado por la fuerza del general Herrera, la que después de una hora de combate quedó dueña de la plaza, no obstante la heroica resistencia de la pequeña columna de la legalidad.

El general Alvarado cambió su plan de ataque inmediatamente, haciendo formar un arco de círculo frente al enemigo, que le pusiera en condiciones de tener que salir de su atrincheramiento para abrirse paso hacia Comayagua o para efectuar su retirada hacia la capital.

La aldea de Yarumela fue ocupada por el coronel don Adolfo Nolasco, comandante del 2° Batallón de la 1ª Brigada; mientras el coronel don Florencio Mejía Juárez, con el 1er Batallón de la 2ª. Brigada, se colocaba en el Río Blanco. A la vez, el general Alvarado hizo salir al teniente coronel, don Toribio Pérez, con dos compañías del 1er Batallón de la 1ª. Brigada, para que se situase en el camino que conduce de la Villa de San Antonio a la ciudad de Comayagua; la caballería del general don Sinforiano Bonilla se situaría en el camino de Lamaní; el coronel Marcelo Rivera, en el de Tegucigalpa; y los de igual grado Christmas y Rivas, frente a la Villa, sobre el camino de La Paz.

El 26, a las 7 de la mañana, la fuerza del general Herrera rompió sus fuegos sobre el centro de los constitucionalistas; pero después de dos horas de combate el aspecto de la acción había variado, pues los bonillistas habían tomado la ofensiva, quitando a los aristas las bestias de la caballería y el parque de fusiles y cañón.

A las 3 de la tarde, el desastre de las fuerzas del general Herrera fue completo, emprendiendo la fuga hacia la capital, dejando en el campo 30 cadáveres, entre los cuales estaban los de los coroneles Jenaro Venegas y Collins.

Del ejército constitucional hubo 16 muertos y 18 heridos, contándose entre los primeros el valeroso coronel don Ignacio Bustillo, a quien el general Alvarado ordenó tributar los honores de general de Brigada, como se verá por la siguiente:

"Orden general para el 27 de marzo de 1903, en La Paz. – Servicio de rigurosa campaña.

Señores jefes, oficiales y soldados del Ejército de Occidente: La jornada que celebrasteis ayer, en los campos de San Antonio, será siempre memorable para el patriotismo hondureño, y de gran trascendencia para el triunfo definitivo de la causa de la Patria, que sustentáis con vuestras armas. Estoy orgulloso de ser vuestro jefe, y satisfecho de vuestra conducta en el combate, pues todos vosotros habéis cumplido con vuestro deber. Al vencer y poner en fuga a un enemigo superior en número y en elementos, habéis demostrado lo que vale un soldado que lucha convencido de la nobleza de su causa.

Las fuerzas de la usurpación no han podido resistir vuestro empuje; a ellas falta lo que a vosotros sobra: el amor a la santidad de Honduras, encarnada en nuestras leyes, que una ambición insensata ha pisoteado villanamente creyendo que vosotros no tendríais aliento bastante para hacerlas respetar. En nombre de nuestro jefe supremo, el señor presidente Bonilla, os felicito por la victoria que habéis obtenido; él, que por vuestra espontánea voluntad va a regir los destinos del país, sabrá corresponder, no lo dudéis, a vuestros sacrificios y a las esperanzas de paz y bienestar para el pueblo, que en él habéis cifrado. Con oportunidad recomendaré particularmente a los que os habéis distinguido en el combate de ayer. ¡Que la paz sea con los que murieron en defensa de la Patria; la gratitud de los hondureños no los echará en olvido! Habiendo muerto heroicamente en el campo de batalla el valeroso coronel don Ignacio Bustillo, su cadáver será sepultado hoy, con los honores que corresponden a los generales de Brigada. Todas las fuerzas francas de la plaza deberán concurrir a los funerales, debiendo el comandante de Armas, coronel Maldonado, disponer el orden en que se han de verificar. Comuníquese.

Alvarado".

El 28 de marzo el general en jefe del ejército de Occidente se encaminó para la ciudad de Comayagua con la 1ª. Brigada de la 2ª. División. El 2 de abril, las fuerzas del general Mondragón llegaron a Comayagua, procediendo al siguiente día el general Alvarado a organizar definitivamente el ejército con que marcharía sobre Tegucigalpa.

"Orden general para el día 3 de abril de 1903, en Comayagua. – Servicio de rigurosa campaña.

Habiendo ingresado el día de ayer a esta plaza las fuerzas que comanda el general don Maximino Mondragón, las cuales forman parte del ejército de Occidente, con cuyo mando me ha honrado el señor presidente de la República, les dirijo un cordial saludo, y las felicito por los brillantes triunfos que alcanzaron en los campos de batalla de La Loma de la Cruz, Ocotepeque, Talgua y Trinidad. La patria agradecida recordará los nombres de los patriotas que tan dignamente han defendido la Constitución y las leyes, y el presidente Bonilla otorgará la recompensa que merecen los que han sido tan heroicos en los combates, como magnánimos después de la victoria. Por mi parte me siento orgulloso de ser jefe de una verdadera falange de leones.

Organizase el ejército de la manera siguiente: comandante de la 1ª. División, el señor general don Maximino Mondragón; jefe de Estado Mayor de la 1ª. División, el coronel don César Lagos; comandante de la 1ª. Brigada de la 1ª. División, el coronel don Francisco Argeñal; comandante de la 2ª. Brigada de la 1ª. División, el coronel don Francisco Guerrero; comandante del 1er. Batallón de la 1ª. Brigada, el coronel don Nemesio Merino; comandante del 2° Batallón de la 1ª. Brigada, el coronel don Antonio Paredes; comandante del 1er. Batallón de la 2ª. Brigada, el coronel don Macario Estrada; comandante del 2° Batallón de la 2ª. Brigada, el coronel don Jerónimo M. Rivas; comandante de la 2ª. División, el general don Saturnino Medal; jefe de Estado Mayor de la 2ª. División, el coronel don Ricardo Maldonado; comandante de la 1ª. Brigada de la 2ª. División, el coronel don Florencio Mejía Juárez; comandante de la 2ª. Brigada de la 2ª. División, el coronel don Adolfo Nolasco; comandante del 1er. Batallón de la 1ª. Brigada, el teniente-coronel don Marcos Castillo; comandante del 2° Batallón de la 1ª. Brigada, el teniente-coronel don Daniel López; comandante del 1er. Batallón de la 2ª. Brigada, el teniente-coronel don Mercedes Cruz; comandante del 2° Batallón de la 2ª. Brigada, el teniente-coronel don José María Castro; comandante del Cuerpo de Caballería, el señor general don Félix A. Molina; y 2° jefe del mismo Cuerpo, el señor general don Sinforiano Bonilla; comandante de la Artillería y del cuerpo de rifleros, el coronel don Lee Christmas; director del Cuerpo Médico, Ambulancia y Hospitales, el doctor don Manuel Funes; y 2° jefe del mismo, el doctor don Medardo Galeano Trejo; aposentador general, el teniente-coronel don Justo Gómez Osorio; proveedor general, el teniente-coronel don Lope V. Calderón; pagador general, el coronel don Carlos A. Moneada; y 2° pagador, el capitán don Salvador Orellana.

El señor general, don Antonio López, continúa en su empleo de jefe de Estado Mayor General. La organización de las compañías se hará de la manera que se prescribe en la Orden General de diez y seis de marzo último.

Nómbrase comandante del Tren, al coronel don Salvador Bonilla, y 2° al comandante 1° don José María Pereira; debiendo el coronel don Vicente Zúñiga pasar a prestar sus servicios en el Cuerpo de Caballería. El Batallón del coronel don Marcelo Rivera, forma una columna volante, dependiente directamente del mando en jefe. – Comuníquese.

Alvarado".

CAPÍTULO XII: UN MINISTRO PIDE PERDÓN

Triste situación del arismo en los días trascurridos desde el 1° de febrero hasta el combate de la Villa de San Antonio. – Sus trabajos diplomáticos. – La toma de posesión del doctor Arias.

Como hemos llegado en nuestra narración histórica hasta la victoria del ejército legitimista en la Villa de San Antonio, creemos necesario ocuparnos de los acontecimientos ocurridos en Tegucigalpa, para que nuestros lectores se impongan de las amarguras que llevó la usurpación a los que creyeron muerta la conciencia nacional.

El 13 de febrero, el pseudo Congreso, reunido por el doctor Arias para sancionar el golpe de Estado que hirió tan hondamente nuestras instituciones el 30 de enero del año próximo pasado, aprobó, en primer término, el decreto del depósito hecho por el general Sierra en el Consejo de Ministros; y El Constitucional del siguiente día (14 de febrero) celebró aquella disposición criminal, con las siguientes aduladoras frases, para el hombre de quien, por medio de una mujer perversa, habían hecho un tirano irresponsable de sus actos:

"CONGRESO NACIONAL
En sesión de trece del corriente, este alto cuerpo, haciendo justicia a los grandes méritos del señor general don Terencio Sierra, aprobó el acto de la transmisión del Poder Ejecutivo en el Supremo Consejo de Ministros. Otra de las disposiciones, plausibles por cierto, del Soberano Congreso, es el reconocimiento del señor general don Terencio Sierra como comandante general de la República, cuya confirmación ha hecho el Soberano Congreso de su propia autoridad:
El Consejo de Ministros, cumpliendo con lo que la Constitución y los principios del Derecho Internacional le permiten, tuvo a bien, en previsión de ulteriores perjuicios a la paz pública, cerrar el puerto de Amapala a toda clase de embarcaciones, determinación que fue comunicada al Cuerpo Diplomático y Consular de las naciones amigas de la República de Honduras.
Ese decreto tuvo universal aprobación, y el 13 del corriente, el Soberano Congreso se sirvió darle el debido pase.

El pueblo hondureño, sin distinción de clases, ha visto con satisfacción esas importantes disposiciones del Soberano Congreso, porque ellas, indudablemente, confirman la legalidad de aquellos actos, garantizan la conducta del Poder Ejecutivo, autorizan al señor comandante general de la República y destruyen todo pretexto que pudieran ostentar, para justificar sus actos, los trastornadores del orden público.

Inspirado el Congreso Nacional en los sentimientos del más puro patriotismo, al emitir los decretos referidos por unanimidad y sin vacilación alguna, lo ha hecho confiado en que él representa los grandes intereses del pueblo hondureño, y en que sus comitentes deben estar convencidos de que la Representación Nacional, antes admitiría cualquier sacrificio que dejar perecer los sagrados intereses de la patria.

Las resoluciones del Congreso, además de estar fundadas en la ley, son de gran trascendencia pública.

La distinguida personalidad del señor general Sierra y sus indiscutibles méritos como guerrero y como estadista, hacen esperar que él, al frente del ejército, salvará la patria, y que será un firme sostén del orden y la libertad".

Al salir el general Sierra para el sur, llevaba la vana creencia de que su zarpazo a la Constitución de Honduras sería aprobado y apoyado, en caso necesario, por los Gobiernos de El Salvador y Nicaragua, suponiendo que valdría más en la balanza centroamericana la convención de Corinto, del 20 de enero de 1902, que la idea de la justicia, encarnada en la conciencia de los centroamericanos en favor de la causa del general Bonilla.

Tanto en El Salvador como en Nicaragua el sentimiento público de una manera decidida se pronunció en favor de la legalidad, y los Gobiernos tuvieron precisamente que respetar el sentimiento popular de sus países, a despecho de las intrigas desarrolladas por el general Sierra y el doctor Arias.

Apenas había llegado el general Sierra a Sabanagrande, cuando tuvo informes fidedignos de que el general Regalado, tomando en cuenta las simpatías del Salvador y los dictados de su propia conciencia, no prestaría su apoyo a los usurpadores, de aquí resolvió quedarse solo con el mando en jefe del ejército, para que fuera el doctor Arias el que cayera del alto puesto de la Presidencia de la República.

Así fue lo comunicado al presidente general Zelaya, en el siguiente telegrama de su ministro en Honduras, doctor Leopoldo Ramírez M., quien le trascribía las noticias comunicadas por el ministro de la Gobernación del doctor Arias, don Manuel Bueso, a quien había enviado ante el Gobierno salvadoreño:

"Tegucigalpa, febrero 16 de 1903, 2:20 a.m.

A presidente Zelaya. – Managua.

Nuestro amigo, el doctor Arias, acaba de recibir del señor don Manuel Bueso, por medio de un correo expreso enviado a Guarita, el siguiente parte en clave y que descifrado dice lo que sigue: "Acabo de llegar aquí al Salvador, según las comunicaciones y según mis conocimientos de telegrafía he oído del comandante de Chalatenango para el presidente Regalado; veo efectivo el apoyo que da a los revolucionarios. Los de Citalá recibieron, mandados de esta capital, elementos de guerra y a la fecha estarán atacando Ocotepeque. El general Antonio López listo en Sensuntepeque para invadir. De aquí se fueron los elementos a San Miguel. Han mandado bastantes elementos. La comunicación de los revolucionarios por telégrafo en esta República es descarada. José León Castillo y general Toledo, están aquí ya organizándose para invadir Guatemala.

Un enviado que mandó Estrada Cabrera lo tiene en la cárcel Regalado. Ortiz salió para oriente a organizarse para invadir a Nicaragua. Los elementos que han mandado a oriente son muchos. Se dice aquí que el doctor Sánchez no puede salir de esta capital. Repítole que el apoyo que da Regalado a los revolucionarios es decidido. De esa República se está viniendo mucha gente organizada. Tomen medidas enérgicas a fin de contener ese torrente. Carlos Alvarado está en La Unión y sé que manda elementos a Amapala y dice que Bonilla avanza sobre Nacaome". Este correo tardó tres días para llegar al lugar indicado; debo agregarle: que todas las comunicaciones telegráficas que he visto de los empleados fronterizos de este Gobierno coinciden, aunque no de un modo tan explícito, con lo que queda apuntado. Pienso, pues, que Regalado nos está engañando y que debe Ud. prepararse y dictar medidas en León y resolver lo que estime conveniente. Este telegrama lo hago a las tres de la mañana y en presencia del doctor Arias, quien ha tenido la fineza de traerme el parte en clave que hemos descifrado aquí en unión del señor Altschul. Como lo estimo de importancia, desearía me acuse recibo tan pronto como lo lea, para decir al doctor Arias lo que Ud. piensa. En mi presencia y hoy por el teléfono que tenga en la casa que ocupo, se le ha trascrito, como se lo doy a Ud., al general Sierra, que está en Sabanagrande. Probablemente mañana tomará posesión de la Presidencia doctor, por indicación del general Sierra, quien pide quedar como general en jefe del Ejército. Hasta esta hora no ha contestado el general este telegrama al doctor Arias. Su afectísimo.

L. Ramírez M."

Triste era en verdad el papel que desempeñaba el ministro de Gobernación del doctor Arias en la República cuscatleca; pero más triste era aún el del ministro de Fomento, don Francisco Altschul, quien, olvidándose de su elevada posición oficial, llegó a humillarse hasta el extremo de ir a la legación nicaragüense a implorar el perdón del presidente de Nicaragua, a quien había ofendido en tiempos anteriores y del que se había declarado enemigo irreconciliable, así como el de Ramírez Mairena, que aconsejaba medidas enérgicas contra el pueblo de León, inocente de lo que pasaba en Honduras.

Como nuestro objeto es dar a conocer la verdad de los hechos últimamente ocurridos, reproducimos el telegrama del doctor Ramírez Mairena, dirigido al general don José Santos Zelaya para reconciliarlo con Mr. Altschul:

"Palacio, 21 de febrero de 1903, 10:40 a.m.

Presidente Zelada. – Managua.

Tengo el gusto de participar a Ud., que ayer que recibió el acuerdo el señor don Francisco Altschul, nombrándolo ministro de Fomento y Obras Públicas, pasó poco después a la Legación a significarme que como amigo verdadero de Ud., a Ud. el primero le había manifestado que se ponía enteramente a sus órdenes y que su Gobierno podía contar con él, no solo como un verdadero liberal, sino como un leal amigo que pondría en todo tiempo sus energías y esfuerzos para el mantenimiento y ensanche de las buenas relaciones que deben unir a ambos países.

Agregó que aunque ya otras veces en lo público y en lo privado me había hecho aquella declaración, deseaba ratificarla en aquel momento y de un modo oficial, porque quería que Ud. conociera, por mi medio también, su adhesión hacia Ud. y su modo de pensar y de sentir.

Le di las gracias en su nombre y le aseguré que le trasmitiría, con toda fidelidad, aquellos conceptos, y que mientras Ud. le contestaba, tuviera la certeza de que mi Gobierno vería con agrado aquella declaración, porque la creería, como yo, hija de un corazón bien puesto y de un correligionario leal y franco.

Para terminar y para que Ud. conozca a las personalidades que forman el Gabinete del señor presidente Arias, le manifiesto: que el doctor Jesús Bendaña, militó siempre bajo la bandera del gran liberal don Céleo Arias; que está enlazado en la familia de Cabañas; que ha ayudado eficazmente, con su propaganda al actual presidente de la República en el período electoral; que es actualmente vicepresidente del Congreso, y que es admirador de Ud. y de su Gobierno.

Don Manuel Bueso, es bien conocido también en el país por su liberalismo definido y su adhesión al doctor Arias; y es, además, un capitalista.

Del señor Jesús María Rodríguez, para que aprecie su liberalismo, le diré que en su juventud abrazó la carrera del sacerdocio; pero no amoldando su espíritu al estrecho límite del dogma, rompió los vínculos que lo unían con aquella institución, penetró en el hogar y eligió la compañera de su vida, haciéndola su esposa y se lanzó a la vida pública como el más esforzado propagandista del credo liberal.

De los otros ministros, omito hacer apreciación alguna, porque le son bien conocidos como liberales y amigos de su Gobierno. Hasta la hora no hay nada nuevo que comunicarle. Su afectísimo amigo.

L. Ramírez M."

El Dr. Ramírez Mairena, atraído por doña Carmen de Sierra y sin conocer la situación y el carácter del pueblo hondureño, no dudamos que, sin autorización de su Gobierno y faltando a sus deberes diplomáticos, vino a tomar cartas en la política interior de Honduras, poniéndose en cuerpo y alma en favor de los usurpadores, pues aseguró cosas y hechos completamente ajenos a la verdad, llegando hasta querer que su país emprendiera una guerra fratricida para llenar las ambiciones de los que habían halagado su amor propio para ponerle de su parte.

Véase sino el telegrama que el 21 de febrero, en el cual disculpa la derrota de Ferrera y asegura a su Gobierno que el triunfo del general Bonilla haría inevitable la guerra en Nicaragua:

"Tegucigalpa: 21 de febrero de 1903, 6:40 p.m.

Presidente Zelaya. – Managua.

Hablé con Dr. Arias y queda impuesto de la llegada de Sánchez y lo más que me dice en cifras. Particípeselo inmediatamente al general Sierra y me dice no ser cierto lo de Choluteca, pues por correo diario hay noticias de aquella plaza, y los telegramas últimos del general Sierra, de Nacaome, no dicen nada a ese respecto. Apoyo de Regalado a Bonilla complica situación, pues creyendo Sierra en la lealtad concentró toda su atención en el sur y dejó con pocas armas a occidente, donde el doctor Arias tiene su base de apoyo. Desde hace tres días se están remitiendo elementos de guerra a aquella sección y mañana se mandarán más. A Perrera lo vencieron por falta de parque, y rompió línea cuando solo tenía mil cartuchos. Como las distancias son tan grandes, es probable que, antes que lleguen elementos remitidos, se tomen otra plaza en Copán. General Sierra cree que pronto podrá derrotar al enemigo en el sur y volar con su ejército a occidente, pero esto no lo veo muy factible y pienso que la verdadera campaña será en occidente, por el fácil apoyo que da El Salvador y por privar a Arias de los departamentos amigos. Concluyo manifestándole que la situación se agrava. Regalado se descara; Guatemala, que necesita aliados, podría entenderse con Honduras, y que si desgraciadamente venciera Bonilla, la guerra en Nicaragua sería inevitable. Para que Sierra, pues, pudiera realizar lo que dejó dicho, necesitaría de su auxilio. Su afectísimo amigo.

L. Ramírez M."

Vamos a llevar año y medio de que el presidente constitucional de Honduras se encuentra al frente de los destinos de su patria, sin que se ocupe en otra cosa que de restañar las heridas causadas por la usurpación en la sociedad hondureña.

Aun en los momentos de efervescencia, cuando más de 8,000 hombres empuñaban las armas legitimistas, supo el general Bonilla mantener enérgicamente su palabra de respetar y hacer respetar las fronteras de los países vecinos, colindantes con el suyo.

Por nuestra parte la paz de Centroamérica está garantizada, como lo será indudablemente durante el periodo del presidente actual, quien, reconociendo como patria del porvenir a la que fue de nuestros mayores, quiere consagrar sus energías al mejoramiento de Honduras, en la escala que le sea posible, preparándolos para el día en que forme como sección integrante de la Unión Centroamericana.

CAPÍTULO XIII: JUAN ÁNGEL PRESIDENTE

Toma de posesión del Dr. Arias. – Soledad de Tegucigalpa en aquel día. – Discurso del Dr. Bendaña. – Contestación del Dr. Arias. – Telegrama del Dr. Ramírez Mairena.

Hay días de gloria en que el corazón está oprimido como por una plancha de plomo, y esto sucede precisamente cuando la conciencia no está tranquila, cuando el remordimiento, como un espectro, se interpone entre la embriaguez de la pasión satisfecha y la amenaza de la desgracia próxima. Tal pasaba al Dr. Arias cuando fue a tomar el puesto que le había designado la usurpación más escandalosa que se conoce en Centroamérica, desde que nos separamos del dominio español.

El 17 de febrero circuló la siguiente tarjeta de invitación:

"Señor: Tengo la honra de invitar a Ud., en nombre del Poder Ejecutivo, para que se sirva concurrir el día de mañana, a las 2 p.m., a la sesión solemne que celebrará el Congreso Nacional, en que tomarán posesión de la Presidencia y Vicepresidencia de la República, respectivamente, el Dr. Don Juan Ángel Arias y el general don Máximo B. Rosales.

Soy de Ud. atento y S.S.

TRINIDAD FIALLOS S.
Subsecretario de Estado en el Despacho de Gobernación".

Los pocos adeptos a la causa arista, tristes, meditabundos, llegaron a la hora indicada, pues sabían que aquel acto más tenía de una representación cómica, que de una faz trascendental de la vida libre y republicana de Honduras.

Desde la noche del 30 de enero, Tegucigalpa había quedado solitaria: un mozo de cordel, un artesano no se encontraban por las calles, ni en sus casas; los montes, los valles, los caminos extraviados eran los populosos por los voluntarios que para el oriente y el sur de la República se retiraban, buscando las armas con qué defender sus hogares y las instituciones.

Sin embargo, reunidos en el Salón de la Asamblea Nacional improvisada, el doctor Bendaña presidente del Congreso, pronunció el discurso siguiente:

"SEÑOR PRESIDENTE:

Habéis venido en cumplimiento de un deber a prestar la promesa constitucional en este momento solemne en que os hacéis cargo del elevado empleo para que habéis sido electo por los representantes de la Nación.

Vuestras cualidades personales, los relevantes méritos que os distinguen y los importantes servicios que habéis prestado al país en diferentes ocasiones, han sido bastantes para que gran parte de vuestros conciudadanos se hayan fijado en Vos y os hayan considerado, en estricta justicia, como uno de sus mejores hombres, llamado a realizar grandes bienes para nuestra patria.

¡Dichosos los países que, como el nuestro, han tenido la buena suerte de que el elemento democrático influya de un modo directo en la sociedad, para que el pueblo tome participación en los negocios públicos y sea el verdadero representante de la justicia, del derecho y de la libertad! Ese gran poder os ha llamado en la época presente para que dirijáis sus destinos, confiando en que sabréis conducirlo con la prudencia y cordura que os han distinguido en los elevados puestos que habéis desempeñado con verdadero aplauso de vuestros conciudadanos.

Grato es contemplar que ha podido trasmitirse el poder en perfecta tranquilidad, como acaba de verificarse; y este trascendental suceso pasará a la historia, enalteciendo la personalidad de vuestro ilustre antecesor.

Os ha tocado, sin embargo, entrar al ejercicio de la primera Magistratura, en momentos difíciles, en razón de la guerra civil que empieza a encenderse en la República. Confía no obstante el Congreso en que, guiado por vuestro constante amor a la paz, trabajaréis con ahínco porque ella se restablezca lo más pronto que sea posible, a fin de que los hondureños vuelvan a la calma y a la concordia y se consagren de nuevo, sin zozobras, de las faenas del trabajo reparador.

El pueblo hondureño, que conoce perfectamente los resultados inestimables de la paz, ha recibido con satisfacción suma vuestra exaltación al poder, tanto porque sois prenda de seguridad por vuestro respeto a las instituciones, como porque mira en Vos el fiel continuador de la sana y honrada administración que implantó el benemérito general don Terencio Sierra, cuyo programa de gobierno aceptasteis en un todo, por contener los principios que requiere la ciencia de gobernar, así como un plan completo de administración, tendente a labrar la felicidad y engrandecimiento de nuestra querida patria.

Liberal por convencimiento, sabréis llevar vuestra protección y vuestra voz de aliento hasta la humilde cabaña del labriego para despertar en él amor al trabajo y la noble aspiración de adquirir mayor desarrollo moral y material hasta obtener cabal conocimiento de sus derechos y de su dignidad personal.

Por eso vuestros compatriotas están de plácemes, porque ven en Vos un apóstol del pueblo que quiere y desea ardientemente su adelanto.

El Congreso Nacional, justo apreciador de vuestros relevantes méritos, se llena de verdadera satisfacción por vuestro advenimiento al poder, y al mismo tiempo que os felicita por la alta honra con que han sabido distinguiros vuestros conciudadanos, se congratula por tan plausible acontecimiento, y espera que, fiel a vuestras ideas y a la promesa solemne que acabáis de prestar, seréis fuerte sostén de las libertades del pueblo hondureño y un celoso guardián de la integridad y honra nacionales.

Tegucigalpa: 18 de febrero de 1903.

Jesús Bendaña".

El doctor Juan Ángel Arias, con el aire distraído y el corazón oprimido por el presentimiento de que el poder arrebatado a la opinión nacional no sería duradero, contestó al doctor Bendaña con las siguientes frases:

"SEÑORES DIPUTADOS:

349

Favorecido por vuestros benévolos sufragios, y en acatamiento a la voluntad nacional, de que sois representantes, he prestado ante vosotros la promesa de ley para entrar a ejercer la Presidencia de la República.

Al elegirme para aquel cargo honroso, habéis contraído, hasta cierto punto, gran responsabilidad para con el país, porque de vuestros votos quedan pendientes su bienestar y adelanto en mi período de mando. En cuanto a mí, esa responsabilidad es mucho más grave, aceptando, como he aceptado, el alto puesto con que habéis distinguido mis pocos merecimientos; pero yo os aseguro, señores diputados, que me esforzaré con fervoroso patriotismo en justificar vuestros votos y en sacar avante mi honra solemnemente empeñada con la promesa que acabo de prestar, trabajando sin descanso por la felicidad de la República, haciendo que la ley ejerza su imperio en todas las esferas de la Administración, honrando el mérito y el trabajo, y cumpliendo, en suma, fielmente, el Programa de Gobierno que dirigí a los hondureños el 20 de agosto del año último, basado en los mismos principios y en los mismos ideales invocados por mi ilustre antecesor y amigo el general don Terencio Sierra, en su Manifiesto de Coray de 1898.

Entro a dirigir los destinos de mi país en momentos harto difíciles, en que acaba de estallar una conmoción intestina, y en que la sociedad, dividida en funestos bandos, se resiente de las animosidades suscitadas con motivo de la elección de Autoridades Supremas, y se resentirá aún más, de los odios y enconos que, como triste legado, nos dejará la contienda armada que por desgracia empieza a teñir en sangre nuestro suelo. Me consagraré empeñadamente a restañar las heridas de la patria y a atraer a los hondureños de todos los matices políticos, a la reconciliación, a la concordia y a la paz, condiciones sin las cuales jamás adquirirá la República consistencia y estabilidad, ni llegará a ser grande, próspera y respetada.

Os doy las gracias más cordiales, señor presidente, por las bondadosas expresiones de pláceme que me habéis dirigido en nombre de la Representación Nacional, con ocasión del alto puesto a que me habéis llamado; puesto en que no me fascinarán, debéis creerlo, engañosos mirajes de honores y de gloria, sino, únicamente, los nobles ideales del engrandecimiento y ventura de mi patria.

Tegucigalpa: 18 de febrero de 1903.

Juan Ángel Arias".

El doctor don Leopoldo Ramírez Mairena, más entusiasta que los aristas hondureños en los asuntos de Honduras, dio la crónica del acto al general Zelaya, en los dos telegramas siguientes:

"Palacio, Tegucigalpa: 16 de febrero de 1903

6 h. 20' p.m.

A presidente Zelaya. – Managua.

Con particular agrado tengo el honor de comunicar a Ud. algunos detalles relativos a las manifestaciones originadas por la elección que hizo esta mañana el Congreso Nacional. Concluida la sesión, los señores representantes y muchos amigos fueron invitados por el doctor Arias y el general Rosales, para tomar una copa de champaña. Estando todos en pie, brindé yo por el Congreso Nacional, por el general Sierra y por el doctor Arias. El general Rosales habló en seguida, y dijo: "En esta ocasión solemne debemos de brindar todos los liberales, y así lo hago yo por el general Zelaya, el valiente y franco vencedor del partido liberal y el aliado sincero que corre nuestra suerte". El doctor Arias hizo propias las frases del general Rosales, y agregó: "El general Zelaya es todo carácter, todo sinceridad, todo lealtad y
todo energía y abnegación. Yo procuraré conservar, fomentar y robustecer las relaciones que felizmente nos unen, y puesto que lo conceptúo como el gran liberal centroamericano, pondré todo mi empeño en imitar su alto y meritorio ejemplo. El general Zelaya ha estado dondequiera que el liberalismo palpita. En el Ecuador, Venezuela, Colombia y en Centroamérica ha hecho sentir su fervor y entusiasmo por el triunfo de los principios liberales; y ahora, en nuestra Honduras, ha hecho suya nuestra causa y nos alienta con el calor de su amistad, y con nosotros está en esta lucha por los principios del credo democrático". El señor Altschul brindó en

seguida, y dijo: "Yo soy liberal y profeso con entusiasmo los principios de ese credo. En esta ocasión solemne quiero hacer presente, que si en alguna ocasión adversé al Gobierno del general Zelaya, convencido como estoy de que él es la representación genuina del liberalismo centroamericano y su más esforzado defensor, declaro públicamente, y en presencia de los que me escuchan, que he olvidado desde hace mucho tiempo los resentimientos de familia que con él tenía, y brindo por él, que hace sentir su presencia dondequiera que se lucha por el partido liberal".

A tan significativos brindis contesté dando las gracias más expresivas por las frases vertidas en elogio de Ud.; dije: que sentía verdadera complacencia al ver que se hacía justicia a sus esfuerzos desinteresados y abnegación en defender nuestros principios; y agregué: que el que había sido magnánimo y generoso con nuestros enemigos, los conservadores, había abierto, desde hacía mucho tiempo, su corazón y su cariño a sus desafectos del 96, y que aquella fecha solo se recordaba entre nosotros como una enseñanza útil a los liberales de Centroamérica, para no dejarnos sorprender del enemigo común que, impotente de vencernos en el campo de batalla, trata de dividirnos y desacreditarnos ante propios y extraños; y concluí asegurando que donde estuviera un demócrata, allí estaría Ud. con él; donde se viera amenazado el rojo pabellón, allí estaría con su espada de guerrero, para defenderlo; donde lo llamara la lealtad y la consecuencia, allí también se vería Ud. porque la lealtad y la consecuencia son sus compañeras inseparables y forman su religión; y excité, por último, a los liberales allí congregados, para que, como centinelas de avanzada, estuviéramos con el rifle al hombro, listos para disparar nuestros cartuchos contra el conservatismo que pretende destruir nuestras conquistas. Una explosión de entusiasmo, de aplausos, de hurras y de vivas a Ud., al doctor Arias, general Sierra y a Nicaragua y a Honduras unidas, siguió a estos brindis. – Su afectísimo amigo,

L. Ramírez M."

"Palacio, Tegucigalpa: 18 de febrero de 1903.

5 h. 20' p.m.

A presidente Zelaya. – Managua.

Como se lo anuncié en telegrama de ayer, hoy a las 2 p.m., y en el Salón del Congreso, tomó posesión de la Presidencia de la República el señor Dr. Don Juan Ángel Arias. El acto estuvo solemnísimo, y de conformidad con sus instrucciones, lo felicité en nombre de Ud. y su Gobierno, haciendo votos por el pronto restablecimiento de la paz de nuestra hermana Honduras, y asegurándole que el Gobierno de Ud. sería leal amigo del que acababa de inaugurarse en tan solemnes momentos. A mis palabras contestó el señor presidente Arias con un expresivo brindis en honor de Ud., de su representante en esta y del pueblo y Gobierno de Nicaragua; y aseguró que las relaciones más francas y sinceras unirían a ambos Gobiernos para el mantenimiento de la paz y el desenvolvimiento de sus respectivos programas de verdaderos liberales. Concluyó manifestando: "que levantaba su copa por las dos grandes personalidades centroamericanas, personificadas en el general Zelaya y en el general Sierra".

Su afmo. amigo,

L. Ramírez Mairena".

CAPÍTULO XIV: ARIAS ENVÍA TELEGRAMAS

Comunicación del Gobierno del Dr. Arias a las Cancillerías de Centroamérica. – Contestación del general Zelaya. – Mensaje del Gobierno de Guatemala. – Del de Nicaragua. – Del de Costa Rica. – Del Salvador. – Comentarios.

Como hemos dicho ya en más de una ocasión, los países con quienes Honduras cultivaba relaciones, sabían desde a principios de noviembre de 1902, que el general Bonilla había sido electo presidente de la República, para el período de 1903 a 1907 por una lujosa mayoría absoluta sobre las dos candidaturas que se habían presentado al palenque electoral haciéndole la oposición.

De nada sirvió el retardo de la declaratoria que debió hacer el Congreso en los primeros quince días de enero, de nada el depósito en el Consejo de Ministros; de un confín a otro de Centroamérica la voz de la justicia reclamaba el cumplimiento de la soberana voluntad del pueblo hondureño manifestada en los comicios de octubre.

El Dr. Arias, que se veía completamente solo en el país al que arrebatara su libertad, creyó oportuno conocer lo que pensaban los Gobiernos centroamericanos e hizo al subsecretario de Relaciones Exteriores dirigir la siguiente circular:

"Tegucigalpa: 18 de febrero de 1903

Señor: Tengo el honor de participar a V. E. que hoy a las 2 p.m., y en cumplimiento del decreto legislativo de 16 del corriente, han tomado posesión de la Presidencia y Vicepresidencia de la República y prestado la promesa constitucional los señores Dr. Don Juan Ángel Arias y general don Máximo B. Rosales, respectivamente.

Con instrucciones especiales del señor presidente, cábeme la alta honra de manifestar a V. E., para que a su vez se digne elevarlo al conocimiento del señor presidente de esa República, que el nuevo Gobierno, inspirado en sentimientos de paz y del más puro centroamericanismo, pondrá particular empeño y el más vivo interés en que las cordiales relaciones que felizmente han existido entre este Gobierno y el de V. E., se fortalezcan más, si cabe, en provecho de nuestros pueblos y en favor del bienestar y progreso de Centroamérica. Confío, pues, en que V. E. me honrará con la continuación de sus amistosas relaciones; y, al hacer los votos más fervientes por la prosperidad de esa República hermana, me es muy grato suscribirme de V. E. muy atento y S. S. – Octavio R. Ugarte.

A los señores Ministros de RR.EE. de El Salvador, Nicaragua, Costa Rica y Guatemala".

El Dr. Arias también telegrafió al presidente de Nicaragua en igual sentido.

Las contestaciones fueron estas:

"Campo de Marte: 18 de febrero de 1903. – Recibido en Tegucigalpa el 19 de febrero de 1903. – Señor Dr. J. A. Arias. – Me he impuesto del atento telegrama en que se sirve participarme que ha tomado posesión de la Presidencia de esa República; y en contestación, me es grato felicitar a Ud. por la prueba de confianza que le han dado sus conciudadanos, al par que doy mi enhorabuena al pueblo hondureño, con el cual me han ligado estrechos vínculos fraternales, por el acierto y cordura que ha demostrado al darse tan hábil e ilustrado gobernante. Su presencia, señor presidente, en la Jefatura de ese Estado, la conceptúo como garantía eficaz para que las buenas relaciones entre Honduras y Nicaragua permanezcan inalterables, y para que el partido liberal, del que es Ud. uno de sus más ínclitos caudillos, adquiera mayor ensanche y desarrollo en Centroamérica. – Reiterando a Ud. mis protestas de personal amistad, soy su afectísimo servidor y amigo. – J. S. Zelaya".

"Guatemala: 18 de febrero de 1903. – Señor Ministro de RR. EE. – Tegucigalpa. – He tenido la honra de recibir su telegrama de esta fecha, en el cual se sirve trascribirme el decreto número 22 de ese Congreso, por el que se declara electos presidente y vicepresidente de esa República a los señores Juan Ángel Arias y general Máximo B. Rosales, respectivamente. De acuerdo con los deseos de V. E., tendré el placer de dar cuenta al señor presidente de esta República del contenido del telegrama de V. E. – Reitérole las seguridades de mi muy distinguida consideración. – Juan Barrios M".

"Palacio, Managua: 21 de febrero de 1903. Excelentísimo señor, don Octavio R. Ugarte, subsecretario de RR. EE. – Tegucigalpa. Me es muy honroso acusar recibo a V. E. de su importante telegrama de 16 del corriente, en el cual se sirve trascribir, para conocimiento de mi Gobierno, el decreto número 22 del Congreso Nacional de ese país, en que se declara constitucionalmente electos presidente y vicepresidente de la República, para el período legal de 1903 a 1907, a los distinguidos ciudadanos Dr. Don J. A. Arias y general don Máximo B. Rosales. Ese Ministerio me ha impuesto también de que la Asamblea Nacional delegó sus facultades en el Consejo de Ministros para el efecto de recibir la promesa de ley que deberán prestar los nuevos electos. – Con muestras de mi distinguida consideración y aprecio, me suscribo de V. E. atento y seguro servidor. – S. A. Román y Reyes".

"Guatemala: 20 de febrero de 1903. – Señor ministro de Relaciones Exteriores. – Tegucigalpa. — Tuve el honor de recibir el telegrama de V. E., fecha de ayer, en el cual se sirve participarme que han tomado posesión de la Presidencia y Vicepresidencia de la República, respectivamente, los señores Dr. Juan Ángel Arias y general M. B. Rosales. Al manifestar a V. E. que oportunamente informaré al jefe de esta República del contenido del telegrama a que me refiero, le reitero la seguridad de mi alta con sideración. – Juan Barrios M."

"Palacio, Managua: 21 de febrero de 1903. – Excelentísimo señor don Octavio R. Ugarte, subsecretario de RR. EE. – Tegucigalpa. – Con verdadero gusto tengo la honra de corresponder al atento telegrama en que V. E. se digna poner en conocimiento de mi Gobierno que el 18 del corriente, a las 2. p. m., tomaron posesión de la Presidencia y Vicepresidencia de esa República hermana y amiga, los señores Dr. Don J. A. Arias y general don M. B. Rosales, respectivamente. Me es muy grato manifestar a V. E. que mi Gobierno ha tomado la debida nota de su mencionado despacho, y pondrá especial empeño en que las buenas y fraternales relaciones que siempre han ligado y ligan a nuestros dos pueblos, contribuirán, como en lo pasado, la bienandanza y progreso de ambos países. Aprovecho esta oportunidad para ofrecer a V. E. el homenaje de mi distinguida consideración y aprecio, suscribiéndome su atento servidor. – S. A. Román y Reyes".

"San José de Costa Rica: 21 de febrero de 1903. – Señor ministro de RR.EE. – Tegucigalpa. – He tenido la honra de recibir el telegrama de V.E., en el cual se sirve participarme que, en cumplimiento del decreto legislativo del 16 del mes en curso, han tomado posesión de la Presidencia y Vicepresidencia de la República, y prestado la promesa constitucional, los señores Dr. Don Juan A. Arias y general don Máximo B. Rosales, respectivamente. En contestación, me es grato manifestar a V. E., que mi Gobierno tendrá la mayor satisfacción en continuar cultivando con el nuevo Gobierno que se ha inaugurado en esa República hermana, las fraternales relaciones que felizmente existen entre ambos Estados. Aprovecho esta oportunidad para ofrecer a V. E., por primera vez, las seguridades de mi más alta consideración. – Leónidas Pacheco".

"Palacio, San Salvador: 21 de febrero de 1903. – Señor ministro de RR. EE. – Tegucigalpa. – Tengo la honra de acusar recibo del atento despacho telegráfico de V. E., fechado el día de ayer, en el cual V. E. se digna participar que los señores Dr. J. A. Arias y general don Máximo B. Rosales, han tomado posesión, respectivamente, de los cargos de presidente y vicepresidente de la República, ante el Congreso Nacional de Honduras. Agradezco a V. E. su expresiva comunicación, y me es honroso reiterarle los sentimientos de mi más distinguida consideración. – Salvador Rodríguez".

No podemos explicarnos cómo el Dr. Arias permitió que su órgano semioficial publicara todas las contestaciones que hemos insertado anteriormente, porque, si es verdad que los Gobiernes de Nicaragua y de Costa Rica aceptaban los hechos consumados por el despotismo y la usurpación, los de Guatemala y El Salvador manifestaron, de una manera clarísima, que no estaban de acuerdo con aquel resultado.

¿Cómo podía explicarse el Dr. Arias las palabras del señor ministro Barrios de que oportunamente daría cuenta a su Gobierno, despachando continuamente al lado del presidente de la República?

Se explica que un ministro Diplomático espere el aviso por el correo o por el telégrafo de lo que piensa el jefe de su Nación; pero un secretario de Estado en permanente y fácil trato con su superior, no pudo hacerlo sino para no declarar abiertamente su oposición a las frases dirigidas por el Gobierno de Tegucigalpa.

La cancillería salvadoreña se concretó a rendir las gracias por el aviso de haber tomado posesión el presidente y vicepresidente, sin declarar reconocimiento ni hacer referencia al objeto que se proponía el Dr. Arias.

Es indudable que fue golpe rudísimo el dado por el general Sierra, con su excitativa a que tomara el doctor Arias el mando supremo, pues era la declaratoria más franca de que como en la batalla de Pavia, todo estaba perdido, y aquí no solamente el éxito de la campaña, sino que también el honor de los promotores del escándalo que tantas lágrimas y sangre había costado y debía costar al país; pero cuando toda esperanza se eclipsó, cuando recibieron el golpe de gracia los usurpadores fue cuando las contestaciones del Salvador y de Guatemala llegaron, lacónicas y frías, a probar que la mayor parte de Centroamérica secundaba con la opinión pública y la actitud de sus gobernantes el acto soberano del pueblo de Honduras eligiendo al general Bonilla.

CAPÍTULO XV. TROPAS SE ACERCAN A LA CAPITAL

Marcha del ejército de Occidente sobre Tegucigalpa. – Órdenes generales del 4 y 5 de abril. – Orden general en Protección. – Id. En Támara. – Toma de posiciones frente a la capital.

El 4 y el 5 de abril, el general en jefe, don Carlos F. Alvarado, se ocupó de concluir la organización definitiva del ejército de Occidente, para marchar sobre Tegucigalpa, en cumplimiento de las instrucciones recibidas del comandante general de la República, dictando para el caso las siguientes órdenes generales:

Orden General para el día 4 de abril de mil novecientos tres, en Comayagua. – Servicio de rigurosa campaña.

Dáse baja al señor general don Laureano Campos, por haber pasado a prestar sus servicios en otra esfera. Dáseles también de baja a los señores tenientes-coroneles Guillermo Campos, Laureano del mismo apellido, al capitán J. Nieves Ramos y subteniente Pedro Alvarado. Nómbrase ayudante de este mando en jefe al teniente don Enrique Alvarado.

Desde esta fecha en adelante los haberes del ejército se cubrirán en la forma siguiente:

Oficiales generales y superiores, un peso; oficiales inferiores, setenta y cinco centavos; individuos de tropa, treinta y siete y medio centavos. Al entrar a la capital, el pagador general hará la liquidación a cada individuo del ejército, y le cubrirá en efectivo el alcance que tenga en su favor. – Comuníquese. – Alvarado.

Orden General para el día cinco de abril de mil novecientos tres, en Comayagua. – Servicio de rigurosa campaña.

Debiendo emprender la marcha hoy para la capital, se dará el primer toque a las cinco de la mañana, el segundo a las ocho y el tercero cuando se ordene. El orden de la marcha será el siguiente: a vanguardia irá el primer Batallón de la 2ª. Brigada; el 2° Batallón a retaguardia, y el centro lo ocuparán la artillería y el tren.

Nómbrase registrador al teniente-coronel don Emilio Mazier, cuyas funciones son: revisar todas las plantillas de los diferentes cuerpos del ejército, poniéndoles, si están conformes, la razón de "Revisada".

Dásele de alta, como ayudante del mando en jefe, al teniente Francisco Zúñiga. – Comuníquese. – Carlos F. Alvarado.

La marcha sobre Tegucigalpa se efectuó con la regularidad y exactitud con que el general Alvarado tenía por costumbre, haciendo cumplir todos los preceptos de la ordenanza militar y de la táctica, y tan luego llegaron los distintos cuerpos del ejército a la aldea de Protección, procedió a dictar la siguiente Orden General:

Orden General para el día seis de abril de mil novecientos tres, en Protección. Servicio de rigurosa campaña.

Nómbrase Jefe de día para hoy, al señor coronel don Macario Rivera, y para mañana, al que se designe. – El orden de la marcha continuará mañana en la misma forma en que ha venido, debiendo darse el primer toque inmediatamente después de la diana, el segundo a las seis y el tercero cuando se ordene. – Previene a los jefes de cuerpos ordenen a los capitanes de compañía presenten al registrador, al mismo tiempo que la planilla, la situación diaria de la fuerza de su mando, a fin de que pueda practicarse la revisión acordada en la Orden General anterior. – Comuníquese. – Alvarado.

El 7 continuó la marcha hacia la aldea de Támara, distante apenas seis leguas de la capital, y al siguiente día, muy temprano, el ejército de Occidente estaba listo para hacer la última jornada sobre el Cuartel General de los usurpadores.

Al efecto, el general Alvarado, después de maduro examen, había determinado el próximo e inmediato plan de ataque a Tegucigalpa.

La primera división, comandada por el general don Maximino Mondragón, fue encargada para tomar posiciones frente al Berrinche, Buena Vista, Picachito y la Sosa, mientras que el general Medal, con la segunda, lo hacía frente al Estiquirín y Juana Laínez, tomando las lomas que interrumpen la planicie del llano del Potrero.

El general Mondragón se apoderó de Cerro Grande para dominar el Berrinche, haciendo a la vez que el coronel don Francisco Guerrero se fortificase cerca de la Posa del Banco, cerrando de este modo al enemigo los caminos de Yoro y de Olancho, y los coroneles don César

Lagos y don Francisco Argeñal se colocaron en los puntos dominantes de El Picacho y del Picachito.

El general Medal hizo que el general Molina se colocara en La Sosa, para interrumpir la comunicación de la capital con Santa Lucía y San Antonio de Oriente, mientras el general Sinforiano Bonilla y los coroneles Ricardo Maldonado, Adolfo Nolasco y Florencio Mejía Juárez, ocupaban Toncontín, La Granja y una parte de los altos del Guacerique; estableciendo el general Alvarado su cuartel general en la hacienda de Loarque.

CAPÍTULO XVI. COMBATES EN CORAY, PUEBLO DEL TAMAGÁS

Ocupación de Yusguare. – Combate de Choluteca. – Combate de Coray. – Órdenes del general Gallardo.

Victorioso el ejército de Oriente en Danlí, Yuscarán y Las Mesas, marchó para El Corpus, para ponerse en comunicación con el comandante general de la República y recibir los elementos de guerra de los que carecía casi por completo.

El 3 de abril, el general Dávila destacó al coronel don Teófilo Cárcamo al pueblo de Yusguare, distante apenas dos leguas de la ciudad de Choluteca.

Las fuerzas de la usurpación, acampadas en dicha ciudad, bajo el mando del general don Julián López García, quien sabía que el coronel Cárcamo no tenía más que 200 hombres, salieron sobre Yusguare, enviando el general Dávila al coronel don Eligio Herrera en protección de Cárcamo, quien había rechazado a la caballería enemiga.

El mismo día llegó el general Dávila al pueblo de Yusguare, y después de organizar el ejército, se dirigió a la hacienda de El Palomar, situada al sureste de Choluteca y a una legua poco más o menos.

El ejército de Oriente se componía de 1,300 hombres, en su mayor parte desarmados.

Conocedor de la situación en que se encontraba la columna Dávila, el general Ordóñez envió los elementos indispensables para equipar las tropas de Oriente y ponerlas en condiciones de atacar la plaza de Choluteca, plaza que se encontraba defendida por cerca de 500 hombres, 2 piezas de artillería y una montada.

Al siguiente día, muy temprano de la mañana, el ejército de Oriente salió de El Palomar con dirección al sureste, pasando por la hacienda El Porvenir.

Como a las 8 y 45 de la mañana, un cuerpo de caballería de 52 soldados apareció a la retaguardia de la columna constitucionalista.

El coronel don Eligio Herrera concurrió en el acto a proteger a la columna de Carías, dando por resultado la completa derrota de la

365

caballería de la usurpación, quedando en el campo varios muertos y 13 prisioneros

La tropa de la legitimidad persiguió, hasta la suburbios de la ciudad, a los derrotados, ordenando el general don José Ángel Rosales que, los jefes de sección, establecieran la línea de defensa para en caso fueran atacados.

El coronel don Teófilo Cárcamo, que no tenía víveres ni agua, y comprendiendo que le sería más fácil adquirirlos en la población, se decidió a atacarla inmediatamente, lo que hizo secundado por el coronel Herrera, y poco después por el coronel don Salvador Moncada, entablándose un combate reñido, pues los defensores de la plaza se batían con un valor digno de mejor causa.

A las 10 y ½ de la noche, el general López García, dando la voz de sálvese el que pueda, abandonó la ciudad de Choluteca, dirigiéndose a la República de Nicaragua.

El general Bonilla ordenó al general Dávila que, tan luego como descansaran sus tropas, marchara sobre Nacaome, a contribuir a hacer más efectivo y pronto el fin de la campaña.

El 7 de abril, el general don Alfonso Gallardo, jefe de la 2ª. Brigada del Ejército del Sur, marchó de Langue hacia el pueblo de Coray, donde el general Sierra tenía una guarnición.

El general Gallardo, en cumplimiento de instrucciones recibidas del comandante general, atacó el retén enemigo, acampado en Coray, el que después de 4 horas de fuego fue completamente derrotado.

El general Bonilla sabía perfectamente bien que un combate sobre los atrincheramientos de Nacaome sería sangriento y desventajoso para la causa legal. Por este motivo ordenó la toma de Coray para provocar al general Sierra, quien, sin duda saliendo de Nacaome, daría batalla a campo raso, para lo cual estaban listas las columnas de los generales Venegas y Ortez, así como la del coronel Leiva.

El plan del general Bonilla se realizó matemáticamente, pues el general Sierra, tan luego tuvo conocimiento de la toma de Coray, se preparó para ir a recuperarla.

* *

El general Gallardo dictó la siguiente Orden General, después de su triunfo del 7:

Orden General de la 2ª. Brigada del ejército del Sur. – Servicio, el de rigurosa campaña.

Coray: 7 de abril de 1903.

Jefe de día para hoy, el coronel Pedro Rivas, nombrándosele ayudante al teniente Esteban Cabrera.

La fuerza del comandante de Armas del departamento, coronel Pineda, prestará el servicio de la plaza esta noche.

La plaza de Choluteca ha sido tomada por el general Dávila; y hoy, después de 4 horas de combate, guiados por la victoria, se ha obtenido un triunfo completo sobre esta plaza, distinguiéndose por su heroicidad, tanto los jefes y oficiales, como los soldados voluntarios de la legitimidad. Ya el tirano bambolea en sus últimos atrincheramientos, y el pueblo hondureño recobra sus libertades y la Constitución su imperio. – Comuníquese. – Alfonso Gallardo.

CAPÍTULO XVII: SIERRA LIDERA SUS TROPAS

Batalla de Coray. – Llegada del coronel R. Pineda. – Id. del coronel Samuel Mena. – Salida de Nacaome del ejército del general Sierra. – primer aspecto del combate. – Heroica resistencia de los bonillistas durante cinco horas. – Desastre aparente.

Hemos dicho en nuestro capítulo anterior, que después de un combate de tres horas, quedó en poder de la fuerza constitucionalista, la hacienda y el pueblo de Coray, no obstante la valerosa defensa hecha por el coronel salvadoreño don Cleto R. Cisneros.

En medio de la acción llegó muy oportunamente el coronel legitimista don Román Pineda con cincuenta hombres, que tomaron parte en el combate del 7, pues había dejado de avanzada, en el lugar llamado Las Mesas, entre Nacaome y Coray, los otros cincuenta, de los cien con que saliera de Moropocay, de orden del comandante general de la República.

Terminada la acción, el general Gallardo ordenó acamparse en la Hacienda de Arriba al coronel don Maximiliano Ferrari, con el cuerpo del Depósito, ocupó Gallardo, personalmente, el pueblo con todo el resto de la fuerza, encargando a su segundo, el coronel don Pilar M. Martínez, recorriese el campo de la acción para recoger los heridos de ambos contendientes.

A las tres de la tarde el coronel don Román Pineda, comandante de Armas del Gobierno legítimo en el departamento de Valle, mandó reconcentrar los cincuenta hombres que había dejado en Las Mesas, creyendo que el general Sierra no se movería de Nacaome en protección de Coray.

La tropa del coronel don José Esteban Cuéllar, fue encargada de ocupar, durante la noche, las salidas de los caminos que se dirigen de Coray a La Libertad y a Nacaome.

A las 8 p. m. del mismo 7, el coronel don Samuel Mena llegó al campamento del general Gallardo, con 80 hombres que del Aceituno había mandado a marchas forzadas el comandante General, reforzando la 2ª. Brigada del Ejército del Sur.

La noche fue completamente tranquila, una luna bellísima iluminó aquel vasto campo, donde la tiranía y la ambición iban a batirse el siguiente día contra el espíritu de la libertad del pueblo hondureño, manchando con una afrenta más nuestra historia patria.

El general Sierra, a las 2 de la tarde del 7, salió con cerca de 900 hombres de la ciudad de Nacaome, seis piezas de artillería y 250 cajas de parque, habiendo hecho romper a golpes de almádana más de 400 fusiles Remington, que dejó abandonados en el cuartel de aquella población.

Pernoctó el general Sierra en el cerro del Apintal, entre Nacaome y Coray, dejando a su retaguardia, en la madrugada, 200 hombres y una pieza de artillería al mando del general salvadoreño don Sotero Flores Orantes.

Desde las 6 a. m., el general Gallardo, al tener conocimiento de la marcha del enemigo, ordenó al coronel Pineda mandase inmediatamente los cincuenta hombres que había retirado la tarde anterior de Las Mesas, por ser un punto de gran importancia estratégica para la acción que tenía que darse; pero al llegar la tropa antes mencionada al paso del río de Coray, se encontraron con la avanzadilla del general Sierra, y después de cruzarse algunos disparos, tuvieron que reconcentrarse a la plaza a dar parte de la proximidad del enemigo.

Inmediatamente recibió orden el coronel don José Esteban Cuéllar de ir con su pelotón a dar una carga al enemigo, que marchaba a tambor batiente sobre el pueblo por su flanco izquierdo, lo que este valeroso jefe hizo inmediatamente.

El general Gallardo, aunque no tenía más que dos tiros de la piececita Krupp, la hizo colocar sobre el camino de Nacaome, al mando del coronel López, quien, envuelto por el mayor número de los enemigos, quiso retirarla después de haber disparado el parque con que contaba; pero fue herido de muerte, quedando el cañón en poder de los atacantes, no obstante el valor de la escolta que la defendía.

El general Gallardo ordenó al coronel don Samuel Mena se pusiera bajo el inmediato mando del 2° de la Brigada, coronel Martínez, quien, habiendo reconocido con anterioridad el terreno del combate, sabía dónde debían colocarse los retenes.

El coronel Martínez se dirigió con el coronel Mena y sus ayudantes al punto en que debía establecer su línea de defensa sobre el camino de Nacaome, que era por donde precisamente atacaba con más fuerza el enemigo.

El coronel Mena, con sus 80 hombres, ocupó inmediatamente el lugar indicado, teniendo un frente de cerca de cien metros.

El Gral. Sierra había abierto los fuegos de sus 6 piezas de artillería y más de 500 fusiles sobre la débil y larga línea defendida por los soldados de la Constitución a las 9 a.m.

La carga era espantosa, pero la resistencia heroica.

Quedaban algunos puntos que cubrir y entonces, como a las 10 y 25 a. m., llamó el general Gallardo al coronel don Maximiliano Ferrari, con el cuerpo del Depósito, llegando este con cerca de la mitad de su gente, de la cual fue colocada una parte bajo el mando del valiente Comandante 1° don Tomás Mejía, quien fue a contener por el flanco derecho el formidable empuje del enemigo, mientras con la otra el coronel Martínez se dirigió por la Hacienda de Abajo a picar la retaguardia de las fuerzas del general Sierra, haciendo una notable llamada de atención; pero dado el número muy superior del adversario y después de una tenaz resistencia, el coronel Martínez quedó aislado con solo el capitán don Jacobo Galindo h. y el teniente don José María Casco, dirigiéndose nuevamente a la plaza, en la creencia de que estaba todavía en poder de los legitimistas; mas, antes de llegar al centro de la población, fue completamente rodeado y hecho prisionero por el general Sierra con su ayudante Jacobo Galindo h., Arturo Bustamante, Trinidad Zúñiga y Santiago Álvarez, quien fue muerto por el enemigo.

El desastre fue irremediable para el ejército constitucional. El general Gallardo cayó sobre su mula, atravesada por tres balazos, el coronel López había muerto de resultas de su herida; el coronel Cuéllar también había caído para siempre, defendiendo su línea; el parque casi se había agotado, y el pánico, ese rey que se impone como una tormenta que rompe y abate los ejércitos más poderosos, se había apoderado de una parte de la gente, dejando el terreno al enemigo.

El general Gallardo y el coronel Ferrari se retiraron a la quebrada que pasa junto a la hacienda, esperando la llegada de las fuerzas de Venegas. Ortez y Leiva, que de orden del general Bonilla debían concurrir a la acción, dando una batalla general y decisiva.

Lo que había pensado el comandante general era exacto; pero la dificultad de prontas y rápidas comunicaciones, no permitieron el movimiento de los distintos cuerpos de ejército que debían entrar en combate, comprometiéndose peligrosamente el éxito de la acción; pero el tiempo se encargó poco después de probar que el general Bonilla había trazado bien su plan y que la justicia saldría siempre victoriosa durante la guerra de 1903.

CAPÍTULO XVIII: EL TAMAGÁS ORDENA LA RETIRADA

Segunda parte de la batalla de Coray. – Combate en el Apintal. – Combate de Las Mesas. – Desastre del general Sierra. – Su retirada al Salvador.

Don José María Valladares, que por orden expresa del comandante general de la República se había separado de la segunda Brigada del Ejército del Sur en Langue, para situarse con una columna de 100 hombres entre infantería y caballería, en el punto llamado El Agua Caliente, al tener conocimiento el 7 de abril, por un espía, que se preparaba el general Sierra para salir de Nacaome, marchó a la mencionada plaza para informarse personalmente de la positiva actitud del enemigo. Media hora después de haber salido el general Sierra de Nacaome, el coronel Valladares, con los 25 de su montada, entró a la población, que daba pavor por la tristeza que la soledad y la ruina infundían al ánimo.

Al regresar Valladares al Agua Caliente, mandó un ayudante a El Tránsito con un telegrama, en el cual participaba al comandante general de la República el estado en que se encontraba Nacaome y la dirección que había tomado el general Sierra al salir de la mencionada población.

El general Sierra había manifestado en Nacaome a varias personas, durante se preparaba la marcha de su ejército, que comprendía que había cometido una gran equivocación con querer que llegase a la Presidencia el doctor Arias, cosa que había hecho porque efectivamente le habían tenido oculta los que le rodeaban, la verdadera situación del país; pero que una vez comprometido en aquella desastrosa guerra, tenía irremisiblemente que recuperar su hacienda de Coray para sacar de allí sus papeles de importancia y pasar, por donde le conviniera, la frontera salvadoreña.

Sabedor el general Bonilla de la marcha del general Sierra, trazó el plan de combate a que hicimos referencia en el capítulo anterior, ordenando que, tanto el general Venegas que se encontraba en Moropocay, como el general Ortez y la fuerza de Valladares del Agua Caliente y el coronel Leiva en El Tránsito, concurrieran, simultáneamente, al amanecer del siguiente día (8 de abril), a presentar batalla, socorriendo la plaza de Coray, donde el general Gallardo opondría resistencia mientras ellos rompían los flancos y la retaguardia del general Sierra.

El coronel Leiva avisó a las ocho de la noche la orden de reconcentración al Tránsito, dada por el general Bonilla, y una vez reunidas las columnas de Ortez, Valladares y Leiva, dispusieron la salida sobre Coray, en cumplimiento de las instrucciones del comandante general. Solo faltaba hacerlas saber al general Venegas, que en Moropocay, aunque había sabido la marcha del general Sierra, aguardaba sería atacado simultáneamente con Coray, por lo cual esperaba órdenes para dejar su posición o recibir los informes de sus espías para concurrir al campo de batalla donde fuera necesario.

A las 2 de la mañana del 8, la Brigada del general Ortez y la columna de J. M. Valladares, marcharon por El Agua Caliente para Nacaome, de donde, siguiendo la carretera, se encaminaron a Coray.

A las 3 de la madrugada de aquel mismo día, la columna del coronel Leiva salió para el pueblo de Langue, para de allí dirigirse al campo de batalla de la plaza amenazada.

Hemos visto, pues, que no obstante la rapidez con que dispuso el plan de combate el general Bonilla, el general Gallardo tuvo que sostener, solo con su columna, el empuje formidable del ejército del general Sierra; pero casi al mismo tiempo que eran deshechos los defensores de la 2ª. brigada, la fuerza de Ortez se encontró con la retaguardia del enemigo, en el cerro del Apintal, abriéndose los fuegos poco después de las 11 del día.

Las tropas de Choluteca, comandadas por el teniente-coronel don Juan Benito Mendoza, sobre la parte más alta del cerro del Apintal, y las de Valladares, por la carretera, cargaron vigorosamente sobre la derecha y la izquierda de las fuerzas que comandaba el general Sotero Flores Orantes, quien, después de cerca de cuatro horas de resistencia, dio la voz de sálvese el que pueda, y huyó a la frontera de El Salvador, dejando en poder del enemigo 1 pieza de artillería, 10 cajas de granadas, 2 cajas de metralla, 200 saquetes, 45 cajas de cartuchos de fusil Remington, la montura, la espada y aun su uniforme.

El general Venegas, que había convenido con el general Gallardo y el coronel Pineda, que al oír el cañoneo bajaría con su columna en protección, emprendió la marcha, enviando al coronel don Leopoldo Ocón M. por el ala derecha, sobre el campamento de Las Mesas; el teniente-coronel don Leocadio Barahona, la izquierda; el teniente-coronel don Pedro Núñez y el comandante 1° don R. García Sánchez, la retaguardia; mientras el propio Gral. Venegas, con su Estado Mayor, ocupaba el centro, formando su reserva el pelotón del comandante don Salvador Carrasco.

Después de una carga vigorosa, el Gral. Venegas se apoderó de Las Mesas, tomando 18,000 cartuchos de fusil Remington, 4 cajas de granadas, 20 bestias y 20 fusiles; y emprendió su marcha sobre la plaza de Coray. Al mismo tiempo se dirigían sobre ella el Gral. Ortez y Valladares.

El general Ortez se puso a la vanguardia de su columna, pero al llegar a las inmediaciones del pueblo, una descarga le anunció que el enemigo no estaba deshecho completamente, y volviendo a reunirse con Venegas, dispusieron preparar el plan de ataque sobre la plaza.

El capitán don Yanuario Zepeda, marchó por el Portillo de Coray después del desastre de la 2ª. Brigada del Ejército del Sur, de la cual era habilitado de Guerra, se dirigió sobre el camino de Langue, dejando al general Gallardo y al coronel Ferrari en la quebrada de Coray, tras la Hacienda de Abajo, en espera de los refuerzos mandados por el general Bonilla para recuperar la plaza. El capitán Zepeda avisó al coronel Leiva, a quien encontró en el camino de Langue, el estado de la acción, y poco después Gallardo y Ferrari fueron a encontrarle suplicándole empeñase nuevamente el ataque. El coronel Leiva destacó entonces un cuerpo de caballería al mando del coronel don Emigdio Velásquez, segundo de la columna y al coronel don Federico Fiallos, jefe de la caballería, quienes, con el general Gallardo y el coronel Ferrari, avanzaron rápidamente cargando sobre Coray, para decidir por completo de la acción que, durante aquella memorable noche, debía resolver la suerte de Honduras con el completo desastre del general Sierra.

Al mismo tiempo que la columna de Valladares se desplegaba en guerrillas y atacaba el ala derecha del ejército del general Sierra, la caballería del coronel don Federico Fiallos lo hacía por la retaguardia o sea sobre el camino que va para Langue.

El general Venegas hizo colocar la pieza de artillería tomada en el Apintal, al mando del capitán don Emilio Vividea, en una altura de donde podía contestar el fuego de los cañones del general Sierra.

A las cuatro de la tarde del mismo día, el comandante general de la República dio orden al mayor general don Dionisio Gutiérrez para que, al frente de una fuerza de caballería e infantería, se pusiera en marcha sobre Coray, pasando por Langue, tanto para que tomara a medio camino informes que debían haber llegado del campo de batalla, como para ponerse en comunicación con él para disponer lo que más conviniese según el estado de la acción.

A las 5 y 15 p. m., el mayor general, con una columna entusiasta por batirse, salió con el comandante don Benjamín Sánchez hacia Langue, a donde llegaron cerca de la media noche, emprendiendo nuevamente la marcha para el lugar donde continuaba tronando, como una tormenta, el cañoneo de los dos ejércitos, que desde hacía 24 horas se disputaban palmo a palmo el suelo ensangrentado de Coray.

El Gral. Venegas, habiendo hecho cubrir la retaguardia, se colocó en el centro de su brigada, e hizo que el coronel don Leopoldo Ocón M. y el teniente-coronel don Leocadio Barahona, cargaran con sus secciones sobre los atrincheramientos enemigos, hasta forzar sus primeras defensas.

Es indudable que, no obstante el desprestigio del Gobierno de los usurpadores, las tropas que le habían quedado al general Sierra eran escogidas y se batieron durante aquella noche como hombres de valor.

A las 12 p. m., el general Venegas intentó apoderarse de una loma, desde donde el enemigo le causaba mucho daño, y para ese fin mandó al capitán don F. Vijil, con un pelotón de infantería, a que diese un asalto; pero, a pesar del valor de los asaltantes, fueron rechazados después de una carga infructuosa.

Durante aquella memorable noche, de una y otra parte se quiso, muchas veces, arrebatar el puesto al adversario; pero el estallido de las granadas y el silbar de los botes de metralla y de las balas de los fusiles, impidió siempre el avance de las fuerzas contrarias, mientras la carne humana caía como cegada por el genio del mal, manchando, con la sangre roja de sus venas, la tierra que apaciblemente iluminaba la luna.

A las 4 a. m. del 9 de abril, dio órdenes el general Sierra de que preparasen todo para verificar la marcha al ponerse la luna, pues comprendía que toda esperanza de triunfo era imposible. Sin embargo, el combate continuaba sin interrupción, hasta que un poco antes de las 5 a. m., una descarga formidable, hecha por los defensores de Coray, anunció que emprendían ya la retirada. Al efecto, tomando el camino de La Libertad, el general Sierra se dirigió hacia la frontera salvadoreña.

Tan luego como las fuerzas constitucionalistas entraron al pueblo, la columna del Valladares se puso en persecución del enemigo, marchando, a paso de maniobra, sobre el mismo camino que llevaba el general Sierra.

Con la toma de Coray quedaron en poder del Gobierno legítimo seis piezas de artillería, 95,000 cartuchos de Remington de 1ª., 456 granadas, 140 saquetes de pólvora, 200 espoletas de doble efecto, 50 botes de metralla, 8 cajas de avantrenes, 5 barriles de pólvora de cañón, 4 cajas con útiles para el cuerpo de Zapadores, etc., etc.

La batalla de Coray fue, sin duda alguna, la más sangrienta de las que se libraron durante toda la guerra legitimista de 1903, pues quizá pasó de cien el número de los muertos de ambas partes, siendo el más notable del enemigo, el general don Andrés Matute, y de los constitucionalistas, los coroneles Cuéllar, López, teniente-coronel don Leocadio Barahona y comandante 1° don R. García Sánchez.

Tan luego ingresó a la plaza de Coray el general Gutiérrez, trató de reorganizar el ejército, y después de hacer que el general Ortez marchara con su Brigada en persecución del general Sierra, salió él por el camino de San José para la Venta.

El comandante General partió el 9 para el pueblo de Langue y luego para Nacaome, haciendo que las distintas fuerzas del sur emprendieran la marcha sobre Tegucigalpa, excepción de las columnas de Ortez y Aplicano que debían ser liquidadas y pagadas por el coronel don Manuel Ugarte y el licenciado don Aurelio C. Núñez.

El general Bonilla, a marchas forzadas, siguió sobre Tegucigalpa, donde se verificaban los siguientes acontecimientos.

CAPÍTULO XIX. ARIAS ENTREGARÁ EL PODER... Y LAS ARMAS

Movimiento general del Ejército Constitucionalista. – Comunicaciones entre el general don Carlos F. Alvarado y el doctor Arias. – Intervención del Cuerpo Consular. – Capitulaciones. – Violación de estas por el doctor Arias. – Se encuentra el cadáver de Arnero. – Orden de captura dada por el general Bonilla para averiguar quién o quiénes eran responsables del crimen. – Captura del doctor Arias y de sus compañeros. – Declaraciones hechas por el Cuerpo Consular.

Concluida la guerra en el sur, con la toma de Choluteca por el general don Miguel R. Dávila y con el triunfo del general Bonilla en la batalla de Coray, entrar a Tegucigalpa era cuestión de horas, en una carga general de cerca de ocho mil soldados constitucionalistas contra ochocientos que apenas tenía el Dr. Arias para defender la capital.

A excepción de la Brigada de Ortez, todos los distintos cuerpos del ejército del Gobierno legítimo se pusieron en movimiento sobre la plaza de Tegucigalpa; pero el general don Carlos F. Alvarado, queriendo evitar mayores desgracias a la República, envió un correo al doctor Arias, con la carta siguiente:

"Loarque: 10 de abril de 1903

Señor Dr. Don Juan Ángel Arias.

Tegucigalpa.

Me encuentro al frente de los ejércitos de occidente y del centro, pronto a atacar y tomar esa plaza, única que aún se encuentra en poder de Ud.

El general Dávila tomó a Choluteca el 6, y al día siguiente el general Sierra evacuó a Nacaome, y perseguido por nuestras fuerzas, fue completamente derrotado ayer en Coray, y quizás a estas horas esté prisionero o puesto en salvo cruzando la frontera de El Salvador.

En vista de tan desesperada situación para la causa de Ud. y deseando evitar que se derrame inútilmente más sangre hondureña,

379

propongo á Ud. la entrega de esa plaza, ofreciendo a Ud. garantía de la vida, lo mismo que a las personas que lo acompañan; en la inteligencia de que si Ud. no aprovecha esta oportunidad para terminar una capitulación honrosa y conveniente para sus personales intereses, debe renunciar a toda idea de arreglo posterior, porque pasado mañana llegará con su ejército el vicepresidente general Dávila y dentro de cuatro días el presidente Bonilla con el suyo, y ya no dependerá de mí la conclusión de ningún convenio.

Le acompaño la circular que recibí ayer, en que se me comunica la completa derrota del general Sierra.

Esperando la contestación de Ud. en el curso de este día, soy de Ud. atento S. S.

Carlos F. Alvarado".

El doctor Arias, que sabía bien el verdadero estado de las cosas, pero que ignoraba los sucesos de Coray y de Choluteca, contestó en los términos que siguen:

"Tegucigalpa: 10 de abril de 1903

Señor general don Carlos F. Alvarado.

Loarque

He recibido su oficio de esta fecha.

La causa de la legalidad que me ha tocado en suerte defender, no solo es mía, sino también de muchos valientes que me acompañan en esta capital con fe y entusiasmo de patriotas. Para tomar una determinación sobre los puntos a que se contrae su oficio, sería preciso tener mejores pruebas del desastre que Ud. dice sufrieron las fuerzas del Gobierno en Choluteca y Nacaome. Por desgracia, como único comprobante, Ud. me envía un telegrama circular, escrito con lápiz y fechado en Aceituno, y que bien podía ser invención de un telegrafista enemigo de mi Gobierno.

Para proponer y tratar con los jefes de mis fuerzas lo que convenga a tan patriótica terminación de la guerra, necesito las pruebas a que me he referido. Ojalá a Ud. le fuera posible proporcionarlas.

En cuanto a la garantía de la vida, la única que Ud. ofrece para los valientes que están conmigo, me abstendré de proponerla, porque sé que ellos estiman mucho menos la vida que su honor, que sacrificarían en una capitulación vergonzosa.

Supongo a Ud. bien informado de que en esta plaza tengo más de dos mil hombres, y en cuanto a su valor, resolución y lealtad, han tenido ya tiempo de apreciarlos en los días que llevamos ya de combate, en nuestros campamentos. Así pues, que correrá mucha sangre para que esta sea tomada.

En conclusión, le diré: que no seré yo quien deseche la oportunidad de evitar mayor derramamiento de sangre hondureña, siempre que me convenza de que es estéril, y que se salve la honra y dignidad de los que conmigo defienden la causa legal.

De Ud. atento S. S.

Juan A. Arias".

Muy difícil hubiera sido al general en jefe del Ejército de Occidente llevar el convencimiento al Dr. Arias; mas por casualidad llegó a su campamento don Bernabé Salgado, cirujano que había sido en el Ejército del general Sierra, cuando la batalla de Coray, y con quien el general Alvarado envió esta carta:

"Loarque, abril 11 de 1903

Señor doctor don Juan Ángel Arias.

Tegucigalpa.

En su oficio de ayer Ud. duda de la veracidad de las afirmaciones que le hice en mi nota de la misma fecha, respecto a la ocupación de las plazas de Choluteca y Nacaome por nuestras fuerzas, y la derrota que sufrió en Coray el general Sierra. Difícil me hubiera sido presentarle a Ud. pruebas aceptables, si la casualidad no me hubiera favorecido. El doctor Salgado, portador de la presente, formaba en el cuerpo de Ambulancia del Ejército del general Sierra y estuvo presente cuando ocurrió el desastre de Coray.

El expresado doctor Salgado podrá dar a Ud. todos los informes que necesite para convencerse de que cuanto le afirmo en mi referido oficio es absolutamente cierto.

De Ud. atento S.S.

Carlos F. Alvarado".

Con los informes dados por el señor Salgado, el Dr. Arias se convenció de que no le quedaba esperanza de triunfo, ni siquiera de resistencia, y contestó lo siguiente:

"Comandancia General de la República. – Tegucigalpa: 11 de abril de 1903.

Señor general don Carlos F. Alvarado.

Loarque.

En contestación a su oficio de esta fecha, que el Dr. Salgado me entregó, manifiesto a Ud. que se sirva decirme si con más amplias y honrosas condiciones que las estipuladas en su nota de ayer, podemos entrar en negociaciones para evitar inútil derramamiento de sangre. Antes que todo, quiero salvar la honra y dignidad de los jefes y tropa que me acompañan.

En caso afirmativo, podemos suspender las hostilidades, y por medio de representantes de ambas partes o miembros del Cuerpo Consular, dar principio a las negociaciones de paz. Se entiende que la suspensión será conservando cada fuerza los fuertes que en estos momentos ocupan.

La contestación de Ud., siendo afirmativa, será recibida aquí con tres salvas de artillería del fuerte Juana Laínez, lo que significará que desde ese momento se suspenden los fuegos en todas las líneas de una y otra parte.

De Ud. atento y S. S.

Juan Ángel Arias".

El general don Carlos E. Alvarado, notando que para llevar por completo el convencimiento de la triste situación en que se encontraba el Dr. Arias, a los defensores de Tegucigalpa, era preciso darles una lección objetiva, dispuso, al recibir la primera contestación del presidente usurpador, apoderarse del cerro de El Estiquirín, donde el ministro de Fomento, Mr. Francisco Altschul, con cerca de 200 hombres y una pieza de artillería, se imaginaba invencible por lo difícil de atacar el puesto que defendía.

Los generales Alvarado, López y Medal, tomando en cuenta los informes que les diera el coronel don Marcelo Rivera, conocedor de la topografía del terreno en que iban a operar, resolvieron el plan de ataque de la manera siguiente: el coronel don Florencio Mejía Juárez, con el 2° Batallón de la 1ª. Brigada de la División del general Medal, se dirigió sobre la orilla del río de Loarque hasta llegar a colocarse de un lado de El Estiquirín, ocupando, sin que de ello se apercibiera el enemigo, la colina de Los Nichos, de donde podía batir el flanco derecho y la retaguardia de la fuerza de Mr. Altschul; el teniente-coronel don Clemente Alvarado, con dos compañías de la fuerza del coronel don Marcelo Rivera, se situó sobre el flanco izquierdo del enemigo, mientras el coronel don Adolfo Nolasco se presentaba de frente atacando vigorosamente para que los aristas empeñaran su acción decisiva sobre Nolasco, en tanto que Mejía Juárez y Alvarado, ascendiendo sobre los dos flancos y la retaguardia, se ponían a tiro, abriendo sus fuegos con tanto arrojo que después de hora y 20 minutos los usurpadores dejaron el campo a los constitucionalistas, abandonando 150 fusiles Remington, su artillería, sus heridos y sus muertos.

El general Medal, primer jefe de las fuerzas que allí se batieron, se encargó de dirigir la acción, y tan luego las tropas de su mando coronaron El Estiquirín, hizo que el batallón del coronel Mejía Juárez avanzara a paso de maniobra sobre La Granja y Tiloarque, de donde dominaba por completo el camino carretero y la entrada de Comayagüela.

Mientras se llevaba a cabo la toma de El Estiquirín, el fuego seguía vivísimo del Cerro Grande sobre El Berrinche, en Las Crucitas, El Picacho y en El Picachito, sembrando la consternación y el espanto en los desalentados defensores de la causa ilegal.

Algunos miembros del Cuerpo Consular ofrecieron al doctor Arias su mediación para llegar a una honrosa capitulación que salvaría a la ciudad de la toma por asalto; pero no obstante que el doctor Arias ya había tratado de la cuestión personalmente, como lo han visto nuestros lectores, fingió no aceptar, diciendo que solo muerto podrían quitarle los bonillistas la capital.

Poco después de haberse retirado los cónsules, fueron llamados al Palacio y encargados de llevar las bases con que decía el doctor Arias se resignaba a entregar la plaza.

Después de una larga discusión, el general don Carlos F. Alvarado presentó al Cuerpo Consular (el 12 de abril) la siguiente capitulación, que fue aprobada en todas sus partes por el doctor Arias y confirmada por los cónsules que la suscriben.

CAPITULACIÓN

Los infrascritos, miembros del Cuerpo Consular residente en Tegucigalpa, hacen constar: que entre el Gobierno establecido en dicha capital y que preside el doctor don Juan Ángel Arias, y el señor general don Carlos F. Alvarado, jefe del Ejército del general don Manuel Bonilla, que sitia a Tegucigalpa, se ha convenido en la siguiente capitulación:

1°. – Se concede el tiempo necesario para liquidar a los jefes, oficiales y tropa; debiendo practicarse la liquidación por una comisión que nombrará el Cuerpo Consular.

2°. – Se dispondrá de los fondos de la Tesorería Habilitada para el pago de los saldos que resulten de dicha liquidación.

3°. – Las viudas e hijos de los militares muertos al servicio del Gobierno establecido en Tegucigalpa, del 1° de febrero a la fecha, gozarán del montepío con arreglo a la ley.

4°. – Reconocimiento de las pérdidas sufridas por ambas partes.

5°. – El doctor Juan Ángel Arias podrá salir con su Estado Mayor armado, para darse garantías en el tránsito de la capital a la frontera, donde entregará las armas a la autoridad que designe el general en jefe de las fuerzas que sitian la capital.

6°. – Los giros que el Gobierno establecido en Tegucigalpa haya librado sobre fondos públicos depositados en el exterior y que no hayan sido pagados, quedarán sujetos a las disposiciones del Código de Comercio.

7°. – Garantías para residir o salir del país para todos los empleados jefes de su Gobierno, sean hondureños o extranjeros.

8°. – Las fuerzas que actualmente ocupan la plaza, serán licenciados y los cuarteles entregados al Cuerpo Consular, para que este los entregue al general en jefe del ejército sitiador, después que la plaza haya sido evacuada.

9°. – El Cuerpo Consular garantizará el fiel cumplimiento de este convenio.

10°. – En interés general y a petición del Cuerpo Consular, se cerrará, por un término prudencial, la venta de licores en la ciudad.

Hecho por duplicado, en el cuartel general del ejército sitiador, en Loarque, sobre Tegucigalpa, a doce de abril de mil novecientos tres; firmado por los jefes de ambas partes y por los miembros del Cuerpo Consular.

(Firmado) Carlos F. Alvarado. – (Firmado) Juan Ángel Arias. – Rafael Fiallos, cónsul general de Guatemala, y cónsul de Bélgica, decano. – José Manuel Gutiérrez Zamora, cónsul general de México. – Diego Robles, agente confidencial y cónsul general de Costa Rica. – Colin W. Campbell, cónsul de S. M. B. – W. J. Bain, vicecónsul de S. M. B.– Federico Werling, vicecónsul de Chile. – Pablo Uhler, agente consular de Francia. – Alejandro Mayr, agente consular de Francia. – Alfredo K. Moe, cónsul de los Estados Unidos de América.

Era tanta la desmoralización a que había llegado el ejército de los usurpadores, divididos en sierristas y aristas que no obstante de haber ordenado el Dr. Arias la suspensión de fuegos, tanto en le Picacho como en el Picachito, no dejaron de tirar sobre los bonillistas, los retenes allí acampados, durante la noche del 12 de abril.

Convencido el Dr. Arias de que las tropas del Gobierno legítimo no violarían la palabra empeñada por el general don Carlos F. Alvarado, se cuidó muy poco en apresurar su marcha, saliendo hasta las 5 de la mañana del 13, sin cumplir casi ninguno de los artículos de la capitulación, pues ni entregó la plaza a los cónsules, ni el dinero que era propiedad del Estado, y que debía servir para la liquidación de sus propias fuerzas, ni dejó las armas y los soldados, llevando solo su Estado Mayor, sino que con casi un batallón de infantería y un escuadrón de caballería se puso en marcha después de romper, despreciativamente, el pasaporte que le había mandado el general en jefe del ejército de Occidente.

Abandonada la plaza de Tegucigalpa, el ejército constitucionalista entró a ocuparla durante la mañana del mismo 13, llegando por la tarde el presidente de la República.

Como a las 9 de la noche, el señor cónsul de México recibió un papel de recetario en que el doctor Arias le manifestaba que habiéndosele perdido el salvoconducto del general Alvarado, esperaba le enviase un repuesto, porque una fuerza bonillista le había detenido.

Reunido el Cuerpo Consular, a excitativa del señor cónsul de México, y después de manifestar en presencia del general Bonilla, que en el concepto de ellos el doctor Arias había violado la capitulación, acordaron que el señor Gutiérrez Zamora contestase de la siguiente manera:

Tegucigalpa: 13 de abril de 1903

(a las 12 de la noche)

Dr. don Juan Ángel Arias. – Donde se halle. – Muy señor mío: En respuesta a su recado escrito de hoy, hago saber a Ud., no sin pena, en nombre de mis colegas y en el mío, que el señor general en jefe, don Carlos F. Alvarado, manifestó al Cuerpo Consular serle imposible otorgar a Ud. el nuevo pasaporte que le pedimos, porque en su concepto, así como desgraciadamente, en el unánime concepto nuestro, la capitulación fue esencialmente violada por Ud., desde el instante en que llevó consigo no solo su Estado Mayor, o comitiva, según lo pactado, sino tropas de infantería, organizadas, armadas y equipadas y en número relativamente considerable, listas para combatir; cargas de municiones de guerra y cargas de metálico; elementos que debieron quedar en la plaza; las tropas para ser liquidadas y licenciadas; las municiones y armas para su entrega al general Alvarado, y los caudales para invertirlos en el pago, por una comisión nombrada por el Cuerpo Consular, de los empleados y tropas para cuya última atención solo dejó Ud. una parte de los fondos públicos en poder del señor agente consular francés. No obstante lo anterior, en prolongada conferencia, hasta las 11 de esta misma noche, procuramos obtener el pasaporte, tanto del señor general Alvarado, como del señor general Bonilla, lo que nos ha sido enteramente imposible conseguir, fundando su negativa, dichos señores generales, en razones contra las que se estrellaron todos nuestros reiterados esfuerzos, y toda nuestra excelente buena voluntad en favor de Ud. y compañeros. En cuanto a mí, personalmente, deploro lo acontecido, sobre todo por haber debido participar de la opinión general, respecto a las faltas de cumplimiento de la capitulación por parte de Ud. – Soy de Ud. atento S. S. – (Firmado) J. M. G. Zamora.

Apoyado el Gobierno legítimo en la imparcial y justiciera opinión del Cuerpo Consular, dio orden para que los generales Mondragón y Gallardo se pusieran en persecución de los fugitivos.

A las 6 de la mañana del 14 fue encontrado, en un patio del Palacio Nacional, el cadáver del ciudadano español don Nicolás Amero, a quien, después de atormentar, habían ahorcado y sepultado, sin que se supiera definitivamente quiénes eran los autores de semejante salvaje crimen, que vino a agravar el motivo de la detención del doctor Arias y sus compañeros, los cuales al amanecer del 15 fueron entregados al comandante de la Penitenciaría.

Habiendo asegurado un periódico de fuera de Honduras, que el Gobierno del general Bonilla había violado, por espíritu de venganza, la capitulación, el general Alvarado convocó a los cónsules para que, si tenían a bien, ratificaran su declaratoria de la noche del 13 de abril, levantando y suscribiendo la siguiente acta:

DECLARATORIA

"En la ciudad e Tegucigalpa, a las tres de la tarde del 1° de junio de mil novecientos tres, reunidos en el Salón de Sesiones del Congreso Nacional, los infrascritos, cónsules extranjeros, que intervinieron en la capitulación de esta plaza el último mes de abril, cuya reunión ha sido previa citación, al efecto, del señor general don Carlos F. Alvarado, uno de los signatarios de la citada capitulación, les manifestó dicho señor general que, reconociendo como reconocía la honorabilidad y veracidad del señor cónsul general de México, mayor don José Manuel Gutiérrez Zamora, deseaba, no obstante que confirmaran y ratificaran colectivamente la carta que en nombre y por acuerdo de todos ellos fue dirigida la noche del trece del citado abril, por el referido señor cónsul general de México al señor doctor don Juan Ángel Arias, y cuya carta corre impresa en el número nueve del bisemanario semioficial El Republicano, de esta ciudad, expresando dichos señores cónsules su conformidad en ratificar y confirmar la carta de que se trata; puesto que con su previo conocimiento, anuencia y aprobación unánime, la redactó y suscribió, en su propio nombre y en el de todo el Cuerpo Consular, su honorable colega, el señor Gutiérrez Zamora.

En fe de lo cual, así lo firman, excepto el señor cónsul de los Estados Unidos de América, don Alfred K. Moe, por estar ausente del país.

Rafael Fiallos, cónsul general de Guatemala, cónsul de Bélgica, decano. – Colin W. Campbell, cónsul de S. M. B. – Pablo Uhler, agente consular de Francia. – Diego Robles, cónsul general de Costa Rica. – Federico Werling, vicecónsul de Chile. – W. J. Bain, vicecónsul de S. M. B.

APÉNDICE: COMPROBANTES DE ESTE LIBRO

INFORME DEL SEÑOR GENERAL EN JEFE DEL EJÉRCITO DE OCCIDENTE

Señor comandante general de la República.

Presente.

El 10 de marzo, y en virtud de la honra que Ud. me dispensó nombrándome general en jefe de las diversas fuerzas que operaban en los departamentos occidentales, tomé el mando del ejército en el pueblo de Marcala, procediendo inmediatamente a su reorganización, algo alterada con motivo de la acción de armas que el día anterior se había librado en Santa María, donde el enemigo fue completamente derrotado.

Después que penetré en el departamento de Intibucá, por la frontera de Sensuntepeque, me puse en comunicación con el general don Maximino Mondragón que, con la primera división del ejército de Occidente, operaba en Copán contra las fuerzas de los usurpadores que comandaba el general Ezequiel Ferrera, a fin de obrar en un todo de acuerdo en las operaciones militares que debían emprenderse contra las plazas de Gracias y La Esperanza, que ocupaban con fuerzas considerables los generales Belisario Villela y Pablo Nuila y el coronel Gonzalo Mejía Nolasco, respectivamente. Las derrotas que simultáneamente sufrió el enemigo en Talgua y Santa María, en la primera de las cuales quedó muerto el general Ferrera y prisioneros el general Guadalupe López y 54 entre jefes y oficiales, y el avance de las dos divisiones del ejército, una por el oriente y la otra por el occidente, llenó de terror al enemigo, que abandonó precipitadamente las plazas de Gracias y La Esperanza, ocupando la primera el general Mondragón y la segunda el general Antonio López, mi jefe de Estado Mayor.

Con la toma de estas dos plazas, por el ejército de mi mando, quedó terminada la campaña de occidente. En consecuencia, y para dar cumplimiento a las instrucciones de Ud., marchó el general Mondragón con la 1ª. división a Santa Bárbara, cuya plaza ocupó el 16 sin resistencia, y en marcha para San Pedro Sula, encontró, el 20, en el pueblo de Trinidad, al coronel Ignacio Castro que, atrincherado con 300 hombres, trataba de impedirle el paso. Castro fue atacado, y después de cinco horas de combate, fue derrotado completamente, quedando prisioneros los coroneles Romero y Herradora, el diputado Pedro A. Trejo y veintisiete individuos más; se tomaron al enemigo doce cargas de parque, una caja de dinero y muchos fusiles. El general Mondragón continuó la marcha para San Pedro Sula, cuya plaza ocupó el 25, después de firmada una capitulación con el comandante de Armas, coronel Miguel Nuila.

Al frente de la 2ª. división marché sobre el valle de Comayagua, llegando a La Paz el 20, donde se encontraba el general Medal desde el 9, que la evacuó el coronel Portocarrero al tener noticia de la derrota que sufrieron las fuerzas que comandaba el coronel Corzantes en el pueblo de Lamaní.

De conformidad con las instrucciones recibidas de la Comandancia General de la República, en La Paz debía esperar que se me incorporase la división Mondragón, para emprender el sitio y toma de la capital; mientras tanto, y por disposición de la misma Comandancia General, incorporé al ejército de mi mando al general Medal y la columna del Ejército del Sur que tenía a sus órdenes.

El 24 por la tarde tuve noticias vagas de que una fuerza enemiga, procedente de la capital, venía descendiendo al valle. Inmediatamente mandé espías en la dirección que debía traer el enemigo y destaqué el escuadrón de caballería del general Sinforiano Bonilla a explorar el valle por el camino de Tegucigalpa. La noche pasó sin novedad y al día siguiente, como a las 10 a. m., regresaron los espías y la caballería sin traerme noticias ciertas del enemigo, no obstante haber avanzado en su exploración hasta más allá de la aldea de Flores. A las 11 hice salir al general Félix Molina Ceja con 50 hombres a reforzar una pequeña guarnición que existía en la Villa de San Antonio; pero no bien había llegado Molina al lugar indicado, cuando fue acometido por el enemigo que, en número de 800 hombres, se arrojó sobre la pequeña fuerza de la plaza, logrando desalojarla después de más de una hora de resistencia valerosa. En el acto que tuve conocimiento del ataque de la Villa, hice salir a los coroneles Adolfo Nolasco y Florencio Mejía Juárez, con los batallones 2° de la 1ª. y 1° de la 2ª. brigadas, en auxilio de la plaza; pero antes de llegar ya el enemigo la había ocupado. Entonces dispuse que el coronel Nolasco ocupara la aldea de Yarumela; que el coronel Mejía Juárez tomara posiciones en el Río Blanco, y el teniente-coronel Toribio Pérez, con dos compañías del 1er. batallón de la 1ª. brigada, ocupara el frente de la Villa, cortando el camino de Comayagua. Todos estos movimientos se ejecutaron con la mayor precisión, formando nuestras fuerzas un arco de círculo frente al enemigo, a distancia como de dos kilómetros. El enemigo estaba en jaque y no podía avanzar sobre Comayagua sin librar un combate a campo descubierto. Además de estas disposiciones, mandé al general S. Bonilla que tomara posiciones cerca de la Villa, cortando el camino de Lamaní; al coronel Marcelo Rivera, que se encontraba en este último lugar, que marchara con la fuerza de su mando a cortar el camino de Tegucigalpa; y a los coroneles Christmas y Rivas (Jerónimo), con los rifleros del primero y una compañía del 1er batallón de la 1ª. brigada de la columna del general del general Medal, a ocupar la barranca que forma el río de San Antonio, sobre el camino de La Paz. De esta manera el enemigo se encontraba envuelto y casi sin retirada posible.

A las 7 a. m. del 26, el general Emiliano J. Herrera, jefe de las fuerzas enemigas, atacó nuestro centro y ambas alas con tropas de las tres armas, ataque que resistieron valerosamente nuestros soldados, cargando a su vez al enemigo, con tal ímpetu, que lo hizo retroceder precipitadamente, dejando en nuestro poder las bestias de su caballería, el parque de artillería y varias cajas de cartuchos. Nuestras fuerzas continuaron avanzando, y el enemigo, aprovechando las desigualdades, disputándole palmo a palmo el terreno para contener su marcha victoriosa; pero todo esfuerzo fue en vano: el empuje de los defensores de la legitimidad era irresistible. A eso de las 3 p. m. nuestras fuerzas se encontraban en los suburbios de la Villa, cuya plaza asaltaron y tomaron en pocos minutos. Este asalto final fue secundado por los coróneles Christmas y Rivas (Jerónimo) y por el general Sinforiano Bonilla, con sus respectivas fuerzas. El enemigo huyó por el camino de Tegucigalpa, perseguido por nuestra caballería; el coronel Marcelo Rivera, destinado a cubrir este punto, no logró llegar a tiempo; pero se encargó de continuar la persecución, que prolongó hasta la aldea de Támara, distante seis leguas de la capital. El enemigo dejó en el campo de batalla todo su parque de artillería, más de cien fusiles, las bestias de su caballería, las cajas de la ambulancia, 5 cajas de cartuchos para fusiles y muchos cartuchos sueltos, tres cornetas, una tienda de campaña, diez prisioneros y más de 40 cadáveres, entre los cuales se encontraban los de los coroneles Jenaro Venegas y Collings. Pero sus pérdidas fueron mayores, porque en los días siguientes se encontraron otros muchos cadáveres ya destrozados por los zopilotes. De nuestra parte tuvimos veinte muertos, entre ellos el valiente coronel Ignacio Bustillo y diez y ocho heridos, entre los cuales figura el teniente-coronel Eleuterio Gámez.

El 28 marché a Comayagua con la 1ª. Brigada de la 2ª. División, al mando del general Medal, de donde hice salir una comisión para el departamento de Yoro, con objeto de restablecer la comunicación telegráfica y de adquirir noticias del norte. Enterado de que Yoro se encontraba desorganizado por el abandono que del departamento habían hecho los agentes de los usurpadores de Tegucigalpa, nombré, con carácter provisional, las personas que debían servir la Gobernación Política, Comandancia de Armas y Administración de Rentas.

El 30 hice salir al coronel Ricardo Maldonado con el 1er batallón de 1ª. Brigada para que, marchando por Lepaterique, ocupara el Cerro de Hule. También ordené al coronel Rivera, que se encontraba en Soroguara con la fuerza de su mando, que por la vía de las Casitas y Yaguacire, marchara a unirse con el coronel Maldonado. El objeto de estos movimientos era impedir que el general Sierra, que proyectaba regresar a la capital con las fuerzas de Nacaome, cumpliera ese designio, y los ordené en virtud de instrucciones que Ud. se sirvió comunicarme de El Aceituno.

El 2 de abril ingresó el general Mondragón con las fuerzas de su mando, y en ese mismo día comencé a movilizar el ejército sobre la capital, continuando la movilización en los días 3, 4 y 5, logrando reunir todos los cuerpos en la aldea de Támara el 7. Al día siguiente dispuse que el general Mondragón, con la 1ª. división, marchara a ocupar posiciones frente a las del enemigo, en El Berrinche, Buena Vista, Picachito y La Sosa; y que el general Medal, con la 2ª. división, tomara posiciones en El Toncontín y las alturas que se encuentran en la parte meridional del Paño de El Potrero, frente a Juana Laínez y El Estiquirín. La toma de posiciones se ejecutó bajo un nutrido fuego de artillería e infantería de todos los campos atrincherados del enemigo;

mas, con tan poco acierto, que no tuvimos ninguna pérdida que lamentar. El 10 por la mañana, el enemigo se encontraba completamente cercado. El general Mondragón ocupaba el Cerro Grande, frente al Berrinche; el coronel Francisco Guerrero tomó posiciones en la Posa del Banco y cantera inmediata, cortando el camino de Olancho y Yoro; los coroneles César Lagos y Francisco Argeñal se situaron frente al Picacho y Picachito; el general Molina estableció su campamento en La Sosa, cortando los caminos que conducen a San Antonio de Oriente y Santa Lucía; y los coroneles Maldonado, Nolasco, Mejía Juárez y el general Sinforiano Bonilla, ocuparon todas las alturas desde Loarque, Toncontín, La Granja y demás que se encuentran en la extremidad meridional del llano de El Potrero. Yo establecí mi cuartel general en Loarque.

El doctor Arias fundaba su última esperanza en el arribo del general Sierra a la capital, y como ignoraba el desastre que este había sufrido últimamente en Coray, le dirigí una nota explicándole lo desesperado de su situación, la inutilidad de prolongar, por su parte, una lucha sin esperanza de éxito y excitándolo a rendir la plaza a cambio de la promesa de garantizar la vida, tanto a él como a los que le acompañaban; el Dr. Arias contestó inmediatamente esta nota en términos que indican la duda que abriga de que el general Sierra hubiera sido derrotado, y aunque hacía alarde de tener más de dos mil soldados aguerridos y resueltos a morir por su causa, concluía dejando el campo abierto para un arreglo ulterior.

Para hacer entrar en razón al Dr. Arias, resolví dar un golpe que le hiciera comprender la superioridad moral y material de nuestras fuerzas, escogiendo para el objeto el cerro de El Estiquirín, la más fuerte posición del enemigo, inexpugnable por tres de sus lados y solo medianamente accesible por el cuarto, que mira hacia el norte y defendida por artillería y por cerca de doscientos hombres al mando del improvisado general Francisco Altschul. El plan de ataque fue combinado de acuerdo con los generales López y Medal, y siguiendo oportunas indicaciones del coronel Marcelo Rivera, que conoce perfectamente la topografía del terreno. En consecuencia, hice que el coronel Mejía Juárez, con el 2° batallón de la 1ª. Brigada de la división Medal, marchara por el curso del río de Loarque, hasta ponerse a la altura de El Estiquirín, y que de allí, aprovechando las ondulaciones del terreno, hiciera rumbo a este cerro y tomara posiciones en la loma de Los Nichos, sobre La Granja, por el flanco derecho y retaguardia del enemigo; que el teniente-coronel Clemente Alvarado, con dos compañías del batallón del coronel Rivera, marchara por una hondonada que conduce de cerca de la aldea de Las Casitas hasta cerca de El Estiquirín, por el flanco izquierdo, tomando posiciones lo más inmediato posible al enemigo; y que el coronel Nolasco, con el 2° batallón de la 2ª. Brigada de la división Medal, simulara un ataque de frente para llamar la atención del enemigo y dar tiempo al avance del coronel Mejía Juárez y teniente-coronel Alvarado.

Estos movimientos tácticos se efectuaron con la mayor precisión, y a las 8 p.m., el coronel Nolasco acometió a El Estiquirín de frente: engañando el enemigo con este falso ataque, dirigido un vivísimo fuego de artillería e infantería sobre las fuerzas del coronel Nolasco, y cuando más empeñado se encontraba en detenerlo, fue acometido por los coroneles Mejía Juárez y Alvarado, con tanto arrojo y decisión, que en menos de hora y cuarto, la posición fue tomada. En nuestro poder quedó su artillería con todo el pargue, más de 150 fusiles, 10 cajas de parque de Remington, 8 tiendas de campaña, varios prisioneros, heridos y muertos en el campo, nueve individuos. De nuestra parte tuvimos tres heridos, ninguno de gravedad. Como el general Medal, en su carácter de Comandante de la 2ª. división, que en unión de la 1ª. sitiaban esta capital, se encargó de ver que se ejecutara el plan convenido de atacar la posición de El Estiquirín, inmediatamente después de tomada esta, hizo que el 2° batallón de la 1ª. Brigada de su división, al mando del coronel Mejía Juárez, avanzara y tomara posiciones en las lomas de frente a la Granja y de Tiloarque, que dominan la carretera y primeras casas de Comayagüela.

Toda la noche del 10, el día y la noche del 11, el enemigo dirigió incesantemente sus fuegos, ya sobre una de nuestras posiciones, ya sobre otra, ya, en fin, sobre varias a la vez, aunque con poco o ningún efecto. Yo había ordenado a nuestras fuerzas que permanecieran pasivas para dar tiempo a que el desaliento y la deserción, que ya cundía entre el enemigo, hiciera más fácil y menos sangrienta la ocupación de la plaza a viva fuerza.

El 11 por la tarde se presentó en mi cuartel general una comisión del Cuerpo Consular de la capital, con una nota firmada por todos los cónsules y agentes consulares, en que ofrecían su mediación para llegar a un arreglo que diera por resultado la entrega de la plaza. En el deseo de evitar la efusión de más sangre hondureña, y de ahorrar a la capital las consecuencias, casi siempre funestas, de una ocupación por asalto, acepté la mediación del Cuerpo Consular; y al día siguiente, como a las 10 de la mañana, se me presentaron todos los miembros del Cuerpo Consular y me entregaron un pliego que contenía las bases que el doctor Arias proponía para la entrega de la plaza. Así que hube estudiado dichas bases, deseché algunas en su totalidad, y modifiqué otras, formulando en pliego separado las que estaba dispuesto a conceder. Una comisión del Cuerpo Consular regresó llevando al doctor Arias mis condiciones, la cual volvió como a las 5 p. m., trayendo la aceptación de este, sin ninguna modificación. Seguidamente se hicieron dos ejemplares, conteniendo las diez cláusulas del convenio, y firmados por los señores cónsules y por mí; se remitieron para obtener la firma del doctor Arias, remitiéndome, algunas horas después, uno de los expresados ejemplares, con la firma requerida.

Debo hacer constar que, a pesar de haber convenido en una suspensión de hostilidades, y después de firmada la capitulación, los fuegos del cerro de Juana Laínez, sobre nuestras posiciones de Tiloarque y La Granja, y las del Picacho, Picachito y Buena Vista, sobre las fuerzas de los coroneles Argeñal, Lagos y Guerrero, casi fueron incesantes hasta cerca de la media noche del día 12.

El 13, a las 8 a. m., previo aviso de los señores cónsules, los coroneles Mejía Juárez, Nolasco y Guerrero, ocuparon la plaza, y a las 11 hice mi ingreso con mi Estado Mayor y la división Medal, precedido por la caballería del general Sinforiano Bonilla. En las horas subsiguientes hicieron su entrada los diversos cuerpos de la división Mondragón y la caballería del general Molina.

Con la ocupación de la plaza de Tegucigalpa, por las fuerzas de mi mando, terminaron las operaciones militares y cesó la guerra que el pueblo hondureño se vio forzado a hacer a los que, violando la Constitución y haciendo mofa del sufragio, base de nuestras instituciones, osaron usurpar el Poder Supremo. Los sucesos que inmediatamente después tuvieron lugar, esto es, la ruptura de la capitulación por parte del doctor Arias, la solemne declaración que de esta ruptura hizo el honorable Cuerpo Consular, y la captura del doctor Arias y de sus principales cómplices, son hechos que Ud. conoce perfectamente, pues ya se encontraba en esta capital cuando se efectuaron.

Para los detalles, adjunto a Ud. los informes de cada uno de los jefes de Cuerpo.

Señor comandante general de la República.

Tegucigalpa: 20 de abril de 1903.

CARLOS F. ALVARADO

INFORME DEL JEFE EXPEDICIONARIO DEL SUR DE LA REPÚBLICA Y DE LOS DEPARTAMENTOS DE LA PAZ Y COMAYAGUA

Tegucigalpa: 5 de mayo de 1903

Señor comandante general de la República.

Presente.

En cumplimiento de mi deber, tengo a mucha honra informar a Ud. acerca de las operaciones militares que me confió como jefe expedicionario del sur de la República y de los departamentos de La Paz y Comayagua, con motivo de la gran insurrección nacional contra los usurpadores del Poder Público.

Con una pequeña fuerza partí del puerto de Amapala, en la madrugada del 4 de febrero último, con dirección al puerto menor de San Lorenzo, a donde arribé sin ninguna novedad; y habiendo encontrado allí la fuerza que mandaba el coronel Samuel S. Valladares, dispuse que una montada de 30 hombres se aproximara a los suburbios de la plaza de Nacaome, a pocas millas de San Lorenzo, con el objeto de reconocer algunas posiciones inmediatas; de hacer llamamientos a los patriotas que esperaban el momento de poder incorporarse a nuestro Ejército, y de adquirir noticias del ingreso, a la ciudad expresada, de tropas que se mandasen a reforzar la plaza. De regreso la comisión, me informó haber recogido datos ciertos de que el día anterior había llegado a la propia plaza una columna de cien hombres, y que de una manera vaga se decía que vendría otra columna que había vivaqueado en el paso real de Moramulca.

El día 7, cumpliendo órdenes de Ud., mandé al coronel Samuel S. Valladares, con su pequeña fuerza, compuesta de 30 montados y otros de infantería, para que hicieran una excursión por el camino que conduce hasta Pespire, para facilitar la incorporación de ciudadanos que debían venir de varios pueblos y aldeas del interior. Como a las 12 y media del día, en la quebrada del punto de "Los Limones", se encontraron por sorpresa las avanzadas de la fuerza del coronel Valladares, con la de una columna de 250 hombres que, con artillería, venía para Nacaome, al mando del general Andrés Matute. Pronto se entabló un combate desigual, mientras la fuerza de Valladares podía retirarse, porque este tenía orden de no presentar acción en caso de encontrarse la columna anunciada; pero esa retirada no se pudo verificar en el orden debido por lo accidentado del lugar del encuentro.

La prensa de los usurpadores celebró esa escaramuza como un gran triunfo alcanzado sobre tropas numerosas, cuando en realidad no era otra cosa que una avanzada batida por fuegos de artillería y de infantería.

Parte de la fuerza del coronel Valladares regresó a mi cuartel de San Lorenzo, entre 3 y 4 de la tarde; y como era razonable creer que muy en seguida sería atacado, y que no teniendo tropa suficiente para cubrir los puntos que podrían servir de defensa al puerto, no debía exponer los elementos de guerra que tenía para armar y equipar a los patriotas que se esperaban; y como por otra parte recibí de Ud., a las 6 de la tarde, instrucciones para buscar comunicación con el coronel Andrés Leiva, que había invadido por el lado del pueblo de Alianza, ordené la marcha de mi fuerza a ocupar el puerto menor del Aceituno, dirigiendo la montada el coronel Francisco Soriano, por la vía de tierra, y personalmente yo, la infantería embarcada en los lanchones, bongos, canoas, etc. A las 10 de la mañana del día siguiente, nos encontramos en el puerto referido con la columna del coronel Leiva, y como a las 12 m., llegaba también, sin novedad, la montada que desde San Lorenzo despaché a ocupar el mismo punto. En este permanecí algunos días, hasta recibir el armamento y equipo que puse en manos de las fuerzas acuarteladas en Langue, al mando de los coroneles Pilar M. Martínez y Marcelo Rivera, y hasta que Ud. llegó a establecer su cuartel general y dirigir más de cerca las operaciones de la guerra.

El día 17 de febrero, de orden de Ud. y como jefe expedicionario de los departamentos de La Paz y Comayagua, me dirigí a Langue, en donde el general Alfonso Gallardo me entregó una columna de 100 hombres armados y equipados, con más de 4,000 cartuchos y 38 fusiles Remington de 1ª. Siguiendo mi marcha para los expresados departamentos, llegué a San Antonio del Norte, en donde se me incorporó el coronel Lee Christmas con un pelotón de policías; y organizada una columna de 146 hombres, marché a ocupar el pueblo de Lamaní, para resolver, con mejores datos, qué ruta debía seguir para lograr situarme en posiciones ventajosas sobre la Cuesta Grande o en la aldea de Protección, con el fin de interceptar las comunicaciones de la capital con los departamentos occidentales, de donde los usurpadores estaban recibiendo auxilios muy importantes.

Como una hora después de mi arribo, una montada enemiga, como de 50 hombres, intentó llegar al pueblo, pero a los primeros disparos, huyó a la desbandada en varias direcciones.

Al siguiente día 24, del mismo mes, como a las 12 m., se presentó por la llanura que queda al norte, una columna enemiga como de 250 a 300 hombres, mandada por los generales Teodoro Valladares y Lorenzo España; y a distancia de menos de un kilómetro de la ronda del pueblo, se desplegaron algunas guerrillas que pronto trataron de embestir los atrincheramientos provisionales de los retenes que en tres puntos se habían colocado, estableciéndose así el combate por ambas partes. El lado oriental de la línea de fuego estaba defendida por la fuerza del coronel Jerónimo M. Rivas; el del norte y occidente, por fuerzas del coronel Christmas, dirigiendo la del primer rumbo, el comandante don Tomás Cuchilla, y la del segundo, el general Juan R. Soto, a quien había dado de alta en la Plana Mayor: yo conservaba, auxiliado del coronel Christmas, la posición central, en la loma que defiende el pueblo por occidente, desde donde podía dominar perfectamente bien la línea de fuegos y dictar las órdenes convenientes.

Después de algunas horas en que nuestras fuerzas y las del enemigo alternaban en tentativas para apoderarse de sus respectivas posiciones, y cuando mi permanencia se hacía comprometida por las certeras y repetidas descargas que de diversos lugares se hacían sobre el grupo que formábamos en la loma expresada, me dirigí con el coronel Christmas a las lomas occidentales, en donde el general Soto había pretendido reunir unos policiales y soldados que habían sido rechazados por aquel lado; al llegar con los que nosotros logramos recoger, y guiados del expresado jefe, por los puntos más accesibles, emprendimos el ataque de flanco sobre el ala derecha de la línea enemiga que no esperaba tal agresión; y después de sacarlo sucesivamente de otras lomas y de la hondonada de una quebrada, en donde se había parapetado en las tres primeras horas del combate, y de haber correspondido a este movimiento una embestida que el coronel Rivas ordenó por el flanco izquierdo y contra la misma línea, esta cedió al empuje de nuestros valientes soldados de la legitimidad, huyendo en seguida, a la desbandada, por distintas direcciones, dejando en el campo algunos muertos, heridos, rifles y bestias; a las seis y media de la tarde solo se oía alguno que otro disparo en la llanura del norte.

Por nuestra parte tuvimos 5 muertos y 1 herido, ignorando el número de bajas del enemigo, porque en la tarde no hubo tiempo para explorar el campo; pero por datos ciertos, obtenidos en la ciudad de La Paz, llegaron 16 heridos a curarse en el hospital de sangre, lo cual da, como probablemente muertos, unos 8 o 10.

El día siguiente tuve noticia que de La Paz y Comayagua venían tropas de refresco a unirse con los restos de la derrotada, para emprender nuevo ataque sobre la plaza de Lamaní; y como las municiones que había traído de Langue se habían consumido en tal cantidad, que me dejaba en situación de no resistir una nueva intentona sin probabilidades de buen éxito, hice el movimiento de concentración á la plaza de El Norte, que tiene reconocidas ventajas militares para la defensa, para esperar refuerzos y las órdenes que, en vista de lo ocurrido, Ud. tuviera a bien comunicarme. El pueblo lo desocupé a las 10 a. m., y dos horas después, como 300 hombres, al mando del coronel Cornelio Corzantes, por varias direcciones del pueblo, hacían un nutrido fuego de fusilería que presenciábamos desde la mayor altura que, por el camino real que conduce a El Norte, domina el hermoso valle de Comayagua.

El 5 de marzo recibí orden de Ud. para incorporar a mi columna la fuerza del coronel Marcelo Rivera y que sin pérdida de tiempo fuera a atacar al enemigo que ocupaba la plaza de Lamaní, para lograr el fin propuesto desde la primera excursión. A la alta madrugada del 6, y con el sigilo debido, mi columna, compuesta de 250 hombres, emprendió el movimiento sobre la plaza de Lamaní. En el punto de El Naranjo recibí aviso del general Antonio López y del coronel Sotero Barahona, quienes estaban en Marcala, de que estaban en actitud de seguir sus operaciones, y deseaban tener conocimiento de las mías; yo contesté encareciéndoles la conveniencia de que aceleraran sus movimientos para que aparecieran combinados con las que yo ejecutaba, principalmente al atacar próximamente la plaza de Lamaní.

El 7 llegó mi columna, a medio día, a "Los Ranchitos", como a cuatro millas del pueblo; y a las 5 de la tarde emprendió la marcha dejando el camino real para faldear, con alguna dificultad, la montaña de Lepaterique, hasta ocupar, como a las nueve de la noche, las ventajosas posiciones del sur de Lamaní, por donde el enemigo no esperaba el ataque. A las ocho de la mañana del día siguiente se apercibió de nuestra línea, y antes de que pudiera reponerse de la sorpresa de un movimiento inesperado, se entabló el combate con las fuerzas enemigas que ocupaban el pueblo y la loma que queda al occidente, en donde funcionaban un cañón y una ametralladora. Nuestra línea de ataque se componía de las tropas de los coroneles Christmas y Rivera: la del Coronel Rivas guardaba el tren y la retaguardia.

A las dos horas de combate, y por el avance simultáneo por el centro y alas derecha e izquierda de la fila de ataque, formando un semicírculo en que se trataba de envolver las guerrillas enemigas, estas empezaron a retroceder hacia el pueblo, hasta como a las once y media que se les dio una carga más fuerte y que les obligó a huir en completo desorden. El enemigo había sido deshecho, dejándonos un cañón Krupp de a 7, una ametralladora (la Marco A. Soto), ocho cajas de granadas y adminículos de artillería, 114 saquetes, 18 cajas de cartuchos de Remington de 1ª. y reformado, 25 aparejos, 8 bestias, 85 fusiles y un botiquín. Se avanzaron 41 hombres, en cuenta el coronel Salvador Damas, 2° del coronel Corzantes. Dejaron además, en el campo, 3 heridos y 14 muertos. De nuestra parte murieron dos soldados y salieron heridos 5 hombres; la artillería quedó en perfecto estado, y según la situación comunicada telegráficamente un día anterior al general Sierra, defendían la plaza 307 hombres.

Al siguiente día, 9 de marzo, tuve noticia de que la desmoralización había cundido en las fuerzas que defendían la plaza de la ciudad de La Paz, al saber el desastre de Lamaní, y que se proponía evacuarla el comandante Portocarrero; dispuse entonces que el coronel Rivera, con su fuerza, se moviera sobre la Villa de San Antonio para acabar de deshacer un pelotón de derrotados el día anterior, que allí estaba, y a la vez, salí con el resto de la columna sobre la plaza de aquella ciudad, la cual fue ocupada sin resistencia como a las 5 de la tarde.

La derrota de Lamaní, la ocupación de la plaza aludida y el movimiento de Rivera, quien acabó con el resto de los derrotados, llevaron también la desmoralización a la tropa que existía en la ciudad de Comayagua, al grado de que el 10 por la mañana la evacuó el comandante Dr. Don José María Ochoa, acompañado de los coroneles Corzantes, Portocarrero y otros militares y personas del orden civil. Al tener tal noticia hice salir inmediatamente al coronel Marcelo Rivera, quien se había incorporado ya a la columna, al mando de 50 montados, a ocupar la plaza abandonada; y tres días después hice mi entrada con 500 hombres, pues ya se había incorporado una fuerza que, al mando del coronel Ricardo Maldonado, había enviado el general en jefe del Ejército de Occidente.

Muy pronto me ocupé del nombramiento de los empleados departamentales, según tuvo Ud. conocimiento inmediato; y por razón de orden y disciplina dicté la orden que literalmente dice:

"Plaza militar de Comayagua. – Orden general para el 16 de marzo de 1903. – El servicio se hará de campaña; nombrándose jefe de día para hoy al coronel Pedro García Moreno. – A efecto de castigar los delitos del fuero de guerra, se hace saber: que desde hoy quedarán organizados los tribunales que establece el Código Penal Militar, quedando bajo su jurisdicción todos los militares y asimilados acuartelados en esta ciudad. Y para prevenir los desórdenes de cualquier clase, cada cuerpo de los que componen la columna expedicionaria en los departamentos de Comayagua y La Paz, organizará una ronda montada de cinco oficiales que recorrerá la ciudad, cuya ronda deberá usar de la fuerza hasta en su último grado para escarmentar a los autores del desorden, sean militares o paisanos; debiendo dar cuenta de sus actos al comandante de Armas del departamento, para los efectos consiguientes. Los señores jefes y oficiales de cada cuerpo deberán explicar a sus subalternos las miras y alcances de la disposición que antecede. – Comuníquese. – Saturnino Medal, jefe expedicionario en los departamentos de Comayagua y La Paz".

Mientras llegaba el Ejército de Occidente, establecí mi cuartel general en la ciudad de La Paz; y cuatro días después que llegó, se dio el combate de la Villa de San Antonio, en el cual tomaron parte también los cuerpos de mi columna, que mandaban los coroneles Christmas y Rivas; y el otro que mandaba el coronel Rivera, en la persecución que se hizo a los restos del ejército usurpador, derrotado el 26 de marzo último.

Posteriormente, en Comayagua, por Orden General de 3 de abril, y con instrucciones de Ud., el general en jefe, don Carlos F. Alvarado, organizó todas las columnas que se habían reunido en aquella ciudad; esto es, las que traía él de Santa María, la del general Mondragón y la del que habla, con el objeto de marchar sobre la capital.

Así terminó la misión que Ud. tuvo a bien confiarme, en cuyo cumplimiento puse de mi parte muy pocas capacidades, pero sí ardientes deseos de ser útil a la causa de la legitimidad, sostenida por la más hermosa y más santa de las revoluciones que registran los anales de nuestra Historia Patria.

Soy de Ud., con todo respeto, atento y S. S.

SATURNINO MEDAL

INFORME DEL DOCTOR DON SOTERO BARAHONA

Tegucigalpa: 23 de mayo de 1903

Señor comandante general de la República.

Presente

El 5 de febrero de este año se me hizo el honor de nombrarme jefe expedicionario sobre los departamentos de La Paz, Intibucá, Gracias, Santa Bárbara y Cortés, confiriéndome el mando de las fuerzas destinadas a ocuparlos militarmente y facultándome para nombrar los empleados de los mismos departamentos o de las secciones que se sometieran a la autoridad del Gobierno Constitucional, así como para sustituir el cargo en un jefe de mi confianza, siendo de advertir que, en el caso de que algún jefe de superior graduación se presentara con misión legítima en el territorio donde yo estuviera desempeñando mi cargo, estaría en el deber de ponerme bajo sus órdenes.

Con la mayor brevedad daré a Ud. el informe relativo a la indicada expedición.

En la fecha expresada recibí dos mil pesos del administrador de la Aduana de Amapala para gastos de la expedición, suma que inmediatamente entregué a don Jesús Arellano, a quien nombré tesorero habilitado.

El mismo día 5 de febrero salí de Amapala acompañado del señor Arellano, de los coroneles don Florencio Mejía Juárez y don Ignacio Bustillo y del teniente don Juan J. Rodríguez.

En La Unión, puerto del Salvador, encontré al general don Antonio López, quien, según me manifestó, el general don Carlos F. Alvarado estaba listo para trasladarse al departamento de Intibucá y contribuir, por aquella parte de la República, a la realización de nuestro patriótico anhelo de restablecer el imperio de la Constitución.

Me puse de acuerdo con el general López y salió hacia Sensuntepeque, y el señor Arellano, los demás patriotas que me acompañaban y yo salimos para Goascorán el 6 de dicho mes.

El coronel don Ricardo Maldonado, los abogados don Juan y don José Ángel Ayala, el coronel don Macario Medina y otros patriotas, se nos unieron en Concepción de Oriente.

Arellano, Maldonado y yo enviamos correos y escribimos a diferentes amigos de los pueblos de La Sierra, en el departamento de La Paz, con el objeto de que, con el mayor número de patriotas, fueran a empuñar las armas en nuestras filas. El general López había hecho lo mismo desde La Unión. Y las personas amigas de nuestra causa, a quienes llegó la noticia de nuestra expedición, no fueron sordas al llamamiento del patriotismo. En la maña del 15 del expresado mes de febrero, unidos ya con el general López, penetramos en el departamento de Intibucá con una columna de cuatrocientos cuarenta y cinco hombres, dispuestos a escarmentar a los usurpadores del poder o a morir en la demanda. Grande era el entusiasmo de nuestras fuerzas, no obstante el cansancio y maltratos consiguientes a marchas rápidas, por veredas casi intransitables al través de los quebrados terrenos de la frontera. Contribuyó a que desde el primer momento se manifestara ese entusiasmo, el hecho de que, a los primeros tiros de nuestra fuerza de avanzada, huyeron despavoridos un inspector y su fuerza que encontramos cerca de la hacienda de Candelaria, entre el río Lempa y el pueblo de San Antonio.

Ese mismo día llegamos al mencionado pueblo, y en la fecha siguiente, poco antes de medio día, apareció una fuerza enemiga, como de cien hombres, al mando del coronel Portillo, en unas alturas que distan como dos mil metros de San Antonio, y que se encuentran en el camino que de este pueblo conduce a Camasca. Salió el general López, en persona, a batir al enemigo. El teniente-coronel don Daniel López ocupó una altura inmediata, y al oeste de la que ocupaban las fuerzas del teniente-coronel Portillo. En una meseta que se halla al pie y al sur de dichas alturas, se situó el general López, con una parte del cuadro de oficiales y de la segunda compañía, está al mando del coronel don Francisco Peñalva. El capitán don José María Melara ejecutó con su compañía un movimiento por el flanco izquierdo del enemigo, y fue a situarse al Portillo de San Isidro, próximamente a dos leguas distante, y a la retaguardia del enemigo. El tiroteo de las fuerzas de Portillo con las nuestras duró toda la tarde, sin que el coronel Domingo Portillo hubiese podido obtener ninguna ventaja, y sí la convicción de que estaba completamente dominado por nuestras fuerzas. Luego que anocheció, el coronel Portillo emprendió la retirada; pero a la altura de las posiciones que ocupaba el capitán Melara, la fuerza de este le hizo unas descargas, y el enemigo se desbandó completamente, dejando algunos heridos, armas y bestias.

Prestaron buenos servicios en esta ocasión los jefes, oficiales y tropa de que se ha hecho mérito, estando en el número de aquellos el teniente-coronel Mercedes Cruz.

Pocos momentos antes de comenzar el combate, se nos incorporó en San Antonio el general don Anastasio J. Ortiz, quien también fue al lugar de nuestra línea de fuego en que se encontraba el general López, y aceptó en todas sus partes el plan de defensa y ataque concebido y realizado felizmente por el general López.

No tuvimos que lamentar ninguna baja de nuestra parte.

Muy temprano de la mañana del día siguiente, el general López salió a ocupar el pueblo de Camasca donde no encontró ninguna fuerza enemiga. Camasca es una buena posición militar y López supo aprovechar sus ventajas, organizando la defensa de la plaza con la pequeña fuerza con la que ocupó.

El 18 del mismo mes, el coronel don Adolfo Manzanares, al mando de cien hombres, apareció en los llanos de Jiquinlaca, a la vista de dos retenes nuestros que como a tres cuartos de legua de Camasca ocupaban dos alturas por en medio de las cuales asciende el camino de La Esperanza. La fuerza nuestra de ambos retenes dejó que el enemigo ascendiera tranquilamente, y, cuando ya estaba muy próximo, le advirtió su presencia haciéndole algunas descargas. El coronel Manzanares y su fuerza, dominados por el terror, regresaron en precipitada fuga, sin disparar sus armas hasta que se hallaban fuera del alcance del fuego de nuestras fuerzas. Este nuevo triunfo permitió que pudiera ocuparse, como se ocupó en seguida, en el camino de La Esperanza, el puente de Río Negro, importante posición militar que dista tres leguas de Camasca.

El 18 quedó reorganizada nuestra fuerza, bajo el nombre de la 1ª. División de Occidente, siendo primer jefe de ella el general López y yo el segundo. Se nombró jefe del primer batallón al coronel don Ricardo Maldonado; del segundo, al coronel don Florencio Mejía

Juárez; del tercero, al coronel don Calixto Marín; y tesorero habilitado, al coronel don Carlos Arturo Moncada.

Una noticia desagradable nos llegó entonces. En el punto llamado Cueva del Monte, había yo dejado, el 12 del citado mes de febrero, diecisiete oficiales enfermos al mundo del comandante don Francisco P. Orellana, muy conocedor de aquellos lugares y a quien advertí los peligros que debía evitar y los medios de lograrlo. Y sucedió que el 16 de dicho mes, entre las siete y las ocho de la noche, el comandante Orellana y los indicados oficiales fueron sorprendidos en Cueva del Monte por una fuerza arista. El capitán don Pedro Briceño y casi todos los demás oficiales hicieron una valiente, pero ya extemporánea resistencia, en la cual tuvimos la desgracia de perder a los tenientes Gilberto Ruiz, Gregorio H. Benítez y José Isaac Ortiz. Los demás tuvieron que retirarse y vinieron a incorporársenos en Camasca.

Sabíamos que el coronel don Salomé Cruz, al mando de una fuerza graciana, se hallaba en Gualcince, y nuestros espías nos habían dado cuenta de que también existía otra fuerza enemiga en Mapulaca. Y a fin de evitar que esas fuerzas hicieran un movimiento sobre nuestra retaguardia, cuando ya nosotros hubiésemos avanzado más al interior, el general López hizo salir de Camasca una fuerza, a las órdenes del teniente-coronel don Mercedes Cruz, sobre Erandique, vía San Lucas y San Francisco, y yo salí con otra fuerza de San Antonio, por la vía de Piraera. y Gualcince. Ambas fuerzas marchaban paralelamente, a distancia relativamente corta, y podían darse recíproca protección. El resultado de este movimiento fue que el coronel Cruz se reconcentró a la ciudad de Gracias, y los pueblos del círculo de Candelaria se pronunciaron en favor nuestra causa.

El general Ortiz regresó de San Antonio a la República de El Salvador el 22 de febrero.

El licenciado don Anastasio Cabrera, a quien el 16 de dicho mes nombré gobernador político y administrador de Rentas interino del departamento de Intibucá, nos prestó eficaz cooperación, así en le establecimiento de un buen espionaje, como poniendo a nuestra disposición cuanto necesitábamos para movilizar el ejército, y reconstruyendo inmediatamente la línea telegráfica entre los pueblos que íbamos ocupando.

El 20 nombré contador interino de la Administración de Rentas de aquel departamento, al ciudadano don Daniel Chavarría, y receptor de Rentas del círculo de Camasca, a don Abraham Milla; y el 27 del mismo mes nombré: al capitán don Paulino Zorto, comandante local del círculo de Candelaria, y receptores de Rentas de dicho círculo y el de Camasca, a don Miguel Cruz y al capitán don José María Melara, respectivamente. El señor Cruz, fundándose en pretextos inadmisibles, se negó a desempeñar la Receptoría de Rentas de Candelaria; todas las demás personas mencionadas aceptaron inmediatamente sus nombramientos.

Acopiados en Camasca los elementos y organizadas las fuerzas que se requerían para poder continuar la expedición, salió el 27 de febrero a las 3 ½ a. m., de Concepción para Maréala, el batallón del Coronel Maldonado; el día siguiente salió de Camasca para el mismo lugar, el General López, con otra columna, y un día después, el Coronel Marín y yo nos dirigíamos á Marcala con una tercera columna. Dejé al teniente-coronel don Mercedes Cruz, en el puente sobre Río Negro; al capitán don Paulino Zorto, en Piraera; y al gobernador Cabrera en Camasca; cada uno de ellos con una pequeña fuerza de patriotas bien armados y equipados. Los lugares en referencia forman un triángulo y las tres mencionadas fuerzas debían prestarse mutuo apoyo y mantener nuestra comunicación con El Salvador por aquella parte de la República.

El teniente-coronel Cruz quedaba enfrentado con las fuerzas que nuestros enemigos tenían en El Sompopero, punto del camino de La Esperanza, poco distante del puente de Río Negro.

El movimiento sobre Marcala se hizo felizmente, y en la mañana del 1° de marzo el coronel Maldonado, después de dos horas de combate, se apoderó de aquella plaza. En esa acción tomó parte el general don Sinforiano Bonilla, al mando del cuadro de oficiales.

Una escuadra de patriotas de Opatoro, al mando de Pío López, oficial de aquel mismo pueblo, batió espontáneamente una fuercecita arista con que se hallaba en aquel lugar Ulises Valenzuela.

Los pueblos de ambos círculos, Marcala y Opatoro, se pronunciaron inmediatamente en favor de la causa nacional. No sucedía lo mismo respecto de los pueblos de San José, Santa María y Puringla: temiendo estos que fuesen exactas las alarmantes especies con que nos calumniaban los agentes de Arias, establecieron su cuartel general en Santa María, posición militar merecidamente famosa que ocupaban fuerzas de los usurpadores.

El 7 de marzo último, el coronel don Florencio Mejía Juárez salió de Marcala para Santa María, al mando de 165 hombres, con orden e instrucciones del general López para tomar aquella plaza. A las tres y media de la tarde de aquel mismo día ya estaban batiéndose con el enemigo las fuerzas del coronel Mejía Juárez, en la falda oriental del cerro de Camalote, en frente y como a 1,600 metros de Santa María. Mejía Juárez hizo retroceder no menos de 800 metros al enemigo, y, jefe experto notó, desde el primer momento, que peleaban contra él por lo menos 300 hombres; y así me lo dijo en carta que recibí en Marcala, en la noche, a las 2 a. m.; carta en la cual Mejía Juárez pedía parque y daba cuenta de las ventajas obtenidas sobre el enemigo. Con acuerdo del general López y después de enviar a uno de mis ayudantes, el capitán don Pedro Torres, con ocho soldados que conducían parque, marché para Santa María, a las tres de la mañana, acompañado del teniente-coronel don José María Castro, del cirujano don Mario Trejo, dos practicantes de la Ambulancia y tres de mis ayudantes.

Entre Chinada y San José encontré una nueva correspondencia de Mejía Juárez, en que me decía que se hallaba en desventajosa situación respecto del enemigo. Y al llegar, a las 8 a.m., e inspeccionar nuestra línea de fuegos y observar las posiciones del enemigo, comprendí que el coronel Mejía Juárez tenía mucha razón. Durante la noche anterior habían librado un combate muy reñido, en que se aproximaron tanto los combatientes, que se confundieron, y algunos de los nuestros se desbandaron por no poder volver a incorporarse en la línea de fuegos, que al amanecer quedó establecida al pie del cerro de Camalote.

El mismo día 8 se me incorporaron, de orden del general López, el teniente-coronel don Eleuterio Gámez y el capitán don Vicente Flores del Valle, con quien López me envió más parque al oír dos grandes detonaciones, señal convenida al efecto y que con dinamita mandé ejecutar luego que conocí la situación.

Unidas las pequeñas fuerzas de Gámez y Valle con la que le había quedado al coronel Mejía Juárez, logramos reunir 136 hombres, equipados con más de 5,.000 cartuchos. Pero como no era posible que en aquella misma fecha aumentáramos nuestra fuerza, y como una retirada habría equivalido a una derrota de funestas consecuencias, era indispensable que, olvidando la inferioridad del número de nuestras fuerzas respecto de las del enemigo, y que, confiando en la bondad de nuestra causa y en el entusiasmo y arrojo de nuestros soldados y en la energía y pericia de los jefes, se diera, como efectivamente se dio, el ataque decisivo a fin de evitar los peligros que podía acarrearnos la tardanza. Desde las 11 de la mañana de aquel mismo día empezaron a ejecutarse algunos movimientos y a tomarse algunas posiciones, con el expresado objeto.

Había que efectuar el asalto simultáneo de la línea de atrincheramientos que el enemigo tenía en las cuestas de las lomas que corren desde el río Cañas, en la entrada del camino de La Paz, al oriente, hasta los pretiles por donde desciende el camino de La Esperanza, al occidente, línea cuya extensión es de mil ochocientos a dos mil metros. El coronel Bustillo y el teniente-coronel Castro, al mando de 36 hombres, entre los cuales se contaba el Capitán Flores del Valle, atacarían los atrincheramientos orientales, y, ayudado por seis hombres que al mando del capitán Pedro Torres se habían colocado sobre el camino de La Paz, impedirían que el enemigo, al ser desalojado de dichos atrincheramientos, tomara por aquella vía; el coronel Mejía Juárez y el teniente-coronel don Marcos Castillo, al mando de 25 hombres, atacarían el centro; y los tenientes-coroneles don Eleuterio Gámez y don Enrique Lozano Soto, con cuatro oficiales y 30 soldados, atacarían los atrincheramientos occidentales; los últimos serían protegidos en su movimiento por los fuegos que desde la falda norte del cerro de Camalote haría una escuadra al mando del capitán Natividad Gómez, sobre las fuerzas enemigas que ocupaban el cementerio del pueblo y los pretiles por donde desciende el camino de La Esperanza; también debía impedirse que el enemigo se fuera por este camino al ser desalojado de sus posiciones. Este plan fue ejecutado fielmente.

El asalto comenzó a las 11 de la noche, y en combate reñidísimo fue desalojado el enemigo no solo de los expresados atrincheramientos, sino también de los que tenía en el pueblo de Santa María, hasta hacerlo salir en desordenada fuga, a eso de las 5 de la mañana, por los caminos de Gualasara y Puringla, dejando en nuestro poder al oficial José Benedicto López, varios individuos de tropa, más de 2,000 cartuchos, algunos rifles, 31 bestias de remonta y algunas ensilladas, y otros objetos. Durante el combate, el individuo P. G. Chávez dirigió, de Santa María, al Dr. Arias y al general Sierra, un telegrama, en que les decía: "En estos momentos vengo de combatir al enemigo. Es un fuego muy nutrido. Mi caballo me lo avanzaron; y son tan atrevidos, que se lanzan sobre nosotros en grupo". Cuando se hacían las últimas descargas sobre el enemigo en fuga, los coroneles don Salomé Cruz y don Salvador Hidalgo, con una fuerza de 150 gracianos, aparecieron acercándose a nuestra retaguardia, por el camino de Marcala, en las alturas del cerro de Camalote; y como gritaban: "viva Bonilla", y aun no era enteramente de día, nuestras fuerzas de retaguardia no se apercibieron de que la que se les aproximaba era enemiga, sino hasta que se encontraba a menos de cien pasos de distancia.

El coronel don Lino Claros, con 14 hombres, en una parte, y el teniente Alejandro Alballero, con 6, en otra –esa era toda nuestra fuerza de retaguardia–, hicieron una heroica pero ineficaz resistencia, en la cual murieron el mismo coronel Claros y un soldado. Mientras los demás hacían fuego en retirada, pudo venir una pequeña fuerza al mando del teniente-coronel Castillo y del capitán Torres, quienes encontraron al enemigo ya en las faldas de dicho cerro, inmediatos a Pueblo Viejo, y en unión del comandante don José María Carías, tuvieron que replegarse al resto de nuestras fuerzas que, apresuradamente cubrieron la línea de atrincheramientos que, como he dicho, había tenido ocupados el enemigo el día anterior, a lo largo y sobre las crestas de las lomas inmediatas al llano de Pueblo Viejo, y que se extienden desde el río de Cañas, a la entrada del camino de La Paz, hasta los pretiles por donde desciende el camino de La Esperanza.

El enemigo continuó atacándonos vigorosamente, hasta llegar, en algunos puntos, como a cien varas de muestra línea de fuegos; pero el considerable número de bajas que se le estaban ocasionando, lo hizo retroceder, estableciendo la misma línea de fuegos que nosotros habíamos tenido el día anterior. Este nuevo combate duró hasta la una de la tarde, hora en que las fuerzas enemigas huyeron en desorden por la falda norte del cerro del Camalote hacia un punto llamado El Carrizal, camino de La Esperanza. Es posible que a este hecho haya contribuido la aproximación de la fuerza con que el coronel Marín iba de Marcala a protegernos y que como a la una y media o las dos de la tarde ocupó las alturas del cerro del Camalote, a la retaguardia y a corta distancia de la línea de fuegos en que habían estado las fuerzas del coronel Cruz. Según los datos que después obtuvimos, eran más de 500 hombres al mando de los coroneles don Jesús Membreño, don Adolfo Manzanares y don Leonte Córdova, los que habíamos vencido en la plaza de Santa María, y de ellos probablemente murieron más de 30.

No pudimos averiguar el número exacto de sus muertos, porque algunos perecieron al huir en las simas inaccesibles que rodean aquella localidad. Nosotros solo tuvimos que lamentar la muerte del jefe y soldado expresados y haber tenido cuatro heridos, entre ellos los capitanes don Pedro Briseño y don Sebastián Sedillo. Como un justo homenaje a la muy recomendable conducta de los vencedores, en la Orden General del 9 de marzo, consigné lo siguiente: "La acción de armas que comenzó el 7 de este mes, a las tres y media de la tarde y terminó hoy a las cinco de la mañana con la toma de esta plaza, es sumamente honrosa para el ejército hondureño, por el heroísmo que durante el combate han mostrado los jefes, oficiales, clases y soldados que han tomado parte en él, y que por tal motivo merecen bien de la patria. También honra a dichas fuerzas la bravura con que, en un combate de siete horas, rechazó a otra columna enemiga que nos atacó por la retaguardia y que después del expresado tiempo huyó derrotada. El Gobierno sabrá premiar el valor y patriotismo de los combatientes por la causa de la legitimidad que defendemos, y a todos se les tributa, en nombre del pueblo hondureño, el más sincero homenaje de respeto y admiración".

Los generales don Belisario Villela y don Pablo Nuila y el coronel don Gonzalo Mejía Nolasco, al saber la desastrosa derrota que habían sufrido en Santa María, salieron de La Esperanza para Santa Bárbara, la tarde del nueve de marzo, con cuatrocientos hombres que próximamente tenían en aquella plaza, dejando en ella varias piezas de artillería y su equipo, y abandonando, en diferentes partes del camino, más de veinte mil tiros de rifle y muchas armas, pues casi toda la fuerza se les desbandó luego que salieron de La Esperanza.

El mismo día nueve llegaban a Marcala, procedentes de El Salvador, los coroneles don Jesús Arellano y don Adolfo Nolasco, cumpliendo importantes comisiones que pocos días antes les había confiado. Venían con el general don Carlos F. Alvarado, quien, según nota oficial que recibí el día siguiente, iba a hacerse cargo en jefe de las fuerzas de occidente. El capitán don Faustino Calix, quien había cumplido la orden de unirse a ellos en Camasca con su fuerza, también los acompañaba.

El general López, luego que recibió el parte de la victoria de Santa María y de haber sido evacuada la plaza de La Esperanza, ordenó al teniente-coronel don Mercedes Cruz, quien se encontraba, según se recordará, en el puente del Río Negro, que inmediatamente avanzara sobre aquella plaza, la cual fue ocupada por el mismo general López el 11 de marzo.

En atención a la honradez y celo patriótico de don Santos Gámez, quien nos prestó como alcalde de Marcala muy buenos servicios, lo nombré comandante local interino de aquel círculo el 7 del expresado mes de marzo. El día siguiente designé al ciudadano don Rosendo Murillo para que fuera a hacerse cargo de la Receptoría de Rentas de Opatoro, y don Ángel María López recibía la orden de ir a ocupar la oficina telegráfica de aquel pueblo. Don Rómulo García, joven honrado que andaba prestando buenos servicios en la campaña, fue nombrado receptor de rentas del círculo de Marcala.

En ese estado las cosas, recibí orden de Ud. para ir a organizar, luego que fuesen ocupados, los departamentos de Santa Bárbara y Cortés, para donde se había dirigido con sus fuerzas el general Mondragón. Salí de Marcala a las 10 de la mañana del 16 de marzo y temprano de la noche del 18 llegué a la ciudad de Santa Bárbara, donde encontré al general Mondragón. Este, sin duda alguna, habrá dado cuenta Ud. de las operaciones militares de nuestra expedición al norte, para donde salimos de Santa Bárbara el 30 del citado mes, después de nombradas por el general Mondragón las autoridades departamentales de Santa Bárbara.

Nuestras fuerzas habían obtenido un nuevo triunfo en Trinidad, a donde llegamos en la mañana del 21. Allá se dispuso que el general

Mondragón, con una parte del ejército, tomara la ruta de Villanueva para San Pedro Sula y yo iría con el batallón de Paredes al círculo de San Marcos, para donde se habían dirigido algunos de los derrotados en Trinidad y en donde se hallaba una fuerza enemiga al mando del coronel José María Nuila. Antes de medio día salí de Trinidad, y en la mañana del día siguiente averigüe en San Francisco de los Valles que Nuila se había ido para San Pedro Sula el día anterior. Inmediatamente procuré ponerme en comunicación con el coronel don Francisco Guerrero y con el coronel don Inocente Nolasco L., quienes debían encontrarse por el lado de Macuelizo. El 23 me dirigí por la vía de Santa Cruz de las Minas para San Pedro Sula, y en la tarde de ese día ocupé El Calanar, punto fortificado por el enemigo y que este había abandonado nueve horas antes. Este lugar dista cerca de ocho leguas de San Pedro Sula, y en él averigüé que el enemigo nos esperaba atrincherado en Chamelecón y La Cumbre.

A las cuatro de la mañana del día siguiente emprendimos la marcha precedidos de buen espionaje y después de enviar correos a Mondragón, dándole cuenta de todo y avisándole que nuestro plan era simular un ataque sobre Chamelecón al mismo tiempo que se atacara vigorosamente La Cumbre, mientras él pasaba a vado el Chamelecón y atacaba al enemigo de este punto por la retaguardia y el flanco izquierdo; pero cuando estábamos a dos leguas y media del Chamelecón, recibí un telegrama del general Mondragón en que este me avisaba de Villanueva que con una comisión enviada por Nuila, había pactado la entrega de la plaza de San Pedro Sula, sin ninguna resistencia. Mucho había contribuido a este hecho el Dr. Don Miguel Paz, con sus trabajos desinteresados en favor de la justicia de nuestra causa; no era poco lo que había hecho en el mismo sentido el Cuerpo Consular residente en aquella ciudad, a quien con un expreso envié una nota el 19 de marzo, excitándolos a fin de que interpusieran su valiosa influencia para que las fuerzas aristas que se encontraban en aquella costa, si deseaban medir sus armas con las nuestras, vinieran a encontrar las fuerzas legitimistas en cualquier punto del interior, ahorrando así las desgracias que un combate ocasionaría si se efectuaba en alguna de las poblaciones de aquel litoral, pues son casi todas de madera y especialmente comerciales; pero lo que sobre todo decidió a Nuila a dar ese paso, fue que un grupo de patriotas se había alzado en armas en Puerto Cortés y había tomado aquella plaza, dejándolo así para caminar sin ninguna retirada. No tuvimos, pues, hechos de armas en la costa norte, donde fuimos recibidos, como en todas partes, con el mayor entusiasmo.

En la misma fecha de nuestro arribo a San Pedro Sula, 24 de marzo, nombré gobernador político y comandante de Armas del departamento de Cortés al coronel don Francisco J. Al varado, y el día siguiente nombré comandante y administrador interino de la Aduana de Puerto Cortés, al señor general don Jesús Quiroz, y contador de dicha Aduana a don Jorge Panting. Ese mismo día por la tarde fuimos con el general Mondragón a Puerto Cortés, a poner al general Quiroz en posesión de sus destinos, y el día siguiente tuvimos la satisfacción de dar las gracias en nombre del Gobierno y pueblo hondureño, al almirante del vapor de guerra "Olimpia", de los Estados Unidos de América, por su laudable conducta en aquel puerto y muy especialmente por no haber accedido a las pretensiones de algunos extranjeros de que enviara una parte de su fuerza a la ciudad de San Pedro Sula.

De regreso en dicha ciudad, hice el 27 del citado mes, los nombramientos siguientes: Administrador de Rentas del departamento de Cortés y contador de la misma Administración, a don León Martínez y don Catarino Rivas Ch., respectivamente, y mayor de Plaza de San Pedro, a don Francisco Baide. El 29 nombré receptor de Rentas de aquel círculo, al conocido ciudadano don Rafael Meza, y mayor de Plaza, por renuncia del señor Baide, al coronel don Juan B. Turcios. El 30 designé a don Francisco Pineda Leiva, para el desempeño de la Comandancia Local y Receptoría de Rentas de Santa Cruz de Yojoa. Y por juzgarlo conveniente, autoricé al general Quiroz para que nombrara los demás empleados de Puerto Cortés y el comandante del Castillo de Omoa.

Logramos percibir, entre Puerto Cortés y San Pedro, once mil quinientos pesos pertenecientes al Fisco, y averigüé que el exadministrador de la Aduana de Puerto Cortés, don Juan Paredes, tenía depositados en Nueva Orleans setenta mil pesos, pertenecientes a aquella Aduana. Supe también que dicho empleado de orden del Dr. Arias había enviado quince mil pesos al administrador de Rentas de Gracias y que el administrador de Rentas de San Pedro, comisionado para hacer la traslación de esos fondos, en vez de enviarlos a Gracias, dispuso de ellos de la manera que creyó conveniente.

Averigüé, además, que el general Velarde, excomandante de Puerto Cortés, se había llevado una considerable suma de dinero de aquella aduana al irse para Belice. Más tarde me dio cuenta el general Quiroz de que solo se habían podido recobrar de Velarde poco más de dos mil pesos. Tuve, por último, algunos datos de que el coronel don Miguel Nuila había dispuesto de más de diez mil pesos, pertenecientes a la Nación. De todo di oportuno aviso al señor Presidente.

En cumplimiento de órdenes de Ud., salí de San Pedro Sula para esta capital el primero de abril. El dos llegué a Santa Bárbara. El tres organicé una pequeña columna de patriotas, y el cuatro continué mi marcha con la indicada columna. En marchas rápidas llegué a Lamaní entre las doce y una de la tarde del ocho de abril. Allá reorganicé la fuerza que traía bajo la denominación de "El 1er Batallón del Norte", siendo su primer jefe el coronel don Inocente Nolasco L., y segundo jefe el coronel don Juan José Mejía Ramírez. A las cinco de la tarde del día nueve de abril recibí la noticia de Ud. de que el general Sierra, deshechas sus fuerzas en Coray, había huido con dirección a La Libertad, y una hora después, en cumplimiento de órdenes de Ud., salimos para San Antonio del Norte, con el objeto de perseguir al general Sierra. Llegamos a aquella plaza el día siguiente, a las nueve de la mañana, y como en la tarde de aquel mismo día se nos ratificó la noticia de que el general Sierra había llegado a Concepción de Oriente, República de El Salvador; el once continuamos la marcha para esta capital, a donde llegamos en la mañana del trece del citado mes de abril, ya incorporados en las fuerzas del general don Carlos F. Alvarado.

El general Mondragón se había separado de nosotros en San Pedro Sula, viniéndose directamente a Comayagua, con todo el ejército con que allá se había restablecido el imperio de la Constitución.

Desde que comenzamos hasta que terminamos nuestra expedición, cada día se incorporaban nuevos y entusiastas patriotas en nuestras filas, y en todas partes encontramos las muestras más elocuentes de que los pueblos de Honduras, tan respetuosos a la autoridad legítima, tan humildes y sufridos, son enemigos de la usurpación y la tiranía, y resueltos y heroicos para combatirlas.

Tuvimos la satisfacción de conocer en la Costa Norte el sentimiento de admiración que produjo en los extranjeros el orden y disciplina con que allá se condujeron nuestras fuerzas; orden y disciplina que fácilmente pueden obtenerse con solo el buen ejemplo de los jefes, el cuidado de estos para atender debidamente a las necesidades de sus subalternos y la justicia en el castigo de todos los que infrinjan sus deberes militares.

Para concluir, séame permitido felicitar a Ud. sinceramente por el pronto y brillante triunfo que, gracias a la prudencia y acierto de Ud., ha alcanzado en los campos de batalla la hermosa causa de que Ud. es digno representante.

Soy de Ud. adicto subalterno y amigo.

SOTERO BARAHONA.

INFORME DEL GENERAL DON MAXIMINO MONDRAGÓN

Señor comandante general:

Al saber que el expresidente de la República, general don Terencio Sierra, atropellando los sagrados derechos del pueblo, y violando manifiestamente la Constitución, entregaba el poder a sus ministros, nos reunimos varios ciudadanos, en los primeros días del mes de febrero, en la frontera de esta República, cerca de la ciudad de Ocotepeque, con el propósito de acudir a la defensa de las instituciones y hacer respetar el voto de los pueblos manifestado en las últimas elecciones de Autoridades Supremas. Tuve la honra de ser designado general en jefe de la columna que iba a operar por los departamentos de Occidente, y me hice cargo de ese delicado puesto.

Como segundo, nombré al general don Fidel Bulnes, y procedimos a la organización del ejército, que ascendió a cerca de trescientos hombres. Invadimos en la misma fecha, y a poca distancia, por las alturas de "Timas", se presentó una escolta del enemigo, como de 40 hombres. Ordené al coronel don Francisco Guerrero, fuese con

50 hombres a combatirla, y yo, con el resto de la gente, avancé por la derecha, hacia el pueblo de Sinuapa. El enemigo no resistió: se puso en fuga, dejando muerto en el campo al capitán Ignacio López, hijo del general don Guadalupe del mismo apellido. Pronto se me incorporó la fuerza de Guerrero, y acampamos en una altura al norte del pueblo referido, con objeto de cortar la comunicación entre las plazas de Ocotepeque y Santa Rosa, provocando así al enemigo, para ver si salía a presentar batalla fuera de sus fortificaciones.

La plaza de Ocotepeque estaba ocupada por fuerzas de los usurpadores, al mando del general don Ezequiel Ferrera. Tenía este más de 400 hombres, y sin embargo, no dio muestras de querer moverse, sino de esperar combate. Yo no me resolví de momento a atacarlo, porque hacerlo en menor número contra fortificaciones, era arriesgar el éxito favorable, y me mantuve en observación los días 13 y 14, tratando, al mismo tiempo, de reclutar partidarios para aumentar nuestras filas. Se me informó que en todas las poblaciones circunvecinas, se despertaba gran entusiasmo por la cansa legítima; pero el terror que había sembrado el gobierno usurpador, era tal, que todos los ciudadanos se hallaban escondidos en las montañas, y pocos eran los que por el momento se nos presentaban.

No dando el enemigo muestras de tomar la ofensiva, era preciso atacarlo dentro de sus atrincheramientos; pero antes de empeñarnos en una guerra, aunque justísima, verdaderamente lamentable, quise probar los medios pacíficos, y envié al general Ferrera una nota en que lo excitaba a abandonar, como militar honrado, la causa de aquellos que violaban las leyes, pisoteaban al pueblo, atropellaban todos los derechos; y le decía que al no entregar la plaza, procedería a tomarla por la fuerza, siendo él el único responsable de las consecuencias. El general Ferrera, desoyendo la voz de la razón y del deber, contestó que esperaba con ansia el ataque.

El mismo día que recibí la contestación de Ferrera, me informó uno de mis espías, que en Ocotepeque se alistaba una tropa para salir fuera de la ciudad. Previendo que podía ser para atacarme, preparé la defensa; pero al día siguiente tuve noticia de que se había acampado en el cerro "La Cruz", distante como a tres kilómetros de la ciudad y a siete de las posiciones en que me encontraba. Esa tropa, en número de 80 hombres, poco más o menos, estaba al mando del general

Guadalupe López. Esa era una buena oportunidad que se me presentaba para atacar al enemigo en fracciones, y el 16 ordené a los coroneles don Francisco Argeñal y don Nemesio Merino fueran, con 60 hombres, a quitar el cerro de "La cruz". El movimiento fue rápido y oportuno. Encontraron la fuerza de López desprevenida, y en dos horas de combate, se le derrotó completamente, dejando en el campo algunos fusiles, parque, una corneta, dos tiendas de campaña, varias bestias y la espada del jefe. Tuvimos la buena suerte de que de nuestra parte no hubiera ninguna baja; y en cambio, el enemigo dejó varios muertos, entre ellos el oficial Ángel María López, otro hijo del general López, y algunos heridos.

Con este espléndido triunfo, tuvieron ya confianza los pueblos circunvecinos. Las municipalidades de Sinuapa, Concepción de Oriente y Santa Fe, en junta generales desconocieron el Gobierno usurpador, y varios soldados se nos presentaron. Mientras mi columna aumentaba por el entusiasmo, la del enemigo disminuía por la deserción, y el 18, teniendo casi igual número, no quise perder más tiempo, y dispuse el ataque de Ocotepeque.

Por la tarde de ese día, dispuestas las columnas de combate, ordené el avance sobre la plaza. El coronel don Francisco Argeñal marchó con 60 hombres por el ala derecha, los coroneles don Salvador Coto y don Francisco Guerrero, cada uno con 50 hombres, por el centro, y el coronel don César Lagos, con 40, por el ala izquierda, yendo como segundo de estos, el coronel Merino, los tenientes-coroneles don Manuel J. Jordán y don J. Salvador Pineda y el comandante 2° don Tomás Arita, respectivamente. Quedaron con la caballería los tenientes-coroneles don Enrique Medina y don Miguel Castillo, de reserva. Comenzó el ataque poco después de las 4 p. m., y fue tal el empuje de nuestra fuerza, que a la entrada de la noche, se habían tomado ya los primeros atrincheramientos. Continuaron los fuegos sin interrupción toda la noche y el día siguiente 19.

A las 4 p.m., después de 24 horas de combate, la plaza estaba en nuestro poder, haciéndosele más de treinta prisioneros, que puse en libertad. Se avanzaron como 300 fusiles, algunos cartuchos, la remonta y varios enseres de guerra. Tuvimos que lamentar diez y seis bajas entre muertos y heridos, y el enemigo tuvo casi igual número, no obstante estar cubierto por trincheras. El comportamiento de los jefes, oficiales y tropa, en general, fue heroico, habiendo sobresalido, según informe de los jefes, el coronel Nemesio Merino y comandante 2 ° don Tomás Arita, los capitanes Baltasar Rodríguez, J. Antonio Inestroza y Petronilo Pineda, los tenientes Bernardo Moscosos, Daniel López, Ramón Coto y Miguel Pinto, los subtenientes José María Pinto, Salvador Coto y Alfredo Coto y los sargentos Antonio Aguilar y Jesús Magaña.

Los generales don Ezequiel Ferrera y don Guadalupe López, con un grupo de oficiales, se escaparon con dirección a la frontera de Guatemala. Mandados perseguir en el acto, por diferentes partes, variaron rumbo hacia Santa Rosa, y fueron a encontrarse en la aldea Fraternidad, altura del "Merendón", con 25 hombres que destaqué al mando del comandante 1° don Pedro R. Escoto. Se empeñó un ligero combate, del que salió el enemigo completamente derrotado, y hubo algunas bajas de ambas partes.

En Orden General del 20, se dieron las gracias más expresivas a los jefes, oficiales y soldados por su heroica conducta en el combate, y procedí a la reorganización del ejército. Nombré jefe de Estado Mayor al coronel don César Lagos; comandante de la 1ª. Brigada, al coronel don Francisco Guerrero; comandante del 1er. Batallón, al coronel don Francisco Argeñal; comandante del 2° Batallón, al coronel don Salvador Coto; y comandante del tren, al teniente-coronel don J. Salvador Pineda. Los batallones se compondrían, por el momento, de dos compañías y estas conforme a ordenanza.

Para la Administración del distrito, nombré comandante de Armas, interinamente, al comandante 2° coronel don Joaquín Pinto; mayor de Plaza, al comandante 2° don Joaquín Aguilar; administrador de Correos, a don Julián Arita; y receptor de Rentas, a don Jesús Villela.

Teniendo necesidad de dinero para los gastos militares, pedí a la municipalidad solicitara, de los propietarios del distrito, un préstamo voluntario. La municipalidad reunió a los vecinos, y después de desconocer el Gobierno inconstitucional, solicitó el préstamo. Todos correspondieron demostrando espontaneidad, y se recaudó la cantidad de $3,000.00.

Reorganizado el ejército, que ascendió a más de 400 hombres, debía continuar para la ciudad de Santa Rosa. Hice salir el 21 al coronel Argeñal con la 1ª. Compañía del 1er. Batallón; el 22 al general Bulnes con la 2ª. Compañía y una parte del tren; y el 23 salí con el resto. En Corquín tuve noticia de que el general Ferrera había llegado a Santa Rosa y hecho desocupar la plaza, saliendo con una columna de 200 hombres en dirección a Gracias. Continué la marcha, y el 28 entré a Santa Rosa sin ninguna resistencia. Al abandonar la ciudad, se abrieron las puertas de las cárceles a todos los criminales, y la sociedad, alarmada en extremo por este hecho, se mostró contenta y tranquila con la presencia de nuestro ejército.

A mi llegada a Santa Rosa, supe que el general Ferrera se hallaba en el pueblo de Talgua, a donde había regresado de Gracias con más de 400 hombres, levantando allí trincheras con el propósito de resistir; y el día siguiente, 1° de marzo, se me dio aviso de que había pasado una fuerza del enemigo, como de cien hombres, por el camino contigo al puente del río "Higuito", en dirección al pueblo de Comayagua. Por ese camino debía llegar, ese mismo día, una escolta de 20 hombres, procedente de Ocotepeque, al mando del capitán don Ángel Lagos, a quien acompañaba el coronel don Antonio Paredes, que venía a ofrecer sus servicios. Por casualidad, la escolta llegó hasta el puente del "Higuito" sin encontrar el enemigo que, del lugar llamado "El Níspero", tomó el camino de "Ojos de Agua", pero habiendo sabido que había pasado la pequeña escolta, regresó a perseguirle y le dio alcance en el puente, empeñándose combate. Previendo que el capitán Lagos podía encontrase con el enemigo, hice salir al teniente-coronel don Pedro A. Rivas, con 15 hombres, para observar los movimientos y protegerlo en caso necesario. Llegó Rivas al puente del "Higuito" momentos después de haberse principiado el fuego, atacó por el flanco derecho, y en menos de tres horas, el enemigo huyó precipitadamente, dejando en el campo dos cargas de útiles telegráficos, algunas bestias de silla y dos prisioneros.

Después de nombrar Gobernador del departamento al doctor don Eduardo Hernández, comandante de Armas al coronel don Francisco Guerrero, y administrador de Rentas y Correos, accidentalmente, a don José Antonio Milla; y estando lista mi columna, iba a ponerla en marcha para atacar al enemigo en Talgua, pero antes quise probar, una vez más, los medios pacíficos para hacer entrar en razón a los que sostenían a los usurpadores, y mandé al coronel don Fernando Blanco con una nota para el general Ferrera, pidiéndole depusiera las armas por medio de una honrosa capitulación, que en nada amenguaría su buen nombre, desde luego que, según suponía, únicamente por un resto de pudor militar, seguía prestando sus servicios a un Gobierno si acaso podía llamarse así, traidor y usurpador, cuya ruina era inevitable. Al mismo tiempo le prevenía que, si dentro de 24 horas no había recibido respuesta, lo atacaría sin demora, declinando sobre él la responsabilidad de las desgracias. Ferrera recibió a Blanco y lo detuvo sin dar ninguna respuesta. Acompaño la nota original que se encontró manchada de sangre en uno de los bolsillos de la blusa del cadáver de aquel infortunado jefe.

Transcurrido el término fijado, dispuse la marcha sobre Talgua. El coronel Argeñal salió con la 1ª. Compañía del 1er Batallón a ocupar la altura del "Matasano", al frente; el coronel Merino salió con la 2ª. Compañía del 1er. Batallón a ocupar la altura del "Lemanal", a la derecha; y los coroneles Coto y Paredes, con la 1ª. Compañía del 2° Batallón, salieron a ocupar las alturas de "El Tablón", a la izquierda. Las tres columnas debían solo tomar posiciones frente al enemigo sin empeñar ataque, salvo el caso de tener que defenderse, mientras yo llegaba con el tren y el resto del ejército.

El 3 de marzo por la noche, nuestras fuerzas tomaron posiciones, y al amanecer el 4, el enemigo comenzó a lanzar sus fuegos sobre la columna de Merino. Viéndose este molestado, empeñó ataque con tanto empuje, que poco después había tomado las trincheras, avanzando dos cajas de parque, con el que volvió a equipar su fuerza para seguir sobre los atrincheramientos del cerro "El Cuturo", posición que Ferrera creía inexpugnable, defendida por más de 200 hombres.

El coronel Argeñal empeñó después el ataque por su flanco, protegiendo el avance de Merino que no tardó en quitar "El Cuturo". A las 2 p. m., los coroneles Merino y Argeñal tenían ya ocupadas las primeras casas del pueblo por el frente y ala derecha. Entonces se empeñaron los coroneles Coto y Paredes, quedando así, completamente cercada la plaza, que dos horas después estaba tomada, haciendo prisioneros al general Guadalupe López y 54 individuos más, entre jefes, oficiales y tropa. Se avanzó un cañón sistema Krupp con todos sus útiles, 78 granadas, una caja saquetes de pólvora, 5 botes de metralla, 4 cajas de estopines, 9 cajas de espoletas, 127 Remington de 1ª., un level, un mauser, 18,000 cartuchos, 70 salveques y cartucheras, 2 clarines, varios otros utensilios y una caja de dinero, que el general Bulnes distribuyó entre los que más se distinguieron en la batalla. Hubo de nuestra parte 12 bajas, entre muertos y heridos, y del enemigo 18 bajas, encontrándose, entre los muertos, el general Ferrera y el capitán Ramón Castro.

En la Orden General del día 5, se rindió un tributo de admiración a los jefes, oficiales y soldados que tomaron parte en la toma de las posiciones inexpugnables de Talgua, y el 6 me dirigí a la ciudad de Gracias, llevando la vanguardia el coronel Argeñal. En el tránsito recibí una nota de don Juan S. Abadíe, vecino de Gracias, en la cual me comunicaba que al ausentarse de aquella plaza el general Belisario Villela, que ejercía los empleos de gobernador político y comandante de Armas del departamento, lo había llamado para encargarlo provisionalmente del primero de dichos empleos, y que él, aunque de nacionalidad norteamericana y agente consular, había aceptado para salvar la población de los desórdenes que pudieran sobrevenir faltando una autoridad superior; y que, sabiendo que yo me dirigía a aquella plaza, me manifestaba que no encontraría en ella resistencia y que se ponía a mis órdenes. Contesté dando las gracias al señor Abadíe por el servicio que prestaba, y el 8 hice mi entrada a aquella población.

Procediendo a organizar el departamento, nombré al general don Fidel Bulnes, gobernador político y comandante de Armas; al teniente-coronel don Maximino Calderón, mayor de Plaza; a don Ángel Lagos, administrador de Rentas; y a don Abraham Membreño, contador.

El 9, reorganizada la columna, que ascendió a 650 hombres, dispuse la marcha sobre la plaza de La Esperanza, a donde se había dirigido el general Villela con 300 hombres, e hice salir la vanguardia al mando del comandante 2° don Tomás Arita. El 10 recibí una nota del señor general don Carlos F. Alvarado, a la que acompañaba el acuerdo del Poder Ejecutivo, fecha 22 de febrero, nombrándolo general en jefe del ejército de Occidente, y me ordenaba marchara sobre La Esperanza. Me puse a las órdenes del general Alvarado con mi columna y le comuniqué, que habiendo hecho salir ya mi vanguardia y estando listo para marchar, lo haría el día siguiente.

Salí el 11, y al llegar al pueblo de Belén, el comandante Arita, que se hallaba en San Miguelito, me informó que el general Villela había abandonado la plaza de La Esperanza, huyendo precipitadamente con su fuerza, en dirección a Santa Bárbara, y al mismo tiempo recibí telegrama de Ud. en que me comunicaba la fuga de Villela y el combate de Santa María, donde habían sido derrotadas las fuerzas de los usurpadores, al mando de los coroneles Gonzalo M. Nolasco y Leonte Córdova. Con estas noticias fidedignas, no creí necesario continuar mi marcha a La Esperanza, sino perseguir al general Villela, a fin de no darle tiempo de reunir más fuerzas y acopiar elementos suficientes para una resistencia vigorosa en Santa Bárbara.

No pudiendo consultar al general Alvarado, por no tener con él comunicación telegráfica directa, me dirigí a Ud., y como no tuviera respuesta a la hora de salida, me puse en marcha, informándole los motivos. Tuve la satisfacción de que Ud. aprobara ese movimiento.

El 12, variando de dirección, me dirigí a Santa Bárbara, a donde llegué el día 15. El general Villela había llegado ya el día anterior; pero sabiendo que yo me aproximaba, no quiso resistir y salió, precipitadamente, con dirección a San Pedro Sula, llevando solamente 100 hombres de los 300 que había sacado de Intibucá, porque el resto se le desertó en el camino. El comandante de Armas del departamento, coronel don Ignacio Castro, había salido, 4 días antes, con 400 hombres para los valles de Quimistán, pretextando ir a atacar una gente que había invadido el territorio por el lugar Las Quebradas, frontera de Guatemala. En Santa Bárbara quedaron 50 hombres como guarnición, al mando del mayor de Plaza. Al llegar mi descubierta, pareció que resistirían, porque hicieron algunos disparos, pero al rompérseles los fuegos, se desbandaron en todas direcciones, sin que hubiera bajas de una y otra parte, y sin que a ninguno se le pudiera dar alcance. A las 3 p. m., entré con mi columna a la plaza, sin ninguna novedad. Se encontró en el cuartel una pieza de artillería sin cuña y tornillos, algunas cajas de granadas y varios enseres de guerra.

El vecindario de Santa Bárbara se mostró contento, como en todas partes donde llegábamos, aun en aquellas en que el usurpador parecía tener algunos partidarios; y procedí al nombramiento de las autoridades departamentales, encargando la Gobernación Política al licenciado don Audato Muñoz; la Comandancia de Armas, al licenciado don Antonio Madrid; y la Administración de Rentas, a don Juan de Dios Díaz.

Habiendo recibido órdenes de esa Comandancia General de marchar a San Pedro Sula, listo para salir, me comunicó el general Alvarado que llegaría el doctor don Sotero Barahona con instrucciones para la organización de los departamentos de Santa Bárbara y Cortés. Era preciso esperar hasta que se me incorporara con su columna el doctor Barahona, y lo verificó el 18, a las 8 p. m. Por la mañana había hecho salir la vanguardia de 80 hombres, al mando del Comandante 1° don Tomás Arita, quien debía aguardar órdenes en el pueblo de Trinidad. Al mismo tiempo ordené al comandante de Armas de Santa Rosa, coronel don Francisco Guerrero, saliera con 150 hombres para San Pedro Sula, debiendo investigar, en su marcha, si el coronel Castro se encontraba en los valles de Quimistán, o se había reconcentrado a San Pedro, comunicándome inmediatamente lo que ocurriere.

El comandante Arita llegó el 19 a inmediaciones de Trinidad, y fue informado de que el coronel Castro se encontraba ahí con su fuerza, de regreso de Quimistán, con el propósito de impedir el avance de mi columna. Al participarlo, informándome que tomaría posiciones al frente del enemigo, hice salir inmediatamente a los coroneles Argeñal y Paredes con 200 hombres, para que, con el comandante Arita, atacaran al enemigo, acometiendo el coronel Argeñal por el ala izquierda, el comandante Arita por el centro y el coronel Paredes por el ala derecha.

El enemigo tenía una avanzada sobre el camino, a alguna distancia de la población, y el comandante Arita tuvo que empeñar combate al tomar posiciones, haciéndola retroceder a la plaza, donde se proponía resistir. El 20, a las 12 m., llegaron los coroneles Argeñal y Paredes. Se empeñó el ataque, y después de cinco horas, se obtuvo triunfo completo, haciendo 30 prisioneros, entre ellos, los coroneles Ezequiel Romero y Vicente Herradora y el diputado Pedro A. Trejo. Avanzaron 8 cargas de parque, varios rifles, muchas bestias, algunos enseres de guerra, entre los que estaba la cuña del cañón de Santa Bárbara y una cajita de dinero. Explorado el campo, vimos con bastante extrañeza que de nuestra parte había solamente tres heridos, cuando del enemigo hubo varias bajas.

El 21 mandé los prisioneros nombrados a Santa Bárbara, puse el resto en libertad y continué el avance sobre San Pedro Sula. El coronel Guerrero, con sus 150 hombres, llegaría a situarse entre Choloma y San Pedro, para evitar que el enemigo, al ser derrotado, pudiera retirarse a Puerto Cortés. El coronel don Sotero Barahona, acompañado del coronel Paredes, salió con 150 hombres por el camino de Santa Cruz Minas, a situarse entre San Pedro y Chamelecón, y yo, con el resto del ejército, salí para llegar por el camino de Villa Nueva a Chamelecón, donde el enemigo tenía sus primeros atrincheramientos. Las tres columnas deberían tomar posiciones en los lugares indicados la tarde del 24, para empeñarse el combate el 25 comenzando por tomar las trincheras de Chamelecón.

El 23 llegué con mi columna a Villa Nueva, y estando para continuar la marcha, se me anunció por teléfono que el comandante de San Pedro, coronel don Miguel Nuila, a instancias de las colonias extranjeras y de varios vecinos importantes, había accedido a no hacer resistencia, estando dispuesto a entregar la plaza, y que saldrían comisionados con amplios poderes para arreglar la capitulación. A las 4 de la tarde de ese mismo día, se me presentaron los señores licenciados don Jacinto Meza y don Manuel A. Bonilla y el señor don José Pérez, acompañados de varias personas. Dijeron ser ellos los comisionados, fueron bien recibidos, y después de haber conferenciado, acepté la entrega de la plaza con todos los elementos de guerra que allí existían, ofreciendo amplias garantías al coronel Nuila y sus compañeros y dar pasaporte a los que lo solicitaban. Nuila debía licenciar su tropa en la mañana del día siguiente, dejando una pequeña escolta para custodiar el almacén de guerra mientras se recibía.

El 24 continué la marcha para San Pedro Sula. El coronel Barahona, con su columna, se me incorporó en Chamelecón, y poco después de las 5 p.m. entramos a aquella ciudad, teniendo la satisfacción de ver que nuestro ejército era recibido por los vecinos con las mayores demostraciones de alegría y de confianza.

Al día siguiente se me presentó el licenciado don Justo Gómez Osorio con 80 hombres, en su mayor parte estudiantes hondureños, que venían de Guatemala a cooperar en el movimiento revolucionario para restaurar el Gobierno legítimo. Los incorporé a la columna, y después que el Dr. Barahona nombró las autoridades departamentales, nos dirigimos a Puerto Cortés, que había sido tomado por oficiales de la guarnición de La Laguna, los cuales se pronunciaron y la atacaron a favor de la legitimidad al saber mi aproximación. Regresamos el 26, dejando nombradas las autoridades.

Habiendo recibido orden de Ud. de engrosar la columna y contramarchar para Comayagua a incorporarme al general en jefe del ejército de Occidente, don Carlos F. Alvarado, que se encontraba allí con la 2ª. División, lo verifiqué el 27, ascendiendo ya la columna a 1,100 hombres de todas armas. El 2 del presente mes hice mi entrada a la ciudad de Comayagua, y tuve la satisfacción de ponerme a las órdenes del general en jefe. Este habrá informado a Ud. acerca de los movimientos que a continuación se verificaron.

Creo haber narrado sucintamente todos los actos y sucesos ocurridos durante tuve la honra de operar, como jefe de la 1ª. División de Occidente, en los departamentos de Copan, Gracias y Cortés. Y antes de poner fin a la explicación de esta campaña, inaugurada bajo los auspicios más favorables y protegida por la santidad de la causa que defendíamos, cumplo con el deber de recomendar muy especialmente a la justicia del señor comandante general, a los coroneles don César Lagos, don Francisco Guerrero y don Francisco Argeñal, quienes han prestado sus servicios, en el curso de la guerra, con actividad y decisión, siendo el primero, el colaborador más eficaz que tuve en la dirección de las operaciones.

Tegucigalpa: 25 de abril de 1903.

Señor Comandante General

M. MONDRAGÓN.

MOTIVOS QUE OBLIGARON AL GENERAL MEDAL A EFECTUAR LA RETIRADA DE SAN LORENZO

El 5 del mes de febrero del presente año, a la 1 y 30 a. m., el general don Saturnino Medal salió de Amapala, con algunos elementos de guerra, con dirección al puerto de San Lorenzo, a hacerse cargo del mando en jefe de la fuerza que el día anterior había llegado a dicho puerto a las órdenes del coronel Samuel Valladares; esta fuerza, con las pocas que iban con el general Medal, hizo un total de ciento y pico de hombres, con cuya columna y la que al mismo tiempo desembarcó en "Barrancones". (costa de los Amates) a las órdenes del coronel don Andrés Leiva, se daba principio a la campaña legitimista contra la usurpación.

El general Medal inmediatamente después de haber efectuado el desembarque, sin ningún contratiempo, procedió al equipo y organización de la fuerza de que ya era jefe. Formando dos cuerpos, uno de caballería a las órdenes del coronel Francisco Soriano, compuesto de jefes y oficiales; y otro de caballería e infantería a las órdenes del coronel don Samuel Valladares, compuesto de jefes, oficiales y tropa; el primero hacía un total de 30 jinetes, y el segundo un total de 80 individuos.

Después de verificada esta organización, procedió a enviar comisiones para recoger bestias, proveerse de forraje y víveres; a dar la noticia a los ciudadanos del sur de la República de que el general Bonilla había asumido la Presidencia de la República en el puerto de Amapala, esperando a los amigos de la legitimidad para que fueran a empuñar las armas, haciendo efectiva así la voluntad del pueblo hondureño, no olvidando enviar los espías necesarios a fin de tomar datos de la situación del enemigo; por estos últimos y por los vecinos de San Lorenzo, se supo que el enemigo venía en marcha de Tegucigalpa a Nacaome, sin saberse el lugar donde en aquel momento se encontraba, ni quien era el jefe ni su número. Que el general Sotero Flores Orantes se encontraba fortificado en la plaza de Nacaome con una columna de 500 hombres.

Los patriotas de San Lorenzo se presentaron entusiastas a engrosar las filas de la legitimidad, siendo uno de ellos y de los más entusiastas el comandante 1° don Benito Cerrato, que facilitó toda clase de comodidades a los jefes y dio todos los datos que como conocedor del lugar le fueron solicitados.

El mismo 5 de febrero a las 11 p. m. llegó el comandante 1° don Benjamín P. Sánchez con 60 hombres del puerto de La Unión al de Amapala. Al día siguiente, a las 8 a. m., le fue armada y equipada su gente, ordenándole el general Bonilla estuviera listo para marchar a ponerse a las órdenes del general Medal. A las 11 a. m. del mismo día le fue embarcada su gente, habiéndolo acompañado hasta San Lorenzo el propio general Bonilla. De los 60 hombres que llegaron con el comandante Sánchez solo se embarcaron 48, pues el resto se quedó en el puerto, no habiendo sido posible recogerlos por la premura del viaje, otros por haber quedado prestando servicio en dicho puerto. El mismo día, como a las 5 de la tarde, se hizo el arribo a San Lorenzo y el general Bonilla, después de haber impartido sus órdenes, regresó a Amapala.

El 6 del mismo mes por la mañana, el general Medal como tuviera noticia de la columna enemiga que iba de Tegucigalpa, ordenó al coronel don Samuel Valladares se preparara para hacer una exploración sobre el camino de Pespire, a fin de tomar datos ciertos sobre la situación, número y cantidad del enemigo, llevando orden también de no presentar acción en cuanto le fuera posible si se encontraba con él. Aprovechando la marcha de esta expedición se envió al comandante 1° don Estanislao Ávila con 25 hombres a traer un totoposte que las autoridades de Pespire habían mandado preparar en el caserío de "Los Limones" para las fuerzas de la usurpación, llevando como guía al comandante 1° don Benito Cerrato; yendo a la vanguardia de la columna de Valladares la pequeña escolta del comandante Ávila.

Esta columna estaba compuesta en su mayor parte, como toda la fuerza del general Medal, de artesanos y estudiantes, siendo muchos de ellos calzados y bisoños en el arte de la guerra, yendo solamente unos pocos montados.

Como a las 8 a. m. del 7 salieron el coronel Valladares y el comandante Ávila a desempeñar las comisiones que se les había confiado.

Inmediatamente después, el comandante 1° don Benjamín P. Sánchez invitó al coronel Soriano para colocar con las fuerzas de su mando y la de él pusieran los retenes respectivos y fortificaran convenientemente el puerto para en cualquier evento estar prevenidos, habiendo aceptado gustoso y procedido a ello.

Los retenes fueron colocados, nombrando como jefes de cada uno de ellos, al teniente Ramón Landa, teniente Pedro Rosales, subteniente León Padilla y capitán Antonio Martínez. Las fortificaciones en el terreno fue imposible practicarlas por falta de hombres acostumbrados al manejo de herramientas, por ser el terreno sumamente duro y por ser pocas las herramientas, pues se reducían a 1 barra y 1 pala en mal estado, únicos fierros que el comandante Antonio Lucha pudo conseguir en todo el puerto. De modo que, habiéndonos sido imposible practicar dichas fortificaciones, procedimos a hacerlas de madera, ocupando también unas grandes piezas de hierro que estaban en dicho puerto.

El coronel Valladares salió con su destacamento a las 8 a. m. poco más o menos, habiendo llegado al "Moraicito" distarte de "Los Limones" media legua y de San Lorenzo 4 leguas, donde hicieron alto para buscar provisiones de boca. El comandante Ávila, acompañado del comandante Cerrato, poco después continuó la marcha, y al llegar a "Los Limones" vio las fuerzas enemigas en número como de 400 hombres y 2 piezas de artillería que tomaban posiciones y se preparaban al combate.

Inmediatamente el comandante Ávila desplegó su pequeña escolta en guerrillas, ocupando una posición que queda al frente de la que ocupaba el enemigo, y envió un ayudante a dar parte al coronel Valladares de lo que ocurría.

Este, en cuanto oyó el tiroteo, puso en movimiento su gente y al tener noticia de la presencia del enemigo marchó a proteger la escolta del comandante Ávila que ya estaba comprometida; y aunque aquel jefe tenía orden de no presentar acción, él comprendió que no podía dejar desamparado al comandante Ávila, de modo que la acción era inevitable, pues según un principio estratégico toda columna destacada no tiene órdenes sino para poco tiempo, pues ya en marcha debe sujetarse a las circunstancias, porque de lo contrario tendría que perder tiempo para esperar órdenes o que obrar a la ventura y sin concierto, haciendo quizá una retirada desastrosa sin dejar siquiera bien sentado el honor de las armas.

Hubiera sido un crimen imperdonable que el coronel Valladares se hubiera retirado sin auxiliar al comandante Ávila, quien no podía hacer otra cosa sino defenderse para no caer prisionero.

Fortificando San lorenzo estaban el coronel Soriano y el comandante Sánchez, cuando se oyó un cañoneo en dirección a Pespire y luego otras interrumpidas pero nutridas descargas de fusilería. Esto duró como tres horas y naturalmente en las tropas se produjo esa emoción que casi raya en temor y que siente todo hombre por valiente que sea al oír el rumor de un combate próximo o lejano, y el estampido del cañón, máxime que era el primer encuentro que tenían las fuerzas legitimistas con las de la usurpación, y además no se tenía noticia de estar tan próximo el enemigo que por traer artillería debía ser relativamente numeroso; los ánimos estaban en suspenso; todos estaban atentos al lejano rumor del combate que libraban nuestros compañeros.

Los vecinos de San Lorenzo huían en distintas direcciones; las mujeres y niños lloraban desesperadamente, dando gritos lastimeros, con sus equipajes en las cabezas, y corrían ganando el monte sin rumbo determinado; pues decían que venía al mando de las fuerzas enemigas el general Sierra, a quien temían.

Como a las 3 y 40' p. m., llegó el comandante 1° don Benito Cerrato, acompañado de su hijo Benitío y de otro oficial vecino de San Lorenzo; estos llevaron la noticia de que las fuerzas del coronel Valladares habían tenido un encuentro en "Los Limones" con las de la usurpación; que les habían hecho una celada, pues el enemigo ya tenía noticia de la marcha que verificaba el coronel Valladares; que al coronel lo habían avanzado junto con gran parte de la fuerza; y que el comandante 1° don Estanislao Ávila, quien había ocupado una pequeña colina, había sido rodeado completamente por el enemigo, muriendo él junto con sus compañeros, y que los pocos que habían podido salvarse, huyeron con dirección a Choluteca rompiendo breñas, retirándose ellos hasta disparar el último cartucho.

Poco después llegó el Teniente-Coronel don Leocadio Lardizábal y otro soldado, quienes dieron poco más o menos las mismas noticias; este último con un balazo en una mano, corriendo desaforadamente, hasta sin sombrero, diciendo que el enemigo venía poco más o menos a dos leguas de distancia, a marcha forzada, sobre el puerto; que él estaba escondido en unos matorrales y había visto pasar el enemigo muy numeroso y con un gran tren de artillería; entonces él fue por dentro del monte a dar parte de lo que había visto. Habiéndolo apercibido el enemigo, le hicieron unos tiros, de donde resultó herido de una mano.

Después llegó el Dr. Ciro Mora, diciendo que habían sido completamente deshechos, y que él se había podido salvar por caminos extraviados; que el habilitado de la fuerza, capitán Sánchez, lo habían matado con todo y mula, habiendo él recogido unas alforjas de dinero del capitán Sánchez y que contenían los haberes de la tropa, las que entregó al general Medal.

Después de estos señores ningún otro llegó; no está de más decir que las noticias que ellos llevaron las comunicaron desde el primer retén que encontraron, a todo individuo que les preguntaba algo sobre el particular; de tal manera que el general Medal era el último que tenía noticia de ellos, y por tan mal proceder, el general se vio obligado a llamarlos, reprenderlos y prohibirles conversaciones tan perjudiciales.

Viendo el general Medal, que según las noticias recibidas, el enemigo venía en marcha a atacar la plaza de San Lorenzo, y que las tropas legitimistas, en muy escaso número, se encontraban en una situación difícil, dispuso reunir un consejo de jefes a fin de discutir lo que mejor debía hacerse, llamando al efecto, para componer dicho consejo, al coronel Francisco Soriano y al Comandante 1° Benjamín P. Sánchez. Estos, que conocían las noticias, la situación moral de las tropas, y como era de creerse que el enemigo, después de haber triunfado completamente en Los Limones, envalentonado con ese pequeño triunfo, debía marchar sobre San Lorenzo, no dudaron ni un momento de las noticias, pues las personas que las llevaron en su mayor parte eran jefes que merecían fe, acudieron a dar sus opiniones, resueltos a cumplir lo que en dicho consejo se dispusiera.

El general Medal, en pocas palabras, expuso lo que pasaba, y preguntó al coronel Soriano sobre lo que él creía debía hacerse.

Este contestó que lo más oportuno era recoger la gente que teníamos y se saliese a encontrar el enemigo para batirlo dondequiera que se encontrara, preparándole, si era posible, una emboscada, aprovechando para ello la noche, que ya estaba encima. Objetado Soriano por el general Medal de que el enemigo venía en mayor número que los nuestros, con artillería y con la ventaja de haber triunfado, que por lo tanto era aventurado ese movimiento, y que además en ese camino no se conocía un lugar propio para una emboscada, Soriano repuso que era lo único que debía hacerse a fin de dejar bien sentado el honor de las armas, y que nuestros soldados se desbandarían al ver el estacionarismo de sus jefes y se perdería su moral (que con las malas noticias recibidas ya estaba perdida la moral, pues cuando se celebraba el consejo se habían desertado algunos soldados y los jefes de retén Pedro Rosales y León Padilla, de Choluteca). Medal dijo que a él le parecía preferible defenderse allí hasta disparar el último tiro, porque con una resistencia tal vez se conseguía el retiro del enemigo, y que además allí estaba fondeada una lancha con dinamita, parque y armas y que esto no se debía dejar abandonado, puesto que no había medios de trasporte para el interior.

Preguntado el comandante Sánchez, dijo: que a él no le parecía conveniente ni lo propuesto por el general Medal ni lo propuesto por el coronel Soriano; que, a su entender, lo único que quedaba que hacer era esquivar el combate por ese día, marchándose de San Lorenzo sin pérdida de tiempo, a fin de que otro día con mejores informes y mejores posiciones se pudieran presentar en acción con más probabilidades de éxito, puesto que allí no se tenía ninguna, y si se salía al encuentro del enemigo quedaban en peores condiciones, no pareciéndole bien el exponer una fuerza sumamente pequeña en número, con pocos elementos, casi ninguno, desmoralizada la tropa por completo, pues en las filas cundía el terror y murmuraban de que los jefes querían que los asesinara el enemigo. Que no era conveniente exponer dicha fuerza sin probabilidades de éxito; en el primer caso, es decir, lo que opinaba Soriano, había que tomar en cuenta que estaba entrando la noche y que hasta en ese momento no se sabía a punto fijo en qué lugar próximo o lejano se encontraba el enemigo. El terreno próximo a San Lorenzo era poco a propósito para una emboscada y que se tuviera en cuenta que los dos espías que se habían enviado aún no habían vuelto. En el segundo caso era más expuesto que el primero a un fracaso total, pues el perímetro que ocupa San Lorenzo era demasiado pequeño y sin ninguna altura próxima que pudiera servir de baluarte y sí muy extensa la llanura que se extiende hacia tierra firme, siendo por lo tanto muy fácil para el enemigo arrojarlos cortándoles toda retirada, quedándonos a la espalda solamente el mar por donde no podía hacerse dicha retirada por no contar más que con dos embarcaciones pequeñas, una con los elementos de guerra y la otra que hacía aguas.

Al frente de nuestra línea de defensa, como antes se ha dicho, se extiende una llanura poco accidentada a media legua y en dirección noroeste se encuentra un cerrito cónico llamado "La Maroma", cuya posición para nosotros era inútil por distante y difícil de ocupar a causa de la poca gente que teníamos, siendo más bien una amenaza, pues desde allí el enemigo podía batir el puerto, no digamos con artillería sino con fusilería, dominándonos por completo en el caso de que nuestras fuerzas ocuparan esa posición al atacarla el enemigo por ser muy avanzada de nuestra línea de defensa y por consiguiente sin protección inmediata sería fácilmente circunvalada y tomada.

Al lado de Nacaome y a dos leguas se encuentra una pequeña cordillera llamada del Sartenejal, de modo que las fuerzas legitimistas no tenían una sola posición ventajosa, siendo todas ellas buenas para el enemigo y malas para nosotros, pues ellos traían suficiente gente para ocuparlas y también artillería, de manera que poniéndonos un cordón que rodeara por tierra todo el puerto de San Lorenzo y colocando un cañón en el cerro de "La Maroma" estábamos por completo en poder del enemigo, no pudiendo siquiera fortificarnos en las casas del puerto por ser todas ellas de bajareque.

En tal caso solo nos quedaban dos partidos: o hacernos matar en el puerto o tirarnos al mar, siendo el epílogo o la rendición o la muerte, la fuga vergonzosa o la pérdida de nuestra gente y elementos; siempre la humillación.

De modo que siendo San Lorenzo impropio para una defensa y no siendo oportuna la emboscada que proponía el coronel Soriano al parecer del comandante Sánchez, no quedaba otro medio que esquivar el combate por el momento por estar en tan malas condiciones. Pues según dice Napoleón "un ejército inferior en número, inferior en caballería y en artillería, es menester evitar una batalla general, suplir la falta de gente con la rapidez de las marchas, la de artillería con la calidad de las maniobras y la inferioridad de la caballería con una retirada oportuna y con la buena elección de las posiciones. En semejante situación es de mucha importancia la disposición moral del soldado, de lo contrario se corre a un desastre completo".

En esta discusión estaba el consejo cuando un ayudante llamó a la puerta, y al abrirla dio parte al general de haber arribado un bote que venía de Amapala, cuyo piloto traía una carta, la que entregó al general Medal. Esta carta le ordenaba ponerse inmediatamente en comunicación con otra fuerza, que el mando del coronel Leiva, debía llegar al Aceituno para proteger el desembarque de un armamento; y por eso se efectuó el movimiento dejando el puerto de San Lorenzo, siendo el general Medal el último que se desembarcó.

Tegucigalpa, diciembre de 1903.

BENJAMÍN P. SÁNCHEZ

ÚLTIMAS PALABRAS

Escrito nuestro libro a raíz de los tristes acontecimientos de la guerra civil, no pudimos apartarnos del todo del lenguaje, algunas veces amargo y duro con que el periodista tiene que juzgar a los políticos que sacrifican el bien de la patria por sus propias ambiciones. Más tarde, cuando la verdad se esclarezca por completo, descubriéndose a quiénes toca la responsabilidad de los delitos que se cometieron, podremos completar este libro, que, como dijimos al comienzo, deseamos sea una enseñanza para la juventud centroamericana.

Durante publicábamos REIVINDICACIÓN en "El Republicano", algunos mal informados y otros heridos en su amor propio, refutaron, no la parte sustancial del libro, sino algunos detalles en que deseaban hacer resaltar los méritos de sus amigos o molestar a los que desestimaban.

Refiriéndose por ejemplo al desastre del combate de Los Limones, ocurrido el 7 de febrero de 1903, se negó que la derrota de los legitimistas hubiera sido por causa del descuido de los expedicionarios, y se acusó al general Medal de impericia y flojedad por haber salido de San Lorenzo para El Aceituno. En el informe oficial que publicamos en el Apéndice, queda probada nuestra afirmación, y respecto a lo segundo, he aquí la verdad de los hechos:

Por carta, el general Bonilla ordenó al general Medal que se pusiese en inmediata comunicación con fuerzas que el 7 de febrero debían llegar al Aceituno para proteger un desembarque de armas y municiones. Esa carta la recibió el Gral. Medal como a las 5 p.m., en momentos en que se discutía, en consejo de oficiales, lo que más convenía hacer en vista de la casi disolución de la fuerza de Valladares en el fuego de Los Limones, y del inminente peligro de ser atacado el puertecito de San Lorenzo, de un momento a otro, en donde solamente habían quedado muy pocos hombres de pelea, y había fondeada una embarcación con elementos bélicos.

La carta puso término a toda deliberación, porque fue necesario, para cumplir la orden del jefe general Bonilla, dirigirse al Aceituno, siendo el general Medal el último que se embarcó y dejando unos cuatro hombres en el puerto, con una pequeña embarcación, para avisar a los que de la fuerza de Valladares se fueran presentando, que debían dirigirse al Aceituno.

Estos datos han sido suministrados últimamente por los coroneles don Benjamín Sánchez y don Salomón T. Sosa, que llegó con la lancha portadora de la carta, a propósito de las alusiones que hizo el Diario de Honduras el año próximo pasado, culpando al general Medal de haber huido de San Lorenzo, después de que Valladares fue deshecho por los 400 hombres que encontró en Los Limones.

Para conocer detalladamente este incidente pueden nuestros lectores ver el artículo que como último apéndice escrito por el teniente-coronel Sánchez.

Un corresponsal del puerto de Amapala dijo al Diario de Honduras que el coronel don Andrés Leiva, por su propia inspiración y no de orden del mando en jefe, se había movido sobre el enemigo cuando el combate del Aceituno, aseveración que ofendía injustamente la previsión del supremo jefe del Ejército legitimista, y la cual queda desmentida con los siguientes telegramas:

Aceituno, febrero 22 de 1903.

Señor general Gallardo. – Langue.

Avisan de El Tránsito que se ha divisado al enemigo; que le han visto tomar dirección como para este puerto. De orden superior sírvase mandar una columna al mando de un jefe de confianza para proteger al coronel Leiva.

D. Gutiérrez.

(CIRCULAR)
El Aceituno, febrero 22 de 1903

Señor general A. Gallardo. – Langue.

El enemigo a una milla de distancia sobre este campamento, y tomando posiciones. Estén listos para concurrir a picar la retaguardia.
Manuel Bonilla.

El Aceituno, febrero 22 de 1903

Señor general A. Gallardo. – Langue.

Como es posible que nos incomuniquemos, le aviso que en Pasaquina hay diez mil cartuchos con Davadí. He dado orden a las guarniciones de Aramecina y Goascorán que se concentren a esta plaza.

Bonilla.

Aceituno, febrero 22 de 1903

Señor general Gallardo. – Langue.

Avísanme de El Tránsito que el enemigo se aproxima a aquel lugar. Esté Ud. listo para cualquier movimiento.

Bonilla.

Aceituno, febrero 23 de 1903

Señor general Gallardo. – Langue.

El enemigo acaba de pasar por "Las Cañas"; urge que salga la columna. – C. y L.

D. Gutiérrez.

Aceituno, febrero 23 de 1903

Señor general A. Gallardo. – Langue.

Mande inmediatamente a Rivera un correo ordenándole que como está comprometida la fuerza de Leiva, marche rápidamente sobre este punto, a batir por retaguardia, una fuerza que nos está cañoneando de la loma de "Los Luises".

Bonilla.

Como se ve, todo estaba previsto y atendido por el comandante general, y había ordenado que al ser atacado cualquiera de los campamentos, este sería el punto donde convergerían todas las columnas de la legitimidad para dar la batalla general.

Ojalá que este trabajo sea de algún provecho para la patria, con lo que nos consideraríamos satisfechos.

Fernando Somoza Vivas.

CONTENIDO

www.ingramcontent.com/pod-product-compliance
Lightning Source LLC
Chambersburg PA
CBHW061547120626
46550CB00004B/1396